"十四五"时期国家重点出版物出版专项规划项目

马克思主义理论研究与当代中国书系

马克思经济思想与中国特色政治经济学

顾海良　著

Marx's Economic Thoughts and Political Economy with Chinese Characteristics

中国人民大学出版社
·北京·

图书在版编目（CIP）数据

马克思经济思想与中国特色政治经济学/顾海良著. --北京：中国人民大学出版社，2022.10
（马克思主义理论研究与当代中国书系）
ISBN 978-7-300-30946-0

Ⅰ. ①马… Ⅱ. ①顾… Ⅲ. ①马克思主义政治经济学-研究②中国特色社会主义-社会主义政治经济学-研究
Ⅳ. ①F0-0②F120.2

中国版本图书馆 CIP 数据核字（2022）第 179252 号

国家出版基金项目
"十四五"时期国家重点出版物出版专项规划项目
马克思主义理论研究与当代中国书系
马克思经济思想与中国特色政治经济学
顾海良　著
Makesi Jingji Sixiang yu Zhongguo Tese Zhengzhi Jingjixue

出版发行	中国人民大学出版社		
社　　址	北京中关村大街 31 号	**邮政编码**	100080
电　　话	010－62511242（总编室）		010－62511770（质管部）
	010－82501766（邮购部）		010－62514148（门市部）
	010－62515195（发行公司）		010－62515275（盗版举报）
网　　址	http://www.crup.com.cn		
经　　销	新华书店		
印　　刷	天津中印联印务有限公司		
规　　格	165 mm×230 mm　16 开本	**版　　次**	2022 年 10 月第 1 版
印　　张	29.5 插页 2	**印　　次**	2022 年 10 月第 1 次印刷
字　　数	435 000	**定　　价**	108.00 元

目 录

第二篇　马克思经济思想与新时期中国特色政治经济学

第三篇　马克思经济思想与新时代中国特色政治经济学

导　言

马克思经济学（Marxian economics）是马克思主义经济学（Marxist economics）的理论渊源，与马克思主义经济学是源与流的关系。“源”正才能“流”清。对马克思经济思想的历史及现实意义的再探索，是理解马克思实现的政治经济学科学革命意蕴的思想前提，是坚持马克思主义政治经济学科学原理和科学精神的方法依据，也是推进当代中国马克思主义政治经济学发展的学理依循。

《马克思经济思想与中国特色政治经济学》以对马克思经济思想历史和理论的再探索为基础，对全面理解马克思政治经济学的理论体系和科学内涵作出新的研究，对马克思经济思想在中国特色社会主义政治经济学发展和创新中的地位和作用作出新的阐释。

全书分作三篇，依次为“马克思经济思想再探索”“马克思经济思想与新时期中国特色政治经济学”“马克思经济思想与新时代中国特色政治经济学”。

一、马克思经济思想再探索

第一篇“马克思经济思想再探索”，着重于对马克思经济思想的历史与现实关系问题的研究。正本清源、拓新视界，在这一“再探索”中，主要讨论了马克思经济学的思想来源、基本方法、体系和结构，以及《资本论》和经济学手稿的关系这四个方面问题。

一是马克思经济学的思想来源问题。在马克思主义政治经济学的研究中，往往把马克思经济学的思想来源归于德国古典哲学、英法古典政治经济学和空想社会主义思想。这一理解并不全面，马克思经济学还有一个重要的思想起源，那就是马克思对他所处的资本主义时代的经济现实问题与理论问题的探讨。

马克思从1843年开始研究政治经济学，既高度重视雇佣劳动和资本这一资本主义经济“轴心”关系的研究，也十分关注当时资本主义经济现实问题的探讨。1848年，马克思对英国刚废除谷物法后的自由贸易制度的走向十分重视，对自由贸易制度和保护关税制度的关系作了探讨；1851年，马克思对当时英国银行学派和通货学派关于货币和信用制度问题的争论极为关心，在《伦敦笔记》的《完成的货币体系》的手稿中，对这一争论中价值、货币流通和信用制度与经济现实的关系问题作出深入剖析；1852年，马克思对法国正在发生的“股票投机”“实业投机”和金融危机问题极其重视，对法国和英国的信用制度及其机理作了探讨。1867年出版的《资本论》第一卷德文第一版，对1865年英国工人工资状况问题、1866年爱尔兰农业平均产量问题、1867年英国工厂法扩充条例对使用童工约束问题等现实经济问题，更是作出多方面的研究。可见，马克思经济学的产生，从来没有离开过他所处时代的资本主义经济现实。直面资本主义经济现实问题，是马克思经济学科学革命的重要思想来源。

同时，马克思经济学不只源自对古典政治经济学的研究，同样十分注重与同时代的主流经济学的“对话”。马克思对与他同时代的英国的麦克库洛赫和西尼尔（又译为西尼耳）、德国的李斯特、法国的巴师夏、美国的凯里等的著述和理论作过多方面的深入探讨。1857年，马克思在撰写《政治经济学批判》手稿时，曾打算从对巴师夏和凯里的政治经济学理论的批判切入，希望抓住主流经济学嬗变的基本取向和特征，拓展自己的经济学理论的思想资源。

二是马克思经济学方法论的全面理解问题。马克思经济学的科学革命，是以方法论上的创新为起点的。唯物史观的创立，使马克思实现了从劳动价值论的质疑到赞成的根本转折。《〈政治经济学批判〉导言》（简称《导言》）总体方法论的提出，使马克思《政治经济学批判》"五篇结构计划"和"六册结构计划"得以形成。《资本论》第一卷其实就是马克思经济学方法创新、理论创新和学科体系创新的结晶。

从19世纪40年代中期《德意志意识形态》和《哲学的贫困》中唯物史观和唯物辩证法的创立及其在经济学中的运用，到1857年《导言》中总体方法的阐释，再到1873年《资本论》第一卷"第二版跋"中研究方法和叙述方法的提出，勾画了马克思经济学方法论发展的轨迹。在对马克思经济学方法论的传统理解中，突出的是唯物史观和唯物辩证法的方法、抽象上升到具体的方法等，忽略了总体方法及研究方法和叙述方法等的研究。

在1857年《导言》中，马克思对总体方法首次作了系统论述。马克思指出："具体总体作为思想总体、作为思想具体，事实上是思维的、理解的产物；但是，决不是处于直观和表象之外或驾于其上而思维着的、自我产生着的概念的产物，而是把直观和表象加工成概念这一过程的产物。"① 作为思想总体对象的具体总体，是直观的或者表象的东西，是思想总体得以产生和形成的基础和根据。思想总体对具体总体的再现，就是"思维用来掌握具体、把它当作一个精神上的具体再现出来"② 的过程，也就是抽象上升到具体的过程。其实，抽象上升到具体的方法只是总体方法的一个方面。总体方法在政治经济学中的运用，集中体现于：一定的社会经济关系中，生产和分配、交换、消费作为一个有机整体，"构成一个总体的各个环节，一个统一体内部的差别"③。在社会经济关系这一总体中，"一定的生产决定一定的消费、分配、交换和这些不同要素相互间的一定

---

① 马克思，恩格斯. 马克思恩格斯全集：第30卷. 2版. 北京：人民出版社，1995：42-43.

② 同①42.

③ 同①40.

关系。当然，生产就其单方面形式来说也决定于其他要素”①。总体方法是理解社会经济关系构造及其运行的根本方法。

马克思在《资本论》第一卷“第二版跋”中，对研究方法和叙述方法作了论述：“在形式上，叙述方法必须与研究方法不同。研究必须充分地占有材料，分析它的各种发展形式，探寻这些形式的内在联系。只有这项工作完成以后，现实的运动才能适当地叙述出来。这点一旦做到，材料的生命一旦在观念上反映出来，呈现在我们面前的就好像是一个先验的结构了。”② 研究方法以实在的经济现实为出发点，研究方法的结果是叙述方法的起端；研究方法和叙述方法是唯物史观和唯物辩证法在经济学上的实际运用，是总体方法的具体体现，是马克思对经济学方法论的最为直接的、也是最为明确的阐释。

三是马克思经济学体系和结构问题。马克思自 1843 年开始政治经济学研究后，就不间断地探索政治经济学体系结构问题，直到 1857 年在《导言》中才第一次提出《政治经济学批判》较为完整的体系结构，即分为“五篇结构计划”：一般的抽象的规定，形成资产阶级社会内部结构并且成为基本阶级的依据的范畴，资产阶级社会在国家形式上的概括，生产的国际关系，世界市场和危机。1858 年初，马克思对“五篇结构计划”作了调整，提出了“六册结构计划”的设想。在 1859 年出版的《政治经济学批判》第一分册的“序言”中，马克思正式公布了这一结构计划，这就是：“我考察资产阶级经济制度是按照以下的顺序：资本、土地所有制、雇佣劳动；国家、对外贸易、世界市场。”③ 第一册《资本》进一步被分为资本一般、竞争或许多资本的相互作用、信用、股份资本这四篇。1862 年底之后，马克思提出了经济学体系结构的新的计划，决定“将以《资本论》为标题单独出版，而《政治经济学批判》只作为副标题”④，《资本论》分作理论原理部分三卷和理论历史部分一卷的“四卷结构计划”。

---

① 马克思，恩格斯. 马克思恩格斯全集：第 30 卷. 2 版. 北京：人民出版社，1995：40.
② 马克思，恩格斯. 马克思恩格斯文集：第 5 卷. 北京：人民出版社，2009：21-22.
③ 马克思，恩格斯. 马克思恩格斯全集：第 31 卷. 2 版. 北京：人民出版社，1998：411.
④ 马克思，恩格斯. 马克思恩格斯文集：第 10 卷. 北京：人民出版社，2009：196.

从1857年《导言》提出“五篇结构计划”到1867年《资本论》第一卷德文第一版出版的10年间，马克思对政治经济学体系结构的不懈探讨，是马克思政治经济学方法和理论原理不断创新的结果，也是马克思经济学理论体系日臻完善的结果。1866年，马克思在对《资本论》第一卷德文第一版作最后润色时，不无自豪地认为：“在像我这样的著作中细节上的缺点是难免的。但是结构，即整个的内部联系是德国科学的辉煌成就，这是单个的德国人完全可以承认的，因为这决不是他的功绩，而是全民族的功绩。”① 这是极为罕见的马克思对自己科学研究成果的高度评价。

马克思《1857—1858年经济学手稿》是以“政治经济学批判”为题，按照“五篇结构计划”撰写的经济学手稿；《1861—1863年经济学手稿》也是以“政治经济学批判”为题，但是按照“六册结构计划”撰写的经济学手稿。这两部手稿长期被看作《资本论》第一稿和第二稿，这显然是不很确切的。这两部手稿并不是按照《资本论》的结构撰写的，甚至马克思那时还没有意识到要撰写以《资本论》为标题的政治经济学著作。这两部手稿包含的马克思对更为广泛的理论问题的探索，既有“未知的马克思”在经济学科学研究中的“实验记录”，也有超越经济学视界的“理论档案”。马克思的经济学手稿是理解马克思经济学的重要内容，不理解马克思经济学手稿就不能全面把握马克思经济学的真谛。

《1857—1858年经济学手稿》写作之前10年，《哲学的贫困》发表；写作之后10年，《资本论》第一卷德文第一版面世。这部手稿是马克思思想发展的重要路标，也是马克思“不惑之年”的思想综合。在这部手稿中，马克思实现了从现存的政治经济学理论批判为主的研究向以政治经济学体系构建为主的理论叙述的转变。在理论体系上，第一次明确了政治经济学对象和方法，第一次对劳动价值论、剩余价值论和资本主义经济运动趋势理论作了较为系统的阐释，初步论述了剩余价值的生产方式和流通过程以及资本主义经济危机等问题，成为马克思经济学理论创新的重要标识。

《1861—1863年经济学手稿》作为马克思经济思想的“历史路标”，涉

① 马克思，恩格斯．马克思恩格斯文集：第10卷．北京：人民出版社，2009：236.

及从17世纪60年代配第到19世纪中叶李嘉图学派及各种经济学流派的主要的经济思想的“历史的评论”，对这200年间经济学发展的主要理论，特别是关于剩余价值和利润理论史、生产价格理论史、地租理论史等作了深入的研究。在这部手稿中，马克思在资本和剩余价值本质、剩余价值生产形式、资本对劳动的从属关系、生产劳动和非生产劳动、剩余价值转化为平均利润和价值转化为生产价格、社会资本再生产等一系列理论上取得了重要进展，树立了马克思经济学理论创新的“历史路标”。

Marx Beyond Marx 是国外一位学者对《1857—1858年经济学手稿》研究专著的标题。确实，马克思在这部手稿中有着多处“超越”。对人的发展的三大形式的论述，是马克思关于以人为主体的社会发展观，是关于经济的社会形式演进的思想精粹；对前资本主义社会的各种所有制形式的考察，主要如亚细亚的所有制形式、古代的所有制形式、日耳曼的所有制形式等，展示了马克思理解的“世界历史”的理论视域，彰显了马克思对东方社会理解的理论意蕴；对雇佣劳动和资本、机器体系和科学技术的资本主义使用方式和劳动过程的异化、资本主义的普遍化异化和经济社会危机等问题的论述，是“青年马克思”思想的赓续，是理解资本主义社会关系本质的思想导引；对未来共产主义社会的预测，特别是对人的自由而全面发展理论的阐述，对人的现实关系和观念关系的全面性的探讨，成为全面理解马克思关于未来社会理论的必修读本。

《1861—1863年经济学手稿》关于“机器。自然力和科学的应用”的研究成果，是马克思对科学技术的社会意义理解的显著证明，也是那个年代社会科学对科学技术革命意义研究的最高成就。在关于劳动对资本形式向实际从属过渡的论述中，马克思紧扣这一过渡与资本主义经济关系变革的必然联系，阐明了劳动对资本的实际从属是生产力运动方式革命的结果，是直接生产过程中更大规模地应用自然力、科学和机器的结果，是科学技术力量转化为资本力量的结果，其中深刻地蕴含着未来社会经济关系产生以及“联合起来的、社会的个人的所有制”形成的历史必然性。

四是马克思《资本论》和经济学手稿的关系问题。马克思决定以《资本论》为题出版自己的政治经济学著作后，是否放弃了“六册结构计划”

呢？传统的观点回答是肯定的，但是，马克思在《资本论》第一卷中的许多提示却不这么认为。例如，马克思在论及工资的具体形式时就认为："阐述所有这些形式是属于专门研究雇佣劳动的学说的范围，因而不是本书的任务。"① 这里提到的"专门研究雇佣劳动的学说"，指的就是"六册结构计划"第三册《雇佣劳动》的主题。

如果说马克思从来没有放弃"六册结构计划"，那么，《资本论》就是马克思未完成的著作，应该怎样评价《资本论》的科学价值呢？"六册结构计划"的未完成性，并不能否认《资本论》体系结构的完整性。《资本论》体系结构独立的科学价值同它作为"六册结构计划"的未完成部分并不是对立的。《资本论》相当于"六册结构计划"第一册《资本》第一篇"资本一般"的内容，马克思认为，这部分内容实际上"就是英国人称为'政治经济学原理'的东西。这是精髓"。《资本论》所阐述的马克思经济学原理的"精髓"，揭示了资本主义经济关系的本质规定，阐明了资本主义生产方式的基本特征和根本规律。在马克思看来，在这些"原理"的基础上，"余下的问题……别人就容易在已经打好的基础上去探讨了"②。

马克思经济学体系结构是开放的。《资本论》是马克思计划写作的经济学巨著的开篇部分，但却是最基本、最本质的部分，从而奠定了马克思主义经济学的理论基础。同时，马克思远没有完成的"六册结构计划"的恢宏构想，为当代马克思主义经济学提供了广袤的理论发展和创新的空间。

当代马克思主义经济学的发展，既不能否弃《资本论》的科学价值，也不能简单地把《资本论》看作马克思经济学的全部内容。即便是资本主义经济学的发展，也不能只限于《资本论》论题，而应该在《资本论》关于"资本一般"理论的基础上，拓展竞争、信用和股份资本等理论问题的研究视野；面对经济全球化和国际垄断资本发展的现实，更要拓展"六册结构计划"中提出的关于国家的经济职能、国际经济关系及世界市场和危机等论题的研究视野。中国特色社会主义道路、制度和理论的发展，更要

① 马克思，恩格斯．马克思恩格斯文集：第5卷．北京：人民出版社，2009：623.

② 马克思，恩格斯．马克思恩格斯文集：第10卷．北京：人民出版社，2009：196.

求我们运用《资本论》的基本理论，拓展马克思主义经济学研究的理论视野，升华中国特色社会主义政治经济学的境界。

二、马克思经济思想与新时期中国特色政治经济学

第二篇“马克思经济思想与新时期中国特色政治经济学”对新时期中国特色社会主义政治经济学的形成和发展作出探索，凸显中国特色社会主义政治经济学在改革开放新时期的发展历程和理论建树。

2015 年 11 月，在以“马克思主义政治经济学基本原理和方法论”为主题的十八届中共中央政治局第二十八次集体学习时，习近平发表了题为《不断开拓当代中国马克思主义政治经济学新境界》（简称《新境界》）的讲话。在《新境界》中，习近平在中国特色社会主义政治经济学的历史逻辑、实践逻辑和理论逻辑的阐释中，升华了对中国特色社会主义政治经济学历史和现实的认识。

中国特色社会主义政治经济学形成于中国改革开放新时期，但从经济思想的“历史路标”来看，它的发端要更早一些，应该起始于中国社会主义基本经济制度确立时期，其重要标志就是毛泽东 1956 年 4 月发表的题为《论十大关系》讲话和 1957 年 2 月发表的题为《关于正确处理人民内部矛盾的问题》讲话。习近平在对中国社会主义经济思想历程的回溯中提出，毛泽东“在探索社会主义建设道路过程中对发展我国经济提出了独创性的观点”，“是我们党对马克思主义政治经济学的创造性发展”①，由此而树立了中国特色社会主义政治经济学始创时期的“历史路标”。

在《论十大关系》和《关于正确处理人民内部矛盾的问题》中，毛泽东站在中国社会主义建设道路发展全局的战略高度，牢牢把握社会主义经济建设中的“问题”、“矛盾”和“关系”等关键环节，对中国社会主义经济建设中一系列基本问题作出多方面研究，特别是对一个学理遵循和三个

---

① 中共中央党史和文献研究院. 十八大以来重要文献选编：下. 北京：中央文献出版社，2018：2.

理论要义的阐释，对中国特色社会主义政治经济学作出了开创性探索。

“一个学理遵循”，是指毛泽东提出的“第二次结合”的原则。1956 年 3 月，在对苏共二十大后国际共产主义运动的可能变局和中国共产党相应对策问题阐释时，毛泽东指出：“赫鲁晓夫这次揭了盖子，又捅了娄子。他破除了那种认为苏联、苏共和斯大林一切都是正确的迷信，有利于反对教条主义。不要再硬搬苏联的一切了，应该用自己的头脑思索了。应该把马列主义的基本原理同中国社会主义革命和建设的具体实际结合起来，探索在我们国家里建设社会主义的道路了。”① 一个月后，毛泽东再次指出：“现在是社会主义革命和建设时期，我们要进行第二次结合，找出在中国怎样建设社会主义的道路。”② 毛泽东提出了进行“第二次结合”，独立思考中国自己的社会主义建设道路的基本原则和学理遵循。

“三个理论要义”，是指毛泽东社会主义经济思想中的三个核心理论。毛泽东在开始中国社会主义经济建设问题探讨时一再提出：“一定要首先加强经济建设”、一定要“把一个落后的农业的中国改变成为一个先进的工业化的中国”③，把握了经济关系和经济建设问题探索的中心论题。同时，在对中国社会主义建设道路中涵盖经济建设、政治建设、文化建设、国防建设、党的建设、外交政策和国际战略等问题的全面阐释中，毛泽东提出了社会主义社会的基本矛盾理论，提出了统筹兼顾、注意综合平衡，提出了以农业为基础、工业为主导，农轻重协调发展等重要理论。这是镌刻在中国特色社会主义政治经济学始创时期“历史路标”上的三大理论要义。

中国特色社会主义政治经济学形成于改革开放新时期。在《新境界》中，习近平指出：“党的十一届三中全会以来，我们党把马克思主义政治经济学基本原理同改革开放新的实践结合起来，不断丰富和发展马克思主义政治经济学。”④ 这是对中国特色社会主义政治经济学形成的“历史路

---

① 中共中央文献研究室．毛泽东年谱：1949—1976：第 2 卷．北京：中央文献出版社，2013：550.

② 同①557.

③ 毛泽东．毛泽东文集：第 7 卷．北京：人民出版社，1999：28，117.

④ 中共中央党史和文献研究院．十八大以来重要文献选编：下．北京：中央文献出版社，2018：2－3.

标”的深刻说明。

1984年，党的十二届三中全会通过的《关于经济体制改革的决定》的发表，是中国特色社会主义政治经济学形成的标志。邓小平认为，《决定》提出的“社会主义经济是公有制基础上的有计划的商品经济”观点，与当时正在全面推行的经济体制改革的实际相适应，是马克思主义政治经济学的“新话”。邓小平认为，这些“新话”给人以“写出了一个政治经济学的初稿”的印象，是“马克思主义基本原理和中国社会主义实践相结合的政治经济学”①，也就是中国特色社会主义政治经济学。“第二次结合”是中国特色社会主义政治经济学形成和发展的基本原则和学理遵循。

习近平在论及这一时期中国特色社会主义政治经济学发展“历史路标”的内涵时提出：“三十多年来，随着改革开放不断深入，我们形成了当代中国马克思主义政治经济学的许多重要理论成果。”② 这些理论与党的十八大开头三年即从2012年至2015年形成的理论一起，构成中国特色社会主义政治经济学的新的“历史路标”。镌刻在这一“历史路标”上的“重要理论成果”，习近平提到的主要有：“关于社会主义本质的理论，关于社会主义初级阶段基本经济制度的理论，关于树立和落实创新、协调、绿色、开放、共享的发展理念的理论，关于发展社会主义市场经济、使市场在资源配置中起决定性作用和更好发挥政府作用的理论，关于我国经济发展进入新常态的理论，关于推动新型工业化、信息化、城镇化、农业现代化相互协调的理论，关于农民承包的土地具有所有权、承包权、经营权属性的理论，关于用好国际国内两个市场、两种资源的理论，关于促进社会公平正义、逐步实现全体人民共同富裕的理论，等等。”③

这些理论成果，是以新时期中国社会主义经济建设道路的发展及其相应的经济制度和经济体制的改革发展探索为主要特征的。在《新境界》中，习近平强调：“这些理论成果，马克思主义经典作家没有讲过，改革开放前我们也没有这方面的实践和认识，是适应当代中国国情和时代特点

---

① 邓小平. 邓小平文选：第3卷. 北京：人民出版社，1993：83.

②③ 中共中央党史和文献研究院. 十八大以来重要文献选编：下. 北京：中央文献出版社，2018：3.

的政治经济学，不仅有力指导了我国经济发展实践，而且开拓了马克思主义政治经济学新境界。”①

三、马克思经济思想与新时代中国特色政治经济学

第三篇“马克思经济思想与新时代中国特色政治经济学”探讨的是党的十八大以来，在续写“第二次结合”的新篇章中，以习近平同志为核心的党中央紧密结合新时代全面建成小康社会的新的实践，推进了中国特色社会主义政治经济学的发展，树立了新时代中国特色社会主义政治经济学发展的新的“历史路标”。

在《新境界》中，习近平提出，中国特色社会主义政治经济学的发展，要注重“把实践经验上升为系统化的经济学说，不断开拓当代中国马克思主义政治经济学新境界”②。这里提到的“系统化的经济学说”，是习近平继中国特色社会主义政治经济学历史逻辑即“历史路标”阐释之后，对中国特色社会主义政治经济学的理论逻辑的阐释。

习近平对这一理论逻辑作出六个层面的结构分析：一是坚持以人民为中心的发展思想。发展为了人民，这是马克思主义政治经济学的根本立场，也是部署经济工作、制定经济政策、推动经济发展要牢牢坚持的根本立场。二是坚持新发展理念。2015 年，在制定“十三五”规划时，习近平正式提出了涵盖创新、协调、绿色、开放、共享五大理念的新发展理念，新发展理念“同马克思主义政治经济学的许多观点是相通的”③，在坚持和发展新时代中国特色社会主义中“按照新发展理念推动我国经济社会发展，是当前和今后一个时期我国发展的总要求和大趋势”④。三是坚持和完

① 中共中央党史和文献研究院．十八大以来重要文献选编：下．北京：中央文献出版社，2018：3.

② 同①7.

③ 同①4.

④ 中共中央文献研究室．习近平关于社会主义经济建设论述摘编．北京：中央文献出版社，2017：45.

善社会主义基本经济制度。“要毫不动摇巩固和发展公有制经济，毫不动摇鼓励、支持、引导非公有制经济发展，推动各种所有制取长补短、相互促进、共同发展”，是中国特色社会主义政治经济学的重要的理论观点；“我国基本经济制度是中国特色社会主义制度的重要支柱，也是社会主义市场经济体制的根基，公有制主体地位不能动摇，国有经济主导作用不能动摇”①，是中国特色社会主义政治经济学鲜明的理论观点。四是坚持和完善社会主义基本分配制度。按劳分配为主体、多种分配方式并存的分配制度理论，是新时期形成的反映中国特色社会主义基本经济制度本质特征的主要理论之一。五是坚持社会主义市场经济改革方向。在社会主义条件下发展市场经济，是中国共产党伟大的理论创造。习近平强调：“之所以说是社会主义市场经济，就是要坚持我们的制度优越性，有效防范资本主义市场经济的弊端。我们要坚持辩证法、两点论，继续在社会主义基本制度与市场经济的结合上下功夫。”② 六是坚持对外开放基本国策。习近平指出：“开放是实现国家繁荣富强的根本出路。”③ 要善于统筹国内国际两个大局，利用好国际国内两个市场、两种资源。要坚决维护我国发展利益，积极防范各种风险，确保国家经济安全。

随着新时代全面建成小康社会进程的推进，中国特色“系统化的经济学说”有了新的发展。党的十九大之后召开的第一次中央经济工作会议，对习近平新时代中国特色社会主义经济思想作出“结构”上的新概括。这一新概括，以坚定不移地贯彻新发展理念为主要内容，形成七个“坚持”的理论要义，集中体现了党的十八大以来中国特色的“系统化的经济学说”的拓新。

新发展理念是中国特色“系统化的经济学说”的主要内容和主导线索。坚持党对经济工作的领导和坚持以人民为中心的发展思想，是中国特色“系统化的经济学说”的本质特征和核心立场；经济发展新常态、社会

---

① 中共中央党史和文献研究院．十八大以来重要文献选编：下．北京：中央文献出版社，2018：5.

② 同①6.

③ 中共中央文献研究室．习近平关于社会主义经济建设论述摘编．北京：中央文献出版社，2017：305.

主义市场经济体制改革和供给侧结构性改革，是支撑中国特色社会主义政治经济学“结构”的主体理论；坚持问题导向和坚持正确工作策略，是中国特色“系统化的经济学说”的根本方法和战略思维。

2020年下半年，在主持召开的企业家座谈会、扎实推进长三角一体化发展座谈会、经济社会领域专家座谈会、科学家座谈会、基层代表座谈会、教育文化卫生体育领域专家代表座谈会的系列讲话中，在对十九届五中全会通过的《中共中央关于制定国民经济和社会发展第十四个五年规划和二〇三五年远景目标的建议》的说明中，习近平从“两个一百年”历史交汇点的高度，将“十四五”规划与2035年远景目标统筹考虑，对“十四五”规划制定的重大问题作出研究和探讨，对中国特色“系统化的经济学说”作出理论上的新概括。这一新概括，可以归为以下三大部分：

一是凸显了对党的十九大之前形成的重要理论的概括，如社会主义本质理论，新发展理念理论，发展社会主义市场经济理论，我国经济发展进入新常态、深化供给侧结构性改革、推动经济高质量发展理论，推动新型工业化、信息化、城镇化、农业现代化“四化”同步发展和区域协调发展理论，用好国际国内两个市场、两种资源理论等。

二是对党的十九大以后提出的重要理论的概括，如社会主义初级阶段基本经济制度理论，指的就是十九届四中全会作出的公有制为主体、多种所有制经济共同发展，按劳分配为主体、多种分配方式并存，社会主义市场经济体制等社会主义基本经济制度的新概括。

三是对新发展阶段需要作出新的探索的重要理论的概括，如农民承包的土地具有“三权”属性理论，加快形成以国内大循环为主体、国内国际双循环相互促进的新发展格局理论，促进社会公平正义、逐步实现全体人民共同富裕的理论，统筹发展和安全理论等。从历史、理论和现实结合上的这一概括，是对新发展阶段“系统化的经济学说”的新的认识。习近平认为：“这些理论成果，不仅有力指导了我国经济发展实践，而且开拓了马克思主义政治经济学新境界。”①

在这一新的概括之前，习近平先提出了中国特色“系统化的经济学

① 习近平. 在经济社会领域专家座谈会上的讲话. 人民日报，2020-08-25（2）.

说”中的“术语的革命”的问题。恩格斯曾指出：“一门科学提出的每一种新见解都包含这门科学的术语的革命。”① 习近平在对中国特色“系统化的经济学说”的阐释中，对诸如发展理念、所有制、分配体制、政府职能、市场机制、宏观调控、产业结构、企业治理结构、民生保障、社会治理等“重要论断”作出高度评价，突出了这些范畴、概念的先导作用。这些“重要论断”，实际上就是中国政治经济学的“术语的革命”，构成中国特色“系统化的经济学说”的学术的和学理的基础。

面对新发展阶段的新的实际，习近平还对发展什么样的中国特色社会主义政治经济学和怎样发展中国特色社会主义政治经济学的问题作出新的探索，升华了新发展阶段政治经济学的思想智慧和学理依循。一是要从国情出发，从中国实践中来、到中国实践中去，把论文写在祖国大地上，使理论和政策创新符合中国实际、具有中国特色，不断发展中国特色社会主义政治经济学。二是要深入调研，察实情、出实招，充分反映实际情况，使理论和政策创新有根有据、合情合理。在新发展阶段，以科技创新催生新发展动能是“育新机”和“开新局”的关键所在。三是要把握规律，坚持马克思主义立场、观点、方法，透过现象看本质，从短期波动中探究长期趋势，使理论和政策创新充分体现先进性和科学性。四是要树立国际视野，从中国和世界的联系互动中探讨人类面临的共同课题，为构建人类命运共同体贡献中国智慧、中国方案。

习近平对新时代发展什么样的中国特色社会主义政治经济学和怎样发展中国特色社会主义政治经济学问题作出新的探索，拓展了新发展阶段中国特色社会主义政治经济学的理论视野，升华了21世纪马克思主义政治经济学的思想境界。

① 马克思，恩格斯. 马克思恩格斯文集：第5卷. 北京：人民出版社，2009：32.

第一篇

马克思经济思想再探索

● 2013 年，在马克思逝世 130 周年之际，我提出了如何拓展马克思经济思想研究新视界的问题。2013 年，正是中国特色社会主义进入新时代的开局之年，中国特色社会主义政治经济学已经显示出进入新的发展阶段的征兆。在这种背景下，“重视马克思政治经济学本身的研究”的问题，有重要的理论和学术意义。

●《1857—1858 年经济学手稿》既是继《哲学的贫困》之后马克思思想发展的重要路标，也是马克思向《资本论》创作进展的思想驿站，还是马克思“不惑之年”思想发展的整体呈现。

在《手稿》中，马克思对劳动价值论、剩余价值论和资本主义经济运动趋势理论作了较为系统的论述，特别是完成了劳动价值论的科学革命，首次提出剩余价值范畴，初步阐述了剩余价值的来源、生产方式、流通过程和资本主义经济危机等重要问题，成为马克思经济学理论创新的重要标识，奠定了《资本论》理论大厦的基石。《手稿》涉及马克思关于哲学、政治学、社会学、历史学的一系列重要理论观点，许多重要观点在马克思以后的包括《资本论》在内的著述中，没有再度出现或没有再次直接论及。《手稿》无疑是探索马克思整体思想及其内在联系的历史档案和重要文献。

● 1857 年 7 月，马克思撰写的《巴师夏和凯里》手稿，承继他之前对经济思想“学派”“流派”研究的基本观点，提出了经济思想“学派”“流派”的新的见解。对经济思想的“意向”和“民族环境”五个方面关系的比较研究，对理解经济思想史上各种经济学流派、思潮的国别、民族特色有重要的意义。《巴师夏和凯里》手稿对国家论题在政治经济学理论体系中的地位问题作出了开创性探讨。

● 大约写于 1857 年 8 月下旬的《〈政治经济学批判〉导言》，是马克思为当时计划写作的《政治经济学批判》巨著写的“总的导言”。马克思在总结自 1843 年以来十多年间政治经济学研究成果的基础上，首次对政治经济学的对象、结构和方法问题作出系统论述。《导言》虽然是一部未完成的草稿，但它对理解马克思思想的革命性变革有重要的意义。

●《1861—1863 年经济学手稿》在马克思经济学体系结构演进、思想

历史研究和理论原理创新上取得的显著成果和成就，成为马克思经济思想发展中高耸的“历史路标”，成为我们现在对马克思经济学作出“历史的评论”的经典文本。

● 马克思关于经济思想史的主题、方法和形式等系列观点的总和，构成马克思经济思想史观。马克思关于经济思想史研究的两种形式及其探索，不仅在马克思经济思想史观中占有重要地位，而且对于马克思经济学体系的理解，对于当代马克思主义政治经济学的发展，对于马克思主义经济学说史学科的发展都有重要的意义。

●《第六章 直接生产过程的结果》手稿是《1863—1865 年经济学手稿》的一部分，是马克思 1864 年上半年按照 1863 年 1 月提出的《资本论》结构计划撰写的第一卷最后一章即“第六章”的手稿。这部手稿在马克思经济思想发展中有着重要的地位，特别是马克思从资本直接生产过程“结果”上对资本主义经济关系作出的探索，无论是对《资本论》第一卷理论体系和科学方法，还是对马克思经济思想历史与当代的研究都有重要的意义。

第一章　马克思经济思想理解的新视界

2013 年，在马克思逝世 130 周年之际，由我主持的《马克思主义经济学说史》正式出版。当年 8 月，我在接受《人民日报》记者于春晖采访时提道："在马克思逝世 130 周年时，《马克思主义经济学说史》出版，是对马克思的最好的纪念。"同时，还提出马克思经济学研究的 10 个问题①，主张以"重视马克思政治经济学本身的研究"为题，拓展马克思经济思想研究新视界的问题。

2013 年，正是中国特色社会主义进入新时代的开局之年，中国特色社会主义政治经济学已经显示出进入新的发展阶段的征兆。在这种背景下，"重视马克思政治经济学本身的研究"的问题，有更为重要的理论和学术意义。

一、拓展马克思经济学来源和方法的研究

《马克思主义经济学说史》教材编写与类似的教材相比较，有一些理

① 于春晖. 马克思经济学研究的 10 个问题：访中央马克思主义理论研究和建设工程首席专家顾海良教授. 人民日报，2013-09-29 (5).

论和学术上的突破，如对马克思在《〈政治经济学批判〉导言》中提出的方法论，主要是总体方法论以及《资本论》对这一方法论的运用作了比较充分的阐述；再如在对马克思政治经济学体系问题的探讨中，改变了以往把《资本论》体系结构当作马克思经济学体系全部内容的观点，对马克思《政治经济学批判》的“五篇结构计划”和“六册结构计划”的内涵，以及“六册结构计划”同《资本论》“四卷结构计划”的关系问题作了阐释。从资本到土地所有制、雇佣劳动，再到国家、国际经济关系和世界市场的“六册结构计划”，以及“六册结构计划”第一册《资本》，从资本一般到资本竞争、再到信用和股份资本的体系结构与叙述思路的阐释，展现了马克思政治经济学体系的恢宏结构和马克思经济学当代发展的广袤的理论空间。仅就马克思以“世界市场”作为政治经济学体系的最具体范畴的这一观点，就足以说明马克思经济学体系科学性、创新性与时代性的深湛意蕴。

同时，《马克思主义经济学说史》也对西方国家的马克思经济学的研究状况作了概要说明，特别是对莫里斯·多布关于马克思经济学基本原理的研究、保罗·巴兰和保罗·斯威齐关于垄断资本理论的论证、厄内斯特·曼德尔关于晚期资本主义理论的探讨等作出评析。在 20 世纪马克思主义经济学说史上，西方国家马克思主义政治经济学的发展是重要的一翼。

在新时代中国政治经济学的发展中，如何在注重历史、理论和现实的结合上，深化对马克思政治经济学及其思想历史的研究，形成全面理解和把握马克思经济学说的新视界，是有重要意义的。特别是如何结合新的实际，丰富和发展马克思经济学说已有的理论结论和判断；如何从当代社会经济关系的实际出发，破除对马克思经济学说的某些“教条式”的理解；如何弘扬理论探究的科学精神，澄清“附加”在马克思经济学说名下的各种偏颇理解和错误观点等方面，更有重要的理论意义。

在“重视马克思政治经济学本身的研究”中，首先应该在学理上搞清楚，马克思经济学或马克思政治经济学是马克思主义政治经济学的理论渊源，它同马克思主义政治经济学是“源”与“流”的关系。正“源”才能清“流”，马克思经济学中包含的基本原理，是马克思实现经济学科学革命的最显著的标识，也是马克思主义政治经济学的基本构件和主要支柱。深化马克思经济学研究，是理解19世纪40年代及之后40年间马克思实现的政治经济学科学革命意义的基点，是认识马克思经济学科学原理和科学精神的基础，也是马克思经济学在现时代发展和创新的基石。

“重视马克思政治经济学本身的研究”，需要开阔马克思经济思想来源和方法研究的视界。理解马克思经济思想的来源问题，除了通常认为的德国古典哲学、英法古典政治经济学和空想社会主义之外，其实还有一个重要的来源，那就是马克思对他所处时代的资本主义现实经济问题和理论问题的探讨。

马克思在1843年开始政治经济学研究时，一方面高度重视雇佣劳动和资本这一资本主义经济“轴心”关系的研究，另一方面也十分关注当时资本主义经济现实问题的探讨。如1848年，马克思在布鲁塞尔民主协会召开的公众大会上发表的关于自由贸易问题的演说，对英国刚废除谷物法后的自由贸易制度走向问题十分重视，对自由贸易制度和保护关税制度的关系作了深入的探讨。马克思指出，英国谷物法的废除尽管是“自由贸易在19世纪取得的最伟大的胜利”①，但是，“在当今社会条件下，到底什么是自由贸易呢？这就是资本的自由。排除一些仍然阻碍着资本自由发展的民族障碍，只不过是让资本能充分地自由活动罢了。不管商品相互交换的条件如何有利，只要雇佣劳动和资本的关系继续存在，就永远会有剥削阶级和被剥削阶级存在”②。从当时资本主义经济关系整体来看，“保护关税制度在现今是保守的，而自由贸易制度却起着破坏的作用。自由贸易制度正在瓦解迄今为止的各个民族，使无产阶级和资产阶级间的对立达到了顶点。总而言之，自由贸易制度加速了社会革命”③。正是在“这种革命意义上”，马克思“才赞成自由贸易”。

---

① 马克思，恩格斯．马克思恩格斯文集：第1卷．北京：人民出版社，2009：744.

② 同①756.

③ 同①759.

1850 年到 1853 年和 1857 年到 1870 年，是马克思经济学研究较为集中的两个时间段。古典经济学的主要著述，如威廉·配第的《赋税论》发表于 1662 年、亚当·斯密的《国富论》发表于 1776 年、大卫·李嘉图的《政治经济学及赋税原理》发表于 1817 年，同马克思经济学研究的时间段上有程度不同的距离。马克思经济学不只源自对古典经济学的研究，同时也没有离开对同时代的主流政治经济学的探讨。马克思对英国的约翰·拉姆赛·麦克库洛赫（1789—1864）和纳索·威廉·西尼尔（1790—1864）、德国的弗里德里希·李斯特（1789—1846）、法国的弗雷德里克·巴师夏（1801—1850）、美国的亨利·查理·凯里（1793—1879）等的著述和理论作过多方面的深入探讨。1851 年，马克思对当时英国银行学派和通货学派关于货币和信用制度问题的争论极为关心，他留下的《完成的货币体系》手稿，对这一争论中价值、货币流通和信用制度与经济现实的关系问题作了剖析；1852 年，马克思对法国正在发生的"股票投机""实业投机"和金融危机问题极其重视，对法国和英国的信用制度及其机理作了探讨。

1857 年，马克思在撰写《政治经济学批判》手稿时，打算从批判巴师夏和凯里的经济学理论开始，因为马克思意识到，"他们两人都认为，资产阶级社会在现代经济学中历史地取得的理论表现，必须当作谬误来加以抨击，并且必须在古典经济学家朴素地描绘生产关系的对抗的地方，证明生产关系是和谐的。他们两人从事写作的民族环境是完全不同的，甚至是相反的，但却驱使他们产生了同样的意向"①。马克思希望抓住主流经济学嬗变的基本取向和特征，通过对最为流行的政治经济学观点的批判，拓宽政治经济学理论研究的视野。后来，马克思又从批判阿尔弗勒德·达里蒙（1819—1902）《论银行改革》的货币理论开始撰写《政治经济学批判》手稿。达里蒙的《论银行改革》1856 年刚出版，马克思以此著作为批判对象，是希望能在对流行的经济学理论的直接回应中，形成自己的政治经济学理论及其体系。

《资本论》第一卷也许更能体现马克思对同时代经济学家理论批判的

---

① 马克思，恩格斯．马克思恩格斯全集：第 30 卷．2 版．北京：人民出版社，1995：4.

状况。马克思在《资本论》第一卷德文第一版中提到近 180 位经济学家，其中，在 1823 年李嘉图去世之后仍活跃于经济学界的有 115 位，占这些经济学家的 66％；在 1843 年马克思开始研究政治经济学之后还活跃于经济学界的有 94 位，占这些经济学家的 53％。在《资本论》第一卷中，马克思用专门章节批判当时的主流经济学家理论的有两处：一是在第七章“剩余价值率”第三节“西尼尔的‘最后一小时’”中对西尼尔理论的批判。西尼尔是当时地位显赫的经济学家，他从 1825 年到 1830 年受聘牛津大学首度设置的经济学教授席位，1847 年到 1852 年再度受聘。二是第二十五章“现代殖民理论”中对爱德华·吉本·韦克菲尔德（1796—1862）理论的批判。在西方学界，韦克菲尔德被看作“在 19 世纪中间的三分之一时期内，在古典经济学的年鉴中留下了一个鲜明的足迹”① 的经济学家。与同时代主流经济学理论交锋，是马克思《资本论》的重要理论特色，也是马克思政治经济学起源的重要方面。

方法论上的创新，是马克思实现政治经济学的科学革命的前提。马克思在政治经济学上有两次重大的方法创新：第一次是 19 世纪 40 年代中期马克思唯物史观方法的创新，这次方法创新形成了生产力和生产关系的经济结构的思想，实现了马克思从劳动价值论的质疑者到劳动价值论的赞成者的转变，开始了马克思在劳动价值论上的理论创新，奠定了马克思经济学的理论基石；第二次是 19 世纪 50 年代末马克思关于“抽象上升到具体”的总体方法创新，这次总体方法创新直接导致马克思政治经济学理论体系“五篇结构计划”的提出和“六册结构计划”的形成，实现了马克思政治经济学理论体系创新。十年之后的 1867 年出版的马克思《资本论》第一卷德文第一版，成为马克思在政治经济学方法创新、政治经济学理论创新和体系创新的结晶。

1857 年，马克思在《〈政治经济学批判〉导言》中对总体方法第一次作出深入阐释。马克思把总体的过程分作“具体总体”和“思想总体”两个方面，提出“具体总体作为思想总体、作为思想具体，事实上是思维的、理解的产物；但是，决不是处于直观和表象之外或驾于其上而思维着

① 伊特韦尔．新帕尔格雷夫经济学大辞典：第 4 卷．北京：经济科学出版社，1996：916.

的、自我产生着的概念的产物，而是把直观和表象加工成概念这一过程的产物"①。这就是讲，在"思想总体"之前的"具体总体"，指的是直观的或者表象的东西。这种直观的或者表象的东西是事物的本体意义的存在，马克思把它称作"具体总体"。这种"具体总体"是"思想总体"得以产生和形成的基础和根据。当然，"思想总体"经过思维的加工以后再产生的"具体总体"。从思维的规律来看，就是先有直接的表象事物的存在，通过我们的思维对这些具体的形态进行加工，最后在思维中得到反映，在思维中再现的是基于同时也高于原来那种直观的总体。

研究过程的关键在于"思想总体"怎样反映"具体总体"，一方面"思想总体"产生于"具体总体"，"具体总体"是"思想总体"的材料和对象，另一方面"思想总体"又再现"具体总体"，把先前存在的"具体总体"加工成一种思维中有序的系统的思维中的"具体总体"。在思维中再现的"具体总体"，就是我们讲的理论观点及理论体系。这种"再现"，不是对先前的"具体总体"的简单的摹写，而是经过人的思维这一专有的方式加工以后的结果。马克思对此作了经典的概括：这是"思维用来掌握具体、把它当做一个精神上的具体再现出来的方式"②，这也就是抽象上升到具体的过程。

在《〈政治经济学批判〉导言》中，马克思对总体内各因素之间的关系作了说明："在一切社会形式中都有一种一定的生产决定其他一切生产的地位和影响，因而它的关系也决定其他一切关系的地位和影响。这是一种普照的光，它掩盖了一切其他色彩，改变着它们的特点。这是一种特殊的以太，它决定着它里面显露出来的一切存在的比重。"③ 总体是由各因素构成的。总体中总有一种因素如"普照的光""特殊的以太"，起着决定性的作用，改变着总体中其他一切因素存在的色彩和比重。

总体方法在政治经济学中的运用，集中体现在：一定的社会经济关系中，生产和分配、交换、消费作为一个有机整体，"它们构成一个总体的各个环节，一个统一体内部的差别。生产既支配着与其他要素相对而言的

---

①② 马克思，恩格斯．马克思恩格斯文集：第8卷．北京：人民出版社，2009：25．
③ 同①31．

生产自身，也支配着其他要素”。在社会经济关系这一总体中，“一定的生产决定一定的消费、分配、交换和这些不同要素相互间的一定关系。当然，生产就其单方面形式来说也决定于其他要素”①。总体方法是理解社会经济关系构造、机理及其运行的根本方法。

在《资本论》第一卷德文“第二版跋”中，马克思把总体方法展开为研究方法和叙述方法两种形式。马克思指出，研究方法着力于“充分地占有材料，分析它的各种发展形式，探寻这些形式的内在联系”；与研究方法不同，叙述方法是指在研究工作完成以后，把“现实的运动……适当地叙述出来”②。实在的经济现实是研究方法的着力点、出发点，研究方法通常经过充分地占有材料、分析所有材料的各种发展形式，以及寻求这些形式的内在联系等三个主要环节或过程。研究方法的结果就是经济概念、范畴和理论的形成，把这些概念、范畴和理论在思维中用一定的结构形式表达出来，就是叙述方法。显然，叙述方法是以研究方法的结果为起端的，经过研究方法得出的概念、范畴和理论等，作为政治经济学体系的基本要素和构件，是叙述方法的对象和材料。可见，研究方法和叙述方法是总体方法中“具体总体”和“思想总体”过程在思维中的再现。

二、深化马克思政治经济学结构和体系的研究

1866 年，马克思在对《资本论》第一卷德文第一版作最后润色时，不无自豪地认为：“在像我这样的著作中细节上的缺点是难免的。但是结构，即整个的内部联系是德国科学的辉煌成就，这是单个的德国人完全可以承认的，因为这决不是他的功绩，而是全民族的功绩。”③ 这是难得看到的马克思对自己经济学科学研究成果的高度评价。这里讲的“著作中”的“结

① 马克思，恩格斯. 马克思恩格斯文集：第 8 卷. 北京：人民出版社，2009：23.
② 马克思，恩格斯. 马克思恩格斯文集：第 5 卷. 北京：人民出版社，2009：21，22.
③ 马克思，恩格斯. 马克思恩格斯文集：第 10 卷. 北京：人民出版社，2009：236.

构”，就是《资本论》的体系结构。

显然，坚守《资本论》第一卷的“完整体系”而否定“六册结构计划”的存在，或者以“六册结构计划”没有完成而否认《资本论》第一卷的独立的科学价值等观点，都存有偏颇。《资本论》体系结构的独立的科学价值，同它作为“六册结构计划”的未完成部分并不是对立的。《资本论》相当于“六册结构计划”第一册《资本》第一篇“资本一般”的内容，马克思认为，这部分内容实际上“就是英国人称为‘政治经济学原理’的东西。这是精髓”。《资本论》所阐述的马克思经济学理论的“精髓”，揭示了资本主义经济关系本质规定，阐明了资本主义生产方式的基本特征和根本规律。在马克思看来，在这些“原理”的基础上，“余下的问题……别人就容易在已经打好的基础上去探讨了”①。《资本论》的主题和核心内容就是资本理论。对资本理论结构的文本考察，是理解《资本论》体系结构和当代价值的基础。

1857 年 11 月下旬，马克思在写作《1857—1858 年经济学手稿》的“资本章”时，提出了资本理论的“六分结构”：“Ⅰ.（1）资本的一般概念。（2）资本的特殊性：流动资本，固定资本。（资本作为生活资料，作为原料，作为劳动工具。）（3）资本作为货币。Ⅱ.（1）资本的量。积累。（2）用自身计量的资本。利润。利息。资本的价值：即同作为利息和利润的自身相区别的资本。（3）诸资本的流通。（α）资本和资本相交换。资本和收入相交换。资本和价格。（β）诸资本的竞争。（γ）诸资本的积聚。Ⅲ.资本作为信用。Ⅳ.资本作为股份资本。Ⅴ.资本作为货币市场。Ⅵ.资本作为财富的源泉。资本家。”②

过后不久，马克思在 1858 年 1 月给恩格斯的信中提道：“我又把黑格尔的《逻辑学》浏览了一遍，这在材料加工的方法上帮了我很大的忙。”③受黑格尔《逻辑学》的影响，马克思对“六分结构”作了修改，提出了新的“三分结构”：“Ⅰ.一般性：（1）（a）由货币生成资本。（b）资本和劳

① 马克思，恩格斯．马克思恩格斯文集：第 10 卷．北京：人民出版社，2009：196.

② 马克思，恩格斯．马克思恩格斯全集：第 30 卷．2 版．北京：人民出版社，1995：220-221.

③ 同①143.

动（以他人劳动为中介）。（c）按照同劳动的关系而分解成的资本各要素（产品。原料。劳动工具）。（2）资本的特殊化：（a）流动资本，固定资本。资本流通。（3）资本的个别性：资本和利润。资本和利息。资本作为价值同作为利息和利润的自身相区别。Ⅱ．特殊性：（1）诸资本的积累。（2）诸资本的竞争。（3）诸资本的积聚（资本的量的差别同时就是质的差别，就是资本的大小和作用的尺度）。Ⅲ．个别性：（1）资本作为信用。（2）资本作为股份资本。（3）资本作为货币市场。”① 在“三分结构”中，“六分结构”的第Ⅲ到第Ⅵ部分被合并为“三分结构”的“个别性”。从“一般性”到“特殊性”再到“个别性”，既是资本从抽象上升到具体的理论逻辑过程，也是资本从货币作为资本到资本作为货币市场的历史逻辑过程。这是马克思资本理论的核心观点及其当代价值的本质所在。

马克思对“六册结构计划”第一册《资本》进一步细分为“四篇结构”：“（a）资本一般（这是第一分册的材料）；（b）竞争或许多资本的相互作用；（c）信用，在这里，整个资本对单个的资本来说，表现为一般的因素；（d）股份资本，作为最完善的形式（导向共产主义的），及其一切矛盾。”② 在这里，“资本一般”和“许多资本”是黑格尔《逻辑学》中“一”和“多”范畴的运用。

马克思在“五篇结构计划”和“六册结构计划”中对资本理论的探索，不仅奠定了《资本论》中“资本一般”的方法、理论的和结构的基础，而且为当代马克思主义政治经济学关于资本理论的阐述确立了结构上的指向。

当代马克思主义政治经济学的发展，既不能否弃《资本论》的科学价值，也不能简单地把《资本论》看作马克思主义经济学的全部内容。即便研究资本主义经济学的发展，也不能只限于《资本论》论题，而应该在《资本论》关于“资本一般”理论的基础上，拓展竞争、信用和股份资本等关于资本历史逻辑和理论逻辑的研究视野；面对经济全球化和国际垄断

---

① 马克思，恩格斯．马克思恩格斯全集：第 30 卷．2 版．北京：人民出版社，1995：233-234.

② 马克思，恩格斯．马克思恩格斯文集：第 10 卷．北京：人民出版社，2009：157-158.

资本发展的现实，更要拓展“六册结构计划”关于国家的经济职能、国际经济关系及世界市场和危机等的研究视野。中国特色社会主义理论、道路和制度的发展，还要求我们运用《资本论》的基本方法和理论，着力于马克思主义政治经济学的创新，升华中国特色社会主义政治经济学的理论境界。

马克思对政治经济学研究起始于1843年底，这是马克思政治经济学研究阶段的起点。1857年发生了重要转折，是马克思政治经济学以叙述为主阶段的起点。但是，19世纪70年代初以后，马克思经济学再次发生转折。这一转折就是从以西欧资本主义经济关系研究为主，转向以“世界历史”为主题的研究。以“世界历史”为主题的经济学研究，不只是对广义政治经济学的研究，更是对世界经济关系总体的研究。

《资本论》第一卷是以英国资本主义经济关系为典型例证的。当时，德国的有些读者认为，英国的事情不是欧洲的、更不是德国的事情。马克思却认为：“我在理论阐述上主要用英国作为例证。但是，如果德国读者看到英国工农业工人所处的境况而伪善地耸耸肩膀，或者以德国的情况远不是那样坏而乐观地自我安慰，那我就要大声地对他说：这正是说的阁下的事情！”① 实际上，19世纪40年代中期，马克思在与恩格斯共同撰写的《德意志意识形态》手稿中就认为，随着生产力的巨大增长和高度发展，“人们的世界历史性的而不是地域性的存在同时已经是经验的存在了”②。在《共产党宣言》中，他们也认为：“资产阶级，由于开拓了世界市场，使一切国家的生产和消费都成为世界性的了。”③ 马克思在《资本论》第一卷中的基本观点就是：“工业较发达的国家向工业较不发达的国家所显示的，只是后者未来的景象。”④ 到70年代初，马克思的政治经济学研究一直是以西欧资本主义经济关系的发展为主要理论取向的。

19世纪70年代初以后，马克思一方面继续关注《资本论》第一卷的修订完善和第二卷手稿的写作，另一方面也不断拓展经济学研究视域，转

---

① 马克思，恩格斯. 马克思恩格斯文集：第5卷. 北京：人民出版社，2009：8.
② 马克思，恩格斯. 马克思恩格斯文集：第1卷. 北京：人民出版社，2009：538.
③ 马克思，恩格斯. 马克思恩格斯文集：第2卷. 北京：人民出版社，2009：35.
④ 同①.

向了以“世界历史”为主题的经济学研究，这显然是对当时世界经济格局深刻变化的回应。

1873年到1875年，马克思研读了诸如《古代和当代俄国的劳动组合》《蒙古入侵前俄国历史上的社会和国家》《俄国的土地制度》等著作。1877年到1880年间，马克思进一步阅读了《南斯拉夫人的家庭公社》《俄国北部农村社史概要》《俄国和欧洲其他国家的土地占有制和农业》《公社土地占有制，其解体的原因，进程和结果》等著作。特别值得一提的是，马克思读了《原始制度史讲义》《印度和锡兰的亚利安人村落》《法兰克法和罗马法》《不列颠的原始人》等著作，作了详尽不一的摘录。这些孜孜不倦的研究，使马克思对当时东方社会的前资本主义经济关系及其社会发展的问题、对西欧资本主义国家历史上曾经发生过的向资本主义经济关系过渡的问题，从“世界历史”视域上有了新的广泛的探索。马克思晚年留下的《民族学笔记》和《历史学笔记》及一些书信手稿，就是这一研究的丰厚的理论遗产。

经过19世纪70年代的研究，马克思的观点有了极大的变化，他曾质疑俄国革命者：“俄国为了采用机器、轮船、铁路等等，是不是一定要像西方那样先经过一段很长的机器工业的孕育期呢?”① 马克思相信：“正因为它和资本主义生产是同时存在的东西，所以它能够不经受资本主义生产的可怕的波折而占有它的一切积极的成果。”② 资本主义生产和非资本主义生产的“同时存在”，成为“世界历史”视野经济学研究的基本事实和显著特征。

马克思认为，“极为相似的事变发生在不同的历史环境中就引起了完全不同的结果”。《资本论》第一卷中的资本原始积累理论，讲的是西欧资本主义的原始积累，这种特定的资本原始积累，不一定会在所有国家的社会发展进程中重演。马克思曾表白：“一定要把我关于西欧资本主义起源的历史概述彻底变成一般发展道路的历史哲学理论，一切民族，不管它们所处的历史环境如何，都注定要走这条道路……但是我要请他原谅。（他

①② 马克思，恩格斯．马克思恩格斯文集：第3卷．北京：人民出版社，2009：571.

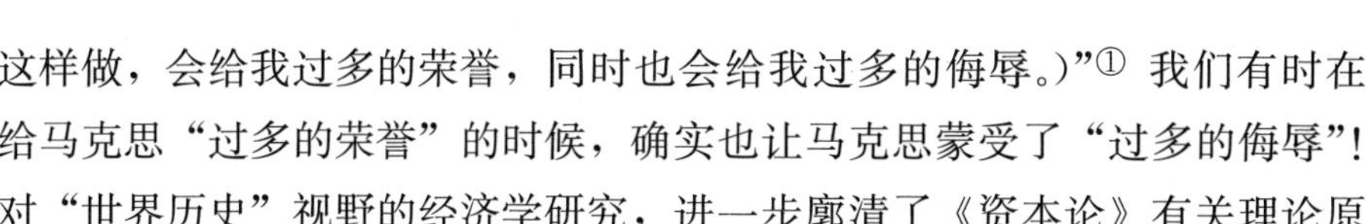

这样做，会给我过多的荣誉，同时也会给我过多的侮辱。)”① 我们有时在给马克思“过多的荣誉”的时候，确实也让马克思蒙受了“过多的侮辱”！对“世界历史”视野的经济学研究，进一步廓清了《资本论》有关理论原理的意义。

以“世界历史”为主题的经济学研究，改变了以西欧资本主义经济关系为单一背景的研究取向，转向对“同时存在”的世界经济关系，亦即世界经济关系总体的研究。在经济全球化这一新的“世界历史”背景下，马克思对自己提出的课题作出更为广泛而深刻的回答。在以“世界历史”为主题的政治经济学研究中，要凸显新时代中国马克思主义政治经济学的学术声音和话语体系。

三、深化马克思经济思想内涵和理论体系研究

劳动价值论是马克思政治经济学最基本的原理。1843 年马克思开始政治经济学研究时，对李嘉图的劳动价值论多有质疑，是持否定态度的。1845 年到 1846 年间，随着唯物史观的创立，马克思也随之由劳动价值论的质疑者转变为赞成者或接受者，到 1857 年又进一步由劳动价值论的赞成者转变为革命者，对古典经济学的劳动价值论实现了科学革命。马克思的这一转变历时 15 年，这是他一生科学研究的“黄金时代”。理解这一系列转变的内涵，对于理解马克思劳动价值论与唯物史观的内在联系，把握马克思政治经济学发展的理论基石，厘清马克思劳动价值论在 20 世纪的命运及其当代新发展等问题，都有重要的意义。

1843 年底马克思开始研究经济学时，对李嘉图的劳动价值论的质疑主要是因为，马克思不赞成李嘉图把劳动创造价值建立在抽象的资本主义竞争这一基本假定上。1845 年到 1846 年间，随着唯物史观的创立，马克思自然地由劳动价值论的质疑者转变为赞成者或接受者。《德意志意识形态》

① 马克思，恩格斯．马克思恩格斯文集：第 3 卷．北京：人民出版社，2009：466.

手稿认为，生产物质活动本身即劳动是唯物史观的“第一个前提”，而作为人类社会最基本因素的生产力，在根本上就是“劳动生产力”。在发表于1847年的《哲学的贫困》中，马克思开始承认“李嘉图给我们指出资产阶级生产的实际运动，即构成价值的运动”，“李嘉图的价值论是对现代经济生活的科学解释”①。

在《1857—1858年经济学手稿》中，马克思进一步由劳动价值论的接受者转变为创新者，实现了劳动价值论的科学革命。在这部手稿的“货币章”中，马克思打算通过对达里蒙货币理论的批判，展开对政治经济学理论的正面阐述。在对达里蒙及当时主流货币理论的批判中，马克思搞清了货币的本质及其内在规定性，展开了对价值的本质、价值的作用形式等的详尽论述。在这一论述中，马克思改变了原先的设想，结束了对达里蒙货币理论的批判，决定以劳动价值论为政治经济学体系叙述的逻辑起点。

马克思在“货币章”中经济思想转折的要义在于：其一，通过对当时主流经济学货币理论的批判，搞清了劳动价值论的主要内容，揭示了商品、价值、交换价值、价格、货币等重要范畴的本质及其内在规定性；其二，提出了以商品和商品二因素为起点，在抽象上升到具体的渐进的思维过程中再现劳动价值论体系的基本思路。马克思指出：“有必要对唯心主义的叙述方式作一纠正，这种叙述方式造成一种假象，似乎探讨的只是一些概念规定和这些概念的辩证法。因此，首先是弄清这样的说法：产品（或活动）成为商品；商品成为交换价值；交换价值成为货币。”②《资本论》第一卷以商品为始基范畴就是由此而形成的。

马克思认为：“劳动产品的价值形式是资产阶级生产方式的最抽象的、但也是最一般的形式，这就使资产阶级生产方式成为一种特殊的社会生产类型，因而同时具有历史的特征。”③ 理解马克思对劳动价值论阐释的内涵和路径，对于理解马克思唯物史观与劳动价值论的内在联系、把握劳动价值论与马克思的资本主义观的关系、厘清劳动价值论与马克思经济学及其

① 马克思，恩格斯．马克思恩格斯全集：第4卷．北京：人民出版社，1958：92，93.

② 马克思，恩格斯．马克思恩格斯全集：第30卷．2版．北京：人民出版社，1995：101.

③ 马克思，恩格斯．马克思恩格斯文集：第5卷．北京：人民出版社，2009：99注32.

新发展的关系等问题，都有重要的理论和现实意义。

对马克思劳动价值论的理解，不能离开抽象上升到具体的方法。劳动创造价值，在《资本论》第一卷只是就其抽象层面上的最一般规定而言的，“在进行这种一般研究的时候，我们总是假定，各种现实关系是同它们的概念相符合的，或者说，所描述的各种现实关系只是表现它们自身的一般类型的”①。例如，对决定价值的劳动是在“正常的”生产条件下进行的假定，就要求某种商品需求总量和供给总量在所占的社会劳动时间中的份额是相均衡的；一旦考虑到较为具体的不均衡的现象时，价值就转化为市场价值，决定价值的不是“正常的”生产条件、而可能是高于“正常的”生产条件（在供给大于需求时）或低于“正常的”生产条件（在供给小于需求时）。如果再把更为具体的如资本有机构成、资本周转差异等情况加以考虑，还会发生市场价值到生产价格的转化等等。

马克思并没有完成价值从抽象到具体的（在某些意义上，也是本质到现象的）全部“解码”过程。从《资本论》第一卷到第三卷，只对“价值—市场价值—生产价格”这一抽象上升到具体的过程作了叙述，离价值的最为具体的现实还有很多转化环节和漫长的思维过程。运用马克思的总体方法，是可以解开价值的层层“密码”的。因此，《资本论》阐述的劳动价值论的科学价值，并不在于能不能对价值的具体和现象作出直接的解释，而在于能不能成为叙述的逻辑起点，在于能不能夯实政治经济学体系的理论基石。

剩余价值论及其与资本主义生产方式的关系问题，是马克思科学研究的两个伟大发现之一，也是理解和发展马克思经济学、坚持和创新当代马克思主义政治经济学的基点。关于经济危机理论，在《资本论》三卷中多次论及，在第一卷剩余价值转化资本的论述中，阐明了资本积累的危机机理；在第二卷剩余价值实现的论述中，阐明了社会资本出现比例失调的危机过程；在第三卷剩余价值过剩的论述中，阐明了利润率下降的危机趋势。与剩余价值积累、实现和趋势相联系、相结合的危机理论，对剖析当代国际垄断资本危机是有重要启示的。

---

① 马克思，恩格斯．马克思恩格斯文集：第7卷．北京：人民出版社，2009：160.

马克思在科学研究上的两个“伟大的发现”，首先是由恩格斯提出来的。使唯物史观和剩余价值理论这两个“伟大的发现”相联结、相统一的理论基础，是生产力发展的物质性质和社会性质的统一、生产力和生产关系之间的历史演进规律等理论。无疑，把马克思的两个“伟大的发现”分离开来，甚至对立起来的观点，是对马克思主义基本理论的根本背弃。

把剩余价值理论表述为两个“伟大的发现”之一，实际上是一种简化的说法。恩格斯对此所作的完整的表述是：“发现了现代资本主义生产方式和它所产生的资产阶级社会的特殊的运动规律。”① 显然，恩格斯是从理解资本主义生产方式的分析功能上肯定剩余价值理论的。在当代，我们不能离开对资本主义生产方式的理论分析和认识功能，孤立地理解和评价剩余价值理论的科学价值及其当代意义。

马克思在《1857—1858 年经济学手稿》中第一次提出剩余价值范畴，揭示了剩余价值的本质以及剩余价值绝对的和相对的两种生产形式。在《1861—1863 年经济学手稿》中，马克思首次引入超额剩余价值范畴，阐明了剩余价值两种生产形式之间的逻辑的和历史的转化“中介”。在《资本论》第一卷中，马克思不仅揭示了绝对剩余价值到相对剩余价值的本质及其关系，而且还对超额剩余价值范畴在其中的逻辑的和历史的转化关系作了深刻阐述，从总体上凸显了资本推动生产力发展的直接目的和最终结果之间、追求个别价值增殖的内在动机和社会价值普遍降低的外在结果之间、个别资本积累增长的冲动和全部资本价值贬损之间的内在矛盾和冲突。所谓资本主义的“创新性的毁灭”，实际上就是由剩余价值本质体现的资本的内在矛盾和冲突。

资本导致剩余劳动的创造，从而使占有的剩余价值急剧增长，体现了资本的历史作用。资本对剩余价值的无止境的追求，是靠不断地占有和积累剩余价值来实现的。资本积累是资本主义生产方式的条件，资本积累中资本和雇佣劳动之间的对立关系表现为三种主要的趋势：一是在劳动条件作为资本的财产而“永恒化”的同时，也使“雇佣工人的地位永恒化”，也使工人的剩余劳动时间“白白为第三者劳动的命运永恒化”；二是资本

① 马克思，恩格斯. 马克思恩格斯文集：第 3 卷. 北京：人民出版社，2009：601.

积累通过使资本家及其同伙的相对财富增多而使工人的状况相对恶化；三是劳动条件以越来越庞大的形式，越来越作为社会力量出现在单个工人面前；“对工人来说，像过去在小生产中那样由自己占有劳动条件的可能性已经不存在了”①。这三种趋势就是剩余价值积累比其物质结果更为重要的生产关系的结果。

剩余价值积累也是“大资本通过消灭小资本而进行的积累”。因此，把劳动条件转化为资本，然后把这种资本以更大的规模再生产出来，最后把分散在社会各处的资本集中在大资本家手中，就是剩余价值积累的趋势。这种趋势将以“对立和矛盾的极端形式”“异化的形式”表现出来，并将导致资本“转化为纯粹过时的和不适当的特权，从而迅速趋于消灭”②。马克思认为，由于这些因素的强制作用，资本在不断推动生产力发展的同时，必然使资本遭到一次比一次更大的危机。劳动生产力的发展一旦超越资本主义生产关系的界限，剩余价值及其积累的历史使命也就完成了。

在经济思想史上，17 世纪中叶以后，资产阶级古典政治经济学家就对剩余价值如何产生的问题作过一定程度的研究。但是，如马克思所指出的：“所有经济学家都犯了一个错误：他们不是纯粹地就剩余价值本身，而是在利润和地租这些特殊形式上来考察剩余价值。”③ 恩格斯在对剩余价值理论的高度评价中，特别强调马克思实现的经济科学的“术语的革命”。恩格斯指出：“一门科学提出的每一种新见解都包含这门科学的术语的革命。”④ 不言而喻，“把现代资本主义生产只看做是人类经济史上一个暂时阶段的理论所使用的术语，和把这种生产形式看做是永恒的、最终的阶段的那些作者所惯用的术语，必然是不同的”⑤。马克思正是在前人认为已经有答案的地方，发现了问题所在，掌握了理解资本主义生产方式整体的新的钥匙，对全部既有的经济范畴作了新的研判，发动了政治经济学的革命，创立了政治经济学新范式。这是剩余价值理论给我们的根本启示。

---

① 马克思，恩格斯．马克思恩格斯全集：第 36 卷．2 版．北京：人民出版社，2015：228.

② 马克思，恩格斯．马克思恩格斯全集：第 35 卷．2 版．北京：人民出版社，2013：301.

③ 马克思，恩格斯．马克思恩格斯全集：第 33 卷．2 版．北京：人民出版社，2004：7.

④ 马克思，恩格斯．马克思恩格斯文集：第 5 卷．北京：人民出版社，2009：32.

⑤ 同④33.

四、马克思经济思想的特征及发展要义

科学把握马克思政治经济学及其基本原理，是准确理解19世纪40年代及之后的40年间马克思实现的经济学科学革命意义的基点，也是认识一个半世纪以来马克思主义政治经济学体现的科学精神的基础，同时也是马克思主义政治经济学在新时代发展和创新的基石。

第一，在历史、理论和现实的结合中，科学把握和准确理解马克思政治经济学的基本原理及基本内涵。马克思经济思想中凝聚的一系列基本原理，集中反映了这一思想的精髓与特质。没有基本原理，就没有理论体系；不坚持和发展基本原理，就不能坚持和发展这一理论体系。构成马克思经济思想的基本原理主要包括：政治经济学的研究对象和方法，经济学结构和体系，社会经济发展基本形态，商品经济一般规律和资本主义商品经济，劳动价值理论，剩余价值理论，资本主义积累一般规律，资本的循环和周转，社会资本再生产和经济危机，资本主义的发展阶段和历史进程，等等。如何理解和对待这些基本原理，是马克思主义经济学历史发展中的重大问题。

在马克思看来，经济学作为一门“历史的”科学，其基本原理的科学意义完全根植于社会经济关系变化的现实之中。要从历史、理论和社会经济关系现实变化的结合中，探寻经济科学及其基本原理的时代意义。在《哲学的贫困》中，马克思在对蒲鲁东非历史的形而上学的方法论批判时指出：“经济范畴只不过是生产的社会关系的理论表现，即其抽象”，“人们按照自己的物质生产率建立相应的社会关系，正是这些人又按照自己的社会关系创造了相应的原理、观念和范畴”①。所以，这些观念、范畴也同它们所表现的关系一样，不是永恒的。它们是历史的、暂时的产物。

马克思一直坚持这一建立在唯物史观基础上的根本观点。在《反杜林论》中，恩格斯关于政治经济学是一门历史科学的阐述，反映了他与马克

① 马克思，恩格斯．马克思恩格斯文集：第1卷．北京：人民出版社，2009：602，603.

思在这一根本观点上的完全一致性。恩格斯指出："政治经济学本质上是一门历史的科学。它所涉及的是历史性的即经常变化的材料；它首先研究生产和交换的每个个别发展阶段的特殊规律，而且只有在完成这种研究以后，它才能确立为数不多的、适用于生产一般和交换一般的、完全普遍的规律。同时，不言而喻，适用于一定的生产方式和交换形式的规律，对于具有这种生产方式和交换形式的一切历史时期也是适用的。"①

事实上，在马克思经济思想历程中，一旦作为基本原理基础的社会历史条件发生了变化，他对已有的基本原理就会重新作出判断，可能得出的是三种结论：一是基本原理完全适合于社会历史条件的变化；二是基本原理需要根据社会历史条件的变化进一步发展和完善；三是基本原理完全不适合于社会历史条件的变化而已经过时。在马克思看来，在不同的社会历史发展时期，基本原理的适用性将服从于社会历史条件变化本身，而不是倒过来。1872 年，在《共产党宣言》发表 25 年时，马克思和恩格斯为德文版再版撰写序言时，就告诫人们："不管最近 25 年来的情况发生了多大的变化，这个《宣言》中所阐述的一般原理整个说来直到现在还是完全正确的。某些地方本来可以作一些修改。这些原理的实际运用，正如《宣言》中所说的，随时随地都要以当时的历史条件为转移，所以第二章末尾提出的那些革命措施根本没有特别的意义。如果是在今天，这一段在许多方面都会有不同的写法了。"② 在马克思和恩格斯看来，在不同的社会历史条件下，运用同样的基本原理得出的具体结论，可能是不一样的；但这种不一样，并不一定否认基本原理本身的正确性。因此，《共产党宣言》阐述的一些基本原理，整个说来直到现在还是正确的；但是，由于社会历史条件的变化，依据基本原理得出的一些具体的措施，可能已经不适用了，已经过时了。马克思的这一思想，在很大程度上被后人所误解。1895 年 8 月恩格斯逝世后，当时最有影响的马克思主义者爱德华·伯恩施坦就在《新时代》上以"社会主义问题"为总标题发表了一组文章，对马克思主义的"传统解释进行批判"。他以"探求当前问题的细节"的重要性为借

① 马克思，恩格斯．马克思恩格斯文集：第 9 卷．北京：人民出版社，2009：153-154.

② 马克思，恩格斯．马克思恩格斯文集：第 2 卷．北京：人民出版社，2009：5.

口，主张放弃科学社会主义“通则”，认为即使像《共产党宣言》这样的文献，也只是“一个为科学的社会主义这一名称而辩护的纪念性作品”。在伯恩施坦看来，“依科学方式证明科学的社会主义的严肃尝试，现在还只有极个别的实例”①。1898 年，伯恩施坦在《致德国社会民主党斯图加特代表大会的书面声明》一文中进一步断言，《共产党宣言》中关于现代资本主义社会发展的“时间”上的估价是错误的，而且对这一社会发展所采取的“形式”以及所要达到的“形态”也没有预见到，所以《共产党宣言》是一部“过时的”作品。伯恩施坦完全以一种与马克思关于基本原理与社会历史条件关系的理解相悖的观点，企图“修正”乃至放弃《共产党宣言》的基本原理。

第二，在对经济关系和经济过程发展不断深化探索中，对基本原理的内涵也要作出新的发展和创新。马克思对政治经济学基本原理的理论探索和运用，大体可以概括为两个过程：一是对社会众多经济现象的本质规定的分析，探究这些经济现象的内在联系和本质规定的过程；二是把这种分析的结论运用于现实，把现实的运动叙述出来，即还原于现实的过程。在这两个过程中，前一个分析过程的结果就是基本原理的形成，后一个叙述过程就是把基本原理运用于实践和具体。也就是说，基本原理的形成是一个思维对具体现象的抽象过程；基本原理的运用是一个抽象还原现实，并且对现实作出阐述的过程。在《资本论》第一卷“第二版跋”中，马克思把这两个过程中运用的方法称作“叙述方法”和“研究方法”。在这两个过程中，基本原理还原现实的过程，有着更为复杂的规定性：一方面，在基本原理还原现实时，由于现实情况的复杂性而要求对基本原理作出修正，同时也丰富了基本原理；另一方面，在基本原理还原现实时，由于现实情况的新变化，在对现实情况作新的理解时要求对基本原理作出新的阐释，同时也完善着基本原理。

在《资本论》第一卷对资本主义积累规律进行论述时，马克思认为，资本主义积累规律是资本主义生产方式的“绝对的、一般的”规律。简单地说，这一规律就是资本主义生产方式必将导致财富积累和贫困积累的同

① 伯恩施坦. 社会主义的历史和理论. 上海：东方出版社，1989：191.

时增长，即“两极分化”。马克思在对这一规律论述中特别提示道：“像其他一切规律一样，这个规律的实现也会由于各种各样的情况而有所变化，不过对这些情况的分析不属于这里的范围。”① 在马克思看来，资本主义积累规律作为一个经济规律，同其他规律有着同样的性质，有着一般性和共同性；它们之间的共性之一，就是在规律的运用或者在运用规律观察现实时，要求对规律作出修正；规律所揭示的一般性，在实践中、在观察中、在运用中会发生变化。像资本主义积累规律这样反映资本主义经济关系本质特征的重要规律，实际上也具有两重性，即规律本身的一般性以及规律运用中的变化和修正的特殊性。这就是说，基本原理本身和基本原理运用之间是不能完全画等号的，基本原理在运用中会对基本原理所揭示的一般特征、规律作出修正。

第三，从社会经济关系新的实际出发，破除对马克思经济思想的“教条式”的理解，对马克思政治经济学的本意作出适合于时代发展需要的新的阐释。马克思把经济范畴和经济规律看作社会经济关系的理论表现。反映社会经济关系本质的任何一个经济范畴，都只是社会经济关系总体中“作为一个具体的、生动的既定整体的抽象的单方面的关系而存在”②。它们不是永恒的，都只是暂时的、历史的产物。社会经济各要素之间有机联系的运动过程，总是与一定的社会发展阶段相联系的。社会的发展程度不仅表现在时间的继起上，而且也表现在空间的转换中。对社会经济关系的研究，一定要同社会经济关系的实际发展阶段联系起来，必须将其置于特定的时间、空间的阶段和位置中。这就是经济范畴和经济规律具体的社会的和历史的规定性。马克思在创立经济学理论过程中的重要贡献之一，就是对当时主流经济学家否定经济范畴和经济规律的社会性、历史性的观念作了深刻的批判。

离开经济范畴和经济规律的社会性和历史性，就可能对马克思经济学的基本原理作出教条式的理解，也就可能窒息马克思经济学及其基本原理的生机活力。这里，以马克思对世界历史发展的研究为例，说明马克思对

---

① 马克思，恩格斯．马克思恩格斯文集：第5卷．北京：人民出版社，2009：742.

② 马克思，恩格斯．马克思恩格斯文集：第8卷．北京：人民出版社，2009：25.

经济学基本原理社会性和历史性理解的基本观点。

第四，弘扬马克思主义科学精神，厘清“附加给”马克思经济思想的偏颇理解和错误观点，重新认识马克思经济思想的理论意义和时代价值。马克思政治经济学基本原理是同马克思思想洋溢的科学精神联系在一起的。马克思在《资本论》第一卷“第二版跋”谈到“我的辩证方法”时指出：“辩证法对每一种既成的形式都是从不断的运动中，因而也是从它的暂时性方面去理解；辩证法不崇拜任何东西，按其本质来说，它是批判的和革命的。”① 辩证法中所包含的科学精神就是马克思经济学中与时俱进的品质。在马克思经济思想发展过程中，特别是马克思晚年经济思想发展过程中，时有马克思对归于他名下的经济学偏颇观点的纠正，也时有对强加于他的某些错误观点的批驳。

① 马克思，恩格斯. 马克思恩格斯文集：第5卷. 北京：人民出版社，2009：22.

第二章　马克思政治经济学体系的开创

马克思在1857年7月到1858年5月写的一系列经济学手稿，被统称为《1857—1858年经济学手稿》（本章简称《手稿》）。

《手稿》写作的10年前即1847年，马克思发表了《哲学的贫困》一书，这是马克思经济思想演进中发表的第一部政治经济学著作。1859年，马克思在回顾《哲学的贫困》写作意义时提道："我们见解中有决定意义的论点，在我的1847年出版的为反对蒲鲁东而写的著作《哲学的贫困》中第一次作了科学的、虽然只是论战性的概述。"① 1883年马克思逝世后不久，恩格斯在重提《哲学的贫困》时，同样肯定"马克思自己已经弄清了他的新的历史观和经济观的基本特点"②。这里讲的"新的历史观"就是唯物史观，也就是马克思的唯物史观；这里讲的"经济观"就是马克思政治经济学。

《手稿》写作的10年后即1867年，马克思《资本论》第一卷德文第一版出版。恩格斯认为，《资本论》第一卷"以无可争辩的罕见的博学，在与整个经济科学的联系中，论述了资本与劳动的全部关系，把'揭示现代社会的经济运动规律'作为自己的最终目的，并且根据以无可怀疑的专门

① 马克思，恩格斯．马克思恩格斯文集：第2卷．北京：人民出版社，2009：593.

② 马克思，恩格斯．马克思恩格斯文集：第4卷．北京：人民出版社，2009：199.

知识所作的显然认真的研究，得出了这样的结论：整个‘资本主义生产方式’必定要被消灭”①。

从马克思《哲学的贫困》出版到《资本论》第一卷出版这20年，是马克思经济思想过程的最重要的时期。《手稿》处于这一过程的中间阶段，既是继《哲学的贫困》之后马克思思想发展的重要路标，也是马克思经济学体系开创的标志。

一、自1843年之后15年间政治经济学研究的结晶

1843年底，马克思在巴黎开始经济学研究时，就研读了大量的经济学文献，认真研读了恩格斯的《国民经济学批判大纲》。到1845年1月底离开巴黎，马克思已经写了7本涉及政治经济学原理、政治经济学史、政治史和现实经济等问题的笔记。这些笔记现在被称作《巴黎笔记》。

1844年上半年，马克思撰写的《1844年经济学哲学手稿》，是他对政治经济学理论阐述的第一次尝试。这部手稿实际上是由后人根据马克思写于1844年的三个分散的手稿整理并编辑而成的。在这部手稿中，马克思运用他娴熟的哲学话语，如“异化”“异化劳动”“类本质”等概念，来分析和研究他接触不久政治经济学问题，这实际上是一部用哲学话语阐述政治经济学问题的手稿。根据这一特点，这部手稿以“经济学哲学”为名显然是合适的。在这部手稿中，马克思以反映当时社会经济关系两个基本范畴——私有财产、异化劳动为基础，展开他“从当前的国民经济的事实出发”② 的批判。

1845年到1846年间，马克思同恩格斯合作撰写的《神圣家族》和《德意志意识形态》，奠定了马克思唯物史观的基础，形成了理解整个社会的系统方法。依据这一方法理解的经济的社会形态的整体结构，成为马克思政治经济学范式的基础。

---

① 马克思，恩格斯．马克思恩格斯全集：第21卷．2版．北京：人民出版社，2003：309.

② 马克思，恩格斯．马克思恩格斯文集：第1卷．北京：人民出版社，2009：156.

唯物史观的创立，使马克思经济思想发生了重要转折，马克思政治经济学取得了三个重要的标志性成果：一是在唯物史观基础上，政治经济学方法有了根本性突破，主要表现为马克思在《哲学的贫困》中对基于唯物史观的政治经济学方法的提出及运用。当然，从马克思经济思想的全部历史过程来看，这部著作只是用唯物史观的方法来理解劳动价值理论等经济学的基本问题，特别是由劳动价值理论的质疑者转变为赞成者，但对劳动价值理论本身还没有创新性的见解。二是马克思准确地把握了资本主义经济关系的轴心，即资本与雇佣劳动的关系，首次揭示了资本主义经济关系及其运行的本质。这些见解，突出地体现在《雇佣劳动与资本》的系列演讲中。这一系列演讲主要还是一种针对现实存在的经济问题的批判，还不是一种更为深刻的、根本性的理论体系的批判。三是对现实经济问题的探索，马克思发表的《关于自由贸易问题的演说》就是最有意义的例证。1848 年初出版的由马克思和恩格斯合著的《共产党宣言》，对资本主义经济关系的内在矛盾、历史地位及发展趋势作了深刻论述，这实际上也是 19 世纪 40 年代马克思经济思想的总结。

1848 年欧洲革命使马克思一度中断政治经济学研究。1849 年 8 月底，马克思移居伦敦后，一方面继续从事共产主义者同盟领导机关的重组工作，总结 1848 年欧洲革命的新鲜经验；另一方面着手政治经济学的重新研究，以实现他创立无产阶级政治经济学理论的夙愿。

从 1850 年 8 月开始，马克思利用大不列颠博物馆图书馆收藏的各种经济学著作和资料，再次研读了能够发现的所有重要的经济学文献。马克思这时的研究不只限于政治经济学原理和政治经济学说史问题，还深入研究了工业、农业、商业、财政、信用、外贸等现实经济问题，以及土地关系史、技术史和发明史等相关问题。到 1853 年底（其中主要是 1851 年），马克思已写了多达 24 个笔记本的读书笔记。这些读书笔记除了对原文的摘录外，还包括一些评论、注释和相对独立的短篇文论。这些笔记现在被称为《伦敦笔记》。

《伦敦笔记》对以下四个方面的理论问题作了重点探讨。一是对货币、信用和危机问题的研究。当时欧洲经济学界围绕英国 1844 年皮尔银行法实施的争论，实质上涉及的是货币和危机问题的基本观点。马克思研读了大量相关理论资料和实际资料，对80多位经济学家关于货币流通问题论著的论述作了摘录，对货币、信用和危机问题作了初步的、但却是深入的研究，写了《完成的货币体系》手稿。二是对导致李嘉图学派解体的原因作了初步研究，特别对李嘉图《政治经济学及赋税原理》的主要内容作了摘录和评注，对李嘉图的通货和货币流通问题的论述作了研究，推翻了李嘉图的货币数量理论。三是对雇佣劳动与资本的关系及工人阶级的状况、农业问题作了研究。马克思在收集有关资本原始积累材料和工人阶级为争取正常工作日斗争等材料的基础上，研究了当时流行的各种工资基金理论，强调了工会斗争对缓解工人阶级贫困状况的意义。马克思在研究了大量的农业经济著作的基础上，对土地肥力递减规律的理论的失误作了深入分析。四是对人类社会多种经济形态的发展历史作了初步研究。对古罗马社会、中世纪封建社会等各种社会结构，以及拉丁美洲的社会经济状况、亚细亚生产方式作了初步研究；对经济史、社会史，以及技术史、工艺史、法制史、风俗史、文化史等作了研究。这些研究，为马克思后来研究殖民地理论、亚细亚生产方式理论，以及资本原始积累理论准备了重要的材料。

1852年底，马克思中断了政治经济学研究，靠为报纸写稿谋生，主要为《纽约每日论坛报》撰写评论文章。这些文章的内容，大多是关于英国和欧洲大陆突出的政治经济事件。显然，这对马克思熟悉当时资本主义经济社会发展的新动向和面临的新问题有重要的意义。1854年底到1855年初，马克思重读了他以往10余年间写的经济学笔记，并对这些笔记作了简要的索引。但是，由于家庭经济上的困难和接连的不幸事件，以及马克思本人身体状况的恶化，他不得不再次中断经济学的研究和写作。贫困和家庭的不幸，让马克思产生了深切的忧伤，但他并没有因此而放弃自己的崇高理想和科学追求。

1856年上半年，英国面临一场新的严重的经济危机。这年9月，马克思在给恩格斯的一封信中提道："我不认为，一场大的金融危机的爆发会迟于1857年冬天。"① 为了迎接危机后可能来临的无产阶级革命（他当时

① 马克思，恩格斯．马克思恩格斯全集：第29卷．北京：人民出版社，1972：72-73.

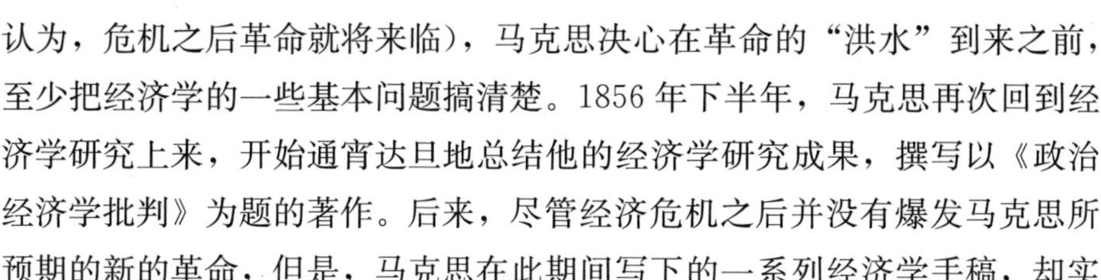

认为，危机之后革命就将来临），马克思决心在革命的“洪水”到来之前，至少把经济学的一些基本问题搞清楚。1856 年下半年，马克思再次回到经济学研究上来，开始通宵达旦地总结他的经济学研究成果，撰写以《政治经济学批判》为题的著作。后来，尽管经济危机之后并没有爆发马克思所预期的新的革命，但是，马克思在此期间写下的一系列经济学手稿，却实现了经济科学上的一场真正的革命。

二、马克思经济思想发展的三个重大转折

《手稿》包含的一系列手稿，除了《巴师夏和凯里》《〈政治经济学批判〉导言》外，主要就是以“政治经济学批判”为题的手稿正文，通常被称为《政治经济学批判（1857—1858 年手稿）》。

《手稿》写在马克思自己标明的Ⅰ—Ⅶ的七个笔记本上，其主体内容包括“货币章”（从第Ⅰ笔记本第 1 页到第Ⅱ笔记本第 7 页）和“资本章”（从第Ⅱ笔记本第 8 页到第Ⅶ笔记本第 62 页）。最后，马克思又写了“价值章”（第Ⅶ笔记本第 63 页），并在“价值章”前写上“Ⅰ”，表示这是第一章，回过头来在“货币章”前写上“Ⅱ”、在“资本章”前写上“Ⅲ”，表示它们分别为第二章和第三章。“价值章”只写了一页，它是以商品范畴为逻辑起点的。《手稿》还包括马克思为自己以后写作方便而编写的手稿索引和提要。这些索引和提要，成为后人理解《手稿》结构和内容的入门指南。

从马克思经济思想的历史发展来看，《手稿》实现了马克思政治经济学的三个重大转折。

第一，马克思从对现存的政治经济学理论批判为主的研究，向以政治经济学体系构建为主的理论叙述转变。马克思在论及政治经济学研究方法和叙述方法时曾指出：“在形式上，叙述方法必须与研究方法不同。研究必须充分地占有材料，分析它的各种发展形式，探寻这些形式的内在联系。只有这项工作完成以后，现实的运动才能适当地叙述出来。这点一旦

做到，材料的生命一旦在观念上反映出来，呈现在我们面前的就好像是一个先验的结构了。”① 研究方法包括充分地占有材料、分析所有材料的各种发展形式和探寻这些形式的内在联系等主要环节。经过研究方法的这些主要环节，就能得出一些理论结论。接着，把这些理论结论以思维的方式表达出来、再现出来，就是叙述方法。研究方法和叙述方法既有同时性也有继起性。从继起性上来看，研究方法的结果是叙述方法的起端，只有运用研究方法得出的理论结论，才有叙述方法的理论阐述和理论体系表达。

从马克思经济思想的历史过程来看，在《手稿》之前，马克思政治经济学的发展，主要是充分地占有政治经济学的各种材料、分析所有这些材料的各种发展形式，以及寻求这些形式的内在联系的研究过程。以《手稿》为起点，开始以叙述为主的政治经济学发展的新阶段，如从《导言》开始、从批判巴师夏和凯里开始或从批判达里蒙货币理论开始的连续尝试，一直到确立以商品范畴为逻辑起点的过程，都反映了马克思政治经济学发展的这一重大变化。这一重大变化的最直接的成果就是于1859年出版的《政治经济学批判》第一分册，最重大的成果就是于1867年出版的《资本论》第一卷德文第一版。

第二，提出《政治经济学批判》“六册结构计划”的恢宏构想，这也是上述转变的集中体现。在《导言》中，马克思第一次提出关于《政治经济学批判》的“五篇结构计划”，这就是：“（1）一般的抽象的规定，因此它们或多或少属于一切社会形式，不过是在上面所阐述的意义上。（2）形成资产阶级社会内部结构并且成为基本阶级的依据的范畴。资本、雇佣劳动、土地所有制。它们的相互关系。城市和乡村。三大社会阶级。它们之间的交换。流通。信用事业（私人的）。（3）资产阶级社会在国家形式上的概括。就它本身来考察。‘非生产’阶级。税。国债。公共信用。人口。殖民地。向国外移民。（4）生产的国际关系。国际分工。国际交换。输出和输入。汇率。（5）世界市场和危机。”②

“五篇结构计划”第一篇中“一般的抽象的规定”，指的是“一些有决

---

① 马克思，恩格斯．马克思恩格斯文集：第5卷．北京：人民出版社，2009：21-22.

② 马克思，恩格斯．马克思恩格斯全集：第30卷．2版．北京：人民出版社，1995：50.

定意义的抽象的一般的关系，如分工、货币、价值等等”，或者说是“劳动、分工、需要、交换价值等等这些简单的东西”①。第二篇重点论述的是资本、雇佣劳动和土地所有制这三个形成资产阶级社会内部结构、并且成为基本阶级的依据的范畴及其相互关系。在现代资产阶级社会中，资本具有支配一切的经济权力，只有在考察资本范畴之后，才能考察其他两个范畴及其相互关系。第三篇主要探讨资产阶级社会在国家形式上的概括，如对国家的本质及其经济职能一般性质的研究，对国家和经济发展、经济结构关系的研究，对国家经济职能形式，其中包括对税、国债、公共信用、人口等问题的研究。第四篇和第五篇从国家对外经济关系和世界市场整体关系上，考察资本主义经济更为具体的规定性。

大约在1858年初，在“五篇结构计划”的基础上，马克思提出了《政治经济学批判》的“六册结构计划”。这六册依次为：《资本》、《土地所有制》、《雇佣劳动》、《国家》、《对外贸易》（或称《国际贸易》）、《世界市场》。原来“五篇结构计划”的第二篇，调整为“六册结构计划”中的前三册，第一篇则成为第一册《资本》的绪论性的内容。在前三册对当时社会三个主要方面的经济关系、反映当时社会三大阶级之间关系叙述的基础上，再进一步研究“资产阶级社会在国家形式上的概括”，最后达到世界市场这一最具体的层面。这时，整个资本主义经济关系才能从整体上展现出来。

在“六册结构计划”中，第一册《资本》又分作四篇：一是“资本一般”篇，对资本的最抽象、最本质的规定性的研究；二是“竞争或许多资本的相互作用”篇，即相互竞争的许多资本之间的关系；三是“信用”篇；四是“股份资本”篇，股份资本是资本的最高的形式，是包含扬弃自身的资本形式。“资本一般”篇又分作三章：第一章研究商品，第二章研究货币，第三章研究资本本身。其中第三章又分作资本的生产过程、资本的流通过程和总过程的各种形式三项内容。这也就是说，商品是马克思经济学体系的始基范畴，有了对商品的叙述才能理解货币的本质，有了对货

① 马克思，恩格斯．马克思恩格斯全集：第30卷．2版．北京：人民出版社，1995：41-42，42.

币的叙述才能理解资本的本质。从最抽象的、最简单的商品范畴开始，一直到最具体的、最复杂的世界市场范畴，这之间存在着从抽象逐次上升到具体的逻辑过程。

《手稿》是马克思按照“五篇结构计划”撰写的政治经济学著作的第一次尝试；而1859年出版的《政治经济学批判》第一分册，则是按照“六册结构计划”撰写的政治经济学著作的开头部分，即第一册《资本》第一篇“资本一般”的起首两章。

1860年下半年和1861年上半年，马克思按照“六册结构计划”继续撰写《政治经济学批判》第二分册。这就是1861年至1863年上半年间，马克思完成的一部卷帙浩繁的政治经济学手稿，现在通常称为《1861—1863年经济学手稿》。按照原先的计划，第二分册主要论述第一册《资本》第一篇“资本一般”的第三章资本。但在对资本的深入论述中，大约在1862年底，马克思对原先的写作计划作了调整，决定把他正在写作的政治经济学著作定名为《资本论》，原先的《政治经济学批判》改作副标题。这样，马克思把他的政治经济学著作正式定名为《资本论·政治经济学批判》。

其实，马克思只是对他原先的写作计划作出调整，并没有改变“六册结构计划”的写作构思。马克思似乎感到，在他有生之年难以按照“六册结构计划”完成全部政治经济学著作，但他应该完成第一册《资本》中属于“基本原理”的部分，这一部分既是他整个著作的最难叙述的部分，也是他整个著作的“精髓”。这一部分论述清楚了，其他部分后人就可能较为容易地作出进一步的叙述了。1863年之后，马克思就是以《资本论》为标题写作他的经济学著作的。因此，现在的《资本论》前三卷，其实只相当于“六册结构计划”第一册《资本》的第一篇“资本一般”（商品、货币、资本）的内容。

第三，马克思政治经济学主要理论的突破性进展。在《手稿》中，马克思第一次对劳动价值论、剩余价值论和资本主义经济运动趋势理论作了较为系统的论述，特别是完成了劳动价值论的科学革命，首次提出剩余价值范畴，初步阐述了剩余价值的来源、生产方式、流通过程和资本主义经济危机等重要问题，成为马克思经济学理论创新的重要标识，奠定了《资

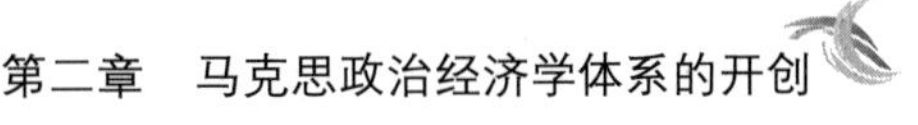

本论》理论大厦的基石。

三、“货币章”实现的劳动价值论的科学革命

劳动价值论是马克思政治经济学的理论基础，也是马克思实现政治经济学科学革命的最辉煌的成果之一。在《资本论》第一卷中，马克思对劳动价值论作出系统叙述；而《手稿》“货币章”，则是马克思对劳动价值论科学革命的第一份科学实验记录。

“货币章”以对达里蒙《论银行改革》中提出的货币理论的批判为起点。达里蒙秉持的是蒲鲁东的货币理论，马克思对这一货币理论提出了两个“基本问题”上的质疑：

其一，是否能够通过改变流通工具或流通组织，使现存的生产关系以及与这些关系相适应的分配关系发生革命呢？蒲鲁东主义者的回答是肯定的，马克思的回答是否定的。因为流通的每一次“改造”，都是以生产条件的“改变”和社会“变革”为前提的，蒲鲁东主义者根本不了解生产关系、分配关系和流通关系之间的内在联系，根本没有从经济关系总体上理解资本主义经济运行中个别环节的社会性质。

其二，是否能够在保留货币的某一形式（如金属货币、纸币、信用货币、劳动货币）的同时，消除货币关系固有的矛盾呢？马克思认为：“一种货币形式可能消除另一种货币形式无法克服的缺点；但是，只要它们仍然是货币形式，只要货币仍然是一种重要的生产关系，那么，任何货币形式都不可能消除货币关系固有的矛盾，而只能在这种或那种形式上代表这些矛盾。”①

针对达里蒙对资本主义危机原因及其出路问题理解上的“偏见”，“货币章”接着对货币关系和资本主义经济危机根源的关系问题作出分析。马克思认为，危机的直接原因在于社会供给和社会需求的尖锐矛盾，因而可以归结为“供求规律”作用的结果；但是，危机的根本原因在于资本主义

① 马克思，恩格斯．马克思恩格斯全集：第30卷．2版．北京：人民出版社，1995：69-70.

经济关系的内在矛盾。金银货币本身对危机发生两个方面的影响，使危机的症状更加恶化：一是银行针对金银的输出采取的措施，对国内流通产生了不利的反作用；二是外国只愿意以金银的形式，而不是以任何其他形式得到资本，加剧了国内流通的矛盾和危机的严重程度。在马克思看来，金银货币的存在并不是资本主义经济危机产生的原因；资本主义经济的内在矛盾才是金银货币矛盾加剧的原因。

在对蒲鲁东主义“劳动货币”理论的批判中，“货币章”对价值的本质、价值和价格的关系作了初步论述，提出了劳动价值论中的三个基本的观点：一是一切商品的价值决定于制造这些商品所需要的劳动时间。二是由劳动时间决定的商品价值，只是商品的“平均价值”。商品的“市场价值”不同于商品的平均价值，即“市场价值”总是低于或高于“平均价值”。货币所表现的是商品的“市场价值”，即商品的价格。三是价值是作为价格运动的规律而出现的；价值和价格的差别既不是名和实的差别，也不是由价格的金和银的名称引起的。价值和价格的不一致，与供求的变化有关系。

“货币章”进一步围绕商品的内在矛盾以及商品向货币转化的问题作了详尽论述。这些论述，是马克思实现的劳动价值论革命的重要内容。“货币章”首先揭示了商品的二重存在形式——内在存在形式和外在存在形式的对立统一关系。商品的“二重存在”包含了以下两层含义：其一，商品本身和商品价值的二重存在。商品本身指的是商品的“自然存在”，它是商品经济关系上的质的规定性。马克思提到的“商品的自然差别必然和商品的经济等价发生矛盾”①，这就是他之后不久提到的商品使用价值和价值的两重规定及其矛盾。其二，商品的内在价值和外在交换价值的二重存在。价值不仅是商品的一般交换能力，同时也是一种商品交换其他商品的比例的指数，后者就是商品的交换价值。这就是说，“交换价值所表现的正是这个商品换成其他商品的比例；在实际的交换中，商品只有在和自己的自然属性相联系的并且和交换者的需要相适应的数量上，才是可交换的”②。

---

①② 马克思，恩格斯．马克思恩格斯全集：第30卷．2版．北京：人民出版社，1995：90.

马克思对价值和交换价值关系的分析，不仅揭示了价值的内在规定性和外在表现形式之间的联系，而且还为货币和货币关系的产生确定了逻辑前提。因为商品的交换价值实质上是商品内在的货币属性；货币同商品脱离的过程，就是这种内在属性取得外在独立存在的过程。在经济学说史上，马克思第一次从商品价值的内在规定中，揭示货币的起源和本质，从而使货币理论建立在科学的劳动价值论基础之上。

商品的二重存在形式一方面是商品的自然存在形式，另一方面就是在质上不同于另一种商品存在的作为交换价值符号的形式，即一方面是作为交换的商品本身，另一方面是与交换的商品本身相分离的，并作为交换价值独立存在的特殊商品。这种特殊的商品就是货币。因此，货币是商品内在的二重存在形式外在化的结果，是交换过程中商品内在矛盾发展的必然结果。据此，马克思对劳动价值论作出了两个重要结论。

第一个结论是："产品的交换价值产生出同产品并存的货币。因此，货币同特殊商品的并存所引起的混乱和矛盾，是不可能通过改变货币的形式而消除的……同样，只要交换价值仍然是产品的社会形式，废除货币本身也是不可能的。"①

第二个结论是：货币作为同其他一切商品相对立的特殊商品，作为其他一切商品的交换价值的化身的规定性，使货币具有四个重要属性：商品交换价值的尺度，交换手段，在契约上作为商品的代表，同其他一切特殊商品并存的一般商品。马克思强调："所有这些属性都单纯来自货币是同商品本身相分离的和对象化的交换价值这一规定。"② 货币在其第四个属性上，已表现为资本在历史上的"最初"形式。在转入"资本章"时，马克思专门论述了"货币转化为资本"的历史的逻辑过程。

货币是商品内在矛盾发展的结果。同时，货币的产生也进一步发展了商品的内在矛盾。这就是说，货币制度下商品交换出现的新的矛盾，只是商品内在矛盾的进一步的外在化形式。马克思把这些进一步发展的新的矛盾归结为以下四点：

---

① 马克思，恩格斯. 马克思恩格斯全集：第30卷. 2版. 北京：人民出版社，1995：94-95.

② 同①95.

第一，商品内在的二重形式，一旦外在地表现为商品和货币的对立形式，商品内在的可交换性就以货币形式存在于商品之外，从而货币就可能成为某种与商品不同的、对商品来说是“异己的东西”。

第二，商品的交换行为也因此而分为两个互相独立的行为，即分为在空间上和时间上彼此分离的、互不相干的两个存在形式：卖和买。商品交换行为的直接同一已经消失。

第三，随着交换价值脱离商品而在货币形式上独立化，随着卖和买在空间上和时间上的分离，整个交换过程也开始同交换者、生产者相分离，在生产者之间出现了一个商人阶层。这一商人阶层参与交换的目的，不是为了占有作为产品的商品，而是为了取得交换价值本身。商人阶层的产生，形成了交换的“二重化”：一是为消费而交换，一是为交换而交换。后一种新的“不协调”的形式，已经包含了“商业危机”的可能性。

第四，交换价值一旦采取货币这一独立的形式，它就不再作为商品的一般性质而存在，它必然在与商品的并列中“个体化”，即成为一种与其他商品并列的“特殊商品”。从商业中分离出来的“货币经营业”就是专门经营这种“特殊商品”的。

“货币章”还提出了货币作为价值尺度、作为交换手段和货币作为货币这三种规定的理论，实现了货币理论的创新。

四、“资本章”奠定的剩余价值理论的重要基础

1858 年 1 月，马克思在写作《手稿》的“资本章”时，在给恩格斯的信中提道：“我取得了很大的进展。例如，我已经推翻了迄今存在的全部利润学说。”① 这里提到的“很大的进展”和“推翻了迄今存在的全部利润学说”，指的就是“资本章”在剩余价值理论研究上的重大突破，其重要标志就是“剩余价值”范畴的提出。

① 马克思，恩格斯．马克思恩格斯文集：第 10 卷．北京：人民出版社，2009：143.

“货币章”已经提到，货币的第三种规定使金银积累取得了货币积累的形式，使得“W—G—G—W”简单商品流通形式，转化为“G—W—W—G”纯粹为了货币积累的形式。在后一种形式中，生产过程的内容已经发生了根本的变化，成为为交换价值的生产。资本的最初的形式由此而形成，在这里，“资本首先来自流通，而且正是以货币作为自己的出发点”①。马克思指出：“货币是资本借以表现自己的最初形式。”② 一旦货币表现为不仅与流通相独立，而且在流通中保存自己的交换价值，它就不再是货币，而是资本了。同直接的交换价值或货币相比较，资本的特征就是，“在流通中并通过流通保存自己，并且使自己永存的交换价值的规定性”③。

在货币转化为资本的论述中，“资本章”的逻辑就是：商品和货币是考察资本主义经济关系的必要前提，货币的完成形态表现为资本的最初规定性；要以流通作为考察资本形成及其根本性质的前提；资本运动的首要的一般特征，首先表现为资本和劳动能力相交换的特殊规定，“劳动能力”的使用价值是价值增殖的“媒介”。因此，资本的生产过程表现为二重性：一方面表现为一般生产过程中活劳动和它的物质对象之间的自然联系，也就是表现为“简单生产过程”或“劳动过程”；另一方面表现为资本占有劳动而实现价值增殖的特殊的社会关系。劳动力商品理论是揭示资本运动过程根本性质、进而创立剩余价值理论的重要基础。

在对资本主义生产的价值简单保存和价值增殖过程的分析中，“资本章”首次提出“剩余价值”范畴。从价值的简单保存过程来看，商品价值只相当于生产商品的生产费用，即“产品的价格等于它的生产费用，也就是＝在生产过程中消费掉的各商品的价格总和”④。假如资本以生产费用等于商品价值为界限，资本“生产性”就不存在，资本主义生产过程也就不可能发生。但要使预先存在的资本价值得到增殖，就必须使劳动能力使用所创造的价值大于劳动力自身的价值。“资本章”指出，“价值所以能够增加，只是由于获得了也就是创造了一个超过等价物的价值”，因此，“在资

①② 马克思，恩格斯．马克思恩格斯全集：第30卷．2版．北京：人民出版社，1995：208.

③ 同①218.

④ 同①272.

本方面表现为剩余价值的东西，正好在工人方面表现为超过他作为工人的需要，即超过他维持生命力的直接需要的剩余劳动”①。马克思第一次把这一“超过等价物的价值”称作“剩余价值”。资本的使命就是创造这种剩余劳动，攫取剩余价值。

“剩余价值”范畴是马克思经济思想发展中的一次“术语的革命”。马克思通过剩余价值揭开了资本主义生产方式的秘密，进而“发现了现代资本主义生产方式和它所产生的资产阶级社会的特殊的运动规律”②。正是在这种历史的和社会的意义上，剩余价值理论在马克思思想中的突出地位真正地得到彰显，剩余价值理论在《资本论》体系中的地位也由此确定。

“资本章”在提出“剩余价值”概念之后，分别考察了绝对剩余价值和相对剩余价值问题。但是，“资本章”还没有对这两种剩余价值生产方式的历史的和逻辑的转化关系作出阐述。一方面，马克思没有论及资本主义生产从简单协作到工场手工业，再到机器大工业的发展阶段问题，因而还不能说明绝对剩余价值到相对剩余价值转化的历史过程；另一方面，马克思也没有提出超额剩余价值概念，因而还不能说明从绝对剩余价值到相对剩余价值转化的逻辑中介。在“资本章”中，马克思论述的只是剩余价值量的绝对的和相对的增加的问题。

在对劳动生产力的变化同剩余价值绝对量和相对量变化的相互作用问题的探讨中，“资本章”提出了关于生产力提高和剩余价值增加之间关系的三条“规则”。这三条“规则”对于理解资本主义经济关系的动态过程有重要的意义。

规则一：生产力的提高之所以能够增加剩余价值，只是因为它缩小了必要劳动和剩余劳动的比例。“剩余价值恰好等于剩余劳动；剩余价值的增加可以用必要劳动的减少来准确地计量。”③

规则二：生产力“乘数”对剩余价值增加的影响。生产力的“乘数”是指生产力增长的倍数。“资本章”指出：“资本的剩余价值的增加数并不

---

① 马克思，恩格斯．马克思恩格斯全集：第30卷．2版．北京：人民出版社，1995：285，286.

② 马克思，恩格斯．马克思恩格斯文集：第3卷．北京：人民出版社，2009：601.

③ 同①303.

是生产力的乘数……的增加数，而是活的工作日中原来代表必要劳动的部分超出该部分除以生产力的乘数之后的余额。”① 假如生产力提高以前，必要劳动和剩余劳动各占工作日的$\frac{1}{2}$，在生产力乘数为 2 时，剩余价值的增加数就等于必要劳动占工作日比例的$\frac{1}{2}$，减去该比例$\frac{1}{2}$除以生产力乘数 2 之后的余额，即$\frac{1}{2}-\frac{1}{2}\div 2=\frac{1}{4}$，现在剩余劳动占工作日的比例就从原来的$\frac{1}{2}$，增加到$\left(\frac{1}{2}+\frac{1}{4}\right)$即$\frac{3}{4}$。显然，原来必要劳动占全部工作日的比例越大，由一定生产力乘数引致的剩余价值增加数也就越大。这表明，同一生产力乘数对不同国家或不同产业部门剩余价值增加数的影响，是各不相同的。

规则三：从规则二可以推导出，在生产力提高以前，剩余劳动在全部工作日中所占的比例越大，由生产力提高而增加的剩余价值就越少。这就是说，“资本已有的价值增殖程度越高，资本的自行增殖就越困难”②。在资本主义经济关系中，生产力的提高和剩余价值的增加之间，存在着一种内在的对立关系。

“资本章”进一步论述了不变资本和可变资本之间比例关系的变动，对剩余价值生产和剩余价值量变化的影响。通过对不变资本和可变资本比例变化的动态研究，“资本章”揭示了利润和剩余价值、利润率和剩余价值率之间的内在联系：一是不变资本和可变资本的划分及其对利润率和剩余价值率的影响；二是不变价值和可变价值比例变化的趋势及对利润和剩余价值的影响；三是同时并存的工作日剩余价值量的变化。“资本章”还没有提出“资本有机构成”概念，但是，关于资本有机构成理论的基本观点已经形成。不变资本和可变资本的比例及其变动趋势理论的形成，是马克思理解利润和剩余价值性质及其内在联系的必要的理论前提。

在上述对资本生产过程考察的基础上，“资本章”进一步提出资本再

---

① 马克思，恩格斯．马克思恩格斯全集：第 30 卷．2 版．北京：人民出版社，1995：303.
② 同①305.

生产和积累问题。资本的特殊社会性质及其基本矛盾的作用，必然在使资本不断扩张的同时，造成资本以“生产过剩”为基本特征的一系列“限制”。“如果说创造资本的剩余价值是以创造剩余劳动为基础的，那么资本作为资本来增加（即积累，而如果没有积累，资本就不可能成为生产的基础……）则取决于这种剩余产品的一部分转化为新资本。”① 剩余价值是资本积累的源泉。积累的资本进入生产过程时，必须分为实现劳动所需的客观条件和“劳动基金”两个部分。“劳动基金”成为新剩余价值的源泉。

“资本章”指出，作为资本主义扩大再生产源泉，资本积累的不断增长具有两重性质：一方面，资本积累是资本扩张的基础，它直接表现为资本物质生产能力的不断增长，因而包含“进步的因素”；另一方面，资本积累也是资本主义关系再生产的过程。在这两重性质中，资本积累的意义首先就在于：“资本和劳动的关系本身的，资本家和工人的关系本身的再生产和新生产。这种社会关系，生产关系，实际上是这个过程的比其物质结果更为重要的结果。”②

“资本章”通过剩余价值生产和实现过程的分析，揭示资本对生产力发展的四个限制因素：“（1）必要劳动是活劳动能力的交换价值的界限；（2）剩余价值是剩余劳动和生产力发展的界限；（3）货币是生产的界限；（4）使用价值的生产受交换价值的限制。”③ 实质上，这四个限制因素反映了资本主义经济关系发展中生产的扩张和雇佣工人的消费萎缩、资本价值增殖的生产目的和手段、价值生产和价值实现等一系列矛盾。在资本主义基本矛盾的作用下，资本再生产过程的结果必然是：“资本的发展程度越高，它就越是成为生产的界限，从而也越是成为消费的界限，至于使资本成为生产和交往的棘手的界限的其他矛盾就不用谈了。”④ 由于这些限制因素的强制作用，资本在不断推动生产力发展的同时，必然使资本遭到一次比一次更大的危机。

---

① 马克思，恩格斯．马克思恩格斯全集：第30卷．2版．北京：人民出版社，1995：434-435.

② 同①450.

③④ 同①397.

资本的原始积累属于资本的“形成史”，不属于资本的“现代史”，不属于受资本统治的生产方式的实际体系。但是，在论及资本主义生产方式“超越自己”的历史必然性时，有必要对资本主义生产方式的历史形成过程作出考察。通过这一考察，可以揭示资本主义生产方式产生、发展和灭亡的历史必然性。“资本章”指出：“如果说一方面资产阶级前的阶段表现为仅仅是历史的，即已经被扬弃的前提，那么，现在的生产条件就表现为正在扬弃自身，从而正在为新社会制度创造历史前提的生产条件。”①

“资本章”从资本周转问题研究切入，对资本流通过程理论作出阐释。在一开始对“资本流通和资本周转”问题的探讨中，马克思集中对以下三个问题进行分析：

第一，对资本周转构成要素的分析。从“整体”上考察，资本流通包括生产过程和流通过程两大要素。这里的资本流通，指的是“出发点就是复归点，复归点就是出发点”的资本运动过程，实际上就是周而复始、不断重复的资本周转。资本周转时间取决于生产过程经历的时间（生产时间）和流通过程经历的时间（流通时间）。其中，生产时间“直接同生产力的发展相一致”，流通时间指的是“资本从转化为产品到产品转化为货币所经历的期间”②。流通时间决定和制约着生产过程，因而也影响着一年内资本自行增殖的次数，影响着年利润率的高低。

资本周转由四个要素构成：Ⅰ．实际生产过程及其持续时间；Ⅱ．产品转化为货币；Ⅲ．货币转化为生产资本各要素；Ⅳ．资本同活劳动能力相交换。在这四个要素中，“第Ⅰ个要素不在这里进行考察，因为它和价值增殖的一般条件相重合。第Ⅲ个要素只有当不是谈论资本一般，而是谈论许多资本的时候，才予以考察。第Ⅳ个要素属于工资等等那一篇”③。因此，资本周转要讨论的只是第Ⅱ个要素，即资本由产品转化为货币问题。

第二，对资本周转第Ⅱ个要素的分析。资本由产品转化为货币这个要素对资本周转的影响，“只能是由于价值实现的较大困难而引起的”④。这

---

① 马克思，恩格斯．马克思恩格斯全集：第30卷．2版．北京：人民出版社，1995：453.

② 同①514.

③ 同①517.

④ 同①518.

一实现过程，首先涉及产品到销售地，即市场距离问题，这也就涉及“运输费用”问题。马克思指出，运输中耗费的劳动时间，同直接生产过程中物化在产品中的劳动时间一样，都是产品“生产费用”的组成部分。

第三，流通过程和生产过程的内在联系。在资本周转限度内，流通本身不仅是一般生产过程的要素，而且也是直接生产过程的要素，如运输作为直接生产过程的继续，就是在流通过程中完成的；而且流通过程的时间、速度，对资本再生产过程中的价值增殖也具有决定性影响。同时，资本生产过程只有顺利地通过流通阶段，才能开始资本的再生产过程。因此，流通过程也是对资本再生产过程的一种限制因素。

在资本的总体运动中，资本的价值增殖过程，实际上也就是资本“丧失”货币资格的“价值丧失”过程。这种“价值丧失”过程只有在被生产出来的包含了增殖价值的商品再度进入流通过程，并顺利地得到“实现”时，资本才重新取得了货币形式。可见，资本的再生产过程表现为“价值增殖—价值丧失—价值增殖实现”的序列转化过程。显然，从“价值丧失”到价值增殖“实现”的转化，对资本再生产有极其重要的意义；而这一转化的关键，就在于各资本彼此按照一定的和限定的比例进行交换。

“资本章”最后从“生产和流通的统一”的意义上，对“资本的总运动”问题作了论述。剩余价值是利息、利润的“纯粹”形式，利润是剩余价值的第二级的派生的和变形的形式。这里“第二级的”一词，不仅具有由原生的生产关系转化而来的意义，而且还具有在形式上脱离原生的生产关系，形成更高层次的“非原生的生产关系”的意义。利润作为剩余价值的“第二级的”转化形式，不仅说明剩余价值是利润的源泉、是利润的本质，而且还说明，在剩余价值转化为利润时，利润已较剩余价值具有更复杂、更具体的规定性。

从“资本的总运动”来考察资本运动的性质，首先就发生剩余价值向利润转化问题。一旦剩余价值表现为利润，剩余价值率也就转化为利润率。循着这一逻辑思路，“资本章”进一步对两个重要的理论问题作了初步论述：一是通过对利润率变化趋势的考察，提出了利润率趋向下降规律

的基本内容。就利润率趋向下降规律而言，“从每一方面来说都是现代政治经济学的最重要的规律，是理解最困难的关系的最本质的规律。从历史的观点来看，这是最重要的规律。这一规律虽然十分简单，可是直到现在还没有人能理解，更没有被自觉地表述出来”①。二是通过对利润率形成过程的考察，提出了利润率“平均化”的问题：“在各个不同的产业部门中，数量相等的各个资本的利润不相等，即利润率不相等，这是竞争的平均化作用的条件和前提。”② 但是，“资本章”对这两个理论问题并没作展开论述。因为马克思这时已制定了按照“六册结构计划”出版《政治经济学批判》著作，并打算在第一册《资本》中先出版论述商品和货币理论的第一分册。这样，《手稿》对“资本的总运动”没有再作进一步的详尽论述，只作了一些提示性的说明。

五、对探寻马克思整体思想的重大意义

《手稿》不仅在马克思经济思想的历史发展中有重要的地位，而且在马克思整体思想的发展中也有重要的意义。《手稿》涉及马克思关于哲学、政治学、社会学、历史学的一系列重要理论观点，许多重要观点在马克思以后的包括《资本论》在内的著述中，没有再度出现或没有再次直接论及。《手稿》无疑是探索马克思整体思想及其内在联系的历史档案和重要文献。

第一，《手稿》提出的人的发展的三大形式，是以人为主体的社会发展观，是马克思关于经济的社会形态演进理论的重要内容。“货币章”指出，在社会生产过程中，根据“社会条件”的变化，作为生产主体的人的发展，第一大形式以“人的依赖关系”为特征。这时，人的生产能力只是在狭窄的范围内和孤立的地点上发展着，人只是直接从自然界再生产自己。第二大形式是以物的依赖性为基础的人的独立性的形成为特征的。这

① 马克思，恩格斯. 马克思恩格斯全集：第31卷. 2版. 北京：人民出版社，1998：148.

② 同①164.

时，一方面，生产中人的一切固定的依赖关系已经解体；另一方面，毫不相干的个人之间的互相的全面的依赖，构成人们之间的社会联系，而这一联系的纽带就是普遍发展起来的产品交换关系，从而“人的社会关系转化为物的社会关系；人的能力转化为物的能力”①。正是在这种普遍的社会物质交换关系中，才形成了人们之间的“全面的关系、多方面的需要以及全面的能力的体系”②。第三大形式是以自由个性发展为特征的。这一社会形式中的“自由个性”，具有两方面的规定性：一是个人的全面的发展；二是人们共同的社会生产能力成为他们共同的社会财富。第三大形式的发展是以第二大形式的发展为基础的。

三大社会形式理论没有改变马克思对经济的社会形态演化关系的理解，相反，凸显了两者之间的内在联系。例如，“货币章”把第二大形式看作“资产阶级社会”，它同这一社会形式之前存在的家长制、古代的或封建的制度是相对立的，同时也与第三大形式中的以共同占有和共同控制生产资料为基础的、以联合起来的个人为特征的那种经济的社会形式相对立的。“货币章”提出，在第二大形式中，个人之间的交换关系以及他们之间的社会关系，成为独立于他们之外并与他们对立的物与物之间的关系。在物的形式上，交换价值作为一种异己的力量与人相对立。三大社会形式理论突出了对资产阶级社会条件下社会关系物化性质的论述。因此，在第二大形式中，“物的依赖关系无非是与外表上独立的个人相对立的独立的社会关系，也就是与这些个人本身相对立而独立化的、他们互相间的生产关系”③。

第二，《手稿》考察的前资本主义社会的各种所有制形式，主要如亚细亚的所有制形式、古代的所有制形式、日耳曼的所有制形式等，展示了马克思理解的“世界历史”的理论视域，彰显了马克思对东方社会理解的理论意蕴。

“资本章”在对资本的直接生产过程问题的最后探讨中，考察了资本主义生产以前的一些形式——亚细亚的所有制形式、古代的所有制形式和

①② 马克思，恩格斯. 马克思恩格斯全集：第30卷. 2版. 北京：人民出版社，1995：107.
③ 同①114.

日耳曼的所有制形式。在这些所有制形式中，对劳动的客体条件的占有，不是通过劳动进行的，而是劳动的前提，“劳动的主要客观条件本身并不是劳动的产物，而是已经存在的自然”①。这时，劳动的主体条件是作为某一公社的成员，作为其从事劳动的基础，劳动主体（个人）是以公社为媒介才与劳动客体（土地）发生关系的。

对这些所有制形式的历史考察，深刻地揭示了资本主义生产方式中劳动主体和客体关系的基本性质及其历史趋势。马克思的结论就是：“在资本对雇佣劳动的关系中，劳动即生产活动对它本身的条件和对它本身的产品的关系所表现出来的极端异化形式，是一个必然的过渡点，因此，它已经自在地、但还只是以歪曲的头脚倒置的形式，包含着一切狭隘的生产前提的解体，而且它还创造和建立无条件的生产前提，从而为个人生产力的全面的、普遍的发展创造和建立充分的物质条件。”② 这时，马克思主要是从经济的社会形态发展的自然的历史过程的角度，展开对前资本主义生产方式探索的。

第三，《手稿》对异化劳动和资本、机器体系和科学技术的资本主义使用方式和劳动过程的异化、资本主义的普遍化趋势与异化，以及对异化和经济社会危机等问题论述，是“青年马克思”思想的赓续，也是理解当代资本主义社会关系本质的理论指南。

《手稿》的异化理论是建立在劳动价值论和剩余价值论的基础之上的，是对《1844 年经济学哲学手稿》中异化理论的拓展。“货币章”指出：货币作为交换价值的外在化形式，从“最初作为促进生产的手段出现的东西，成了一种对生产者来说是异己的关系”，货币的异化关系是人们生产中的社会关系发展的结果，“货币所以能拥有社会的属性，只是因为各个人让他们自己的社会关系作为对象同他们自己相异化”③。在资本主义商品货币关系中，这种异化更为严重地发展起来。货币的异化作为一种“历史的产物”，在资本主义的“基地”上是不会自行消除的，但它的发展会

---

① 马克思，恩格斯. 马克思恩格斯全集：第 30 卷. 2 版. 北京：人民出版社，1995：476.

② 同①511-512.

③ 同①95，110.

“带来一些关系和联系，这些关系和联系本身包含着消除旧基地的可能性”①。例如，资本主义经济危机作为货币关系发展到一定阶段的产物，和世界市场的“独立化”有着密切的联系，是货币的异化在世界市场上的体现。正是由于货币关系的异化和世界市场独立化的交互作用，才使生产和消费的普遍联系和全面依赖同消费者和生产者的相互独立与漠不关心形成显明的对立，由此而导致资本主义普遍的生产相对过剩的经济危机。货币异化的抽象特征，在“世界市场”上才获得最为具体的展开形式，也才使得资本主义生产的“一切矛盾都展开了”②。

“资本章”指出，资本主义生产过程就是“劳动本身的力量变成对工人来说的异己力量的必然过程”③。由活劳动的使用形成的生产力，成为与劳动力相脱离的资本的生产力，“文明的进步只会增大支配劳动的客体的权力”④。剩余价值完全成为人格化的资本对活劳动的权力，使得工人的活劳动“变成失去实体的、完全贫穷的劳动能力而同与劳动相异化的、不属于劳动而属于他人的这种实在相对立”⑤。在资本再生产过程中，机器和机器体系作为资本的物质力量，成为与活劳动相对立的，并最终成为活劳动的支配力量，“在机器体系中，对工人来说，知识表现为外在的异己的东西，而活劳动则从属于独立发生作用的对象化劳动”⑥。可见，“资本的趋势是赋予生产以科学的性质，而直接劳动则被贬低为只是生产过程的一个要素”⑦。马克思的异化劳动理论并比没有终止于《1844 年经济学哲学手稿》。如果说《1844 年经济学哲学手稿》通过对异化哲学意义的理解来解释资本主义经济关系的，那么，《手稿》则通过对异化经济学意义的阐述来解释资本主义整体的社会关系。

第四，《手稿》对科学技术是生产力的重要判断、对机器体系的发展

① 马克思，恩格斯．马克思恩格斯全集：第 30 卷．2 版．北京：人民出版社，1995：111.
② 同①181.
③ 同①268.
④ 同①267.
⑤ 同①445.
⑥ 马克思，恩格斯．马克思恩格斯全集：第 31 卷．2 版．北京：人民出版社，1998：93.
⑦ 同⑥94.

及其社会应用意义的理解，凸显了马克思对科学技术革命社会意义的准确判断、对自动化时代人类文明进步与挑战的天才预测，是马克思留下的弥足珍贵的理论遗产。

科学技术在生产力发展中的作用之一，就是加大了个别劳动转化为社会劳动的速度和规模，从而为现代化大生产和全社会的协作提供基础。《手稿》指出："在大工业的生产过程中，一方面，发展为自动化过程的劳动资料的生产力要以自然力服从于社会智力为前提，另一方面，单个人的劳动在它的直接存在中已成为被扬弃的个别劳动，即成为社会劳动。"① 随着时间的推移，科学技术的进步和社会生产力的发展，可能使原来的生产发展的基础——直接劳动被"社会活动的组合"所代替。这同科学所具有的独立性、渗透性、互补性和传导性的特点分不开。现代社会生产力发展的实践证明了这一点。由于科学技术的发展，尤其是信息技术的发展，使得生产和交换的全过程真正地被联结起来了，这是生产社会化的高级形式。

在资本主义的早期发展中，虽然人本身是生产力中最革命的因素，但人始终是围绕生产工具或机器进行活动的。在一般的意义上，这被看作生产工具在生产力发展中重要作用的体现；在特殊的意义上，这被看作劳动力对机器的一种隶属关系，这是人与物的异化。自从科学技术被广泛使用，人及其智力在经济发展中的作用日益显著。《手稿》谈道："随着大工业的发展，现实财富的创造较少地取决于劳动时间和已耗费的劳动量，较多地取决于在劳动时间内所运用的作用物的力量，而这种作用物自身——它们的巨大效率——又和生产它们所花费的直接劳动时间不成比例，而是取决于科学的一般水平和技术进步，或者说取决于这种科学在生产上的应用。（这种科学，特别是自然科学以及和它有关的其他一切科学的发展，本身又和物质生产的发展相适应。）"② 在耗费的劳动时间和劳动产品之间惊人的不成比例上，最主要的表现就是："劳动表现为不再像以前那样被包括在生产过程中，相反地，表现为人以生产过程的监督者和调节者的身

① 马克思，恩格斯．马克思恩格斯全集：第31卷．2版．北京：人民出版社，1998：105.
② 同①100.

份同生产过程本身发生关系。”①

第五，《手稿》对未来共产主义社会的预测，特别是对人的自由而全面发展理论的阐述，对人的现实关系和观念关系的全面性的探讨等等，成为全面理解马克思关于未来社会理论的必修读本。

马克思从来不打算教条式地预料未来社会，更不打算用未来社会的幻想图景作为救世之道；他只是希望在批判旧世界中发现新世界，只是希望在对现实的资本主义社会的批判分析中，对未来社会作出科学的预测。《手稿》强调：未来社会的产生是以现存的“物质条件和精神条件的发展为前提”；资产阶级社会内部产生的“一些交往关系和生产关系”，是“炸毁这个社会的地雷”，是未来社会产生的现实基础。因此，“如果我们在现在这样的社会中没有发现隐蔽地存在着无阶级社会所必需的物质生产条件和与之相适应的交往关系，那么一切炸毁的尝试都是唐·吉诃德的荒唐行为”②。

《手稿》充分肯定资本主义制度中生产力发展的巨大的社会意义，认为“资本是生产的，也就是说，是发展社会生产力的重要的关系”。首先，资本主义生产力的发展，大大增加了超过工人维持生命力的直接需要而形成的剩余劳动，从而使“超过必要劳动的剩余劳动本身成为普遍需要，成为从个人需要本身产生的东西”，为人的需要的丰富性和人的发展的全面性创立了坚实的物质前提。其次，资本主义生产力的发展培育了劳动过程的“严格纪律”，并使之发展成新一代的“普遍财产”。再次，资本主义生产力的发展，为科学在直接生产过程中的运用开辟了广阔前景，科学力量成为不费资本分文的生产力。最后，资本对科学力量的占有是通过使用机器来实现的，资本主义生产力的发展越来越多地表现为机器和机器体系的广泛运用，结果可能就是“劳动的社会将科学地对待自己的不断发展的再生产过程，对待自己的越来越丰富的再生产过程，从而，人不再从事那种可以让物来替人从事的劳动”③。

马克思一直坚持从人的现实关系和观念关系的全面性上，把握未来社

① 马克思，恩格斯．马克思恩格斯文集：第8卷．北京：人民出版社，2009：196.

② 马克思，恩格斯．马克思恩格斯全集：第30卷．2版．北京：人民出版社，1995：109.

③ 同①286.

会的根本特征。《手稿》指出，个人的全面性决不是“想象的”或者“设想的”，而是以社会生产力的全面发展为基础的，“要达到这点，首先必须使生产力的充分发展成为生产条件，不是使一定的生产条件表现为生产力发展的界限”①。《手稿》坚持认为：“新的生产力和生产关系不是从无中发展起来的，也不是从空中，也不是从自己设定自己的那种观念的母胎中发展起来的，而是在现有的生产发展过程内部和流传下来的、传统的所有制关系内部，并且与它们相对立而发展起来的。”② 未来社会产生的必然性，存在于资本主义所有制关系内部，存在于高度发展的社会生产力和越来越狭隘的生产关系的矛盾冲突中。

在对未来社会经济关系的科学预测中，《手稿》对资本主义私有制向未来社会公有制过渡的历史必然性作了探讨。在一定的历史条件下，资本主义所有制有其“伟大的文明作用”，它突出表现为“创造出社会成员对自然界和社会联系本身的普遍占有”③。资本按照这种趋势，破坏以前社会中存在的一切的地方性的发展和对自然的崇拜，“资本破坏这一切并使之不断革命化，摧毁一切阻碍发展生产力、扩大需要、使生产多样化、利用和交换自然力量和精神力量的限制”④。但是，资本力图克服以往社会阻碍生产力发展的限制，并不等于它“实际上”已经克服了它们。因为旧社会存在的每一种限制，在本质上与生产资料私有制有着天然的联系。因此，资本在克服旧有限制的同时，新的限制又不断地产生。“资本不可遏止地追求的普遍性，在资本本身的性质上遇到了限制，这些限制在资本发展到一定阶段时，会使人们认识到资本本身就是这种趋势的最大限制，因而驱使人们利用资本本身来消灭资本。”⑤

从社会发展的整个历史过程来看，资本主义所有制与先前存在的所有制是相对立的。在这之前的所有制，表现为劳动和所有权的“同一性”，即劳动主体以私人形式占有生产资料，并对自己的劳动产品拥有所有权；而资本主义所有制则表现为劳动主体不占有自己的劳动产品，劳动产品表

---

① 马克思，恩格斯．马克思恩格斯全集：第30卷．2版．北京：人民出版社，1995：541.
② 同①236.
③④ 同①390.
⑤ 同①390-391.

现为他人财产，即“劳动表现为被否定的所有权，或者说，所有权表现为对他人劳动的异己性的否定”①。因此，资本主义私有制是对之前存在的小私有制的否定。资本主义私有制的发展，又必然造成对自身的否定，形成社会经济史发展中的否定之否定的过程。这时，与资本主义私有制相对立的就是劳动主体共同的生产能力，成为他们共同的社会财富的所有制形式，亦即在共同占有和共同控制生产资料的基础上，以联合起来的个人所进行的自由交换为特征的社会所有制形式。当然，这种新型的所有制形式，完全是以物质和精神条件的发展为前提的。马克思的这一探讨，深刻地揭示了资本主义私有制发展的历史趋势和未来社会公有制产生的客观必然性。

《手稿》只是从最一般的意义上概述了未来社会公有制的本质规定，着重指出了三个方面的特征：其一，对社会生产资料的“共同占有和共同控制”；其二，“共同的社会生产能力”成为社会的共同财富；其三，占有和控制这些生产资料的主体是“社会化的工人”，即以高度的“社会性”和“科学性”为基础的结合劳动主体，或者说是“联合起来的个人”。生产资料公有制是未来社会全部生产关系和社会关系的“基础”。首先，在这一基础上，社会宏观经济活动发生了本质的变化，形成了以有计划分配社会劳动时间为特征的经济运行模式。这就是说，“劳动时间在不同的生产部门之间有计划的分配”，成为这一社会经济运行的“首要的经济规律”②。其次，在“共同生产”的基础上，形成了新的消费品分配原则。这时，由于“单个人的劳动一开始就被设定为社会劳动”，“因此，不管他所创造的或协助创造的产品的特殊物质的形态如何，他用自己的劳动所购买的不是一定的特殊产品，而是共同生产中的一定份额”③。这种以共同生产为基础的，以社会劳动时间为尺度的个人消费品的分配原则，包含了马克思后来作了详尽阐述的按劳分配理论的基本思想。最后，在生产资料公有制基础上，社会生产的目的发生了根本性的变化，社会生产完全是为了“实现符合社会全部需要的生产”④。于是，人及其需要、人的全面发展，

① 马克思，恩格斯．马克思恩格斯全集：第30卷．2版．北京：人民出版社，1995：463.

② 同①123.

③ 同①122.

④ 同①123.

就成了社会经济发展的最高目标——“人不是在某一种规定性上再生产自己，而是生产出他的全面性”。如个人的需要、才能、享用的普遍发展，人对自然力的统治和充分利用，人的创造天赋的绝对发挥等等，都成了社会经济发展的“目的”①。社会发展、社会享用和社会活动的全面性，也为社会生产力的全面发展提供了更高层次的主体因素。

六、《马克思恩格斯文集》对《手稿》摘选的内容评价

马克思经济学手稿已经成为马克思经济思想研究的重要内容，特别是《政治经济学批判（1857—1858 年手稿）》和《政治经济学批判（1861—1863 年手稿）》，无论对马克思经济思想史还是对《资本论》创作史研究，都有重要的意义。

实际上，在国内外学术界，对马克思经济学手稿的研究已经超越经济学的意义，已经成为马克思整体思想研究的重要课题，受到越来越广泛的关注。2009 年人民出版社出版的《马克思恩格斯文集》第八卷（简称《文集》），对马克思三部经济学手稿的选编，特别是对《手稿》的摘选，展示了马克思经济学和马克思整体思想研究的宽广视域，显示了对马克思经济学手稿的新的解读取向。

《文集》对《手稿》十三个片段作了摘选，这是中国学者对《手稿》多年研究的成果。《文集》的“第八卷说明”对《手稿》摘选作出两个方面的说明：一方面，《文集》把摘选的十三个片段，概括为六个方面主题：一是人的历史发展的三种社会形式；二是资本主义以前的各种所有制形式；三是商品、货币和资本的本质和矛盾；四是机器体系的发展及其应用的重大意义；五是科学技术是极其重要的生产力；六是对未来共产主义社会特征的预测。另一方面，《文集》对摘选的十三个片段分别加的标题，概括了各片段的主题。这些标题依次为：货币的产生和本质；交换价值和社会交换关系的性质；资本的历史使命；劳动和资本在生产过程中的作

① 马克思，恩格斯．马克思恩格斯全集：第 30 卷．2 版．北京：人民出版社，1995：480.

用；资本的二重倾向：扩大所使用的活劳动和缩小必要劳动；资本主义生产的作用及其界限；异化劳动和资本，资本的再生产和积累，原始积累；资本主义生产以前的各种形式；资本主义生产和交换的普遍性趋势；剥削社会中的劳动和真正自由的劳动；资本主义社会中的个人自由；机器体系和科学发展以及资本主义劳动过程的变化；资本主义条件下和共产主义条件下的社会生产力。

从这两个方面的说明上，我们至少可以得出以下三个结论：

第一，《文集》摘选的片段达到了《文集》“第八卷说明”提出的“作为对《资本论》的理论观点的补充和阐发”的要求。这些片段的主题和内容，在《资本论》中大多有过直接的或间接的阐述。例如，关于“资本的历史使命”“资本的二重倾向：扩大所使用的活劳动和缩小必要劳动”“资本主义生产的作用及其界限”等，特别是“货币的产生和本质”更是解读《资本论》第一卷商品货币理论的重要的“补充和阐发”。

“货币的产生和本质”片段，包含了《手稿》“货币章”关于商品货币理论的重要论述。“货币章”以对蒲鲁东主义者达里蒙《论银行改革》中的货币理论批判为起点。从对货币关系的探讨中，揭示出交换价值的内在规定性；从对交换价值的探讨中，揭示出价值的内在规定性，以及价值向货币转化的内在必然性。“货币的产生和本质”片段进一步探讨的是，商品的内在矛盾以及商品向货币转化的问题。“货币的产生和本质”片段，不仅对货币是商品内在矛盾发展的问题作了论述，而且还对货币的产生进一步深化了商品内在矛盾的问题作了阐述。“货币的产生和本质”片段对《资本论》第一卷中商品货币理论的“补充和阐发”，对理解马克思经济学中的相关理论问题有重要意义，对当代马克思主义政治经济学的研究也有重要启示。

第二，《文集》摘选的片段并没有仅限于“作为对《资本论》的理论观点的补充和阐发”的视界。如果完全按照“作为对《资本论》的理论观点的补充和阐发”的要求，《手稿》中的有些片段是必选无疑的。如关于商品范畴作为经济学体系逻辑起点的论述。“货币的产生和本质”片段，基本搞清楚了价值、交换价值作为商品的内在要素和机能的性质，以及货

币成为商品内在矛盾运动产物的问题，商品就成为最抽象的范畴，就必然成为经济学体系的逻辑起点。据此，《手稿》紧接着“货币的产生和本质”片段之后强调指出：“有必要对唯心主义的叙述方式作一纠正，这种叙述方式造成一种假象，似乎探讨的只是一些概念规定和这些概念的辩证法。因此，首先是弄清这样的说法：产品（或活动）成为商品；商品成为交换价值；交换价值成为货币。”① 《手稿》在此第一次确定了以商品为经济学体系的始基范畴，即以商品范畴为理论体系叙述的逻辑起点，从而确立了后来的《资本论》体系的逻辑起点。再如首次提出剩余价值范畴及其意义的论述。《手稿》在对资本主义生产价值增殖过程分析中提出，“价值所以能够增加，只是由于获得了也就是创造了一个超过等价物的价值”，必须使劳动能力使用所创造的价值大于劳动力自身的价值，因此“在资本方面表现为剩余价值的东西，正好在工人方面表现为超过他作为工人的需要，即超过他维持生命力的直接需要的剩余劳动”②。资本的使命就是创造这种剩余劳动，攫取剩余价值。剩余价值范畴是马克思经济思想发展中的一次“术语的革命”，奠定了《资本论》理论体系的基石。还如对“资本一般”范畴的论述、关于论述“资本”结构的阐述等等。如果《文集》摘选的内容，仅在于对《资本论》理论的“补充和阐发”，这些相关的部分是不会被遗漏的。

第三，《文集》摘选的内容实际上超越了只是“作为对《资本论》的理论观点的补充和阐发”的要求，包含了对《手稿》中经济学以外的、特别是集中反映马克思整体思想的最重要的和最主要的论述的摘选。《文集》对马克思整体思想的有关论述的摘选，涉及马克思关于哲学、政治学、社会学、历史学的一系列重要理论观点，许多观点在马克思以后的包括《资本论》在内的著述中，没有再度出现或没有再次直接论及。

在对这些问题的理解上，有必要提一下戴维·麦克莱伦编辑的《手稿》英文摘译本和他对摘译本内容评价的观点。麦克莱伦在1971年翻译出版的《马克思的〈政治经济学批判大纲〉》（英文节译本）是较早的英文译

① 马克思，恩格斯．马克思恩格斯全集：第30卷．2版．北京：人民出版社，1995：101．

② 同①285，286．

本，这里的《政治经济学批判大纲》包含了我们现在称作《政治经济学批判（1857—1858 年手稿）》的全部内容。《手稿》的英文节译本比马丁·尼古拉斯于 1973 年翻译的《手稿》英文全译本早两年出版。在英文节译本的“序言”中，麦克莱伦提出：“从某种意义上来说，《大纲》是马克思所有著作中最基本的著作”，“是马克思思想的中心点”。因此，“没有相当广泛地收选《大纲》的马克思著作选集肯定是极其不适当的。在讨论马克思思想的连续性问题时，不考虑《大纲》也注定是要重新做起的”。对于有的学者把《1844 年经济学哲学手稿》看作“真正的马克思的新鲜材料……马克思思想发展中的关键性阶段”的评价，麦克莱伦认为，把这一评价用在马克思的《大纲》上，“要更有道理得多”。麦克莱伦的结论就是，从马克思政治经济学来看，“《大纲》的论题比以后包含在《资本论》中的论题要广泛得多”；从马克思全部思想来看，“《大纲》应该是马克思撰写的最基本的著作”。“《大纲》比其他著作更多地包含了马克思各方面思想的总结。”① 麦克莱伦就是从马克思政治经济学和马克思整体思想的角度来选译《手稿》相关内容的，甚至在选译的有些关于政治经济学的片段中，麦克莱伦也冠以超越政治经济学意义的标题。如《文集》摘选的“交换价值和社会交换关系的性质”片段，麦克莱伦在英文节译本中也选译了，但他将其分解成标题为“社会权力和个人”、“异化、社会关系和自由的个性”和“一般劳动和特殊劳动”的三个片段，以突出《手稿》中政治经济学以外的马克思的整体思想。

---

① MCLELLAN D. Grundrisse , Karl Marx，introduction. New York：Harper & Row Publishers，1971：15.

第三章　马克思经济学从研究为主到叙述为主的转折

1856 年上半年，英国正面临着一场以金融货币危机为特征的经济危机。这年 4 月，马克思在一次集会上指出，在资本主义生产方式中存在的“现代工业和科学为一方与现代贫困和衰颓为另一方的这种对抗，我们时代的生产力与社会关系之间的这种对抗，是显而易见的、不可避免的和毋庸争辩的事实”①。由这种对抗必然引起的“社会革命”，将使无产阶级实现“在全世界的解放”。马克思满怀激情地指出：“历史本身就是审判官，而无产阶级就是执刑者。”② 1856 年 9 月，马克思预言：“我不认为，一场大的金融危机的爆发会迟于 1857 年冬天”；在这场“以前从未有过的全欧规模”的危机中，“我不认为我们还能长久地在这里当旁观者”，投入革命的洪流，“‘动员’我们的人的日子不远了”③。

面对当时欧洲危机和革命的现实，马克思决意加快撰写自己的政治经济学著作，为无产阶级革命锻造一把理论之剑。1857 年底，马克思在给恩格斯的信中提道：“我现在发狂似地通宵总结我的经济学研究，为的是在洪水之前至少把一些基本问题搞清楚。”④ 实际上，自 1857 年初马克思就

---

① 马克思，恩格斯. 马克思恩格斯文集：第 2 卷. 北京：人民出版社，2009：580.

② 同①581.

③ 马克思，恩格斯. 马克思恩格斯全集：第 29 卷. 北京：人民出版社，1972：72-73.

④ 马克思，恩格斯. 马克思恩格斯文集：第 10 卷. 北京：人民出版社，2009：140.

以极大的精力，从事政治经济学的“双重”研究工作：一是加强经济危机问题的研究。他密切注意英、德、法、美等资本主义国家经济变化的现实，注意搜集这些国家经济危机的实际资料，为写作专门论述危机问题的著作做准备。二是加紧政治经济学原理的研究。马克思认为自己的政治经济学著作，解释资产阶级生产关系的本质，“使公众认清事物的实质”，是一项“非常必要”① 的工作。

1857 年 7 月，马克思开始撰写他计划中的政治经济学著作，首先写的就是后来被称作《巴师夏和凯里》的手稿。在马克思的笔记本中，这篇手稿仅有 7 页，在 1904 年首次公开发表时，被命名为《凯里和巴师夏》。后来，在 1939 年至 1941 年出版的《政治经济学批判大纲》（《1857—1858 年经济学手稿》当时的名称）中，根据马克思在《我自己的笔记本的提要》（写于 1861 年 6—7 月）所作的“巴师夏和凯里（1－4）。巴师夏论工资（5—7）”② 的提示，这篇手稿被改称为《巴师夏和凯里》，作为《政治经济学批判》的附录发表。在俄文版《马克思恩格斯全集》第 46 卷中，这篇手稿开始作为《1857—1858 年经济学手稿》的开头部分发表。《马克思恩格斯全集》历史考证版第二版（$MEGA^2$）在 1976 年出版的《1857—1858 年经济学手稿》，《巴师夏和凯里》手稿亦作为开头部分发表。

一、《巴师夏和凯里》的写作缘由及意义

《巴师夏和凯里》手稿分作两部分，一是马克思称作“前言”的部分，集中于对法国经济学家弗雷德里克·巴师夏（Frédéric Bastiat，1801—1850）和美国经济学家亨利·凯里（Henry Carey，1793—1879）经济思想的批判；二是对巴师夏《经济的和谐》（1851 年巴黎第 2 版）一书第 14 章“论工资”的批判性论述。

在开始的“前言”中，马克思显然打算通过对巴师夏和凯里经济思想

① 马克思，恩格斯．马克思恩格斯文集：第 10 卷．北京：人民出版社，2009：141.

② 马克思，恩格斯．马克思恩格斯全集：第 31 卷．2 版．北京：人民出版社，1998：611.

的批判，以对经济思想史的论述为主线，展开自己的政治经济学理论体系的叙述。自1843年底开始政治经济学研究以后，马克思一直把经济思想史的探索同政治经济学的理论研究结合在一起。

在1843年10月至1845年1月撰写的《巴黎笔记》中，马克思就是在对经济思想史的“批判”中理解政治经济学理论的。在马克思首次阅读斯密和李嘉图著作，以及那一时代法国和英国经济学家，主要如萨伊、西斯蒙第、麦克库洛赫、詹姆斯·穆勒、安·路·德斯杜特·德·特拉西以及弗里德里希·李斯特等人著作的摘录笔记中，特别是在马克思阅读恩格斯《国民经济学批判大纲》一文的摘要笔记中，可以清晰地看到经济思想史探索在马克思开始政治经济学研究时的重要作用。

恩格斯1844年初撰写的《国民经济学批判大纲》，同当时流行的经济学著作一样，以经济思想史的考察作为政治经济学原理阐释的切入点。在《国民经济学批判大纲》的开篇，恩格斯就准确地把握了18世纪经济思想史的重大变化，认为“18世纪这个革命的世纪使经济学也发生了革命”，这一“革命”突出地表现为“新的经济学”的产生，也就是“以亚当·斯密的《国富论》为基础的自由贸易体系”，即“自由主义经济学”的形成。归在这一“新的经济学”下的著述者，主要有李嘉图、麦克库洛赫、詹姆斯·穆勒和萨伊等①。恩格斯指出：一方面，自由主义经济学“甚至不能对重商主义体系作出正确的评判，因为它本身就带有片面性，而且还受到重商主义体系的各个前提的拖累”；但另一方面，“自由主义经济学达到的唯一肯定的进步，就是阐述了私有制的各种规律。这种经济学确实包含这些规律，虽然这些规律还没有被阐述为最后的结论”②。在对经济思想史论述的基础上，《国民经济学批判大纲》才转入对国民经济学“基本范畴”的探析。

在《巴师夏和凯里》手稿的“前言”中，马克思开宗明义，指出“现代政治经济学的历史是以李嘉图和西斯蒙第（两个相对立的人，一个讲英语，一个讲法语）结束的，同样，它在17世纪末是以配第和布阿吉尔贝尔

① 马克思，恩格斯．马克思恩格斯文集：第1卷．北京：人民出版社，2009：57-59.

② 同①59，59-60.

开始的”[①]。这就表明，在“前言”中，马克思将以经济思想史的探讨为主线，展开对政治经济学理论体系的阐释。在《巴师夏和凯里》手稿第4页上，马克思写道：“凯里的主要对立面是李嘉图，总之，是现代英国经济学家；巴师夏的主要对立面是法国社会主义者。”[②] 对李嘉图和西斯蒙第之后古典政治经济学的“历史”结局作出的这一概括，揭示了19世纪30年代之后资产阶级政治经济学发展的新的路向。

在《巴师夏和凯里》手稿第4页，马克思中断了“前言”对经济思想史的阐释，转入对巴师夏经济学的工资理论的批判。这似乎表明，马克思不再打算在“前言”中以经济思想史的探讨为主要线索，展开自己的政治经济学理论体系的叙述。马克思似乎打算以对巴师夏工资范畴的批判，作为自己的政治经济学理论体系叙述的起点。

巴师夏的《经济的和谐》设为25章，第14章为“论工资”。在这之前，《经济的和谐》已经对人的需要、交换、价值、财富、资本、土地产权、竞争和收益等问题作出论述。马克思直接切入对巴师夏的工资理论的批判，是因为工资问题最为直接地反映了“资本和雇佣劳动、利润和工资的现存关系”，也最能体现巴师夏这些经济学家“想为雇佣劳动制度的优越性进行辩护的辩护士”的本质[③]。但在对巴师夏工资理论的批判中，马克思意识到“不能再谈这些毫无意义的东西了”，因而决定“抛开巴师夏先生”[④]，中断手稿的写作。紧接着，在1857年8月，马克思开始撰写《〈政治经济学批判〉导言》手稿。在《导言》中，可以发现马克思中断《巴师夏和凯里》手稿写作的原因。

在《导言》中，马克思提出了构建他的政治经济学理论体系的“抽象上升到具体的方法”，这也是“抽象的规定在思维行程中导致具体的再现”的方法[⑤]。《导言》提出的《政治经济学批判》著作的“五篇结构计划”，就是马克思对这一方法的最初的、也是最为切实的遵循。“五篇结构计划”

---

① 马克思，恩格斯．马克思恩格斯全集：第30卷．2版．北京：人民出版社，1995：3.

② 同①11.

③ 同①15，13.

④ 同①17，17-18.

⑤ 同①42.

第一篇“一般的抽象的规定”，主要是“一些有决定意义的抽象的一般的关系，如分工、货币、价值等等”，或者说是“劳动、分工、需要、交换价值等等这些简单的东西”①。这就是说，这些简单范畴，可能成为理论体系始基范畴和逻辑起点。在接着《导言》之后的《1857—1858年经济学手稿》“货币章”中，马克思以达里蒙货币理论批判为开端，对《政治经济学批判》理论体系的始基范畴和逻辑起点作出最初的探索。

“货币章”在对达里蒙货币理论批判中得出的重要结论就是：“有必要对唯心主义的叙述方式作一纠正，这种叙述方式造成一种假象，似乎探讨的只是一些概念规定和这些概念的辩证法。因此，首先是弄清这样的说法：产品（或活动）成为商品；商品成为交换价值；交换价值成为货币。”② 马克思得出这一重要结论的逻辑思路，先是在对货币关系的探讨中，揭示出交换价值的内在规定性；然后在对交换价值的探讨中，揭示出价值的内在规定性，以及价值向货币转化的内在必然性；接着在对价值向货币转化的分析中，揭示出价值、交换价值作为商品的内在要素和机能的性质；最后揭示货币是商品内在矛盾运动外在化产物的结论。在这一逻辑思路中，商品成为最抽象的范畴，成为政治经济学理论体系的逻辑起点。“货币章”由此得出的重要结论就是：从商品范畴到货币范畴，是从具有简单规定性范畴向具有复杂规定性范畴的转化过程，这一过程体现了马克思从抽象上升到具体的总体方法的成功运用。

从经济思想史的阐释到工资范畴的批判，再到劳动、分工、需要、交换价值等简单范畴的探索，最后从货币范畴深入商品范畴探索以及商品范畴逻辑起点的确立，构成马克思从1857年7月之后的半年间，关于政治经济学理论体系认识的思想飞跃，深刻体现了马克思经济思想的重要转折。显然，这一思想飞跃和重要转折，是以《巴师夏和凯里》手稿为起点的。这是我们现在解读《巴师夏和凯里》手稿的最为重要的意义所在。

马克思写作《巴师夏和凯里》手稿，并不表明巴师夏在经济思想史上有多大的影响。其实，在经济思想史上，巴师夏并不占有什么重要地位。

① 马克思，恩格斯．马克思恩格斯全集：第30卷．2版．北京：人民出版社，1995：41-42．
② 同①101．

马克思认为："巴师夏所从事的，只是对那种以对照而结束的研究做出令人满足的解释——一种虚假的满足。"① 就分析的方法和工具而言，一方面"巴师夏提供的是虚构的历史，他提供的抽象有时采取理性的形式，有时采取假想事变的形式"，另一方面巴师夏"矫揉造作，注重形式逻辑"，他"提供的充其量不过是一些以反论方式表述的、经过精雕细刻的陈词滥调"②。

马克思在1857年对巴师夏的《经济的和谐》作出的这一"分析性"评价，在时隔90年之后，约瑟夫·熊彼特似乎给出了积极回应。熊彼特是20世纪最有影响力的经济思想史家，他在大约写于20世纪40年代的《经济分析史》手稿中，对巴师夏经济思想作过这样的比喻：一个游泳者，在沙滩上玩得很痛快，然后走到了深处就被淹死了。《经济的和谐》就是巴师夏一生最后"被淹死"之作。熊彼特认为，尽管不能断言《经济的和谐》"根本没有什么好的想法"，但"它的缺乏推理力，或者无论如何，它的缺乏运用经济分析器械的能力，使得它在此处无权请求受到重视"，"在这本书中我无论如何也看不出有什么科学的功绩"③。

从马克思到熊彼特，对巴师夏的《经济的和谐》的"分析性"的研究相隔几近百年，但结论如此接近，可以看出巴师夏在经济思想史的实际影响和地位。

二、对经济思想流派探索的基本观点

马克思在1843年底读到恩格斯的《国民经济学批判大纲》。在《国民经济学批判大纲》中，恩格斯对经济思想史上"重商主义体系"作了论述，区分了重商主义发展中货币差额论和贸易差额论的不同理论派系，认为"贸易差额论是整个重商主义体系的要点"④。受恩格斯的影响，马克思

① 马克思，恩格斯. 马克思恩格斯全集：第30卷. 2版. 北京：人民出版社，1995：10.

② 同①11.

③ 熊彼特. 经济分析史：第2卷. 北京：商务印书馆，1992：188.

④ 马克思，恩格斯. 马克思恩格斯文集：第1卷. 北京：人民出版社，2009：57.

开始政治经济学研究时，也十分注重经济思想“学派”“流派”问题的探索。在大约写于 1845 年 3 月的对弗里德里希·李斯特《政治经济学的国民体系》一书的评论中，马克思对经济思想“学派”或“流派”作了最初的探索。

李斯特的《政治经济学的国民体系》出版于 1841 年，马克思首先从经济思想史的视角，对李斯特这一新作中对经济思想“学派”理解上的偏颇作了批判。《政治经济学的国民体系》分为“历史”、“理论”、“学派”和“政策”四篇。第三篇“学派”主要对他称作的“意大利的国家经济学派”、“工业主义”（重商主义）、“重农主义或农业主义”、斯密的“交换价值理论”、萨伊和他的学派的“交换价值理论”作了论述。李斯特认为，这些“流行理论”只有在“遵守着自由贸易原则时”，“才有其正确性”；这些以自由贸易、自由竞争为“原则”的“世界主义经济学”，同以国家为“原则”的“政治经济学两者之间是有区别的”①。

马克思认为，以李斯特为代表的德国经济学家，“沉溺于最荒谬的幻想之中”，因此，“德国资产者甚至在他是工业家的时候，也是信仰宗教的。他害怕谈他所渴求的恶的交换价值，而谈生产力；他害怕谈竞争，而谈国家生产力的国家联合；他害怕谈他的私利，而谈国家利益。英国和法国的资产阶级通过他们最初的（至少是在他们统治初期的）国民经济学的学术代言人，把财富奉为神明，并在学术上也无情地把一切献给财富，献给这个摩洛赫”②。抓住当时德国经济学发展的这一特点，在对德国和英国、法国经济学性质比较研究的基础上，马克思提出的问题是：李斯特先生如何解释历史和如何对待斯密及其学派③。

马克思拓宽了经济思想史比较研究的视野，认为李斯特从“德国资产者关心的是保护关税”的基本立场出发，把所有的英法经济学家“统统归到‘学派’名下”，因而对李斯特来说，“自斯密以来的经济学的全部发展当然也就没有意义了，因为这种经济学的所有最杰出的代表都把竞争和自

---

① 李斯特．政治经济学的国民体系．北京：商务印书馆，1997：5.

② 马克思，恩格斯．马克思恩格斯全集：第 42 卷．北京：人民出版社，1979：240.

③ 同②241.

由贸易的现代资产阶级社会作为前提条件”①。马克思认为，李斯特“不去研究现实的历史”，因而“他认为整个经济学不外是研究室中编造出来的体系”②。

在对李斯特经济学无视“现实的历史”的批判中，马克思得出两个重要的结论：一是“象经济学这样一门科学的发展，是同社会的现实运动联系在一起的，或者仅仅是这种运动在理论上的表现”③。马克思这时已经完全理解了政治经济学产生的物质社会基础，完全理解了经济思想的历史据以产生的根本前提。二是“如果说亚当·斯密是国民经济学的理论出发点，那么它的实际出发点，它的实际学派就是‘市民社会’，而对这个社会的各个不同发展阶段可以在经济学中准确地加以探讨”④。马克思也已经完全清楚，经济思想的世代发展，无非“市民社会”即资产阶级社会不同发展阶段的各种经济学流派的历史演进过程，“斯密学派”就是那个时代的“市民社会”所具有的经济学观念。

两年以后，也就是1847年，马克思在《哲学的贫困》中，把他和恩格斯共同创立的唯物史观运用于经济思想史的研究，提出了经济思想流派研究的一些全新的观点，其中最为突出的就是以下四个观点：

一是认为经济学“每个原理都有其出现的世纪”，经济思想史需要探究的是：“11世纪的人们是怎样的，18世纪的人们是怎样的，他们各自的需要、他们的生产力、生产方式以及生产中使用的原料是怎样的；最后，由这一切生存条件所产生的人与人之间的关系是怎样的。”⑤ 这其实是经济思想史研究应该把握的基本问题和应该遵循的根本原则。

二是从经济思想“历史剧”中“剧中人物”和“剧作者”的关系上，对经济学“流派”的产生和发展作了阐释。在经济思想史上，经济学家研究的经济学原理、观念和范畴，来源于一定的经济社会关系，是对一定的经济社会关系的反映；同时，经济学家又成为对经济学原理、观念和范畴

---

① 马克思，恩格斯．马克思恩格斯全集：第42卷．北京：人民出版社，1979：241.

②③ 同①242.

④ 同①249.

⑤ 马克思，恩格斯．马克思恩格斯文集：第1卷．北京：人民出版社，2009：607，607－608.

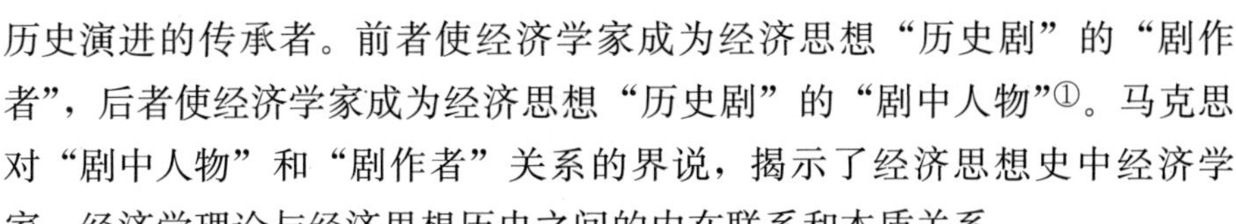

历史演进的传承者。前者使经济学家成为经济思想“历史剧”的“剧作者”，后者使经济学家成为经济思想“历史剧”的“剧中人物”①。马克思对“剧中人物”和“剧作者”关系的界说，揭示了经济思想史中经济学家、经济学理论与经济思想历史之间的内在联系和本质关系。

三是从对资产阶级生产关系内在矛盾的分析中，对经济学的“各种学派”作出初步的判断。马克思认为，资产阶级生产关系的性质是“两重的”，其突出表现，其一是资产者的财富增长和无产者的贫困产生“两重的”分化；其二是资产阶级生产关系在作为生产力发展动力的同时，也在成为生产力发展的阻碍力量的“两重的”结果；其三是资产阶级整个财富的增长既是无产阶级不断壮大，同时也是单个资产者不断被消灭、财富不断被集中的“两重的”过程。面对这三个方面“对抗性质”日益明显的发展，“经济学家们，这些资产阶级生产的学术代表就越和他们自己的理论发生分歧，于是在他们中间形成了各种学派”②。

四是对经济思想历史上的“各种学派”作了划分，提出经济思想三类“学派”划分的观点。其一是“宿命论”学派，这一学派可以分为“古典派”和“浪漫派”两种。“古典派”是指斯密和李嘉图这样的经济学家，他们是“这一时代的历史学家，他们的使命只是表明在资产阶级生产关系下如何获得财富，只是将这些关系表述为范畴、规律并证明这些规律、范畴比封建社会的规律和范畴更有利于财富的生产。在他们看来，贫困只不过是每一次分娩时的阵痛”③。“浪漫派”面对资产阶级和无产阶级处于直接对立状态，而“以饱食的宿命论者的姿态出现，他们自命高尚，蔑视那些用劳动创造财富的活人机器”④。其二是“人道学派”。这一“学派”面对无产者和资产者之间尖锐对立的现状，却“劝工人安分守己”，而“建议资产者节制一下生产热情”⑤。其三是归于“无产阶级的理论家”的经济学家。这一学派在其发展中可以分作“革新的科学”到“革命的科学”的发展阶段⑥。

在《巴师夏和凯里》手稿中，马克思承继他之前对经济思想“学派”

---

① 马克思，恩格斯. 马克思恩格斯文集：第 1 卷. 北京：人民出版社，2009：608.

② 同①614.

③④⑤ 同①615.

⑥ 同①616.

“流派”研究的基本观点，提出了经济思想“学派”“流派”的新的见解，特别是在以下两个问题上作出了新的理解：

第一，对古典政治经济学历史发展的整体概括。马克思在《伦敦笔记》写作期间，就在“现代政治经济学……结束”的意义上提出，“实际上，这门科学自亚·斯密和大·李嘉图以后就没有什么进展，虽然在个别的常常是极其精巧的研究方面做了不少事情”①。在《巴师夏和凯里》中，马克思从经济思想史的整体意义上提出：“现代政治经济学的历史是以李嘉图和西斯蒙第（两个相对立的人，一个讲英语，一个讲法语）结束的，同样，它在17世纪末是以配第和布阿吉尔贝尔开始的。”② 马克思第一次对经济思想史演进的阶段和特征作出整体性概括，揭示了经济思想“学派”“流派”的关系及其本质。

第二，对李嘉图和西斯蒙第之后经济思想的发展作出分析。对李嘉图和西斯蒙第之后的政治经济学的走势，马克思从理论上和方法上区分出四种主要倾向：一是以约·斯·穆勒的《政治经济学原理及其对社会哲学的某些应用》为代表的“折衷主义的、混合主义的纲要”；二是以托马斯·图克的《价格史》以及英国一般的论述流通的著作为代表，有着“对个别领域的较为深入的分析”；三是以一些论述自由贸易和保护关税政策的著作为代表，“为了更加广泛的公众和为了实际解决当前的问题而重复过去经济学上的争论”；四是“有倾向性地把古典学派发挥到极端”的著述，“如查默斯发挥马尔萨斯，居利希发挥西斯蒙第，在一定意义上，麦克库洛赫和西尼耳（就他们的早期著作来看）发挥李嘉图”③。马克思对这一倾向的评价是：“这完全是模仿者的著作，老调重弹，形式较完善，占有的材料较广泛，叙述醒目，通俗易懂，内容概括，注重细节的研究，缺乏鲜明而有力的阐述，一方面是陈旧东西的罗列，另一方面是个别细节的扩充。”④

对这四种主要倾向的阐述，是马克思在《哲学的贫困》提出的三种“学派”区分的深化。四种理论倾向和三个“流派”的划分之间，虽然相

---

① 马克思，恩格斯. 马克思恩格斯全集：第48卷. 2版. 北京：人民出版社，2007：238.

②③ 马克思，恩格斯. 马克思恩格斯全集：第30卷. 2版. 北京：人民出版社，1995：3.

④ 同②3-4.

隔十年，但还是具有内在统一性。从这两种划分的统一性上来理解，才能够较为完整地把握马克思关于经济思想“学派”“流派”认识的实质。马克思从来不拒绝吸收和借鉴主流经济学及其他各种经济学和流派有意义和有价值的理论观点，也从来不抹杀其中存在的学术价值。后来，在《资本论》第一卷对“剩余价值率的各种公式”的论述中，马克思在提到洛贝尔图斯《给冯·基尔希曼的第三封信：驳李嘉图的地租学说，并论证新的租的理论》著作时提道：“该著作提出的地租理论虽然是错误的，但它看出了资本主义生产的本质。”① 恩格斯后来特别提道：“从这里可以看出，只要马克思在前人那里看到任何真正的进步和任何正确的新思想，他总是对他们作出善意的评价。”② 马克思也从来没有给经济学的“学派”“流派”简单地贴上标签，而是力求从历史的、社会的和方法的多视角上梳理和厘清经济学的纷繁复杂的“学派”“流派”之间的关系。

《哲学的贫困》中三个“流派”中“无产阶级的理论家”的流派，并不属于资产阶级经济学的范围，马克思在《巴师夏和凯里》的四种理论倾向中没有提到。但是，“无产阶级的理论家”却与《巴师夏和凯里》手稿中谈到的资产阶级经济学的“一个例外”流派的产生有着直接的关系。

三、李嘉图之后政治经济学流派的嬗变及实质

马克思认为的资产阶级经济学的“一个例外”流派，就是以巴师夏和凯里为代表的资产阶级庸俗经济学，他们的共同特点是认为：“资产阶级社会在现代经济学中历史地取得的理论表现，必须当作谬误来加以抨击，并且必须在古典经济学家朴素地描绘生产关系的对抗的地方，证明生产关系是和谐的。”③ 马克思强调，这种“例外”的特点是以“社会主义和共产主义”为“对立面”的，一方面他们看到李嘉图是“古典政治经济学的最完备的和最后的表现”，另一方面他们也看到“社会主义和共产主义”是

①② 马克思，恩格斯. 马克思恩格斯文集：第5卷. 北京：人民出版社，2009：608注17.

③ 马克思，恩格斯. 马克思恩格斯全集：第30卷. 2版. 北京：人民出版社，1995：4.

“在李嘉图的著作中找到自己的理论前提的”①。这一“例外”的经济学“流派”，就是马克思称作的资产阶级庸俗经济学。把李嘉图的古典经济学当作谬误加以抨击和以社会主义者的经济学为对立面的，就是马克思当时认为的资产阶级庸俗经济学的主要特征和基本性质，也是李嘉图和西斯蒙第之后经济学发展的“一个例外”的流派的实质。

在《巴师夏和凯里》手稿中，马克思提出了“古典政治经济学”或“古典经济学”的概念，但并没有相应地提出“庸俗政治经济学”或“庸俗经济学”的概念。因此，《马克思恩格斯全集》中文版编译者认为的“第一次明确地把资产阶级古典经济学和资产阶级庸俗经济学区别开来”②，实际上主要体现在以下三个方面：

第一，与《哲学的贫困》相比较，马克思更为清晰地阐释了“古典政治经济学”或“古典经济学”的内涵，特别是对李嘉图在其中的特殊的贡献作了中肯的评价。在撰写《巴师夏和凯里》手稿之后的两年，马克思在1859年出版的《政治经济学批判》第一分册中再次作出的经典表述就是：“古典政治经济学在英国从威廉·配第开始，到李嘉图结束，在法国从布阿吉尔贝尔开始，到西斯蒙第结束。”③ 同时，马克思也没有忘记对他在《巴师夏和凯里》手稿中提到的李嘉图和西斯蒙第时“两个相对立的人”作出进一步的说明，他认为：“对配第和布阿吉尔贝尔两人的著作和性格的比较研究，——暂且不谈这一比较将异常清楚地说明17世纪末和18世纪初英法两国的社会对立——将会成为对英法两国政治经济学之间的民族对比的起源性叙述。这种对比最后在李嘉图和西斯蒙第之间又重新表现出来。”④ 与巴师夏和凯里的经济学一样，古典经济学在具有“同样的意向”的同时，也会由于“民族对比的起源型”差异而出现具体理论观点上的差异。

第二，古典经济学在李嘉图之后“结束”，并不是全面地转化为“庸

① 马克思，恩格斯．马克思恩格斯全集：第30卷．2版．北京：人民出版社，1995：4.

② 同①前言2.

③ 马克思，恩格斯．马克思恩格斯全集：第31卷．2版．北京：人民出版社，1998：445.

④ 同③445注1.

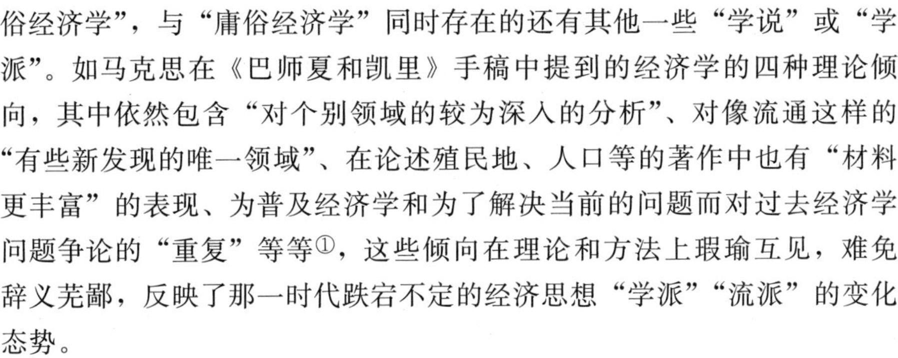

俗经济学”，与“庸俗经济学”同时存在的还有其他一些“学说”或“学派”。如马克思在《巴师夏和凯里》手稿中提到的经济学的四种理论倾向，其中依然包含“对个别领域的较为深入的分析”、对像流通这样的“有些新发现的唯一领域”、在论述殖民地、人口等的著作中也有“材料更丰富”的表现、为普及经济学和为了解决当前的问题而对过去经济学问题争论的“重复”等等①，这些倾向在理论和方法上瑕瑜互见，难免辞义芜鄙，反映了那一时代跌宕不定的经济思想“学派”“流派”的变化态势。

第三，揭示了“庸俗经济学”作为“一个例外”的特定含义。在马克思看来，这一特定含义，主要表现在以下三个方面：一是认可李嘉图是“古典政治经济学的最完备的和最后的表现”；二是当时的社会主义者和共产主义者“在李嘉图的著作中找到自己的理论前提”，对李嘉图的贬斥是为了反对社会主义的和共产主义的经济学理论的需要和结果；三是所要达到的目标就是，“在古典经济学家朴素地描绘生产关系的对抗的地方，证明生产关系是和谐的”②。马克思把凯里和巴师夏归在一起，就在于凯里的主要对立面是李嘉图，巴师夏的主要对立面是法国的社会主义者。这些应该是马克思当时认为的“庸俗经济学”的特定含义。因此，庸俗经济学作为“例外”的特定含义，就是对李嘉图古典经济学和社会主义者经济学的同时抨击和诋毁。

在《1857—1858年经济学手稿》中，马克思对这一理解作了进一步的展开说明。马克思把以巴师夏和凯里为代表的经济学称作“堕落的最新经济学”，认为“这种经济学就其平淡庸俗、装腔作势的辩证法、赤裸裸的高傲自大、幼稚的自满自足的陈词滥调，以及完全没有能力理解历史过程这些方面来说，其典型代表就是弗雷德里克·巴师夏，因为美国人凯里至少还强调了某些不同于欧洲的美国条件”。这种经济学的实质在于，针对法国空想社会主义者而“提出的平庸论证，是企图证明，经济关系到处都表示同一些简单规定，因而到处都表示交换价值相交换的简单规定中的平

① 马克思，恩格斯．马克思恩格斯全集：第30卷．2版．北京：人民出版社，1995：3.

② 同①4.

等和自由。这完全是儿戏般的抽象法”①。

在对巴师夏和凯里的理论方法和学术取向的比较研究中，马克思认为：首先，“凯里对特殊的经济问题，是富于独立的，可以说是真诚的研究的。每当巴师夏偶尔离开矫揉造作的陈词滥调去考察实际范畴（例如地租）时，他就干脆抄袭凯里”②。其次，“凯里主要是克服同他的和谐论相对立的那些矛盾，即英国古典经济学家本身所阐述的那种形式上的矛盾，而巴师夏则同社会主义者进行争辩”③。最后，“凯里的较深刻的观点在政治经济学本身中遇到了对立面，他作为和谐论者不得不与之战斗，而好虚荣和好争辩的饶舌者［巴师夏］则只是在政治经济学之外看到了这种对立面”④。这三个方面，进一步凸显了马克思当时认为的“庸俗经济学”的特定含义。

在《1861—1863年经济学手稿》中，马克思针对蒲鲁东同巴师夏关于利息问题的“论战”指出，这一“论战是很有特色的”，一方面它“说明庸俗经济学家是用什么样的方式来维护政治经济学的各种范畴的”，另一方面则“说明肤浅的社会主义（蒲鲁东的论战未必配得上这个称号）是用什么样的方式来攻击这些范畴的”⑤。在这里，马克思还是把巴师夏庸俗政治经济学的取向，定位于对当时的社会主义者经济学的诘难上，尽管这里的社会主义只是“肤浅的”社会主义，还远不是马克思和恩格斯所坚持的科学社会主义。

在写于1873年的《资本论》第一卷“第二版跋”中，马克思对古典政治经济学向庸俗政治经济学转化的必然性作了进一步分析。马克思认为，1820年至1830年是英国“政治经济学方面的科学活动极为活跃”的时期，这种“活跃”趋势既体现于“李嘉图的理论庸俗化和传播”，也体现于“他的理论同旧的学派进行斗争”⑥。除此之外，“李嘉图的理论也例外地被用做攻击资产阶级经济的武器”⑦。马克思描述了19世纪20年代

---

① 马克思，恩格斯．马克思恩格斯全集：第30卷．2版．北京：人民出版社，1995：204.

②③④ 马克思，恩格斯．马克思恩格斯全集：第31卷．2版．北京：人民出版社，1998：365注1。

⑤ 马克思，恩格斯．马克思恩格斯全集：第35卷．2版．北京：人民出版社，2013：390.

⑥⑦ 马克思，恩格斯．马克思恩格斯文集：第5卷．北京：人民出版社，2009：16.

至 30 年代李嘉图学派的嬗变及其分野的基本取向，强调了李嘉图的理论成为社会主义者“攻击资产阶级经济的武器”是资产阶级庸俗经济学的重要特征。

四、作为政治经济学对象的国家问题探索

在《〈政治经济学批判〉导言》提出的“五篇结构计划”中，马克思突出了国家论题在政治经济学理论体系中的地位问题。在“五篇结构计划”中，紧接在第一篇“一般的抽象的规定”和第二篇“形成资产阶级社会内部结构并且成为基本阶级的依据的范畴”之后的，就是论述国家理论的第三篇。这一篇的论题主要涉及“资产阶级社会在国家形式上的概括。就它本身来考察。‘非生产’阶级。税。国债。公共信用。人口。殖民地。向国外移民”。“五篇结构计划”的最后两篇，分别是“生产的国际关系”与“世界市场和危机”。

马克思提出政治经济学理论体系中的“国家”篇论题，是马克思政治经济学研究的重要成果。早在 1844 年底，马克思刚开始政治经济学研究时，就曾打算写一部关于现代国家理论的著作。在这部著作的写作计划中，马克思已经列出了“国家和市民社会”、“国家管理和公共管理”和“为消灭国家和市民社会而斗争”等涉及现代资产阶级国家经济职能的专门论题①。

19 世纪 40 年代后半期，随着唯物史观的创立和对政治经济学研究的深入，马克思在对国家本质的科学论证中，对国家经济职能的性质也作了初步探讨。他在与恩格斯合著的《德意志意识形态》中指出：“这些现实的关系决不是国家政权创造出来的，相反地，它们本身就是创造国家政权的力量。”② 资产阶级国家经济职能，“实际上国家不外是资产者为了在国

① 马克思，恩格斯．马克思恩格斯全集：第 42 卷．北京：人民出版社，1979：238.

② 马克思，恩格斯．马克思恩格斯全集：第 3 卷．北京：人民出版社，1960：377-378.

内外相互保障各自的财产和利益所必然要采取的一种组织形式”①。正是在这一意义上，马克思认为，“现代的资产阶级财产关系靠国家权力来‘维持’，资产阶级建立国家权力就是为了保卫自己的财产关系”②。在《共产党宣言》中，马克思和恩格斯更为明确地指出“现代的国家政权不过是管理整个资产阶级的共同事务的委员会罢了”③。马克思这一时期对资产阶级国家经济职能性质的论述，为他后来阐述资产阶级国家经济职能理论奠定了重要的理论前提。

在《伦敦笔记》中，马克思摘录了大量的有关国家经济职能问题的资料。这些现实的或理论的资料涉及的问题主要有：国家利用中央银行制度对经济调节的措施问题；国家预算收入和预算支出的性质及其作用问题；国家财政制度和信用制度的发展及其结构问题；国债的形式及其作用、流转方式问题；一国的人口密度、人口迁徙、人口发展和国内移民等问题。在对这些资料的研究中，马克思还得出了一些重要的理论结论。他在1851年2月给恩格斯的一封信中提道：“危机的过程所以和货币流通有关系，那只是因为国家政权疯狂地干预货币流通的调节，会更加加深当前的危机。”④ 在《伦敦笔记》写作期间，马克思不仅对资产阶级国家经济职能的性质有了十分清楚的认识，而且对国家经济职能的形式有了较为广泛的理解。

在《政治经济学批判》的“六册结构计划”和《资本论》的“四卷结构计划”中，国家论题一直是马克思政治经济学理论体系的重要内容。特别引人注意的是，马克思在1862年底提到《资本论》之后的政治经济理论体系内容时指出：“这一卷的内容就是英国人称为‘政治经济学原理’的东西。这是精髓（同第一部分合起来），至于余下的问题（除了不同的国家形式对不同的社会经济结构的关系以外），别人就容易在已经打好的基础上去探讨了。”⑤ 马克思把“不同的国家形式对不同的社会经济结构的关系”的论题，确定为国家问题的政治经济学研究的核心问题，同时也将这

---

① 马克思，恩格斯. 马克思恩格斯文集：第1卷. 北京：人民出版社，2009：584.
② 马克思，恩格斯. 马克思恩格斯全集：第4卷. 北京：人民出版社，1958：331.
③ 马克思，恩格斯. 马克思恩格斯文集：第2卷. 北京：人民出版社，2009：33.
④ 马克思，恩格斯. 马克思恩格斯全集：第48卷. 2版. 北京：人民出版社，2007：176.
⑤ 马克思，恩格斯. 马克思恩格斯文集：第10卷. 北京：人民出版社，2009：196.

一论题看作“别人”难以完成的问题。

《巴师夏和凯里》手稿在马克思经济思想研究中的重要地位，突出地表现在对国家论题的政治经济学研究上，特别是表现在对“不同的国家形式对不同的社会经济结构的关系”问题的探讨上。马克思的这一探讨，主要体现在两个问题上：一是在对凯里关于美国和英国经济关系论述中的三个错误观点的批判中，对政治经济学关于国家问题研究的主要论题作出阐释；二是在对巴师夏和凯里经济学理论的比较中，从“民族环境”上对国家问题研究的方法论的要义作了阐释。

在《巴师夏和凯里》手稿中，马克思以凯里对美国和英国的经济关系的研究为例，对相同的经济结构在不同国家形式上的变异及其程度差别作了分析。马克思认为，在这一问题上，凯里和巴师夏一样，都犯有“非历史的和反历史的”错误。

一是凯里错误地把美国的经济结构和国家职能，看作唯一“正常的”，而与美国不同的所有关系都被当作“歪曲”的或者“非真实的”。马克思指出：“凯里把这一巨大的新大陆赖以如此迅速地、如此惊人地和如此顺利地发展的生产关系看作是社会生产和交往的永恒的正常关系，这种关系在欧洲，特别是在他认为实际上代表欧洲的英国，只是由于封建时期遗留下来的束缚而受到阻碍和损害，在他看来，英国经济学家只是歪曲地和非真实地观察、描述或概括这些关系，他们把这些关系本身的偶然颠倒和它们的内在性质混为一谈，凯里的这些看法不是十分自然吗?”① 在马克思看来，在对国家作用形式与职能变化的主要类型作出探索时，既不能把一国的国家形式及其职能作为固定的模式，去“规范”或“匡正”他国的国家形式及其职能；同时，也不能借口各国国家形式及其职能的差异性，而取消对国家形式及其职能的一般的、抽象的规定性的探索。

二是凯里错误地把资本主义经济关系中的冲突或者“和谐”看作国家职能和作用的结果。马克思认为，凯里的错误在于两方面。一方面，“在凯里看来，资产阶级社会的自然关系所受到的传统的、并非来自这个社会本身内部的影响的干扰作用，最终归结为国家对资产阶级社会的影响，归

① 马克思，恩格斯．马克思恩格斯全集：第 30 卷．2 版．北京：人民出版社，1995：4-7.

结为国家的侵犯和干涉"①。凯里错误地认为，除去国家的影响，资产阶级经济学的和谐规律就会得到事实上证实。另一方面，"凯里认为，经济关系的和谐是建立在城市和乡村，工业和农业的和谐合作上的。在本国内瓦解了这种基本和谐的英国，通过竞争在世界市场上到处都破坏这种基本和谐，所以它是普遍和谐的破坏因素。能够防御这一点的，只有保护关税，这是抵制英国大工业破坏力量的国家强力的屏障。于是，国家成了'经济和谐'的最后避难所，而它最初被斥之为这些和谐的唯一的破坏者"②。在马克思看来，国家介入经济过程的作用及产生的职能，是社会化大生产和经济运行广泛而普遍地发展的结果；但这并不是说，国家介入这一过程后，经济运行的矛盾就消失殆尽，或者说经济运行就会因此而变得"和谐"了。应该看到，国家的职能及作用形式，既不可能是社会经济统一性的"唯一的破坏者"，也不可能是建立所谓"经济和谐"的"最后避难所"。

三是凯里在他杂乱冗长的论述中，对材料加工和引证的随意性。马克思认为，凯里"从四面八方收集旧大陆给他提供的大量材料，但不是为了去认识这些材料的内在精神，从而承认这些材料特有的生存权利，而是把它们作为死的例子，作为毫无差别的材料来进行加工，用来达到他自己的目的，用来证实他从美国人的立场出发抽象出来的论点"③。在马克思看来，在对国家作用形式及职能材料的分析中，必须把握材料的"内在精神"，必须看到这些材料都有其"特有的生存权利"，而不能从一个国家的模式出发，把反映别的国家形式的材料视为"无差别的材料"或"死的例子"。在对国家的政治经济学问题的研究中，马克思十分强调对不同国家的"经验的事实"的探索；对不同国家作用及职能的特殊性和一般性的认识，都是从这些"经验的事实"的比较分析中得出的。

在《巴师夏和凯里》手稿中，马克思认为，巴师夏和凯里的理论形成于完全不同的，甚至是相反的"民族环境"中，但却"驱使他们产生了同样的意向"，也形成了"同样的意向"下的具体观点上的差异。

---

① 马克思，恩格斯. 马克思恩格斯全集：第30卷. 2版. 北京：人民出版社，1995：7.
② 同①8.
③ 同①11.

马克思在分析了美国和法国的不同的“民族环境”后，对凯里和巴师夏具体观点上的差异做了五个方面的区分：一是由于对国家的具体的经济职能上认识的差异，凯里是“保护关税派”，而巴师夏“却是自由贸易论者”①；二是在对经济和谐的认识上，凯里在确认美国“资产阶级社会内部的和谐”的同时，“确认同样一些关系在其世界市场的形式上的不和谐”，而在巴师夏那里，“这一切都不存在。这些关系的和谐是一种彼岸性，这种彼岸性正好从法国疆界的尽头开始，存在于英国和美国”②；三是经济关系上的差异，面对“空前的规模和空前的活动自由发展着”③ 的美国的经济关系，凯里“在经济科学方面，如关于信贷、地租等等方面，是富于可以说是真诚的研究的”，而巴师夏面对“法国这样一个如此古老国家的关系”，他“所从事的，只是对那种以对照而结束的研究做出令人满足的解释——一种虚假的满足”④；四是在“非历史”和“反历史”这一共同性上也存在差异，凯里和巴师夏“都是非历史的和反历史的。但是，在凯里那里，非历史的因素是现在北美的历史原则，而在巴师夏那里，非历史的要素只不过是对 18 世纪的法国概括方式的留恋”⑤；五是在方法上，“凯里不拘形式，杂乱冗长，巴师夏则矫揉造作，注重形式逻辑。巴师夏所提供的充其量不过是一些以反论方式表述的、经过精雕细刻的陈词滥调。在凯里那里，先是以学理形式提出几个一般论题。接着堆积一些未加整理的材料作为例证——他的论题的材料完全没有经过加工。在巴师夏那里，除某些局部的例子或者把英国的正常现象加以想象的编撰以外，他的唯一材料只是经济学家们的一般论题”⑥。

马克思对巴师夏和凯里经济思想的“意向”和“民族环境”这五个方面关系的比较研究，不仅对于区分以巴师夏为代表的法国资产阶级庸俗经济学和以凯里为代表的美国资产阶级庸俗经济学的理论取向和国别、民族特色有重要的意义，而且对我们理解经济思想史上各种经济学流派、思潮的国别、民族特色也有重要的意义。

---

① 马克思，恩格斯．马克思恩格斯全集：第 30 卷．2 版．北京：人民出版社，1995：8.
② 同①10.
③ 同①4.
④ 同①10.
⑤⑥ 同①11.

第四章 《〈政治经济学批判〉导言》与政治经济学对象、结构和方法

《〈政治经济学批判〉导言》（本章简称《导言》）约写于1857年8月下旬，这是马克思为当时计划写作的《政治经济学批判》巨著写的“总的导言”。《导言》最后没有完成，因为马克思觉得“预先说出正要证明的结论总是有妨害的”①。在《导言》中，马克思在总结自1843年以来十多年间政治经济学研究成果的基础上，首次对政治经济学的对象、结构和方法问题作了系统论述，对政治经济学与马克思思想整体的关系作了科学阐释。《导言》在马克思生前没有发表，在1902—1903年《新时代》第21卷第1册上首次公开发表。《导言》虽然是一部未完成的草稿，但它对理解马克思思想的革命性变革有重要的意义，对马克思经济思想研究来说更是必读的经典文献。

在《导言》手稿的封面上，马克思把《导言》分作四节，这四节标题依次为：“生产一般”、“生产、分配、交换和消费的一般关系”、“政治经济学的方法”和“生产资料（生产力）和生产关系，生产关系和交往关系等等”。

① 马克思，恩格斯．马克思恩格斯文集：第2卷．北京：人民出版社，2009：588.

一、《导言》在马克思经济思想史中的地位

《导言》在马克思经济思想史中具有的重要地位，突出地表现在以下三个方面：

第一，《导言》作为马克思《政治经济学批判》巨著的"总的导言"，是马克思经济思想历史发展重要转折的标志。马克思在《资本论》第一卷提到他的政治经济学方法时指出："在形式上，叙述方法必须与研究方法不同。研究必须充分地占有材料，分析它的各种发展形式，探寻这些形式的内在联系。只有这项工作完成以后，现实的运动才能适当地叙述出来。这点一旦做到，材料的生命一旦在观念上反映出来，呈现在我们面前的就好像是一个先验的结构了。"① 马克思在这里强调了研究方法和叙述方法的继起性关系。从继起性上看，研究方法的结果是叙述方法的起端，只有运用研究方法得出的理论结论，才有叙述方法的理论阐述和理论体系呈现。从马克思经济思想的历史过程来看，在《导言》之前，马克思经济思想的发展主要是研究过程，是马克思充分地占有经济学的各种材料、分析所有这些材料的各种发展形式，以及寻求这些形式的内在联系的过程。这一研究过程的主要理论成果，体现在《哲学的贫困》《雇佣劳动与资本》等著述中。以《导言》为起点，开始进入以叙述为主的经济思想发展过程，在《导言》写作前后，马克思从批判巴师夏和凯里经济学理论开始，转向对达里蒙货币理论的批判，直到确立以商品范畴为逻辑起点的过程，这反映了马克思经济思想发展的重大转折。这一重大转折的最直接的成果就是《导言》之后一直到1858年5月马克思撰写的《政治经济学批判（1857—1858年手稿）》，以及1859年出版的《政治经济学批判》第一分册，而最重大的成果就是出版于1867年的《资本论》第一卷德文第一版。当然，研究过程和叙述过程也有其同时性，《导言》之后马克思以叙述为主的经济思想发展过程，并不排除同时存在的大量的经济思想发展

① 马克思，恩格斯．马克思恩格斯文集：第5卷．北京：人民出版社，2009：21-22.

的研究过程。

二是对政治经济学对象、结构和方法的第一次系统阐释。在《1844年经济学哲学手稿》中，马克思就提出“从当前的国民经济的事实出发”，以异化劳动和私有财产范畴为基点，对“国民经济学进行认真的批判研究”①。19世纪40年代后半期，随着唯物史观的创立，马克思形成了由“物质生产——交往形式（生产关系）——理论和意识形态”序列组成的社会结构理论，对政治经济学有了崭新的认识。在《哲学的贫困》等著述中，马克思清楚地指明：“社会关系和生产力密切相联。随着新生产力的获得，人们改变自己的生产方式，随着生产方式即谋生的方式的改变，人们也就会改变自己的一切社会关系”；“人们按照自己的物质生产率建立相应的社会关系，正是这些人又按照自己的社会关系创造了相应的原理、观念和范畴”②。如马克思后来概括的那样，政治经济学“不是从它们的法律表现上即作为意志关系来把握，而是从它们的现实形态上即作为生产关系来把握”③。这些论述反映了马克思对政治经济学对象和方法的不断探索，也体现了马克思在这一探索中形成了自己的立场和观点。但是，这一时期马克思还没有对这些问题作出政治经济学体系意义上的系统阐释。在《导言》中，马克思从政治经济学体系叙述的视角，第一次对这些问题作了阐释。

三是理解马克思思想整体的重要的理论“档案”。《导言》赓续了马克思自1843年开始经济学研究和自《哲学的贫困》《共产党宣言》发表后科学理论发展的成就，因而成为马克思一生“黄金时代”科学探索的结晶；《导言》开启了马克思之后艰巨的政治经济学探索的境域，成就了通向《资本论》道路的最重要的思想“驿站”。在更为广泛的意义上说，研究马克思思想的发展、领悟马克思思想的力量，《导言》同样是不可逾越的“驿站”。

---

① 马克思，恩格斯．马克思恩格斯文集：第1卷．北京：人民出版社，2009：156，111.
② 同①602，603.
③ 马克思，恩格斯．马克思恩格斯文集：第3卷．北京：人民出版社，2009：18.

二、政治经济学对象的社会性和历史性

马克思在《导言》封面上列的“生产一般”和“生产、分配、交换和消费的一般关系”这两节，是对政治经济学对象问题的探讨。在《导言》正文中，马克思将这两节标题写作：“1. 生产”和“2. 生产与分配、交换、消费的一般关系”。

在对“生产一般”或“生产”问题的阐释中，马克思着重探讨了以下三个问题：

第一，作为政治经济学“对象”的，首先就是“物质生产”；“物质生产”无疑是政治经济学面对的“国民经济的事实”中最基本的、也是最基础的方面，是政治经济学的出发点。这里强调的“物质生产”的社会性和历史性，是马克思政治经济学的基本立场，也是马克思对政治经济学对象理解的根本观点。

马克思认为，“在社会中进行生产的个人，——因而，这些个人的一定社会性质的生产，当然是出发点”①。但在当时的资产阶级古典政治经济学背景中，即在亚当·斯密和大卫·李嘉图政治经济学理论还占据统治地位的背景下，政治经济学的出发点却是“单个的孤立的猎人和渔夫”。马克思认为，这是一种“虚构”、是一种“假象”；这种“虚构”和“假象”产生的根源就在于抹杀了“物质生产”的社会性质和历史性质。

这种“虚构”和“假象”是古典政治经济学对18世纪以来资本主义发展的“错觉”。马克思认为，“这种18世纪的个人，一方面是封建社会形式解体的产物，另一方面是16世纪以来新兴生产力的产物，而在18世纪的预言家看来（斯密和李嘉图还完全以这些预言家为依据），这种个人是曾在过去存在过的理想；在他们看来，这种个人不是历史的结果，而是历史的起点。因为按照他们关于人性的观念，这种合乎自然的个人并不是从历史中产生的，而是由自然造成的。这样的错觉是到现在为止的每个新时代

① 马克思，恩格斯. 马克思恩格斯全集：第30卷. 2版. 北京：人民出版社，1995：22.

所具有的”①。

为了揭示这种“错觉”产生的根源，马克思在《导言》中只是简要地提到，它与“在这个自由竞争的社会里，单个的人表现为摆脱了自然联系等等，而在过去的历史时代，自然联系等等使他成为一定的狭隘人群的附属物”② 的历史发展有关。马克思对此没有作出展开论述，大约过了两个月，马克思在写作《1857—1858 年经济学手稿》的“货币章”时，对人的发展的三大形式理论作了阐释，对这个问题作了系统回答。

正是在这一背景下，才有像英国作家丹尼尔·笛福《鲁滨逊漂流记》（出版于 1719 年）中讲述的那些故事，当作“国民经济的事实”，并作为政治经济学的出发点。古典政治经济学对“物质生产”理解上的这种“错觉”，既不符合人的社会历史发展的事实，也不符合国民经济事实发展的现实。但他们坚持以这样的“虚构”和“假象”为出发点，无非为了表明现存社会是从来就存在的，是“自然”生成和永久存在的，因而是非历史的，而这实质上是反历史的。

在马克思生活的时代，资产阶级经济学家们还在固执地坚持这样的观点。如巴师夏和凯里的“最新的”经济学，在马克思看来，“都是非历史的和反历史的”。当然他们在理论形式方面是有区别的，“在凯里那里，非历史的因素是现在北美的历史原则，而在巴师夏那里，非历史的要素只不过是对 18 世纪的法国概括方式的留恋”③。至于蒲鲁东，马克思认为他在这一问题上的“错觉”就在于，“乐于用编造神话的办法，来对一种他不知道历史来源的经济关系的起源作历史哲学的说明，说什么亚当或普罗米修斯已经有了现成的想法，后来这种想法就被实行了等等”④。其实，这之后流行于西方的各种“最新的经济学”，同样一再地将这种“错觉”当作各种经济理论的出发点。回溯经济思想史上作为各种“最新的经济学”出发点的这种“虚构”和“假象”，确实应了马克思所说的“再没有比这类

① 马克思，恩格斯. 马克思恩格斯全集：第 30 卷. 2 版. 北京：人民出版社，1995：22-25.

② 同①22.

③ 同①11.

④ 同①25-26.

想入非非的陈词滥调更加枯燥乏味的了”①。

第二，在对政治经济学出发点的“物质生产”的理解中，还要厘清生产一般和生产特殊的关系，既要搞清它们之间的联系，也要澄清它们之间的区别，特别是要确定，在马克思的《政治经济学批判》中，“现代资产阶级生产——这种生产事实上是我们研究的本题”②。

从“物质生产”的本质规定来看，马克思认为，“生产的一切时代有某些共同标志，共同规定”；这些存在于不同时代生产中的“共同标志”“共同规定”的抽象，就是“生产一般”。生产一般中包含的“经过比较而抽出来的共同点”，由许多部分组成，也有不同的规定③。这些不同的部分和规定，有些是一切时代共有的，有些是几个时代共有的，有些则是最新时代和最古时代共有的。显然，没有这些基本的部分和规定，任何生产都无从设想，例如，生产中作为主体的人和作为客体的自然，就是这样的部分和规定。在政治经济学中，生产一般作为一种抽象，只要它真正把共同点提出来、定下来，免得重复，它就是一个“合理的抽象”④。

然而，正像最发达的语言和最不发达的语言都会共同具有一些规律和规定，但构成语言发展的并不是这些共有的规律和规定，而恰恰是“有别于这个一般和共同点的差别”⑤。因此，在政治经济学中，对生产一般的种种规定抽象出来，正是为了不至于因为有了生产一般中的“统一”的规定，如有了“主体是人，客体是自然”这样的“统一”，而忘记不同社会、不同历史阶段存在的各种生产的“本质的差别”⑥。在马克思看来，在对“物质生产”的社会性和历史性的理解中，已经内在地包含了对“物质生产”的一般性质和特殊性质的理解。生产一般是对生产特殊的抽象，生产一般寓于生产特殊之中，生产特殊是一定社会“物质生产”的社会性和历史性的存在方式。

马克思认为，“那些证明现存社会关系永存与和谐的现代经济学家的全部智慧，就在于忘记这种差别”⑦。作为古典政治经济学的“完成者”的李嘉图就认为：“即使在亚当·斯密所说的那种早期状态中，虽然资本可

①②③④⑤⑥⑦ 马克思，恩格斯．马克思恩格斯全集：第30卷．2版．北京：人民出版社，1995：26.

能是由猎人自己制造和积累的，但他总是要有一些资本才能捕猎鸟兽。没有某种武器，就不能捕猎海狸和野鹿。所以这类野物的价值不仅要由捕猎所需的时间和劳动决定，而且也要由制造那些协助猎人进行捕猎工作的资本（武器）所需的时间和劳动决定。”① 在斯密和李嘉图看来，在人类“早期状态”中，原始人捕猎的工具就已经是“资本”，就已经是“资本积累”，也有了“积累劳动”，等等。这就是马克思指出的，在斯密和李嘉图的经济学理论中，“资本是一种一般的、永存的自然关系”，他们“恰好抛开了正是使‘生产工具’、‘积累的劳动’成为资本的那个特殊”②。

第三，在李嘉图之后的政治经济学著述中，特别是在约翰·穆勒的《政治经济学原理及其对社会哲学的某些应用》中，对政治经济学对象出发点生产的非社会的、非历史理解的观点，已经成为“多少有意识的目的”了。

马克思认为，“现在时髦的做法，是在经济学的开头摆上一个总论部分——就是标题为《生产》的那部分”③。实际上，这样做的，不只是约翰·穆勒1848年正式出版的《政治经济学原理及其对社会哲学的某些应用》。在这之前，这已经成为政治经济学教科书的“时髦的做法”了。让·巴蒂斯特·萨伊1803年出版的《政治经济学概论》，就分作“财富的生产”、“财富的分配”和“财富的消费”三篇。詹姆斯·穆勒1821年出版的《政治经济学原理》小册子，正文四章分别为“生产”、“分配”、“交换”和“消费”。约翰·穆勒则将《政治经济学原理及其对社会哲学的某些应用》两卷本分作五编，它们分别是“生产”、“分配”、“交换”、“社会进步对生产和分配的影响”和“论政府的影响”等。这些流行的教科书的开头，都以“生产”为“总论部分”，而且这里的“生产”无一不是“论述一切生产的一般条件”。

马克思认为，在对“生产一般”论述的界限内，这些教科书“真正要说的”在于：其一，认为生产不同于分配，生产“应当被描写成局限在与

---

① 李嘉图. 政治经济学及赋税原理. 北京：商务印书馆，1962：17-18.

② 马克思，恩格斯. 马克思恩格斯全集：第30卷. 2版. 北京：人民出版社，1995：26，26-27.

③ 同②27.

历史无关的永恒自然规律之内的事情”，马克思认为，这样一来，“资产阶级关系就被乘机当作社会一般的颠扑不破的自然规律偷偷地塞了进来。这是整套手法的多少有意识的目的”①。第二，把分配同生产“粗暴割裂”开来，或者同样抹杀分配的社会性和历史性，它们所要表达的是，“无论在不同社会阶段上分配方式如何不同，总是可以像在生产中那样提出一些共同的规定来，可以把一切历史差别混合或融化在一般人类规律之中”②。

在对生产一般和生产特殊关系的理解中，马克思要阐明的最根本问题就是：“一切生产阶段所共有的、被思维当作一般规定而确定下来的规定，是存在的，但是所谓一切生产的一般条件，不过是这些抽象要素，用这些要素不可能理解任何一个现实的历史的生产阶段。”③ 对生产的社会性和历史性规定的这一概括，是马克思关于政治经济学对象问题的理论要义。

《导言》在之后的论述中，马克思还强调：“在研究经济范畴的发展时，正如在研究任何历史科学、社会科学时一样，应当时刻把握住：无论在现实中或在头脑中，主体——这里是现代资产阶级社会——都是既定的；因而范畴表现这个一定社会即这个主体的存在形式、存在规定、常常只是个别的侧面；因此，这个一定社会在科学上也决不是在把它当作这样一个社会来谈论的时候才开始存在的。”④ 两年之后，马克思在 1859 年出版的《政治经济学批判》第一分册一开始就再次指出，《政治经济学批判》是“考察资产阶级经济制度”⑤ 的。10 年之后，马克思在《资本论》第一卷德文“第一版序言”中也再次明确：“我要在本书研究的，是资本主义生产方式以及和它相适应的生产关系和交换关系。”⑥ 马克思的这一系列论述，突出了政治经济学对象社会的和历史的规定性，这正是马克思关于政治经济学对象的基本观点和根本立场观点，也是马克思政治经济学范式的本质所在。

---

①② 马克思，恩格斯．马克思恩格斯全集：第 30 卷．2 版．北京：人民出版社，1995：28.

③ 同①29.

④ 同①47-48.

⑤ 马克思，恩格斯．马克思恩格斯文集：第 2 卷．北京：人民出版社，2009：588.

⑥ 马克思，恩格斯．马克思恩格斯文集：第 5 卷．北京：人民出版社，2009：8.

三、政治经济学对象的要素及其关系

“生产与分配、交换、消费的一般关系”这一节，从政治经济学对象内在要素及其关系上阐明，在一定的社会生产过程中，生产（直接生产过程）和分配、交换、消费这四个环节是密切联系的有机整体，它们之间的相互联系和相互作用构成社会经济关系的总和。

在这一节中，马克思首先对资产阶级经济学家歪曲社会生产过程中这四个环节的有机联系，抹杀它们所反映的社会经济关系本质的错误观点作了批判。在此基础上，马克思对生产和消费的关系、生产和分配的关系、生产和交换的关系以及这四个环节的总体关系作了阐释。这些阐释对于理解社会经济关系的本质和社会经济运行的规律，对于理解和把握政治经济学对象都有重要的意义。

当时流行的政治经济学教科书，在对生产、分配、交换和消费关系的解释中，存在着种种错误观点。马克思认为，这些错误观点突出地表现在以下两个方面：

一是资产阶级经济学家抓住“肤浅的表象”，认为生产只是社会成员占有或创造、改造自然产品，使之适合于人的需要的过程；分配只是人们分得这些产品的数量比例问题；而交换只是个人用所分得的产品去换取另一些特殊产品的问题；消费也只是个人对劳动产品的享受和占有。这样，社会经济运行过程中，生产、分配、交换和消费各环节所具有的特定的社会关系，变成了人与物之间或物与物之间的永恒的自然关系；社会生产过程中各个环节之间的有机联系，被割裂成互不相关的孤立过程。

二是资产阶级经济学家对这四个环节作了“肤浅的联系”的理解，认为生产只是表现为起点，消费只是表现为终点，生产和消费之间的关系，只是人们在生产中把劳动物化在产品中，在消费中又把物消费掉。他们把分配看作是从社会出发的，因为产品的分配比例是由社会规律所决定的；他们把交换看作是从个人出发的，因为交换是以个人用归自己的产品去换

取另一些产品为起点的；分配和交换只被看作生产和消费的中间环节。他们也把生产、分配、交换和消费看作一个“正规的三段论法”。把生产看作没有社会差别的“一般”自然过程，把分配和交换看作由偶然情况决定的并且是介于生产和消费之间的“特殊”过程，把消费看作是与社会经济过程无关的、由个人意愿决定的“个别”行为。这种“一般”、“特殊”和“个别”的“结合”，“当然是一种联系，然而是一种肤浅的联系”。这样，在社会经济运行过程中，生产与分配、交换、消费之间的相互依存和相互作用的联系，被歪曲成并列的、片面的联系。

在批判资产阶级经济学这些错误观点的基础上，马克思对生产与分配、交换、消费的一般关系作了展开论述。

第一，关于生产和消费的关系。在社会经济过程中，生产和消费之间存在着统一和对立的关系。

首先，从生产方面来看，生产直接是消费。生产就是人们物质资料的生产过程。进行生产必须具备生产的主体（劳动者）和生产的客体（生产资料）这两个要素。在物质资料的生产过程中，一方面要耗费劳动者一定的体力和脑力，另一方面也要耗费一定的生产资料，如原材料的消耗、燃料的消耗、机器的磨损等。因此，“生产行为本身就它的一切要素来说也是消费行为”①。这就是说，在生产要素的规定中，已经包含了它的否定方面即消费要素。

资产阶级经济学家也承认生产和消费的这种同一性，但他们把这种与生产合一的消费称作“生产的消费”。在这里，重要的是要清楚，这种“生产的消费”和“原来意义上的消费”是互相对立的。因此，生产和消费的直接同一性，并不能排斥它们是两个根本不同的要素。

其次，从消费方面来看，“消费直接也是生产”②。消费就是人们对生活资料的消费过程。人们的消费，例如吃、穿、住、用等方面的消费，生产着人自己的身体。因此，这是一种“消费的生产”。资产阶级经济学家也承认消费和生产的这种同一性，但他们夸大了这种同一性，以否定消费

---

①② 马克思，恩格斯．马克思恩格斯全集：第 30 卷．2 版．北京：人民出版社，1995：31.

和生产的对立。实际上，“消费的生产”和“原来意义上的生产”即物质资料的生产是完全不同的。因为物质资料的生产是劳动者耗费劳动，使劳动物化在产品中的过程，也就是“生产者物化”的过程；而“消费的生产”则是通过消费生活资料，生产出人体自身的过程，也就是“生产者所创造的物人化”的过程。

通过以上两个方面的分析，马克思得出的结论就是：“生产同消费合一和消费同生产合一的这种直接统一，并不排斥它们直接是两个东西。”①马克思的这一结论是对资产阶级经济学割裂或并列生产和消费观点的有力批判。

生产和消费之间的统一和对立的关系，在生产和消费的媒介运动，即两者的相互作用中，得到更为充分的表现。生产和消费之间的相互作用证明：“没有生产，就没有消费；但是，没有消费，也就没有生产，因为如果没有消费，生产就没有目的。”②

消费对生产的作用即消费“生产着生产”的作用，主要表现在两个方面。一方面，生产的产品只有在消费中才成为现实的产品，例如，一件衣服只有在穿的消费中，才成为现实的衣服，生产衣服所耗费的劳动才得到最后的实现。因此，消费使生产得以最后完成。另一方面，消费使生产得以最后完成，这也就是人的需要得到满足的过程。人们在需要得到满足的过程中，又会产生对新的需要的追求，从而在观念上提出生产的方向，提供再生产的动力。因此，消费创造了生产的动力，规定了生产的目的和方向。

生产对消费的作用主要表现在三个方面：一是生产为消费提供了材料和对象。如果生产不提供可供消费的产品，消费也就不成其为消费。二是生产在提供消费对象的同时，也创造了产品的消费方式和消费者。三是生产不仅为人们的需要提供消费品，而且也为这些消费品找到新的消费者。生产的产品在消费者身上引起新的需要，成为人们追求新的消费的动力。因此，“生产不仅为主体生产对象，而且也为对象生产主体”。可见，生产

①② 马克思，恩格斯．马克思恩格斯全集：第30卷．2版．北京：人民出版社，1995：32.

和消费之间存在着相互作用的关系：一方面“生产出消费的对象，消费的方式，消费的动力”；另一方面“消费生产出生产者的素质，因为它在生产者身上引起追求一定目的的需要”①。

马克思在分析了生产和消费之间统一和对立的关系，以及生产和消费之间相互作用的关系之后，又对正确理解生产和消费的同一性问题作了三个方面的阐释。

一是生产和消费直接的同一性。生产和消费的直接同一性，就是指“生产是消费；消费是生产”。资产阶级经济学家不承认生产和消费的对立性，只承认它们的同一性，他们把这两者都称作“生产的消费”。但是，他们还是作了一个区别，认为“生产是消费”表现为再生产，因而对这一问题的研究就是对生产劳动或非生产劳动的研究，或认为“消费是生产”表现为生产的消费，因而对这一问题的研究就是对生产的消费或非生产的消费的研究。

二是生产和消费在社会经济运行中是相互依存、互不可缺的。生产为消费创造外在的对象，即提供可供消费的产品，而消费也为生产创造内在的对象，即规定生产内在的动力和目的。因此，马克思提出：“没有生产就没有消费；没有消费就没有生产。”②

三是生产和消费在社会经济运行中是相互转化、相互作用的。生产和消费中的每一方，不仅为对方提供对象，而且每一方都由于自己的实现才创造了对方。例如，生产创造了消费的对象，为消费提供了可供消费的产品；而生产的产品只有在消费中被实际使用时，生产才得到最后的实现。可见，生产由于自己的实现才创造了消费，而消费也由于自己的实现才创造了生产。这也就是经济学中供给和需求的论题。在经济运行过程中，生产和消费不仅相互转化，而且还相互作用。例如，生产作用于消费，其表现是创造出消费的方式、消费的动力和消费能力本身；而消费反作用于生产，其表现是消费使产品成为现实的产品，从而使生产得以最后完成，使

① 马克思，恩格斯．马克思恩格斯全集：第 30 卷．2 版．北京：人民出版社，1995：33－34，34.

② 同①34.

生产者的劳动得到社会承认，使生产者成为现实的产品生产者。

生产和消费的同一性，只是生产和消费关系的一个方面。在生产和消费的关系中，还存在着对立性的另一方面。马克思接着从批判资产阶级经济学家（主要是萨伊）的理论入手，论述了生产和消费对立性的问题。

萨伊把政治经济学体系分解为生产、分配和消费三个相互独立的部分。他不仅把交换排除在社会经济过程之外，而且还割裂了生产、分配和消费的内在联系，抹杀了它们之间的本质区别。他把生产和消费等同起来的观点，最突出的例证就是：

首先，萨伊认为，就一个民族或一个社会来说，生产也就是它的消费。俄国经济学家施托尔希就已经指出过萨伊的错误。一个民族或一个国家生产出来的产品不能全部消费掉，必须要有一部分产品不是用于消费，而是用于再生产，如留作再生产的生产资料。

其次，萨伊从主观的概念出发，抹杀了社会经济过程中生产和消费这两个要素的根本区别。事实上，无论是对一个社会或者对社会中的个人来说，生产和消费总是表现为一个过程的两个要素。在这里，生产是社会经济过程的实际起点，是起着支配作用的要素。尽管消费作为生产活动的内在要素，如消费创造了再生产的动力和对象；但是，起支配作用的要素仍然是生产，因为只有社会再生产过程的重新开始，才能最后证明消费是生产的要素。可见，生产和消费并不是等同的要素，生产对消费起着支配作用。

然后，在一定的社会经济关系中，产品一经生产出来，生产者同产品的关系就是一种外在的关系，生产者以后怎样取得产品，决定于生产者之间的社会关系。如果这个生产者的生产活动作为社会生产的一部分，他的产品采取了商品形式，那么，他生产的目的也不是直接占有自己生产的产品，而是通过交换获取他所需要的其他产品。因此，在生产者和产品之间、在生产和消费之间必然出现分配过程。因此，把生产和消费等同起来，实质上就是否认社会经济过程中生产与分配、交换、消费之间的有机联系。萨伊提出这一错误理论的实质，是企图否认资本主义经济过程中生产和消费的对抗性矛盾，从而否认资本主义经济关系的社会性和历史性。

第二，关于生产和分配的关系。马克思首先对资产阶级经济学家关于生产和分配关系的错误观点作了批判。资产阶级经济学家割裂生产和分配之间的本质联系。在他们的著作中，资本只表现为生产资料的物质形式。这样，资本、劳动和土地一方面作为生产要素出现，另一方面又作为利息和利润、工资、地租等收入的源泉出现。在他们看来，生产和分配之间所存在的，只是这种“和谐”的物与物之间的自然关系。

资产阶级经济学家的这一论点显然是荒谬的。以资本为例，资本的增殖就表现为利息和利润的形式，资本的积累和扩大再生产也以利息和利润转化为资本为前提，利息和利润本身就是资本生产的目的；资本主义的分配关系已包含在资本主义的生产关系之中。资本主义生产关系的性质决定了利息和利润这一特定的分配方式的性质。同样，对劳动和土地来说也是这样。如果劳动不是雇佣劳动，那么，劳动参与产品分配的方式也就不表现为工资。因此，工资这一特定的分配方式也是由资本主义生产关系的性质所决定的。如果不存在资本主义的土地所有制关系，也就不会出现与此相适应的地租分配形式。地租的分配形式，同样是由特定的生产关系的性质决定的。

马克思由此得出两个重要的结论：其一，在社会经济运行过程中，生产和分配是反映社会经济关系本质的两个相互联系的方面，即“分配关系和分配方式只是表现为生产要素的背面”①。其二，在生产和分配关系中，生产对分配起着决定的作用，“分配的结构完全决定于生产的结构。分配本身是生产的产物，不仅就对象说是如此，而且就形式说也是如此。就对象说，能分配的只是生产的成果，就形式说，参与生产的一定方式决定分配的特殊形式，决定参与分配的形式”②。李嘉图把分配规定为政治经济学对象，就是因为他直觉地感到，分配形式正是资产阶级生产关系得以确立的最确切的表现。

社会成员在生产中的地位，是由社会的分配规律所决定的。例如，在资本主义经济中，失去任何生产资料的劳动者，才由社会分配“指定”专门从

---

①② 马克思，恩格斯. 马克思恩格斯全集：第 30 卷. 2 版. 北京：人民出版社，1995：36.

事雇佣劳动。社会对生产条件的分配，决定了人们在社会生产中的地位。

为了理解社会对生产条件的分配的作用，有必要先指出两种假象。第一种，在有些国家的历史上，曾经出现过利用民族征服或利用立法的手段，造成对土地或其他生产资料的重新分配，由此而形成新的生产形式和产生新的生产性质。这似乎说明分配安排和决定着生产。第二种，按照有些最浅薄的理解来看，分配在表现为对产品的分配时，似乎离生产已经很远，已经是与生产相独立的过程。这似乎说明分配与生产是无关的。

马克思先揭示了第二种假象的本质。他认为，人们在对产品分配之前，已经存在着对生产工具的分配和对社会成员在各类生产部门的分配。这种对生产条件的分配，“包含在生产过程本身中并且决定生产的结构，产品的分配显然只是这种分配的结果”①。在考察生产时，如果撇开了对生产条件的分配，那么，生产也就是一个空洞的抽象。资产阶级经济学家割裂分配和生产之间的这种内在联系，无非要把分配看成并解释成一种不依赖于生产方式的东西，从而证明资本主义生产具有永恒的性质。

马克思接着揭示了第一种假象的本质。对土地或其他生产资料的重新分配能够造成新的生产形式和产生新的性质，这是否就说明分配决定了生产呢？事实并非如此。生产总是要有一定的条件和前提，即要有一定的物质生产条件，其中包括生产工具、原材料等生产力要素。这些生产力要素本身只反映一定的自然物质关系；但是，在一定的社会生产中，它们又和一定的社会生产关系相结合，表现为一定的历史性质。因此，生产条件的分配是由一定的生产力发展水平所决定的，是由一定的社会生产关系的性质所决定的。例如，社会生产力的发展，使机器在资本主义生产中得到广泛的使用。机器的资本主义使用方式不仅改变了资本主义生产关系中生产工具的分配形式，而且也改变了产品的分配形式。同样，任何通过民族征服方式所产生的对生产条件的分配形式，也都是由一定的生产方式所决定的。“因此，虽然这种分配对于新的生产时期表现为前提，但它本身又是生产的产物，不仅是一般历史生产的产物，而且是一定历史生产的产物。”② 在东

① 马克思，恩格斯．马克思恩格斯全集：第30卷．2版．北京：人民出版社，1995：37.

② 同①38-39.

西方社会历史上发生的种种史实，都充分地证明了这一点。

可见，生产条件的分配决定了生产的结构，但并不能由此认为是分配决定生产，因为生产条件的分配形式是由社会生产力和生产方式的发展所决定的。这就如马克思后来在《哥达纲领批判》中所指出的："消费资料的任何一种分配，都不过是生产条件本身分配的结果；而生产条件的分配，则表现生产方式本身的性质。"①

第三，关于交换和流通的关系。在"交换和流通"的标题下，马克思集中阐释的是生产和交换的关系。

流通就是以货币为媒介的商品交换。流通是从交换"总体"上来看的交换，是交换的一定要素。交换是生产和分配同消费之间的媒介要素。上述的分析已经证明，分配是由生产决定的、消费本身也是生产的一个要素，同样"交换显然也就作为生产的要素包含在生产之内"②。

从"总体"上理解的交换，可以分为四种形式。马克思对这四种形式的交换同生产的关系作了考察。

其一，生产过程中发生的各种活动和各种能力的交换，如在生产过程中，劳动者之间在分工和协作过程中所进行的活动和能力的交换。这种交换"直接属于生产，并且从本质上组成生产"③。

其二，生产过程中的产品交换，如在同一生产单位内，在生产成品过程中各道工序之间的原材料或半成品的交换。显然，这种交换本身就是生产的进行过程，是"包含在生产之中的行为"④。

其三，所谓实业家之间的交换，也就是产品在最后进入消费领域之前，各个不同生产单位之间在产品生产运输、包装、保管等过程中的交换。从这一交换的结构上看，"完全决定于生产，而且本身也是生产活动"⑤。

其四，直接为了消费而进行的交换，即产品进入最后消费领域的交换。在形式上，这种交换似乎与生产毫不相关。但是，没有历史上社会

---

① 马克思，恩格斯. 马克思恩格斯文集：第3卷. 北京：人民出版社，2009：436.

②③④⑤ 马克思，恩格斯. 马克思恩格斯全集：第30卷. 2版. 北京：人民出版社，1995：40.

分工的一定发展，这种交换也不会产生，社会分工本身就是社会生产发展的结果；交换的性质也是由生产的性质所决定的，以私有制为基础的生产决定了交换的私有性质；交换的深度、广度和方式也是由生产的发展和结构所决定的。可见，直接为了消费而进行的交换也是由生产所决定的。

通过交换“总体”的以上考察，马克思得出的结论就是：“交换就其一切要素来说，或者是直接包含在生产之中，或者是由生产决定。”①

在依次分析了生产和消费、生产和分配以及生产和交换的关系之后，马克思对生产与分配、交换、消费关系作出“总体”意义上的阐释。马克思认为，生产与分配、交换、消费各个环节并不是同一的东西，它们是作为统一体内部的差别而存在的。在这里，“一定的生产决定一定的消费、分配、交换和这些不同要素相互间的一定关系”；同时，“生产就其单方面形式来说也决定于其他要素”②。生产与分配、交换、消费之间存在的这种“总体”关系，表现为一个有机的整体，是社会经济运行的必然趋势，是社会经济关系本质的必然形式。

在对“生产一般”本质规定进行了阐释之后，马克思就提出了“生产是总体”的命题。这一命题的意义，在于阐明生产不仅具有特殊的社会性，而且它本身还在一种特定的系统中活动，在一个由各生产部门构成的“总体”中运行。如马克思所指出的：“生产也不只是特殊的生产，而始终是一定的社会体即社会的主体在或广或窄的由各生产部门组成的总体中活动着。”③ 在对“生产与分配、交换、消费的一般关系”阐述之后，马克思再次提出“生产是总体”的命题，不过这里是涵盖了生产与分配、交换、消费各个环节在内的“总体”，是“一个统一体内部的差别”意义上的“总体”，因而较之“生产一般”意义上的“总体”具有更为复杂的规定性。

在这一涵盖生产与分配、交换、消费各个环节在内的“总体”中，

---

①② 马克思，恩格斯．马克思恩格斯全集：第30卷．2版．北京：人民出版社，1995：40.

③ 同①27.

"总体"内的各构成部分和要素，并不是一种分离的、也不是一种并列的关系，而是一种有机的整体关系。如马克思在《导言》下一节"政治经济学的方法"节中将要指出的那样："在一切社会形式中都有一种一定的生产决定其他一切生产的地位和影响，因而它的关系也决定其他一切关系的地位和影响。这是一种普照的光，它掩盖了一切其他色彩，改变着它们的特点。这是一种特殊的以太，它决定着它里面显露出来的一切存在的比重。"① 在马克思《政治经济学批判》结构中，这一"总体"就是资本主义的生产过程，这时资本就是这一"总体"中的"普照的光"，就是"特殊的以太"，就是资产阶级社会中支配一切的"经济权力"。对此，马克思在"政治经济学的方法"一节中也指出"在资本处于支配地位的社会形式中，社会、历史所创造的因素占优势。不懂资本便不能懂地租。不懂地租却完全可以懂资本。资本是资产阶级社会的支配一切的经济权力。它必须成为起点又成为终点"②。

马克思从社会生产过程"总体"上所作的概括和阐释，是对政治经济学对象理解的深化，同时也是对政治经济学方法的科学概括。在《导言》的"政治经济学的方法"中，马克思进一步从"具体总体"和"思想总体"的意义上，对政治经济学的总体方法论作出展开论述。

四、政治经济学方法的"两条道路"

在《导言》手稿的封面上，有马克思写下的《导言》四节的标题，其中第 3 节为"政治经济学的方法"，第 4 节为"生产资料（生产力）和生产关系，生产关系和交往关系等等"。在这两节中，马克思对政治经济学方法和结构问题作了科学探索。

《导言》是马克思从以研究为主的经济思想发展转向以叙述为主的经济思想发展的重要标志。与此相联系，《导言》阐释的"方法"也是基于

---

① 马克思，恩格斯．马克思恩格斯全集：第 30 卷．2 版．北京：人民出版社，1995：48.

② 同①49.

叙述意义的方法，也就是建立政治经济学体系的方法。马克思对“政治经济学的方法”的阐释开始时，首先就区分了政治经济学方法上的“两条道路”，并认为只有“第二条道路”即“抽象上升到具体的方法”，才是建立政治经济学体系的“科学上正确的方法”。

《导言》讲的“第一条道路”，是指“完整的表象蒸发为抽象的规定”的方法。这种方法的特点在于“从实在和具体开始，从现实的前提开始”，如马克思指出的，按照这种方法，在考察一个国家经济形式时，往往从最为表象的作为全部社会生产行为的基础和主体的人口开始，这看起来“似乎是正确的”，但“更仔细地考察起来，这是错误的”①。这是因为，抛开构成人口的阶级，人口就是一个抽象；如果不知道这些阶级所依据的因素，如雇佣劳动、资本等，阶级又是一句空话；而雇佣劳动、资本等这些因素又是以交换、分工、价格等为前提的。因此，马克思指出：“如果我从人口着手，那么，这就是关于整体的一个混沌的表象，并且通过更切近的规定我就会在分析中达到越来越简单的概念；从表象中的具体达到越来越稀薄的抽象，直到我达到一些最简单的规定。于是行程又得从那里回过头来，直到我最后又回到人口，但是这回人口已不是关于整体的一个混沌的表象，而是一个具有许多规定和关系的丰富的总体了。”② 依据这种由表及里的研究方法，或者把这一研究方法同由里及表的叙述方法合二为一，都不可能建立起政治经济学的科学体系。因此，“第一条道路”体现的“完整的表象蒸发为抽象的规定”的方法，对于建立政治经济学体系来说，显然“是错误的”。

《导言》讲的“第二条道路”，是指“抽象的规定在思维行程中导致具体的再现”的方法。马克思认为，“具体之所以具体，因为它是许多规定的综合，因而是多样性的统一”，因此，在政治经济学体系中，“具体”必然“在思维中表现为综合的过程，表现为结果，而不是表现为起点”。正是在这一意义上，马克思指出，“第二条道路”显然“是科学上正确的方法”。在接着的阐释中，马克思把“第二条道路”的“抽象的规定在思维

---

①② 马克思，恩格斯．马克思恩格斯全集：第 30 卷．2 版．北京：人民出版社，1995：41.

行程中导致具体的再现”的方法，也称作“抽象上升到具体的方法”[①]。

“第一条道路”的“错误”是从建立政治经济学意义上的判定，这并不否认“第一条道路”在政治经济学其他意义上的“正确”性，如“第一条道路”就其体现的“经济学在它产生时期在历史上走过的道路”，即在经济思想史研究意义上，还是正确的。在经济思想史研究意义上，马克思认为：“17 世纪的经济学家总是从生动的整体，从人口、民族、国家、若干国家等等开始；但是他们最后总是从分析中找出一些有决定意义的抽象的一般的关系，如分工、货币、价值等等。这些个别要素一旦多少确定下来和抽象出来，从劳动、分工、需要、交换价值等等这些简单的东西上升到国家、国际交换和世界市场的各种经济学体系就开始出现了。”[②] 在马克思经济思想史观中，“第一条道路”对于理解马克思经济思想史的方法和形式有重要的意义。

五、抽象上升到具体的方法

马克思对“第一条道路”的“抽象上升到具体的方法”，作了五个方面的阐释。

第一，在“抽象上升到具体的方法”中，抽象“上升”到具体，绝不是抽象“产生”具体本身的过程，而是“思维用来掌握具体、把它当作一个精神上的具体再现”[③] 的过程。

黑格尔的客观唯心主义的“幻觉”在于，把实在的具体误解成思维中“自我综合、自我深化和自我运动”[④] 的结果，认为只有符合概念的实在才是真正的存在，因为在这种实在里，理念使它自己达到了存在。与黑格尔的客观唯心主义相反的是，马克思认为，抽象上升到具体，绝不是具体本身的产生过程。例如，交换价值作为最简单的经济范畴，是以一定社会经

① 马克思，恩格斯. 马克思恩格斯全集：第 30 卷. 2 版. 北京：人民出版社，1995：42.
② 同①41，41-42.
③④ 同①42.

济形式中进行生产的人口为前提的，也是以某种家庭、公社或国家等为前提的。“交换价值只能作为一个具体的、生动的既定整体的抽象的单方面的关系而存在。”① 政治经济学中的抽象范畴，总是以一定的具体现实为前提的，即如马克思在《哲学的贫困》中就已阐释的：“经济范畴只不过是生产的社会关系的理论表现，即其抽象。”②

第二，在“抽象上升到具体的方法”中，抽象思维源于具体现实，但抽象思维中再现的具体不是对具体现实的简单摹写或复制，是“思维总体”中再现的“具体总体”。

要避免一种“同义反复”的观点，即认为经济范畴表现为现实生产行为的简单摹写，而世界则是这种生产行为的直接结果。在马克思看来，“抽象上升到具体”是对直观的和表象的具体现实进行思维加工的过程，是在“思想总体”中把具体现实“再现”为“具体总体”的过程。马克思强调“具体总体作为思想总体、作为思想具体，事实上是思维的、理解的产物”③。这就是说，一方面，具体总体“决不是处于直观和表象之外或驾于其上而思维着的、自我产生着的概念的产物”；另一方面，具体总体则是“把直观和表象加工成概念这一过程的产物”，是思维用来掌握具体、把它当作一个精神上的具体再现出来的结果④。

第三，在“抽象上升到具体的方法”中，“抽象上升到具体”本质上是“思维用来掌握具体”和“精神上的具体再现”之间、具体现实和“具体总体”之间的“整体”关系。

作为“整体”，一方面，“当它在头脑中作为思想整体而出现时，是思维着的头脑的产物，这个头脑用它所专有的方式掌握世界”；另一方面，当思想整体“掌握”实在主体时，“实在主体仍然是在头脑之外保持着它的独立性”，这就“不同于对于世界的艺术精神的，宗教精神的，实践精神的掌握”，它们对这些“精神”的“掌握”之外，不再存在与其相独立的实在主体。因此，对于政治经济学来说，“在理论方法上，主体，即社

---

① 马克思，恩格斯．马克思恩格斯全集：第30卷．2版．北京：人民出版社，1995：42．

② 马克思，恩格斯．马克思恩格斯文集：第1卷．北京：人民出版社，2009：602．

③ 同①．

④ 同①42，42-43．

会，也必须始终作为前提浮现在表象面前"①。在这里，马克思非常清晰地说明了像艺术、宗教这类人文学科同像经济学这类社会科学之间，在"整体"关系上的显著区别。

第四，在"抽象上升到具体的方法"中，从最简单范畴上升到较为复杂范畴的"思维的进程"，是"符合现实的历史过程"的。

"抽象上升到具体"体现着简单范畴向比较具体范畴逐次上升的过程，那么，这一逐次上升的过程同范畴的历史演进过程是什么样的关系呢？马克思集中探讨了两种基本情况。

第一种情况，简单范畴表现了较不发展的经济关系的规定性，还没有表现出比较具体范畴的较为具体的经济关系的规定性，"不管怎样总可以说，简单范畴是这样一些关系的表现，在这些关系中，较不发展的具体可以已经实现，而那些通过较具体的范畴在精神上表现出来的较多方面的联系或关系还没有产生"；而比较具体的范畴则把简单范畴及其表现的不发展的经济关系，"当作一种从属关系保存下来"，如马克思举例的，"在资本存在之前，银行存在之前，雇佣劳动等等存在之前，货币能够存在，而且在历史上存在过"②。第一种情况说明："比较简单的范畴可以表现一个比较不发展的整体的处于支配地位的关系或者一个比较发展的整体的从属关系，这些关系在整体向着以一个比较具体的范畴表现出来的方面发展之前，在历史上已经存在。"③ 因此，在第一种情况中，"从最简单上升到复杂这个抽象思维的进程符合现实的历史过程"④。

第二种情况，在历史上一些不成熟的社会形式中，有些简单范畴如货币并不存在，但却可能存在协作、发达的分工等较为具体的范畴；或者在古代社会，货币虽然很早就全面地发生作用，但它只是这一社会中某些片面发展的民族即商业民族中才处于支配地位；或者像在希腊人和罗马人那里，货币的充分发展只出现在它们解体的时期。货币作为简单范畴发展的

①② 马克思，恩格斯．马克思恩格斯全集：第30卷．2版．北京：人民出版社，1995：43.

③ 同①43-44.

④ 同①44.

这三种历史境遇说明，“十分简单的范畴，在历史上只有在最发达的社会状态下才表现出它的充分的力量。它决没有历尽一切经济关系”①。这就是说，从最简单上升到复杂这个抽象思维的进程，与现实的历史过程在总的方向上是相符合的，但也可能存在历史演进的种种跳跃性。

第五，在“抽象上升到具体的方法”中，经济范畴、经济过程和经济关系的丰富性具有更为显著的历史性和社会性特征。

根据以上的阐释，马克思进一步认为，“比较简单的范畴，虽然在历史上可以在比较具体的范畴之前存在，但是，它在深度和广度上的充分发展恰恰只能属于一个复杂的社会形式，而比较具体的范畴在一个比较不发展的社会形式中有过比较充分的发展”②。这样，从简单范畴向比较具体范畴的上升过程，不仅是经济过程和经济关系不断发展的过程，也是经济范畴内在规定性的深化过程。马克思以“劳动”范畴为例，对此作出了周详的阐释。

“劳动”是一个“十分简单的范畴”，但政治经济学对“劳动”范畴却是从“现代的范畴”意义上把握的。“劳动”作为“现代的范畴”，经历了一个漫长的历史变化过程，也经历了一个内在规定性不断完善和深化的过程。早期的货币主义把财富看成完全客观的东西，看成自身之外的物而存在于货币中；后来的重工主义或重商主义则把财富的源泉从对象转到主体的活动，即商业劳动和工业劳动中，体现了认识的很大进步性，但他们仍然只把这种活动局限于取得货币的活动；再后来重农主义把劳动的农业形式看作创造财富的劳动，不再把对象本身看作裹在货币的外衣之中，而是看作产品一般，看作劳动的一般成果了；最后亚当·斯密又“大大地前进了一步”，他抛开创造财富的活动的所有规定性，既不是工业劳动又不是商业劳动也不是农业劳动，而既是这种劳动又是那种劳动，“有了创造财富的活动的抽象一般性，也就有了被规定为财富的对象的一般性”，即产品一般，或者是“作为过去的、对象化的劳动”的“劳动一般”。马克思认为，从“劳动”到“劳动一般”，“这一步跨得多么艰难，多么巨大，只

①② 马克思，恩格斯．马克思恩格斯全集：第30卷．2版．北京：人民出版社，1995：44.

要看看连亚当·斯密本人还时时要回到重农主义，就可想见了”①。

“劳动”这一古老的“十分简单的范畴”，在“劳动一般”这一“现代的范畴”中才有了丰富的全面的规定性。“劳动一般”规定性的显著特点在于：一是“对任何种类劳动的同样看待，以各种现实劳动组成的一个十分发达的总体为前提，在这些劳动中，任何一种劳动都不再是支配一切的劳动”②；二是“劳动一般这个抽象，不仅仅是各种劳动组成的一个具体总体的精神结果。对任何种类劳动的同样看待，适合于这样一种社会形式，在这种社会形式中，个人很容易从一种劳动转到另一种劳动，一定种类的劳动对他们说来是偶然的，因而是无差别的”③。这两个规定性说明，“最一般的抽象总只是产生在最丰富的具体发展的场合，在那里，一种东西为许多东西所共有，为一切所共有。这样一来，它就不再只是在特殊形式上才能加以思考了。……劳动不仅在范畴上，而且在现实中都成了创造财富一般的手段，它不再是同具有某种特殊性的个人结合在一起的规定了”④。至此，“劳动”“劳动一般”范畴，才成为政治经济学的“起点”，才成为“实际上真实的东西”。所以，“这个被现代经济学提到首位的、表现出一种古老而适用于一切社会形式的关系的最简单的抽象，只有作为最现代的社会的范畴，才在这种抽象中表现为实际上真实的东西”⑤。

马克思得出的结论就是：“劳动这个例子令人信服地表明，哪怕是最抽象的范畴，虽然正是由于它们的抽象而适用于一切时代，但是就这个抽象的规定性本身来说，同样是历史条件的产物，而且只有对于这些条件并在这些条件之内才具有充分的适用性。”⑥ 这是马克思对“抽象上升到具体的方法”中社会性和历史性特征的深刻阐释。

六、“结构”的含义与《政治经济学批判》“五篇结构计划”

马克思在对政治经济学方法阐释时，“结构”用语尽管使用得不多但

---

①② 马克思，恩格斯．马克思恩格斯全集：第 30 卷．2 版．北京：人民出版社，1995：45.

③④ 同①45-46.

⑤⑥ 同①46.

却有重要的意义。1866 年 2 月，马克思在为《资本论》第一卷德文第一版作最后润色时谈道："在像我这样的著作中细节上的缺点是难免的。但是结构，即整个的内部联系是德国科学的辉煌成就，这是单个的德国人完全可以承认的，因为这决不是他的功绩，而是全民族的功绩。"① 马克思对政治经济学体系"结构"问题的探究，集中于《导言》对"抽象上升到具体的方法"的阐释之中。

马克思指出："资产阶级社会是最发达的和最多样性的历史的生产组织。因此，那些表现它的各种关系的范畴以及对于它的结构的理解，同时也能使我们透视一切已经覆灭的社会形式的结构和生产关系。"② 这里讲的"结构"，指的是政治经济学对象的"结构"，在马克思政治经济学体系中就是资产阶级社会本身的结构。这一"结构"是资产阶级社会之前人类社会世代演进的结果，是借助之前"这些社会形式的残片和因素建立起来，其中一部分是还未克服的遗物，继续在这里存留着，一部分原来只是征兆的东西，发展到具有充分意义"③。马克思认为："人体解剖对于猴体解剖是一把钥匙。反过来说，低等动物身上表露的高等动物的征兆，只有在高等动物本身已被认识之后才能理解。"④ 资产阶级社会作为人类社会发展的"高等"形式，为理解古代以来的各种社会发展提供了"钥匙"，能揭示人类世代经济形式演进的历史连续性和阶段性。

在政治经济学视界内，马克思认为："所说的历史发展总是建立在这样的基础上的：最后的形式总是把过去的形式看成是向着自己发展的各个阶段，并且因为它很少而且只是在特定条件下才能够进行自我批判，——这里当然不是指作为崩溃时期出现的那样的历史时期，——所以总是对过去的形式作片面的理解。"⑤ 与此相联系，存在于资产阶级经济形式中的各种经济范畴，也总会"在发展了的、萎缩了的、漫画式的种种形式上，总是在有本质区别的形式上"⑥，包含过去不发达的那些社会经济形式中的范畴的某些局部的、片面的规定性。

---

① 马克思，恩格斯. 马克思恩格斯文集：第 10 卷. 北京：人民出版社，2009：236.

② 马克思，恩格斯. 马克思恩格斯全集：第 30 卷. 2 版. 北京：人民出版社，1995：46.

③ 同②46-47.

④⑤⑥ 同②47.

政治经济学对象的“结构”具有的社会和历史规定性决定，“在研究经济范畴的发展时，正如在研究任何历史科学、社会科学时一样，应当时刻把握住：无论在现实中或在头脑中，主体——这里是现代资产阶级社会——都是既定的；因而范畴表现这个一定社会即这个主体的存在形式、存在规定、常常只是个别的侧面；因此，这个一定社会在科学上也决不是在把它当作这样一个社会来谈论的时候才开始存在的”①。由此，马克思进一步提出了政治经济学的思维结构问题。

政治经济学的思维结构，就是马克思提到的存在于思维过程的“现代资产阶级社会内部的结构”，也就是思维把握具体现实时形成的反映资产阶级关系本质的范畴之间的“次序”。思维结构绝不是对对象结构的简单摹写或复制，而是以资产阶级经济形式的“总体”为根本规定，按照“抽象上升到具体的方法”，形成范畴的“次序”的，即形成政治经济学的科学体系。思维结构是对对象结构的再现，也是对对象结构内在规定性的理解和把握。从思维结构意义上看，“把经济范畴按它们在历史上起决定作用的先后次序来排列是不行的，错误的。它们的次序倒是由它们在现代资产阶级社会中的相互关系决定的，这种关系同表现出来的它们的自然次序或者符合历史发展的次序恰好相反。问题不在于各种经济关系在不同社会形式的相继更替的序列中在历史上占有什么地位”②。

按照有些肤浅的理解，从地租和土地所有制开始，似乎是再自然不过的了，因为它们是同土地，即同一切生产和一切存在的源泉结合着的，还同人类最初的生产形式农业结合着的。但是，马克思认为，在资产阶级社会形式中，资本处于支配地位，不懂资本便不能懂地租，不懂地租却完全可以懂资本。“资本是资产阶级社会的支配一切的经济权力。它必须成为起点又成为终点，必须放在土地所有制之前来说明。”③

对“结构”的以上两个方面的理解，马克思认为，“对于分篇直接具有决定的意义”④，也就是对政治经济学著述的篇章结构的形成，“直接具

① 马克思，恩格斯．马克思恩格斯全集：第30卷．2版．北京：人民出版社，1995：47-48.

②③ 同①49.

④ 同①48.

有决定的意义”。

综上所述，马克思对政治经济学“结构”的阐释，大体有三个层面的含义。一是对象的结构，大凡经济思想上的重大突破和创新，都始于对对象结构的新的理解。马克思讲的对象结构，就是为客体存在的资产阶级社会经济形式本身的结构。二是思维的结构，就是思维中把握的经济范畴、经济概念和经济运动过程的内在联系和内部组织。三是政治经济学体系著述篇章顺序的结构，就是马克思所说的“分篇”的结构。1867 年 6 月，马克思在校改《资本论》第一卷德文第一版清样时，写信告诉恩格斯，“我这里把这一附录的结构——章节和标题等等——抄给你”①。这里的“结构”，指的就是价值形式“附录”章节的编排顺序。

“结构”的这三层含义是密切相关的。第一层面含义反映的是政治经济学对象本身的结构。作为认识的客体，这种结构既是实际的存在，又是“潜在的”存在，因为它只是主体思维的对象，并且只有经过人的思维的加工和过滤，才能相对完整地得以体现。结构的第二层面含义是对第一层面含义在思维上的再现，是从思维上对资本主义经济运动和经济过程内在过程和必然联系的把握。这种结构是“流动的”，它体现在人的思维对客体的加工、再现的过程中。只有通过思维的语言，结构的第二层面含义才能以特定的理论形式呈现出来，即只有借助第三层面含义，才能外在地表现出来。因此，结构的第三层面含义，就是“形式化的”结构。

从这一视角来看，第一层面含义与第二层面含义结构之间的关系，实质上就是政治经济学中作为对象的客体同作为思维的主体之间的关系。第二层面含义与第三层面含义结构之间的关系，实质上就是“思想总体”的内在规定与外在的呈现形式之间的关系。其中，第二层面含义结构对第三层面含义结构起着主导作用，前者是后者形成和变化的根据，后者是前者必要的外在的表现形式。

在第 3 节“政治经济学的方法”的最后，马克思按照“抽象上升到具体的方法”，把他打算写作的《政治经济学批判》著作分为五篇，这就是

① 马克思，恩格斯. 马克思恩格斯全集：第 31 卷. 北京：人民出版社，1972：319.

后来被称作的“五篇结构计划”。“五篇结构计划”的具体内容如下①：

（1）一般的抽象的规定，因此它们或多或少属于一切社会形式，不过是在上面所阐述的意义上。

（2）形成资产阶级社会内部结构并且成为基本阶级的依据的范畴。资本、雇佣劳动、土地所有制。它们的相互关系。城市和乡村。三大社会阶级。它们之间的交换。流通。信用事业（私人的）。

（3）资产阶级社会在国家形式上的概括。就它本身来考察。“非生产”阶级。税。国债。公共信用。人口。殖民地。向国外移民。

（4）生产的国际关系。国际分工。国际交换。输出和输入。汇率。

（5）世界市场和危机。

“五篇结构计划”第一篇“一般的抽象的规定”，指的是“一些有决定意义的抽象的一般的关系，如分工、货币、价值等等”，或者说是“劳动、分工、需要、交换价值等等这些简单的东西”②。虽然这些最抽象的范畴，由于它们的抽象而适用于一切时代，但就这些范畴抽象规定性本身而言，它们同样是社会和历史演进的产物，它们只有在特定的经济关系并在这些关系之内才具有实际的和充分的意义。

第二篇重点论述的是资本、雇佣劳动和土地所有制这三个形成资产阶级社会内部结构、并且成为基本阶级的依据的范畴及其相互关系。这三个范畴并不是按照它们在历史上起作用的先后次序来排列的，它们的次序是由它们在资产阶级社会中的相互关系决定的。在资产阶级社会中，资本具有支配一切的经济权力，只有在考察资本范畴之后，才能考察雇佣劳动和土地所有制这两个范畴及其相互关系。

第三篇主要探讨资产阶级社会在国家形式上的概括，或者说“不同的国家形式对不同的社会经济结构的关系”③。按马克思的设想，这一篇应该包括逐次展开的三个层次：一是对国家和资产阶级社会关系之间的研究，其中主要是对国家的本质及其经济职能一般性质的研究；二是对国家本身

---

① 马克思，恩格斯．马克思恩格斯全集：第30卷．2版．北京：人民出版社，1995：50.

② 同①41-42，42.

③ 马克思，恩格斯．马克思恩格斯文集：第10卷．北京：人民出版社，2009：196.

的考察，其中主要是对国家和经济发展、经济结构关系的研究，也包括对不同国家和经济发展、经济结构不同关系的比较研究；三是对国家经济职能形式的概述，其中包括对税、国债、公共信用、人口等问题的概述。

在“五篇结构计划”中，第三篇的论题较前两篇的论题具有较为具体的规定性；相对于后两篇而言，它又具有较为抽象的规定性，是“五篇结构计划”从对一国内资产阶级经济关系研究上升到对世界范围内资产阶级经济关系叙述的逻辑中介。

第四篇和第五篇从资产阶级国际交换和世界市场的整体关系上，考察资产阶级经济关系的更为具体的规定性。

大约在1857年11月上旬，马克思在写作《1857—1858年经济学手稿》的“货币章”时，对“五篇结构计划”作了两个方面的重要补充：一是关于第一篇中商品范畴的地位问题。马克思指出：“在考察交换价值、货币、价格的这个第一篇里，商品始终表现为现成的东西。形式规定很简单。我们知道，商品表现社会生产的各种规定，但是社会生产本身是前提。”① 在这里，马克思明确了商品是“五篇结构计划”中第一篇的起始范畴。因为无论在现实中还是在理论上，无论在历史上还是在逻辑上，商品都是发达的资本主义经济关系存在和发展的起点。二是对第五篇中“世界市场和危机”的论题作了重要补充。马克思指出：“在末篇中，生产以及它的每一个要素都被设定为总体，但是同时一切矛盾都展开了。于是，世界市场又构成整体的前提和承担者。于是，危机就是普遍指示超越这个前提，并迫使采取新的历史形态。”② 马克思在这里强调的是，第五篇“世界市场”是资产阶级社会经济关系中最具体的关系，反映了资产阶级社会最复杂的经济关系，也是资产阶级社会经济关系总的危机的存在方式，也是向未来社会过渡的逻辑中介。

“五篇结构计划”是马克思对政治经济学体系结构探索的标志性成果，奠定了后来向“六册结构计划”，进而向《资本论》“四卷结构计划”转化的重要基础。

---

① 马克思，恩格斯．马克思恩格斯全集：第30卷．2版．北京：人民出版社，1995：180.

② 同①181.

七、对经济社会总体结构的思考

《导言》第4节，马克思列出标题后只写了少数几个段落就中止了，但马克思在其中表达的超越政治经济学体系的更为恢宏的结构，给我们以深刻的启示。从马克思思想发展历程来看，这一更为恢宏的结构，与马克思在《德意志意识形态》手稿（写于1845—1846年）中对社会总体结构首次唯物史观意义上的表达以及在《政治经济学批判》第一分册的“序言”（写于1859年）中对唯物史观的经典表述相比较，还是留有多方面的值得我们思考的问题。这些问题对我们理解马克思“不惑之年”的整体思想是有重要意义的。

第一，马克思提出的这一更为恢宏的结构，首先就是生产，生产是其最基本的概念或起始范畴；其次是生产资料和生产关系、生产关系和交往关系；再次是国家形式和意识形式同生产关系和交往关系的关系；最后是法的关系、家庭关系。这一结构序列，显然是对政治经济学体系结构的超越，应该是马克思对经济社会总体结构的新的更为广泛的思考。

在这一更为恢宏的结构中，有三个问题特别值得我们注意：一是“生产力（生产资料）的概念和生产关系的概念的辩证法，这样一种辩证法，它的界限应当确定，它不抹杀现实差别”问题；二是这一结构各层级之间的辩证关系，如“第二级的和第三级的东西，总之，派生的、转移来的、非原生的生产关系”等等；三是如何在一国经济社会结构的基础上，进一步探索“国际关系在这里的影响”的问题①。

第二，这一更为恢宏的结构提出了“生产关系和交往关系”“国家形式和意识形式同生产关系和交往关系的关系”等关系问题。对马克思早期思想研究的共识是，马克思在19世纪40年代中期使用的“交往关系”指的是生产关系，但这里出现的“交往关系”与“生产关系”是相并列的，而且“交往关系”定位于生产关系和国家形式、意识形式之间，成为生产

① 马克思，恩格斯．马克思恩格斯全集：第30卷．2版．北京：人民出版社，1995：51.

关系和国家形式、意识形式的逻辑中介。马克思这里提到的显然不再是“生产关系”意义上的“交往关系”。

第三，在这一更为恢宏的结构中，“家庭关系”成为整个经济社会体系结构的最后的、也是最具体的范畴，其中体现着马克思对经济社会结构总体上的别样认识。

第四，关于文化和艺术、文化史和艺术史问题的思考。在篇幅不大的第4节中，马克思谈的最多的是文化和艺术、文化史和艺术史的问题。马克思提出的问题主要有：

一是物质生产发展同艺术发展不平衡关系问题。马克思提出：“关于艺术，大家知道，它的一定的繁盛时期决不是同社会的一般发展成比例的，因而也决不是同仿佛是社会组织的骨骼的物质基础的一般发展成比例的。”① 那么，“进步这个概念决不能在通常的抽象意义上去理解。就艺术等等而言，理解这种不平衡还不像理解实际社会关系本身内部的不平衡那样重要和那样困难”②。

二是文化和艺术发展时代性和创造性的特殊表现问题。马克思提出：“就某些艺术形式，例如史诗来说，甚至谁都承认：当艺术生产一旦作为艺术生产出现，它们就再不能以那种在世界史上划时代的、古典的形式创造出来；因此，在艺术本身的领域内，某些有重大意义的艺术形式只有在艺术发展的不发达阶段上才是可能的。如果说在艺术本身的领域内部的不同艺术种类的关系中有这种情形，那么，在整个艺术领域同社会一般发展的关系上有这种情形，就不足为奇了。困难只在于对这些矛盾作一般的表述。一旦它们的特殊性被确定了，它们也就被解释明白了。”③

马克思提出：“困难不在于理解希腊艺术和史诗同一定社会发展形式结合在一起。困难的是，它们何以仍然能够给我们以艺术享受，而且就某方面说还是一种规范和高不可及的范本。”④ 回溯文化史和艺术史的发展，“为什么历史上的人类童年时代，在它发展得最完美的地方，不该作为永

---

①② 马克思，恩格斯. 马克思恩格斯全集：第30卷. 2版. 北京：人民出版社，1995：51.

③ 同①51-52.

④ 同①52-53.

不复返的阶段而显示出永久的魅力呢?”① 古希腊人的艺术“对我们所产生的魅力，同这种艺术在其中生长的那个不发达的社会阶段并不矛盾。这种艺术倒是这个社会阶段的结果，并且是同这种艺术在其中产生而且只能在其中产生的那些未成熟的社会条件永远不能复返这一点分不开的。”② “不发达的社会阶段”怎样产生了“在世界史上划时代”的辉煌的艺术成就?③

三是文化史和艺术史同社会发展的关系。马克思提道:“任何神话都是用想象和借助想象以征服自然力，支配自然力，把自然力加以形象化;因而，随着这些自然力实际上被支配，神话也就消失了。”④ 但是，“希腊神话不只是希腊艺术的武库，而且是它的土壤”⑤。这就是说:“希腊艺术的前提是希腊神话，也就是已经通过人民的幻想用一种不自觉的艺术方式加工过的自然和社会形式本身。这是希腊艺术的素材。不是随便一种神话，就是说，不是对自然(这里指一切对象的东西，包括社会在内)的随便一种不自觉的艺术加工。”⑥ 马克思相信，“决不是这样一种社会发展，这种发展排斥一切对自然的神话态度，一切把自然神话化的态度;因而要求艺术家具备一种与神话无关的幻想”⑦。

“世界史不是过去一直存在的;作为世界史的历史是结果。”⑧ 历史总是现实的，世界史总是世界现代史，文化史和艺术史中同样蕴藏着深厚的历史结果。

---

①② 马克思，恩格斯．马克思恩格斯全集:第 30 卷．2 版．北京:人民出版社，1995:53.

③ 同①53，51.

④⑤⑥⑦ 同①52.

⑧ 同①51.

第五章　马克思经济思想的“历史路标”

在《1861—1863 年经济学手稿》（本章简称《手稿》）中，马克思说他对经济思想所作的“历史的评论”，主要为了说明：“一方面，政治经济学家们以怎样的形式自行批判，另一方面，政治经济学规律最先以怎样的历史路标的形式被揭示出来并得到进一步发展。”① “历史路标”指的是经济思想发展中呈现的具有标识性的理论成果和成就。在这一意义上，《手稿》在马克思经济学体系结构演进、思想历史研究和理论原理创新上取得的显著成果和成就，无疑就是高耸于马克思经济思想发展中的“历史路标”，也是我们现在对马克思经济学作出“历史的评论”的经典文本。

一、《手稿》在马克思经济思想发展中的重要地位

马克思 1859 年出版的《政治经济学批判》第一分册，是按照“六册结构计划”写作的第一册《资本》的开头部分。第一分册包括论述第一册

---

① 马克思，恩格斯．马克思恩格斯全集：第 26 卷：第 1 册．北京：人民出版社，1972：367.

《资本》第一篇“资本一般”中第一章商品和第二章货币的内容。1861年8月，马克思接续第一分册，以“《政治经济学批判》续”为标题，写作第二分册，计划的内容为第一篇“资本一般”第三章资本。在写作过程中，马克思不断地接触和发现新的理论问题，以至认为“要是隔一个月重看自己所写的一些东西，就会感到不满意，于是又得全部改写”①。这样，到1863年7月，马克思实际完成的是一部包括23个笔记本的近1 400页的卷帙浩繁的手稿，其内容大大超出原先计划写作的第二分册的内容。这部手稿后来按马克思的写作时间，被称为《1861—1863年经济学手稿》。

按照马克思给《手稿》各笔记本标明的编号，《手稿》的内容大致可分为三大部分。第一大部分包含第Ⅰ到第Ⅴ这5个笔记本。这部分手稿，在《马克思恩格斯全集》中文第一版中被编作第47卷，在中文第二版中被编作第32卷。

在这部分手稿中，马克思论述了“资本的生产过程”中的第一章“货币转化为资本”、第二章“绝对剩余价值”和第三章“相对剩余价值”的开头部分。大约在1862年1月，马克思在写作第Ⅵ笔记本时，中断了对“相对剩余价值”的论述，开始写作“剩余价值理论”这一章。

手稿的第二大部分，包括第Ⅵ到第ⅩⅤ共10个笔记本。这部分手稿主要是对之前阐述的剩余价值理论原理所作的理论历史的考察，后来被编辑为《剩余价值理论》(也称作“《资本论》第四卷”)，《马克思恩格斯全集》中文第一版被编作第26卷，中文第二版被编入第33卷至第35卷。

第三大部分包括第ⅩⅥ到第ⅩⅩⅢ共8个笔记本。在第ⅩⅥ和第ⅩⅦ笔记本中，马克思论述了原先计划中的“资本和利润”的内容。从第ⅩⅧ笔记本开始，马克思除了对商人资本和货币资本的某些问题作了补充论述外，回过来续写了由于写作“剩余价值理论”而中断的“相对剩余价值”章及以下各章。《手稿》的最后几个笔记本，包括马克思打算继续深入研究的有关理论问题的引文摘要。这部分手稿，在《马克思恩格斯全集》中文第一版被编作第48卷，在中文第二版被编作第36卷和第37卷。

把《手稿》称作马克思经济思想的“历史路标”，是由《手稿》的重

---

① 马克思，恩格斯．马克思恩格斯文集：第10卷．北京：人民出版社，2009：180.

要理论地位和学术价值所决定的。

第一，《手稿》是马克思对经济思想史探索的“历史路标”。在《手稿》中，马克思以对剩余价值理论为主线的经济思想史的研究，成为马克思经济学遗产中最辉煌的部分。在《手稿》中，《剩余价值理论》最初仅仅是作为剩余价值的理论史部分来写的。但是，在对剩余价值理论史的深入研究中，马克思越来越多地，而且必然越来越多地对剩余价值理论以外的理论史内容作出详尽的考察。因为马克思已经十分清楚地认识到：“所有经济学家都犯了一个错误：他们不是纯粹地就剩余价值本身，而是在利润和地租这些特殊形式上来考察剩余价值。”① 《手稿》涉及从 17 世纪 60 年代威廉·配第到 19 世纪中叶大卫·李嘉图学派及各种经济学流派的主要的经济思想的“历史的评论”，对这 200 年间政治经济学发展的主要理论，特别是关于剩余价值和利润理论史、生产价格理论史、地租理论史等作了深入的研究。

第二，《手稿》是马克思经济学体系演进的“历史路标”。在《手稿》中，马克思经济学体系实现了从《政治经济学批判》“六册结构计划”向《资本论》“四卷结构计划”的过渡，成为马克思经济学体系演进的重要转折点。马克思在《政治经济学批判》第一分册的“序言”中就提到他的“六册结构计划”的设想。他指出：“我考察资产阶级经济制度是按照以下的顺序：资本、土地所有制、雇佣劳动；国家、对外贸易、世界市场。在前三项下，我研究现代资产阶级社会分成的三大阶级的经济生活条件；其他三项的相互联系是一目了然的。第一册论述资本，其第一篇由下列各章组成：（1）商品；（2）货币或简单流通；（3）资本一般。前两章构成本分册的内容。”②

在《手稿》中，马克思对《政治经济学批判》的“六册结构计划”作了重要的变动：一是决定将自己的经济学著作“以《资本论》为标题单独出版，而《政治经济学批判》只作为副标题”；二是提出《资本论》的基本结构。起先，马克思认为《资本论》只构成“六册结构计划”中《资

① 马克思，恩格斯．马克思恩格斯全集：第 33 卷．2 版．北京：人民出版社，2004：7.

② 马克思，恩格斯．马克思恩格斯文集：第 2 卷．北京：人民出版社，2009：588.

本》册第一篇“资本一般”第三章资本的内容。这部分内容，“就是英国人称为‘政治经济学原理’的东西。这是精髓（同第一部分合起来）”①。但是，马克思很快就改变了这一想法。1863 年 1 月初，马克思提出了《资本论》理论部分的三篇结构，并重新拟定了第一篇“资本的生产过程”和第三篇“资本和利润”的结构计划。这时，马克思把第一篇“资本的生产过程”细分为 9 章，把第三篇“资本和利润”细分为 12 章。原来在《政治经济学批判》第一分册单独阐述的“商品，货币”，现在作为第一篇“资本的生产过程”第一章的“导言”，成为《资本论》开篇的内容。1863 年 1 月的这一计划，是马克思对他经济学体系结构的新的构思，成为《资本论》理论叙述部分的最初的相对完整的结构。

第三，《手稿》是马克思在经济学中的重大发现和科学革命的“历史路标”。在《手稿》中，马克思在资本和剩余价值本质、剩余价值生产形式、劳动对资本的从属关系、生产劳动和非生产劳动、剩余价值转化为平均利润和价值转化为生产价格、社会资本再生产等一系列理论上都取得了重要进展，深化了马克思经济学理论及其体系。

二、对资本和剩余价值本质及其关系的探索

资本和剩余价值理论是《手稿》的主要内容。在《手稿》中，马克思以“资本的最初的表现形式”，也是“资本的最一般形式”G—W—G 为基础，分析了产业资本、商业资本和借贷资本的产生、作用过程及相互转化关系。马克思认为，商业资本和生息资本尽管是历史上最古老的资本形式，但是，在资本主义生产方式的基础上，它们都表现为产业资本的“派生的、第二级的形式”。这是因为，“产业资本是在资产阶级社会占统治地位的资本关系的基本形式，其他一切形式都不过是从这个基本形式派生的或次要的，——派生的，如生息资本；次要的，也就是执行某种特殊职能（属于资本的流通过程）的资本，如商业资本。所以，产业资本在它的产

① 马克思，恩格斯．马克思恩格斯文集：第 10 卷．北京：人民出版社，2009：196.

生过程中还必须首先使这些形式从属于自己，并把它们转化为它自己的派生的或特殊的职能”[①]。对资本的“基本形式”和资本“派生形式”关系的离析，是理解资本一般与资本特殊关系的关键，也是揭示剩余价值一般到剩余价值特殊（产业利润、商业利润、利息）转化的基础。

在资本形式的转化过程中，产业资本转化为商业资本，是资本的主要形式（生产过程）向资本的次要形式（流通过程）的转化；产业资本转化为借贷资本，则是职能资本（产业资本、商业资本）向非职能资本的转化。在借贷资本 G—G′的运动形式上，资本的一般形式 G—W—G 取得了最外在化的表现，成了一种“毫无内容的形式，不可理解的、神秘的形式”[②]。在这一过程中，资本的形式越来越和它的内在本质相异化，越来越与资本的本质失去联系。在借贷资本运动中，“资本取得了它的纯粹的物神形式”[③]。《手稿》对资本形式转化及其过程的理解，深刻揭示了资本的本质及其转化的、衍生的各种资本形式的关系与本质。

马克思在揭示资本外在化形式的同时，对资本的内在结构也作了探讨。《手稿》对固定资本和流动资本、不变资本和可变资本结构的分析，在经济思想史上首次揭示了资本的两种不同有机构成理论。马克思认为，不变资本和可变资本的构成，是从资本的直接生产过程中产生的，是“生产过程本身内部的资本有机构成”[④]；固定资本和流动资本的构成，虽然也是对生产资本的结构划分，但是，它们借以划分的依据却是资本流通中价值的不同的转移方式，因而是流通过程产生的资本有机构成。因此，从资本主义再生产过程来看，“当我们说到不变资本和可变资本时，指的是资本最初的划分为活劳动和物化劳动，而不是流通过程或流通过程对再生产的影响所引起的这种比例的变化”[⑤]。严格区分两种不同的资本构成，是马克思对资本理论探索的重大贡献。在马克思以前，古典经济学家在许多理

---

① 马克思，恩格斯. 马克思恩格斯全集：第 35 卷. 2 版. 北京：人民出版社，2013：319.

② 同①317.

③ 同①316.

④ 马克思，恩格斯. 马克思恩格斯全集：第 26 卷：第 2 册. 北京：人民出版社，1973：423.

⑤ 马克思，恩格斯. 马克思恩格斯全集：第 26 卷：第 3 册. 北京：人民出版社，1974：429.

论上失误的原因之一，就在于把由不变资本和可变资本构成造成的价值创造和价值增殖的经济后果，同由固定资本和流动资本构成造成的价值转移和价值补偿的经济后果混为一谈。

在《手稿》中，马克思还深入区分了不变资本和可变资本有机构成内部的两重形式：由活劳动量同所使用的生产资料量的对比关系决定的“资本的技术构成”；由资本各要素之间的价值比例关系决定的“资本的价值构成”。这是深入理解资本有机构成的两个“着眼点”。在这两重构成形式中，资本技术构成的变动起着决定性的作用。因此，马克思常常把仅仅是资本价值构成变化而资本技术构成没有变化的情况，称作资本有机构成没有发生变动。在这两重构成形式中，资本技术构成是资本有机构成的内在规定，资本价值构成则是资本有机构成的外在表现形式。资本有机构成的这一严格界定，对理解马克思资本有机构成理论及其现实意义有重要的意义。

在《手稿》中，马克思对资本结构的探讨同对剩余价值生产形式的研究是紧密结合在一起的。在《1857—1858 年经济学手稿》中，马克思提出了剩余价值范畴，揭示了剩余价值的本质以及剩余价值的两种生产形式。在《手稿》中，马克思引入超额剩余价值范畴，第一次阐明了绝对剩余价值生产和相对剩余价值生产两种形式之间的逻辑的和历史的转化“中介”。马克思认为，超额剩余价值的实质就在于“用超过该生产阶段平均水平的更有生产效率的劳动方法作为例外生产出来的那个商品的个别价值，低于这个商品的一般的或社会的价值”①。如剩余价值、绝对剩余价值和相对剩余价值范畴一样，超额剩余价值范畴也是由马克思首先提出来的。超额剩余价值范畴不仅揭示了绝对剩余价值到相对剩余价值的逻辑的和历史的转化关系，而且还凸显了资本推动生产力发展的直接目的和最终结果之间、追求个别价值增殖的内在动机和社会价值普遍降低外在结果之间、个别资本积累增长的冲动和全部资本价值贬损之间的内在矛盾和冲突。

---

① 马克思，恩格斯．马克思恩格斯全集：第 37 卷．2 版．北京：人民出版社，2019：302-303.

三、劳动对资本的形式从属与实际从属关系的研究

劳动从属于资本的理论是马克思在《手稿》中提出的重要理论。马克思一直关注劳动对资本从属性质和形式的研究。在《1844年经济学哲学手稿》中，马克思从劳动异化的角度，考察过"分工使工人越来越片面化和越来越有依赖性"[①] 的事实。在《雇佣劳动与资本》中，马克思已经把"雇佣劳动对资本的关系，工人遭受奴役的地位，资本家的统治"作为首位重要的问题提出来了。在《1857—1858年经济学手稿》中，马克思通过对资本主义生产方式发展阶段的研究，得出了资本是工人的对立面，所以文明的进步只会增大支配劳动的客观权力的结论。在《手稿》中，马克思初步提出了劳动对资本的形式从属和实际从属的理论。

作为资本主义生产方式存在和发展的一般形式，劳动对资本的形式从属和绝对剩余价值生产有同等的意义。这时，那种旧有的宗法的或以其他人身依附为基础的强制形式已经消除，劳动者和资本所有者在形式上都是"自由人"。在这一从属形式中，资本接受的只是从封建社会沿袭下来的现存的"生产方式"。这里所谓的"生产方式"，是指劳动过程中的劳动方式、工艺过程、劳动者的结合形式及生产资料运用的程度等方面的内容，也就是生产力的活动方式。但是，在这种从属形式中，劳动过程在资本的监督和管理下进行，劳动的更大的连续性也发展起来了，劳动过程的性质已经发生了根本变化。

劳动对资本形式从属的典型形式，发生在与资本主义经济关系相适应的社会化大生产还没有建立起来的阶段，即资本主义发展的初期阶段。随着资本主义生产方式的实际发展，劳动对资本的形式从属也以相同的程度逐渐转化为劳动对资本的实际从属。劳动对资本的实际从属是直接生产过程中更大规模应用自然力、科学和机器的结果，是科学技术的力量转化为资本力量的结果，是在相对剩余价值生产得到充分发展的基础上形成的。

---

① 马克思，恩格斯. 马克思恩格斯文集：第1卷. 北京：人民出版社，2009：121.

这时，雇佣劳动者的劳动，不仅在生产过程中完全从属于资本，成为发展起来的机器和机器的附属品；而且在消费过程中，他们的消费也从属于资本，成为资本再生产的必要要素。马克思认为，在劳动对资本的实际从属阶段，资本家必须是某一社会规模的生产资料的所有者或占有者，这种生产资料的所有制形式，对劳动来说就是“劳动的异己的所有制”。劳动对资本的实际从属，潜藏着资本主义经济关系自我扬弃的因素。因此，劳动对资本从属的理论，不仅揭示了雇佣劳动从属于资本的经济实质，而且还揭示了资本私有制转化为“联合起来的、社会的个人的所有制”的思想，揭示了资本私有制最终将被扬弃的历史必然性。

四、对生产劳动和非生产劳动理论的探索

在《手稿》中，马克思对资本的生产性和非生产性的探讨，是同批判斯密的生产劳动和非生产劳动理论联系在一起的。斯密对生产劳动的理解具有二重性：一方面，斯密把生产劳动看作“把自己的生活费的价值和他的主人的利润，加到他所加工的材料的价值上”的劳动，斯密对生产劳动的这一理解是正确的，因为“他下了生产劳动是直接同资本交换的劳动这样一个定义”，“触及了问题的本质，抓住了要领”①。另一方面，斯密又把生产劳动同那种“固定和实现在一个特定的对象或可以出卖的商品中，而这个对象或商品在劳动结束后，至少还存在若干时候”的劳动联系在一起，只是从劳动的物质规定性、具体劳动形式及其结果上来定义生产劳动，“这里就越出了形式规定的范围，越出了用劳动者对资本主义生产的关系来给生产劳动者和非生产劳动者下定义的范围”②。从而在根本上混淆了从资本主义特殊生产方式来看的生产劳动同一般的生产劳动的区别。

在对斯密理论的批判中，马克思提出了自己的生产劳动和非生产劳动

① 马克思，恩格斯．马克思恩格斯全集：第33卷．2版．北京：人民出版社，2004：139-140，141，141.

② 同①146，147.

理论。首先，马克思强调劳动作为生产劳动的特性只表现一定的社会生产关系。劳动的这种规定性，不是从劳动的内容或劳动的结果产生的，而是从劳动的一定的社会形式产生的。如马克思后来在《资本论》第一卷中所概括的："生产工人的概念决不只包含活动和效果之间的关系，工人和劳动产品之间的关系，而且还包含一种特殊社会的、历史地产生的生产关系。"①《手稿》在资本主义社会生产关系的界限内，从两个主要方面论述了资本主义生产劳动的性质。其一，从资本主义生产实质来看，生产劳动是给使用劳动的人生产剩余价值的劳动，或者说，是把客观劳动条件转化为资本，把客观劳动条件的所有者转化为资本家的劳动。其二，从资本主义生产过程的特征来看，生产劳动可以说是直接同作为资本的货币交换的劳动，或者说，是直接同资本交换的劳动。马克思对资本主义生产劳动性质的说明，揭示了资本主义生产劳动和非生产劳动理论的核心问题。

其次，《手稿》在论述资本主义生产劳动性质时多次强调，生产劳动和非生产劳动的区分，既同劳动独有的特殊性毫无关系，也同劳动的这种特殊性借以体现的特殊使用价值毫无关系。这就是说，在资本主义经济关系中，一定使用价值的物质产品，可以是生产劳动的结果，只要这一劳动是同资本相交换的；也可以是非生产劳动的结果，如果这一劳动只是同收入相交换。资本主义生产劳动的结果，可以表现为一定的物质产品形式，如雇佣工人为资本家生产的机床产品；也可以表现为一定的非物质产品形式，如被开设剧院的资本家雇用的歌剧演员，他的演唱使剧院资本家获得利润，但这种生产劳动的结果并不表现为有形的物质产品。这是马克思阐述资本主义生产劳动理论时一直坚持的思想。但是，在马克思时代，资本主义生产中表现为非物质产品的生产劳动的比重还是微不足道的，因此，可以完全置之不理。

最后，《手稿》对资本主义总体工人的生产劳动性质作了探讨。马克思指出，在资本主义生产方式中，由于商品是由许多工人共同生产的，商品往往表现为劳动者总体进行生产的结果。这时，只要这些总体工人的劳动都是同资本交换的，他们就都是雇佣劳动者，就都是在这一特定意义上

---

① 马克思，恩格斯．马克思恩格斯文集：第5卷．北京：人民出版社，2009：582.

的生产工人。在《资本论》第一卷手稿中，马克思进一步认为，随着特殊资本主义生产方式的发展，总劳动过程的实际执行者不再是单个工人，而是日益以社会规模结合起来的劳动能力，这里既包括体力劳动也包括脑力劳动。“于是劳动能力的越来越多的职能被列在生产劳动的直接概念下，这些职能的承担者也被列在生产工人的概念下，即直接被资本剥削的和从属于资本价值增殖过程与生产过程本身的工人的概念下。”① 在这里，“单个工人作为这个总体工人的单纯成员的职能距直接体力劳动是远还是近，那都完全没有关系”②。马克思的这些论述表明，资本主义总体工人的劳动是否属于生产劳动，完全是由这一总体劳动本身是否为资本生产剩余价值，是否与资本相交换确定的；总体工人中单个工人劳动是否属于生产劳动，完全取决于总体工人劳动的性质。

五、对社会资本再生产理论的研究

在《手稿》中，马克思社会资本再生产理论的创立，与对“斯密教条”和魁奈《经济表》的批判密切相关。

通过对“斯密教条”的批判，马克思提出了社会资本再生产理论的两个基本前提。所谓“斯密教条”，是指斯密所提出的商品价值由工资、利润和地租三种收入构成的理论对斯密以后的经济学家所产生的思想禁锢。与社会资本再生产理论发展相联系，《手稿》对“斯密教条”的批判集中在两个方面。

第一，“斯密教条”混淆了产品的价值和产品生产中劳动者新创造价值之间的区别。在《手稿》中，马克思对产品价值和产品价值中新创造价值部分作了严格区分，提出了社会总产品中价值构成的基本原理：年产品中所有作为可变资本构成工人收入的部分和作为剩余产品构成资本家的消费基金的部分都归结为新加劳动，而产品中其余所有代表不变资本的部分

①② 马克思，恩格斯．马克思恩格斯全集：第38卷．2版．北京：人民出版社，2019：125.

则归结为被保存的过去劳动，仅仅补偿不变资本。马克思依据劳动二重性原理，把商品价值区分为不变资本（c）、可变资本（v）、剩余价值（m）三部分，说明了 c 和（v+m）之间的关系，从而科学地解决了社会资本再生产理论的一个基本前提。

第二，斯密不理解社会资本再生产中生产消费和生活消费的区别与联系，不理解与此相适应的生产资料实现和消费资料实现各自所具有的特殊规定性。马克思在《手稿》中认为，社会总产品实际上可以分作两部分，一部分是用于个人消费的生活消费品，另一部分是用于生产消费的生产资料。因此，按其最终用途，社会总产品可以分为用于生活消费的消费资料部分和用于生产消费的生产资料两大部分。与此相适应，社会生产部门也应该区分两大部类：生产消费资料的“A 部类”和生产生产资料的“B 部类”。“A 部类”的产品按其使用价值来说，代表全部年产品中每年加入个人消费的整个部分。按其交换价值来说，它代表生产者在一年内新加的劳动总量。“B 部类”提供的是只加入生产消费、作为生产资料加入生产过程的产品。《手稿》指出，“除了这两个部类之外，再也没有别的部类了”[①]。这样，马克思科学地解决了社会资本再生产理论的另一个基本前提。

在《手稿》中，马克思对社会资本再生产的实现过程作了初步考察。《手稿》对“全部收入都作为收入花掉”即社会资本简单再生产的三个主要的交换过程作了考察。第一，“收入同收入的交换”，这一交换使“A 部类”内部归于工人和资本家的“收入”（v+m）得到实现；第二，“收入同资本的交换”，即由“B 部类”归于工人和资本家的“收入”（v+m）同“A 部类”作为不变资本的 c 相交换；第三，“资本同资本的交换”，这是“B 部类”内部各资本家之间实现各自不变资本 c 的过程。这表明，马克思已经搞清了社会资本简单再生产实现的基本过程和条件。

在《手稿》中，马克思对社会资本再生产实现过程的总体理解，是在批判魁奈《经济表》的基础上完成的。魁奈在 18 世纪 50 年代末制定的《经济表》中，就已尝试着对社会资本再生产过程作出概要的描述。马克思认为，尽管魁奈的《经济表》还存在着一些错误前提，但《经济表》所

① 马克思，恩格斯．马克思恩格斯全集：第 33 卷．2 版．北京：人民出版社，2004：294.

作的“尝试”，是“一个极有天才的思想，毫无疑问是政治经济学至今所提出的一切思想中最有天才的思想”①。在马克思看来，《经济表》有意义的“尝试”就在于，它把资本的整个生产过程表现为再生产过程，把流通表现为仅仅是这个再生产过程的形式；把货币流通表现为仅仅是资本流通的一个要素；同时，把收入的起源、资本和收入之间的交换、再生产消费对最终消费的关系等等，都包括到这个再生产过程中，把生产者和消费者之间（实际上是资本和收入之间）的流通表现为这个再生产过程的要素。这一切都被概括在一张表上，而这张表实际上只有五条线，连接着六个出发点或归宿点。马克思对《经济表》的高度评价超过了那一时代所有的经济学家，同时，马克思由此在社会资本再生产理论上的创新也超过了那一时代所有的经济学家。

在对魁奈《经济表》深入研究的基础上，马克思在 1863 年 7 月 6 日给恩格斯的信中说他设计了一个“包括全部再生产过程”的“经济表”，用以“代替”魁奈的《经济表》②。马克思在这封信中和在《手稿》中对“经济表”的解释，除了一些细节之外，实际上对社会资本简单再生产理论已经有了总体性的理解。首先，马克思已确定了理解社会资本再生产理论的两个基本前提，即社会总产品在价值上划分为不变资本、可变资本和剩余价值三部分，在实物形式上划分为第Ⅰ部类（生活资料）和第Ⅱ部类（生产资料）两大部类。其次，马克思已准确地概述了社会资本简单再生产的三个主要的交换过程，即第Ⅰ部类内部的交换、第Ⅱ部类内部的交换和两大部类之间的交换。马克思还在“社会总产品”形式上，表述了第Ⅰ部类总产品等于两大部类中可变资本和剩余价值之和、第Ⅱ部类总产品等于两大部类中不变资本之和的重要思路。最后，马克思还简要地阐明了社会资本再生产过程中货币回流运动的实质，进一步证明了他在对魁奈《经济表》分析中得到的那个重要的结论：“货币流通表现为完全是由商品流通和商品再生产决定的，实际上是由资本的流通过程决定的。”③ 马克思对自

① 马克思，恩格斯．马克思恩格斯全集：第 33 卷．2 版．北京：人民出版社，2004：415.

② 马克思，恩格斯．马克思恩格斯文集：第 10 卷．北京：人民出版社，2009：206.

③ 同①374.

己的“经济表”的解释，是马克思经济思想发展的“历史路标”。

六、平均利润和生产价格理论研究

平均利润和生产价格理论的形成，是《手稿》最显著的理论创新成果之一。在马克思经济学中，价值转化为生产价格的理论是劳动价值论和剩余价值论发展的综合成果。一方面，生产价格作为价值的转化形式，对其形成机制和形成过程的理解，是以劳动价值论为基础的，不理解价值实体、价值实现及其转化机制，就不可能搞清楚抽象层次上的价值向具体层次上的生产价格转化的逻辑过程；另一方面，生产价格中的平均利润是剩余价值的转化形式，离开了剩余价值理论就不可能搞清楚剩余价值到利润、利润到平均利润的内在的转化关系。《手稿》在从资本一般转化为资本特殊的论述中，探讨了剩余价值一般向剩余价值的分支——利润、利息等的转化过程；在对价值转化为生产价格的论述中，探讨了剩余价值转化为利润，利润转化为平均利润的序列过程。

在《手稿》中，马克思分析了剩余价值转化为利润和利润转化为平均利润的“两种转化”关系。第一种是剩余价值到利润、剩余价值率到利润率的转化，表现为剩余价值对产生剩余价值的所有单个资本的关系，而不管这些单个资本的各组成部分与剩余价值生产保持怎样的有机关系。第二种是利润到平均利润的转化，“这第二种转化所涉及的不再只是形式，而是除形式外还涉及实体本身，也就是说，改变利润的绝对量，从而改变在利润形式上表现出来的剩余价值的绝对量。第一种转化并没有触及这个绝对量”①。经过这两种转化，剩余价值的内在规定性逐步地转化为利润、平均利润的外在规定性。这两种转化的结果就是，剩余价值和平均利润的内在联系在其外在化的形式上完成消逝了。

1862 年 6 月，在写作《手稿》第Ⅹ笔记本时，马克思第一次通过例证系统地阐述了价值转化为生产价格的整体过程，揭示了“平均价格规律”

① 马克思，恩格斯. 马克思恩格斯全集：第 32 卷. 2 版. 北京：人民出版社，1998：442.

（生产价格规律）的本质。马克思假定，在资本Ⅰ到资本Ⅴ这五个部门，预付的资本相等，剩余价值率相同，但各自的资本有机构成不同。这时，如果“这些商品按它们的价值交换”，剩余价值率同各部门内的个别利润率之间已不相等，但是剩余价值量和利润量之间还是一致的。如果从所有这五个部门全部预付资本来考察，就形成平均利润率，平均利润率是以个别利润率为基础的。平均利润率的实质在于，“全部剩余价值必须不是按各个特殊生产领域生产多少剩余价值的比例，而是按各个预付资本的大小的比例在它们之间进行分配”①。这时，利润和剩余价值的内在联系完全消失。其间，“竞争的作用是把利润平均化，也就是使商品的价值转化为平均价格”②。在1862年8月2日给恩格斯的信中，马克思对“详细叙述起来非常浩繁的问题用几句话”③再次作了概述。这些都表明，在《手稿》中，马克思的生产价格理论已经形成。

马克思生产价格理论的形成，顺利地解决了李嘉图理论体系的根本矛盾。《手稿》指出，由于“李嘉图把不以各特殊生产部门使用的劳动量为转移的费用价格的平均化看做是价值本身的变形，从而把整个原理推翻了”④。对于等量资本获得等量利润这一经济现象，“如果想不经过任何中介过程就根据价值规律去理解这一现象……就是一个比用代数求解化圆为方更加无能为力的问题”⑤。通过对一系列中介环节的分析，通过对价值本身的质的转化关系的分析，马克思已经科学地证明：等量资本获得等量利润是在生产价格规律作用形式的基础上形成的。在生产价格规律中，各部门资本家都依据统一的平均利润率，获得与各自预付资本量大小成比例的平均利润。各部门中商品的价值和生产价格的差额，主要是由各部门创造的剩余价值和获得的平均利润的差额引起的，归根到底是由剩余价值在各生产部门之间重新分配引起的。因此，等量资本获得等量利润的现实，并

---

① 马克思，恩格斯．马克思恩格斯全集：第34卷．2版．北京：人民出版社，2008：71-72.

② 同①72.

③ 马克思，恩格斯．马克思恩格斯文集：第10卷．北京：人民出版社，2009：185.

④ 马克思，恩格斯．马克思恩格斯全集：第35卷．2版．北京：人民出版社，2013：26.

⑤ 同④91.

不是对劳动价值论的否定，相反是劳动价值论在资本主义经济关系一定发展阶段的具体表现。同样，生产价格理论的创立也绝不是劳动价值论的“终结”，相反是劳动价值论内在生命力的体现。

在《手稿》中，马克思最初也不打算论述地租问题。1862 年 6 月，马克思在对生产价格理论研究中涉及洛贝尔图斯的地租理论时，才顺便对地租理论作了一些探讨，但仍然不打算作展开论述。但是，在 1862 年 7 月到 8 月间写作《手稿》第Ⅺ和第Ⅻ笔记本时，马克思在进一步搞清楚了生产价格理论之后，才一改初衷，打算把地租问题放在生产价格理论之后，作为价值和生产价格的区别的“例解”加以研究。

在《手稿》中，马克思批判了李嘉图等人的地租理论，科学地说明了绝对地租产生的原因、条件及其实现形式。首先，马克思认为，李嘉图之所以否认存在绝对地租，同他对资本主义土地所有权性质的理解有关。事实上，因为存在着土地所有权，资本才不得不把价值超过生产价格的余额让给土地所有者，绝对地租的存在是土地所有权造成的结果。其次，马克思指出，李嘉图否认存在绝对地租，还和他不理解生产价格理论有关。他认为，如果存在绝对地租（与各类土地的肥沃程度无关的地租），那么农产品等的出售价格就会由于高于生产价格而经常高于价值，这就会推翻价值规律。最后，马克思还依据资本有机构成理论，揭示了绝对地租形成的条件。马克思认为，由于农业资本有机构成低于社会平均资本构成，也由于土地私有权的垄断，使农业部门中高于平均利润的超额利润滞留在农业部门内，不能在全社会平均化。因此，农产品和别的产品不同，它不是按照自己的生产价格出卖，而是按照自己的价值出卖。这是资本主义生产下的正常现象，是土地所有权造成的后果。显然，构成农产品价值和农产品生产价格之间差额的超额利润，只是农业雇佣工人“无酬劳动量”的转化形式。

马克思认为，作为价值和生产价格区别的“例解”，“我必须从理论上证明的唯一的一点，是绝对地租在不违反价值规律的情况下的可能性”①。但是，在《手稿》中，马克思还是对级差地租作了一定程度的论述，如区分了级差地租形成的原因和条件，分析了级差地租的实体及其实现形式。

---

① 马克思，恩格斯. 马克思恩格斯文集：第 10 卷. 北京：人民出版社，2009：193.

七、对资本积累和经济危机的理论探索

在《手稿》中，马克思从资本主义经济运动趋势的高度，对资本积累理论作了新的论述。马克思认为，李嘉图把资本积累仅仅看作资本收入转化为工资的观点，从一开始就是错误的。在资本积累过程中，剩余价值既有转化为可变资本的，也有转化为不变资本的。马克思证明，资本积累是资本主义生产方式的条件，资本积累中资本和雇佣工人之间的对立关系存在着三种主要的趋势：一是劳动条件“作为与工人相异化的财产、作为资本而永恒化”，从而“使得工人作为雇佣工人的地位永恒化”，也使工人的剩余劳动时间“白白为第三者劳动的命运永恒化”；二是资本的积累由于使资本家及其同伙的相对财富增大而“使工人的状况相对恶化”；三是劳动条件以越来越庞大的形式、越来越作为社会力量，出现在单个工人面前，“对工人来说，像过去在小生产中那样由自己占有劳动条件的可能性已经不存在了”①。这三种趋势就是资本积累比其物质结果更为重要的生产关系的结果。

《手稿》强调，资本积累也是“大资本通过消灭小资本而进行的积累”②。因此，“把劳动条件转化为资本，然后把这种资本和某些资本以更大的规模再生产出来，最后把社会上许多地方形成的资本同它们的所有者分离开来，并把它们集中在大资本家手里”③，就是这一过程的必然趋势。这种趋势将以“对立和矛盾的极端形式”“通过异化的形式”④ 表现出来，并将导致资本“转化为纯粹过时的和不适当的特权，从而迅速趋于消灭”⑤。

在《手稿》中，马克思提出：“要追踪考察潜在的危机的进一步发展（现实危机只能从资本主义生产的现实运动、竞争和信用中来说明），要就危机来自资本作为资本所特有的，而不是包含在资本作为商品和货币的单

① 马克思，恩格斯. 马克思恩格斯全集：第36卷. 2版. 北京：人民出版社，2015：228.

②③④⑤ 马克思，恩格斯. 马克思恩格斯全集：第35卷. 2版. 北京：人民出版社，2013：301.

纯存在中的那些资本形式规定，来进行这种考察。"① 《手稿》对经济危机问题虽然没有能作出"这种考察"，但还是概述了"这种考察"的基本方法和思路。

在《1857—1858年经济学手稿》中，马克思已指出，简单商品生产条件下，在货币作为交换手段和支付手段的职能中，已经在两种形式上存在着危机的可能性。在《手稿》中，马克思进一步强调，经济危机的根源在于资本主义生产方式的矛盾，但危机的可能性已潜在地存在于简单商品经济的两种形式中。第一种是"商品形态变化本身，即买和卖的分离"形式。在简单商品流通W—G—W中，W—G和G—W发生着卖和买的两次形态变化，在时间上和空间上彼此可能分开。一些人可能卖而不买，他们在实现W—G转换后，并不立即实现G—W的转换；而另一些人就可能无法实现W—G的转换，他们的商品成了无人购买的过剩商品。这其中"包含着本质上相互补充的因素彼此割裂和分离的可能性"。危机的可能性只存在于卖和买的分离，"相互联系和不可分离的因素彼此脱离，因此它们的统一要以暴力的方式实现，它们的相互联系要通过对它们彼此的独立性发生作用的暴力来实现。此外，危机无非是生产过程中已经彼此独立的阶段以暴力方式实现统一"②。第二种形式是"货币作为支付手段的职能，这里货币在两个不同的、时间上彼此分开的时刻执行两种不同的职能"。这里的"两种不同的职能"是指货币作为支付手段在两个不同时刻分别承担着的价值尺度和价值实现的职能。货币在执行支付手段时包含一个直接的矛盾：在各种支付互相抵销时，货币只是观念地作为价值尺度发生作用；而在必须进行实际支付时，货币又充当交换价值的独立存在，需要实在的货币进行支付。货币在执行支付手段职能过程中，又使债务人和债权人之间形成连锁关系，一旦这种连锁关系中的一环断裂，即其中一部分债务人到期不能向债权人支付实在的货币，整个锁链就会断裂，以支付手段严重短缺为主要特征的货币危机具有可能性。《手稿》认为，在危机可能性的这两种形式中，在没有第二种可能性的情况下，第一种

---

① 马克思，恩格斯. 马克思恩格斯全集：第34卷. 2版. 北京：人民出版社，2008：581.
② 同①577.

可能性能够出现，但在没有第一种可能性的情况下，第二种可能性却不可能出现。因此，第二种可能性比第一种可能性更具体些、具有更复杂的规定性；第二种可能性所发生的货币危机的性质，不只表现为商品卖不出去，而且还表现为以这一定的商品在一定期限内卖出为基础的一系列支付都不能实现。

《手稿》认为，以上两种形式变化只是“危机的最抽象的形式，它没有内容，没有危机的内容丰富的动因”①。危机的可能性并不是危机必然发生的起因，危机的起因是由商品生产和商品交换在其中运动的社会生产方式的性质所决定的。危机的可能形式也不等同于引起危机内容，即引起危机的基础。马克思认为，重要的是要研究，“为什么危机的抽象形式，危机的可能性的形式会从可能性变为现实性”②。

危机的可能性转化为现实性的基础在于资本主义生产方式的一定发展，在于资本主义基本矛盾的充分发展。首先，如果撇开资本主义商品生产的内容，单从商品经济运行的形式上来看，全部商品资本和它包含的每一单个商品资本都要经历 W—G—W 的过程。“因此，只要资本也是商品并且只是商品，那么包含在这个形式中的危机的一般可能性，即买和卖的分离，也就包含在资本的运动中。”不同的是，现在这种运动形式的内容不再是单纯的商品和货币，而是具有资本规定性的商品资本和货币资本。而且“不同资本的再生产过程或流通过程的这种相互联结和彼此交叉，一方面，由于分工而成为必然的，另一方面，又是偶然的，因此，危机的内容规定已经扩大了”。其次，在资本主义生产方式中，货币作为支付手段所产生的危机的形式上的可能性，获得了转化为规定性的实际基础。在资本主义经济发展的一定阶段上，一个接一个的支付锁链和抵销支付信用制度已得到充分发展。这时，一个锁链的断裂就可能导致整个支付机构的混乱，从而可能出现信用收缩或完全停止的紧迫时期，货币则突然作为唯一的支付手段和真正的价值存在，绝对地同商品相对立。再次，简单商品流

① 马克思，恩格斯．马克思恩格斯全集：第 34 卷．2 版．北京：人民出版社，2008：577-578.

② 同①584.

通中潜在地存在的两种矛盾——买和卖的矛盾和货币作为支付手段的矛盾，在资本主义商品再生产过程中已实际地表现出来了。经济危机的内在必然性，通过资本主义生产的现实运动和竞争、信用等经济机制的作用表现出来了。最后，从资本主义社会再生产过程来看，存在于危机可能性中的卖和买的分离，转换成资本主义生产阶段和流通阶段的分离。因此，某些资产阶级经济学家否认危机时，必须强调生产阶段和流通阶段的统一性，极力否认这两个阶段在运动中的彼此分离。事实上，生产阶段和流通阶段是资本主义社会再生产中互相补充、互相对立的两个方面。“危机就是以暴力方式恢复已经独立化的因素之间的统一，并且是以暴力方式使实质上统一的因素独立化。”① 因此，在理论体系的逻辑结构上，“还有许多因素即危机的条件、危机的可能性，只有在分析更加具体的关系，特别是分析资本的竞争和信用时，才能加以考察”②。也就是说，必须在对资本的直接生产过程、资本的流通过程以及资本总过程作了充分阐述的基础上，才能深入地阐明资本主义经济危机的内在必然性。

八、对科学技术和生产力理论研究

《手稿》关于“机器。自然力和科学的应用”的研究成果，是马克思对科学技术的经济学意义理解的显著证明，也是马克思对科学技术在社会发展中革命性作用理解的充分体现。《手稿》的这些研究成果，成为那个年代社会科学对科学技术革命意义研究的最高成就。

《手稿》高度关注科学技术作为生产力发展因素的作用。马克思认为，科学在社会生产力发展中的直接后果是机器的产生和应用，而“机器劳动这一革命因素是直接由于需要超过了用以前的生产手段来满足这种需要的可能性而引起的”③。科学技术作为生产力的发展因素，集中地、也是根本

① 马克思，恩格斯．马克思恩格斯全集：第 34 卷．2 版．北京：人民出版社，2008：582.

② 同①604.

③ 马克思，恩格斯．马克思恩格斯全集：第 37 卷．2 版．北京：人民出版社，2019：99-100.

地体现在直接生产过程中。马克思认为，只有建立在机器应用基础上的协作，才第一次使自然力——风、蒸汽、电，大规模地从属于直接的生产过程，使自然力成为社会劳动的因素。同时，自然力的广泛应用，也使科学成为直接生产过程的一种独立因素发挥作用。这样，生产过程成了科学的应用过程，科学则成为生产过程的重要因素。

《手稿》高度评价科学技术对社会经济关系发展的革命性作用。马克思认为，火药、指南针、印刷术这三大发明对封建制度瓦解起着革命作用，“火药把骑士阶层炸得粉碎，指南针打开了世界市场并建立了殖民地，而印刷术则变成新教的工具，总的来说变成科学复兴的手段，变成对精神发展创造必要前提的最强大的杠杆”①。科学技术的发展对社会制度变革的巨大作用，表现为对没落的社会制度的摧毁上，同样也表现为对上升的社会制度的引领和推进作用上。《手稿》对科学和技术在工厂制度、劳动组织，乃至社会经济基础和上层建筑变革中的作用问题作了深刻的论述。通过对他那个时代的纺织、造纸、制针、机器制造等工业部门工艺过程大量资料的研究，马克思认为，作为机器生产特点的“自动化”和“联合化”，将从根本上改变着传统的工厂制度及其相应的劳动制度，也就是改变着现实的生产关系，即如《手稿》所指出的：“一旦生产力发生了革命——这一革命表现在工艺技术方面——，生产关系也就会发生革命。”②

《手稿》深刻分析了科学技术在资本主义经济关系中运用的前提和后果。一旦传统的生产手段无法满足资本获取利润的需要，资本就迫切地追求一种新的效率更高的生产工具的出现，这是资本主义社会生产力发展的基本动力。分工的出现和发展与生产技术构成的变化交织在一起，这种交互变化是交换的前提；而交换范围的扩大，直接导致了资本的最初形式——货币的出现。蒸汽机的发明及在工业上的运用，使资本主义生产关系得以迅速发展；最后，机器的大规模的运用，才真正使资本主义开始成熟，并在机器广泛应用的基础上，相对立的两大阶级——资产阶级和无产阶级才真正形成。所以，在资本主义生产关系的形成和发展过程中，生产

---

① 马克思，恩格斯. 马克思恩格斯全集：第37卷. 2版. 北京：人民出版社，2019：50.

② 同①100.

力的发展，尤其是科学技术的应用起着关键性的作用。如《手稿》所指出的："对别人劳动（剩余劳动）的贪欲，并不是使用机器的人的独特本性，它是推动整个资本主义生产的动机。"[①] 显然，机器的资本主义利用过程，就是围绕对利润的占有展开的。

在《手稿》中，马克思对资本使用机器的基本过程作了如下概述：其一，机器的应用，使仍旧受旧生产方式支配的工人的必要劳动时间延长了，也使他们的总工作日延长。其二，一旦机器开始被资本主义应用，一旦这些机器作为资本的形式成为同工人对立的独立的权力……绝对劳动时间即总工作日，不是缩短，而是延长了。其三，一旦竞争把用机器生产的商品价格降低到它的价值水平，机器的应用之所以能够增加剩余价值即资本家的利润，只是由于商品变便宜而使工资价值或劳动能力价值即再生产劳动能力所必需的时间减少了。其中的另一种情况是机器的使用通过提高劳动强度的所谓"浓缩劳动时间"的办法增加绝对剩余价值。其四，机器体系代替简单协作。其五，为了抵制罢工和抵制提高工资的要求等而发明和应用机器。其六，工人要求享有因采用机器而使自己的劳动生产率提高的一部分果实。其七，劳动的更大的连续性，废料的利用等等。如果借助机器能提供更多的原料，在最后阶段就可以制造出更多的产品。其八，代替劳动[②]。资本主义机器使用的基本过程，是资本的内在动机的现实表现，也是资本主义运用科学技术于生产过程的本质体现。

《手稿》对资本主义利用科学技术的内在动机和外在趋势作了深刻分析。资本主义生产的动机和唯一目的就是获取剩余价值，即对剩余价值的追求，使得资本产生了通过发展更有效率的生产工具以压低工人的工资，直接缩减雇佣工人的人数，以达到最大的竞争力和获取最大的剩余价值。所以，在资本主义经济现实中，机器的应用强烈关注的不只是生产效率的提高，更在于减少必要劳动和增加剩余劳动。马克思强调，资本愿意把科学作为重要的投资场所，因为科学在生产中的运用所带来的收益，是呈几何级数增长的。不仅如此，随着资本主义生产对科学利用程度的不断提

---

① 马克思，恩格斯．马克思恩格斯全集：第 32 卷．2 版．北京：人民出版社，1998：377.

② 同①374-392.

升，对于科学的需求必然超过在自然状态下的科学的发展，如《手稿》所指出的：“由于自然科学被资本用做致富手段，从而科学本身也成为那些发展科学的人的致富手段，所以，搞科学的人为了探索科学的实际应用而互相竞争。另一方面，发明成了一种特殊的职业。”① 于是，科学从原先与技术相混合的状态中独立出来，科学研究和发明成为社会的一种新的专门化分工。这一新的专门化分工，在资本的作用下，并受资本本质的制约，其结果既可能推进社会生产力的发展，也可能阻碍社会生产力的发展。科技革命可能使资本主义对其基本矛盾有了新的调节手段，但却不能改变资本主义生产关系成为生产力发展桎梏的本质趋势。

九、对未来社会经济关系的探索

在《手稿》中，马克思在论述资本的形式从属到实际从属的历史的过程中，对未来社会经济关系产生的必然性以及未来社会的“联合起来的、社会的个人的所有制”的含义作了深入阐述。

马克思认为，劳动形式上从属于资本向实际上从属于资本的过渡，与经济关系的必然的变革是联系在一起的。劳动对资本的实际从属，是生产力运动方式发生革命的结果，是直接生产过程中更大规模地应用自然力、科学和机器的结果，是科学技术力量转化为资本力量的结果。因此，“在这里不仅是形式上的关系发生了变化，而且劳动过程本身也发生了变化。一方面，只是现在才表现为特殊生产方式的资本主义生产方式，创造出一种已经改变了的物质生产形态。另一方面，物质形态的这种改变构成了资本关系发展的基础，因此与资本关系完全适合的形态只是与物质生产力的一定发展阶段相适应的”②。

劳动对资本的实际从属已经潜藏了资本主义私有制自身被扬弃的因素。因为在劳动对资本的实际从属阶段，资本家必须是某种社会规模的生

① 马克思，恩格斯．马克思恩格斯全集：第37卷．2版．北京：人民出版社，2019：205．
② 同①297．

产资料的所有者或占有者，必须是某种具有一定的价值量、某种集中起来的财产的所有者或占有者。这时，表现为资本家个人集中占有生产资料的所有制形式，而对劳动来说，它就是一种“劳动的异己的所有制”。然而，对劳动的异己的所有制的否定，并不是恢复到孤立的单个人的所有制，而是转化为联合起来的、社会的个人的所有制。马克思认为：“资本家对这种劳动的异己的所有制，只有通过他的所有制改造为非孤立的单个人的所有制，也就是改造为联合起来的、社会的个人的所有制，才可能被消灭。”① 这就是说，显然，这里所说的“联合起来的、社会的个人的所有制”，同马克思后来所说的“个人所有制”具有同等的意义。

在《手稿》中，马克思认为，随着社会生产力的巨大发展，资本主义经济中“个别人占有生产条件不仅表现为不必要的事情，而且表现为和这种大规模生产不相容的事情”②。资本主义生产方式发展中的这一“对立形式”，必然导致“社会地占有而不是作为各个私的个人占有这些生产资料”的结果，由此而得出的结论就是：“资本主义所有制只是生产资料的这种社会所有制的对立的表现，即被否定的单个人对生产条件的所有制（从而对产品的所有制，因为产品不断转化为生产条件）的对立的表现。”③

在对于未来社会的生产力和科学技术发展的研究中，马克思极为关注人与自然的物质变换过程的根本转变，以及由此而产生的人对自然力的大规模的有效的利用问题。科学的因素独立了出来，发明成了一种特殊的职业，自然力变成社会劳动的因素，人实现了对自然力的大规模利用。这时，科学作为生产的独立因素，使生产过程实际上成了科学的应用过程，科学成了生产过程的因素，“这样一来，科学作为应用于生产的科学同时就和直接劳动相分离”；科学的这种分离和独立最初只是有利于资本的因素，但进一步“成为发展科学和知识的潜力的条件”④。科学及其科学研究的独立有利于科学水平的快速提高，在未来的生产中科学和从事科学研究的人将越来越受到重视。未来社会为科学技术的发展提供了生产方式发展

① 马克思，恩格斯．马克思恩格斯全集：第37卷．2版．北京：人民出版社，2019：300.
② 同①299.
③ 同①.
④ 同②203，231.

的新的空间，实现了人在生产过程中的新的解放。在马克思看来，“自动工厂是适应机器体系的完善的生产方式，而且它越是成为完备的机械体系，要靠人的劳动来完成的单个过程（如在不使用自动纺纱机的机械纺纱厂中）越少，它也就越完善”[①]。马克思预言，只有“与机器相适应的生产方式”，才能在“自动工厂”中“获得最纯粹最典型的表现”。

《手稿》对未来社会经济关系的这些独特的探索，对我们理解现代社会主义经济关系的本质及其运行有重要的理论意义。

---

① 马克思，恩格斯．马克思恩格斯全集：第37卷．2版．北京：人民出版社，2019：147.

第六章　经济思想史研究的两种形式及其意义

在经济思想史研究领域，马克思无疑是最重要的经济思想史学家。马克思关于经济思想史的主题、方法和形式等系列观点的总和，构成马克思经济思想史观。马克思在《1861—1863 年经济学手稿》的“剩余价值理论”部分和《反杜林论》中马克思撰写的“《批判史》论述”那一章，对经济思想史两种形式的研究和叙述，不仅在马克思经济思想史观中占有重要地位，而且对于马克思经济学体系的理解，对于当代马克思主义政治经济学的发展，对于马克思主义经济学说史学科的发展都有重要的意义。

一、马克思政治经济学的形成与经济思想史的研究

1843 年底，马克思开始政治经济学研究时，就把政治经济学的理论研究与经济思想的历史探索结合在一起。在《巴黎笔记》中，马克思首次阅读亚当·斯密和大卫·李嘉图的著作所作的摘录，以及对那一时代在法国和英国有影响的一些经济学家，如萨伊、西斯蒙第、麦克库洛赫、詹姆斯·穆勒、吉约姆·普雷沃、安·路·德斯杜特·德·特拉西以及弗里德里希·李斯特等人的著作所作的摘录，就是通过对经济思想史的

“批判”来理解政治经济学理论的。在《巴黎笔记》的第四笔记本和第五笔记本中，马克思留下了阅读詹姆斯·穆勒的《政治经济学原理》(*Elements of Political Economy*，1821）的摘要笔记，是马克思对政治经济学原理研究，也是对经济思想史探索的最初记录。

《1844年经济学哲学手稿》是马克思开始政治经济学研究的重要著述。这部手稿的显著特点就是，马克思以其娴熟掌握的哲学话语来阐述他刚开始接触的政治经济学理论问题。值得注意的是，这一研究也是以经济思想史的探索为起端的。在这部手稿的笔记本Ⅰ中，马克思在稿纸上分作三栏，对斯密的《国富论》中关于工资、资本利润和地租这三个范畴及其内涵，并列地进行摘录和评价。除了主要对《国富论》的经济思想史探索外，还对李嘉图的《政治经济学及赋税原理》关于地租问题的论述、萨伊《政治经济学概论》关于资本对他人劳动产品私有权基础问题的论述、西斯蒙第《政治经济学新原理》的有关论述作了探索。

在大约写于1845年3月的对李斯特《政治经济学的国民体系》一书的评论中，马克思在对李斯特经济学无视“现实的历史”的批判中认为，“如果说亚当·斯密是国民经济学的理论出发点，那么它的实际出发点，它的实际学派就是‘市民社会’，而对这个社会的各个不同发展阶段可以在经济学中准确地加以探讨”①。马克思已经认识到，起始于斯密的经济思想历史，无非是“市民社会”即资产阶级社会不同发展阶段的各种经济学流派的演进过程，“斯密学派”就是他那个时代的“市民社会”所具有的政治经济学观念。

1845年到1846年间，马克思唯物史观的创立为政治经济学科学研究提供了全新的世界观和方法论，也为马克思经济思想史观的形成奠定了方法论基础。在1847年公开发表的《哲学的贫困》中，马克思已经认识到“每个原理都有其出现的世纪”，为了“顾全原理和历史”，我们就必然“自问”，“为什么该原理出现在11世纪或者18世纪，而不出现在其他某一世纪，我们就必然要仔细研究一下：11世纪的人们是怎样的，18世纪的人们是怎样的，他们各自的需要、他们的生产力、生产方式以及生产中使

---

① 马克思，恩格斯．马克思恩格斯全集：第42卷．北京：人民出版社，1979：249.

用的原料是怎样的；最后，由这一切生存条件所产生的人与人之间的关系是怎样的"①。基于唯物史观的这些观点表明，马克思已经明确了经济思想史研究的基本问题和根本原则。

在《哲学的贫困》中，马克思第一次对经济思想史的"各种学派"作出探讨。他认为，资产阶级生产关系的性质是"两重的"，其突出表现在三个方面。一是"在产生财富的那些关系中也产生贫困"，资产者的财富增长和无产者的贫困产生"两重的"结果；二是"在发展生产力的那些关系中也发展一种产生压迫的力量"，资产阶级生产关系在作为生产力发展动力的同时也在成为生产力发展的阻碍力量；三是"这些关系只有不断消灭资产阶级单个成员的财富和产生出不断壮大的无产阶级，才能产生资产者的财富，即资产阶级的财富"，资产阶级整个财富的增长既是无产阶级不断壮大的过程，同时也是单个资产者不断被消灭、财富不断被集中的过程。这三个方面的"两重的"冲突，"一天比一天明显了"②。面对社会"对抗性质"的冲突，"经济学家们，这些资产阶级生产的学术代表就越和他们自己的理论发生分歧，于是在他们中间形成了各种学派"③。马克思揭示了经济学"学派"产生的根源及其"各种学派"区分的依据的观点。这是马克思经济思想史观的根本立场。

在《哲学的贫困》中，马克思根据他当时对经济思想史的理解，把"各种学派"分为三类：宿命论学派、人道学派和无产阶级理论学派。

马克思认为，宿命论学派总的表现是，"在理论上对他们所谓的资产阶级生产的有害方面采取漠不关心的态度，正如资产者本身在实践中对他们赖以取得财富的无产者的疾苦漠不关心一样"④。这一学派可以分为"古典派"和"浪漫派"。"古典派"是指斯密和李嘉图这样的经济学家，马克思认为，他们是"这一时代的历史学家，他们的使命只是表明在资产阶级生产关系下如何获得财富，只是将这些关系表述为范畴、规律并证明这些规律、范畴比封建社会的规律和范畴更有利于财富的生产。在他们看来，

---

① 马克思，恩格斯．马克思恩格斯文集：第1卷．北京：人民出版社，2009：607-608.
②③ 同①614.
④ 同①614-615.

贫困只不过是每一次分娩时的阵痛”①。“浪漫派”存在于马克思所处的“时代”，“这时资产阶级同无产阶级处于直接对立状态，贫困像财富那样大量产生。这时，经济学家便以饱食的宿命论者的姿态出现，他们自命高尚，蔑视那些用劳动创造财富的活人机器。他们的一言一语都仿照他们的前辈，可是，前辈们的漠不关心只是出于天真，而他们的漠不关心却已成为卖弄风情了”②。

二是人道学派，其特点主要在于，“对无产者的苦难以及资产者之间的剧烈竞争表示真诚的痛心；他们劝工人安分守己，好好工作，少生孩子；他们建议资产者节制一下生产热情”③。“人道学派”中还可以分出一种“博爱学派”，这一学派“否认对抗的必然性”，它“愿意保存那些表现资产阶级关系的范畴，而不要那种构成这些范畴并且同这些范畴分不开的对抗”④。

三是归于“无产者阶级的理论家”的经济学家，这一学派在其发展中，可以分作“革新的科学”到“革命的科学”的发展阶段。前一阶段的社会背景与特征在于，“在生产力在资产阶级本身的怀抱里尚未发展到足以使人看到解放无产阶级和建立新社会必备的物质条件以前，这些理论家不过是一些空想主义者，他们为了满足被压迫阶级的需要，想出各种各样的体系并且力求探寻一种革新的科学”⑤。后一阶段的进程和特征在于，“当他们还在探寻科学和只是创立体系的时候，当他们的斗争才开始的时候，他们认为贫困不过是贫困，他们看不出它能够推翻旧社会的革命的破坏的一面。但是一旦看到这一面，这个由历史运动产生并且充分自觉地参与历史运动的科学就不再是空论，而是革命的科学了”⑥。马克思这时已经清楚，属于“无产者阶级的理论家”的经济学家对李嘉图理论作了广泛“应用”，在英国“所有的社会主义者在各个不同时候几乎都提倡过平均主义地应用李嘉图的理论”⑦。

---

①②③　马克思，恩格斯．马克思恩格斯文集：第1卷．北京：人民出版社，2009：615.

④　同①615，616.

⑤⑥　同①616.

⑦　马克思，恩格斯．马克思恩格斯全集：第4卷．北京：人民出版社，1958：110.

在1850年8月到1853年底（其中主要是1851年），马克思在《伦敦笔记》中的政治经济学研究更显示了经济学理论原理和经济思想历史研究相结合的显著特点，马克思甚至认为自己“已经多年完全埋头于政治经济学批判和政治经济学史”① 这两个方面的研究。

从马克思经济思想史观的形成和发展来看，写于1857年7月的《巴师夏和凯里》手稿，应该是对19世纪50年代前半期经济思想史研究的总结，同时也是1857年到1859年连续三年对经济思想史研究的开端。

在《巴师夏和凯里》手稿中，马克思对古典政治经济学历史的整体过程作了概括，提出了“现代政治经济学的历史”的概念，认为这一“历史”，是“以李嘉图和西斯蒙第（两个相对立的人，一个讲英语，一个讲法语）结束的，同样，它在17世纪末是以配第和布阿吉尔贝尔开始的”②。在《伦敦笔记》写作期间，马克思曾在“现代政治经济学……结束”的意义上提出过，“实际上，这门科学自亚·斯密和大·李嘉图以后就没有什么进展，虽然在个别的常常是极其精巧的研究方面做了不少事情”③。马克思后来把经济思想这一“历史”过程，定义为“古典政治经济学”阶段。

《巴师夏和凯里》手稿接续《哲学的贫困》对经济学“学派”最初划分的观点，进一步阐释了“古典政治经济学”或“古典经济学”的内涵，特别是对李嘉图在古典经济学发展中的特殊的贡献作了中肯的评价。古典经济学在具有“同样的意向”的同时，也会由于“民族对比的起源性”差异而出现具体理论观点上的差异。显然，对经济思想史上不同经济学家的“著作和性格的比较研究”，注重于所在国家的“社会对立”状况的“民族对比的起源性”的分析，是马克思经济思想史研究的重要因素，是马克思经济思想史观的重要发现，也是马克思经济思想史观的重要方法论规定。其实，在这一手稿中，马克思对巴师夏和凯里经济学所作的就是“民族对比的起源性”上的分析。

---

① 马克思，恩格斯．马克思恩格斯全集：第11卷．2版．北京：人民出版社，1995：120-121.

② 马克思，恩格斯．马克思恩格斯全集：第30卷．2版．北京：人民出版社，1995：3.

③ 马克思，恩格斯．马克思恩格斯全集：第48卷．2版．北京：人民出版社，2007：238.

《巴师夏和凯里》手稿对李嘉图和西斯蒙第之后政治经济学发展的“一个例外”——以巴师夏和凯里为代表的政治经济学的“庸俗”倾向作了探讨。马克思强调，这种“例外”倾向的特点就在于，它是以“社会主义和共产主义”为“对立面”的：一方面他们看到，李嘉图是“古典政治经济学的最完备的和最后的表现”；另一方面他们也看到，“社会主义和共产主义”是“在李嘉图的著作中找到自己的理论前提的”①。所以，在理论倾向上，“凯里的主要对立面是李嘉图，总之，是现代英国经济学家；巴师夏的主要对立面是法国社会主义者”②。在这里，马克思实际上已经揭示了他后来称作庸俗政治经济学的本质。

二、政治经济学方法的“两条道路”与经济思想史的两种形式

接着1857年7月《巴师夏和凯里》手稿之后，马克思1857年8月下旬撰写《〈政治经济学批判〉导言》这一未完成的手稿，1857年10月到1858年5月撰写以“货币章”和“资本章”为主要内容的《1857—1858年经济学手稿》。1858年初，马克思决定以分册的方式出版他的《政治经济学批判》著作，1859年6月《政治经济学批判》第一分册正式出版。在马克思长达40年的经济科学探索历程中，这三年是马克思经济思想发展最为关键的时期，也是马克思对经济思想历史探索和马克思经济思想史观发展最为重要的时期。

在《〈政治经济学批判〉导言》论述“政治经济学的方法”的一开始，马克思就提出，在对一个国家的经济关系进行考察时，人们可能会从该国的“人口”“人口……的分布”“输出和输入”“全年的生产和消费”“商品价格”等这样一些“实在和具体”的问题开始。这样做，表面上来看，“似乎是正确的”，但是，“更仔细地考察起来，这是错误的”。这一被马克

① 马克思，恩格斯．马克思恩格斯全集：第30卷．2版．北京：人民出版社，1995：4.
② 同①11.

思称作“第一条道路”的错误主要在于，从人口着手，只是关于“整体的一个混沌的表象”，在分析中会达到越来越简单的概念，即“从表象中的具体达到越来越稀薄的抽象”，而结果只是实现了“完整的表象蒸发为抽象的规定”，这样的“道路”并不能理解和把握一国经济关系的总体。马克思认为，正确的方法在于，从最抽象、最简单的规定出发，直到“最后又回到人口，但是这回人口已不是关于整体的一个混沌的表象，而是一个具有许多规定和关系的丰富的总体了”，这就是思维中再现一国经济关系总体的“第二条道路”。显然，《导言》所讲的“政治经济学的方法”，专指建立政治经济学理论体系的方法，而不是泛指一般意义上的政治经济学的方法。正是在这一意义上，马克思才毫不含糊地认为：“抽象的规定在思维行程中导致具体的再现”的“第二条道路”，是“科学上正确的方法”；而“完整的表象蒸发为抽象的规定”的“第一条道路”，则是“错误的”①。

值得注意的是，马克思在认为“第一条道路”作为建立政治经济学理论体系的方法是“错误”的同时，对它作为“经济学在它产生时期在历史上走过的道路”还是肯定的。“第一条道路”刻画了17世纪以来经济思想史的过程：“17世纪的经济学家总是从生动的整体，从人口、民族、国家、若干国家等等开始；但是他们最后总是从分析中找出一些有决定意义的抽象的一般的关系，如分工、货币、价值等等。这些个别要素一旦多少确定下来和抽象出来，从劳动、分工、需要、交换价值等等这些简单的东西上升到国家、国际交换和世界市场的各种经济学体系就开始出现了。”②

马克思在这里提到的“经济学在它产生时期在历史上走过的道路”，就是经济思想史本身的发展过程。这一意义上的经济思想史，呈现的是经济思想历史本身的演进过程，突出体现的是这一过程中经济范畴、基本理论以及规律形成和发展的历史，还有这一过程中各经济学派、流派等的演化。因此，“第一条道路”可以看作对经济思想史特定形式的一种概述，呈现的是经济思想历史自身的演化过程。在《导言》中，马克思对这一意义的经济

① 马克思，恩格斯．马克思恩格斯文集：第8卷．北京：人民出版社，2009：24-25.

② 同①24.

思想史没有作更多的说明，因为他这时关注的是建立政治经济学理论体系的方法，以及以这一方法为导引的经济学体系和结构的问题；相应地，在经济思想史形式上，关注的也是与此相联系的经济思想史呈现形式问题。

从经济学的理论原理阐述上升到思想历史阐述的序列，就是马克思在政治经济学理论体系建立过程中所关注的经济思想史形式的问题。在1859年出版的《政治经济学批判》第一分册中，与“第二条道路”方法相结合的经济思想史形式首次得到呈现。《政治经济学批判》第一分册是马克思计划写作的《政治经济学批判》著作的开头部分。第一分册包括论述《资本》册第一篇“资本一般”的第一章“商品”和第二章“货币或简单流通”。在这里，马克思以“双重结构”的方式，呈现了与“第二条道路”相联系的经济思想史形式。这一“双重结构”如下：

第一章　商品

A. 关于商品分析的历史

第二章　货币或简单流通

1. 价值尺度

B. 关于货币计量单位的学说

2. 流通手段

3. 货币

4. 贵金属

C. 关于流通手段和货币的学说

这一“双重结构”，一是以理论原理阐述为主题，如“第一章　商品”“第二章　货币或简单流通”，第二章分作四节：“1. 价值尺度”、“2. 流通手段”、“3. 货币”和“4. 贵金属”；二是以思想历史阐述为主题，如“A. 关于商品分析的历史”、“B. 关于货币计量单位的学说”和“C. 关于流通手段和货币的学说”。马克思有时把后者简称为“历史附录”，例如，马克思在谈到金属货币相对价值同价格的思想史研究问题时提出，“以后将作为货币同价格的关系这一章的历史附录来进行研究”①。

① 马克思，恩格斯. 马克思恩格斯全集：第30卷. 2版. 北京：人民出版社，1995：130.

这一“双重结构”表明，马克思在《政治经济学批判》第一分册中坚持并实现了他先前提出的从理论原理阐述到思想历史阐述的序列。如第一章关于商品理论阐述之后，就是“A. 关于商品分析的历史”的思想历史的阐述；第二章“1. 价值尺度”论述货币的价值尺度基本原理之后，就是“B. 关于货币计量单位的学说”对价值尺度作为货币基本职能时货币计量单位的思想历史的阐述，等等。这一“双重结构”以章和节为基本论述单元，体现理论原理阐述到思想历史阐述的序列和逻辑关系。

《1861—1863年经济学手稿》是一部包括23个笔记本1 400多页的卷帙浩繁的手稿，马克思对全部笔记本依次作了第Ⅰ至第ⅩⅩⅢ的编号。在写作《手稿》第Ⅹ笔记本时，马克思对他在“历史的评论”即经济思想史方面的探讨作出概括，认为“这种历史的评论不过是要指出，一方面，政治经济学家们以怎样的形式自行批判，另一方面，政治经济学规律最先以怎样的历史路标的形式被揭示出来并得到进一步发展”①。在这里，马克思区分“历史的评论”即经济思想史的两种形式：一是以“政治经济学家们以怎样的形式自行批判”为主题的经济思想史形式，之前马克思对经济理论原理阐述到思想历史阐述序列的理解就是这种经济思想史的基本逻辑，这是以马克思经济学理论为主题的经济思想史的逻辑；二是以“政治经济学规律最先以怎样的历史路标的形式被揭示出来并得到进一步发展”为主题的经济思想史，这是以经济思想自身发展为主线的经济思想史的演进和过程的逻辑，也就是经济思想史自身的逻辑。显然，“历史的评论”即经济思想史的两种形式，与《导言》中的“两条道路”方法论基础上的经济思想史的两种形式，在本质上是相一致的：一是以“第二条道路”方法为基础的，接续理论原理阐述的经济思想史形式，就是以“自行批判”为特征的经济思想史形式；二是以“第二条道路”方法为基础的，对经济思想史自身演进阐述的

---

① 马克思，恩格斯. 马克思恩格斯全集：第26卷：第1册. 北京：人民出版社，1972：367. 需要说明的是，马克思这一段论述，在最新的中文译本中译作：“这种历史的评论不过是要指出，一方面，经济学家们以怎样的形式互相进行批判，另一方面，经济学规律最先以怎样的历史上具有决定意义的形式被揭示出来并得到进一步发展。”（马克思，恩格斯. 马克思恩格斯全集：第33卷. 2版. 北京：人民出版社，2004：417）在这里，“历史的评论”的两个方面，一方面的“自行批判”改译为“互相进行批判”，另一方面的“历史路标的形式”改译为“历史上具有决定意义的形式”。以下论述还沿用现在的中文译文。

独立形式，就是以“历史路标”为特征的经济思想史形式。

三、《剩余价值理论》与“自行批判”的经济思想史形式的呈现

马克思在《1861—1863年经济学手稿》的“剩余价值理论”部分提出并呈现的就是经济思想史“自行批判”形式。

《手稿》最初是作为《政治经济学批判》第二分册来写的，内容是接续第一分册第一章“商品”和第二章“货币或简单流通”之后的第三章“资本”。《手稿》开始论述的是资本生产过程的（1）“货币转化为资本”和（2）“绝对剩余价值”。在写作（3）“相对剩余价值”手稿时，马克思提到，“在相对剩余价值之后，应该把绝对剩余价值和相对剩余价值结合起来考察”①。这样，（3）“相对剩余价值”之后的（4）就调整为“绝对剩余价值和相对剩余价值的结合”。大约在1862年1月，马克思在第Ⅵ笔记本写作时，中断了对（3）“相对剩余价值”的论述，也没有接着撰写（4）“绝对剩余价值和相对剩余价值的结合”，而是直接撰写（5）“剩余价值理论”。显然，新提出的（5）“剩余价值理论”，是对之前阐述的剩余价值理论原理所作的剩余价值经济思想历史的考察，或如《手稿》提出的对经济思想史“自行批判”的经济思想史形式的考察，这也是《政治经济学批判》第一分册“双重结构”形式的。

在《手稿》中，（5）“剩余价值理论”部分从第Ⅵ笔记本到第ⅩⅤ笔记本共10个笔记本、计730页，后来被统称为《剩余价值理论》。恩格斯认为，“这一部分包括政治经济学核心问题即剩余价值理论的详细的批判史”②。对剩余价值理论的经济思想史探索，成为马克思经济思想史观中最辉煌的内容。

在第Ⅵ笔记本第220页上，马克思写下了对剩余价值思想历史阐述的

① 马克思，恩格斯．马克思恩格斯全集：第32卷．2版．北京：人民出版社，1998：355.

② 马克思，恩格斯．马克思恩格斯文集：第6卷．北京：人民出版社，2009：4.

主线和核心思想，这就是："所有经济学家都犯了一个错误：他们不是纯粹地就剩余价值本身，而是在利润和地租这些特殊形式上来考察剩余价值。"① 以剩余价值理论的"自行批判"为特征的经济思想史形式，是（5）"剩余价值理论"的主题。从马克思在第Ⅵ笔记本到第ⅩⅤ笔记本这10个笔记本封页上编写的目录来看，马克思是以"自行批判"的形式，展开剩余价值理论的历史演进探索的。

对剩余价值理论的经济思想史"自我批判"，按照马克思这10个笔记中探索的思想逻辑，大体分为以下九个问题：

一是对詹姆斯·斯图亚特区分"绝对利润"和"相对利润"意义的分析。马克思以斯图亚特的剩余价值理论为出发点，是因为在经济思想史上，斯图亚特实际上是"货币主义和重商主义的合理的表达者"②。首先对斯图亚特作出剩余价值理论史的批判，更多地包含了马克思对重农主义之前的"重商主义体系"的"复制"的"批判"。

二是对重农学派"把关于剩余价值起源的研究从流通领域转到直接生产本身的领域，这样就为分析资本主义生产奠定了基础"的分析。马克思认为，"在资产阶级视野以内对资本进行分析，从本质上来说是重农学派的功绩。这个功绩使他们成为现代经济学的真正鼻祖"③。

三是对斯密在剩余价值理论探索上得失的评价。马克思认为："亚·斯密把剩余价值，即剩余劳动——已经完成并实现在商品中的劳动超过有酬劳动即超过以工资形式取得自己等价物的劳动的余额——理解为一般范畴，而本来意义上的利润和地租只是这一般范畴的分支。然而，他并没有把剩余价值本身作为一个专门范畴同它在利润和地租上所具有的特殊形式区别开来。"④ 这样，"在对剩余价值的分析上，因而在对资本的分析上，亚·斯密比重农学派前进了一大步"⑤。这一"分析上"的"前进了一大步"，体现的正是经济学家以怎样的形式进行"自行批判"的过程，也正

---

① 马克思，恩格斯．马克思恩格斯全集：第33卷．2版．北京：人民出版社，2004：7.
② 同①13.
③ 同①16，15.
④ 同①59.
⑤ 同①62.

是作为“历史附录”的经济思想史形式的意蕴。

四是对斯密之后、李嘉图之前的经济学家奈克尔、兰盖等对剩余价值理论探讨意义的评价。这两位几乎被马克思同时代的经济思想史研究遗忘的经济学家，在剩余价值理论史的“自行批判”中有着独特的地位。如奈克尔“在考察剩余价值时，他注意到相对剩余价值，即不是从延长整个工作日而是从缩短必要劳动时间得出的剩余价值”①。

五是对洛贝尔图斯在“租”这一无酬劳动产品现象上对剩余价值一般的理解。马克思认为，“洛贝尔图斯先生模糊地猜到的，是剩余价值同它的特殊形式，特别是同利润的区别。但是他与正确的观点失之交臂，因为在他那里，问题一开始就只是要说明一定的现象（地租），而不是要揭示一般规律”②。

六是李嘉图在剩余价值理论上的探讨，这是《剩余价值理论》中论述得最为详尽的部分。马克思认为：“李嘉图在任何地方都没有离开剩余价值的特殊形式——利润（利息）和地租——来单独考察剩余价值。”③ 但李嘉图“只是从对可变资本即投在工资上的那部分资本的关系来考察利润”，李嘉图陷于这一窠臼，也在于他无法解决劳动与资本交换的问题，他只在工作长度既定的前提下，研究剩余价值量和工资量的相对的量的比率关系，“相对剩余价值——这实际上是李嘉图在利润名义下阐述的剩余价值的惟一形式”④。

七是马尔萨斯在剩余价值理论的研究上，是以反对李嘉图的理论为出发点的，在马克思看来，马尔萨斯“所以能够反对李嘉图，……只是因为李嘉图有种种自相矛盾之处”⑤。马克思认为：“和李嘉图不同，马尔萨斯先生想一下子把‘利润’包括在价值规定之中，以便使利润直接从这个规定得出。”⑥ 马克思也没有忽视马尔萨斯著述中的“真正贡献”之处，如马尔萨斯“强调了资本和雇佣劳动之间的不平等交换”⑦。

---

① 马克思，恩格斯．马克思恩格斯全集：第33卷．2版．北京：人民出版社，2004：369.

② 马克思，恩格斯．马克思恩格斯全集：第34卷．2版．北京：人民出版社，2008：64.

③ 同②419.

④ 同②420，472.

⑤ 马克思，恩格斯．马克思恩格斯全集：第35卷．2版．北京：人民出版社，2013：8.

⑥ 同⑤13.

⑦ 同⑤11.

八是对李嘉图学派的解体的阐释，涉及的经济学家主要包括罗伯特·托伦斯、詹姆斯·穆勒、吉约姆·普雷沃、约翰·拉姆赛·麦克库洛赫、韦克菲尔德、斯特林、约翰·穆勒等。“这个学派的解体是在这样两点上：（1）资本和劳动之间的交换，与价值规律相一致。（2）一般利润率的形成。把剩余价值和利润等同起来。不理解价值和费用价格之间的关系。”①

九是政治经济学的反对派对剩余价值的思想历史的探索。这里讲的“反对派”，就是“以李嘉图理论为依据反对经济学家的反对派”。马克思认为：“在政治经济学上的李嘉图时期，同时也出现了反对派——共产主义（欧文）和社会主义（傅立叶、圣西门）（社会主义还只是处在它的发展的最初阶段）。”②

《手稿》中（5）“剩余价值理论”的内容，主要在第Ⅵ笔记本至第ⅩⅤ笔记本这10个笔记本中，在之后的几个笔记本中，如在《手稿》第ⅩⅩⅡ笔记本上，马克思从“历史的评论”的角度对威廉·配第在剩余价值理论史上的地位作了评价，认为在英国配第较之斯图亚特更早对剩余价值问题作出探索。在第ⅩⅧ笔记本中，马克思续写了“政治经济学家的反对派”其他一些人的思想观点。如第ⅩⅧ笔记本中对拉姆赛、舍尔比利埃、理查·琼斯等人在剩余价值理论史的“自行批判”中的意义和地位作了分析。

1862年底，马克思改变了原来的写作计划，不再以《政治经济学批判》为标题出版自己的经济学著作，决定“以《资本论》为标题单独出版，而《政治经济学批判》只作为副标题”③。马克思从《政治经济学批判》到《资本论》的写作计划的变化，没有改变“双重结构”的形式。1863年1月，马克思在写作《手稿》第ⅩⅧ笔记本时，提出了《资本论》计划写作的三篇结构，承续了《政治经济学批判》第一分册的“双重结构”。其中，第一篇“资本的生产过程”的“双重结构”如下：

第一篇　资本的生产过程

① 马克思，恩格斯．马克思恩格斯全集：第35卷．2版．北京：人民出版社，2013：208.
② 同①209.
③ 马克思，恩格斯．马克思恩格斯文集：第10卷．北京：人民出版社，2009：196.

（1）导言。商品。货币。

（2）货币转化为资本。

（3）绝对剩余价值。

（4）相对剩余价值。

（5）绝对剩余价值和相对剩余价值的结合。

（6）剩余价值再转化为资本。原始积累。韦克菲尔德的殖民理论。

（7）生产过程的结果。

（8）剩余价值理论。

（9）关于生产劳动和非生产劳动的理论。

在第一篇“资本的生产过程”的结构计划中，从（2）到（7）阐述剩余价值的基本理论，最后两部分即“（8）剩余价值理论”和“（9）关于生产劳动和非生产劳动的理论”，是关于剩余价值理论的思想历史的阐述。马克思对《资本论》最初结构的这一构思，也为之后《资本论》四卷结构中前三卷理论原理阐述到第四卷思想历史阐述序列的形成奠定了基础。

1865 年 7 月，马克思在给恩格斯的信中谈到《资本论》的结构时明确提出：“至于我的工作，我愿意把全部实情告诉你。再写三章就可以结束理论部分（前三册）。然后还得写第四册，即历史文献部分；对我来说这是最容易的一部分，因为所有的问题都在前三册中解决了，最后这一册大半是以历史的形式重述一遍。”① 关于“历史文献部分”，马克思后来进一步明确为“17 世纪中叶以来的政治经济学史”②。《资本论》四卷结构发生的变化在于，体现理论原理阐述到思想历史阐述的序列，由原来《政治经济学批判》第一分册以章和节为基本论述单元，转变为《资本论》以卷为基本论述单元。这样，《资本论》四卷结构就表现为前三卷的理论原理阐述到最后第四卷思想历史阐述的序列，延续了“自行批判”的经济思想史形式。

① 马克思，恩格斯．马克思恩格斯文集：第 10 卷．北京：人民出版社，2009：230-231.

② 同①254.

四、“《批判史》论述”与“历史路标”的经济思想史形式的呈现

以“历史路标”为主题的经济思想史形式，是相对独立的经济思想史。这种形式的经济思想史是依据经济学历史发展的脉络展开的，是随着经济思想历史的发展而接续延伸的。马克思在为《反杜林论》撰写的“《批判史》论述”中，对“历史路标”的经济思想史形式作了探索。

恩格斯在1876年到1878年间完成的《反杜林论》，是为回击杜林对马克思学说的攻击和清除杜林对德国社会民主党的影响而撰写的著作。《反杜林论》第二编“政治经济学”在批判杜林的经济学观点的同时，对马克思经济学说作了系统阐释。这一编的第十章“《批判史》论述”是马克思撰写的。

为了写作“《批判史》论述”这一章，1877年1月马克思开始阅读杜林《国民经济学和社会主义批判史》（1875年柏林版）一书，并写了对该书评论的草稿，1877年2月底和3月初写了《评杜林〈国民经济学批判史〉》的手稿。恩格斯对《评杜林〈国民经济学批判史〉》手稿作了修改和删节后，定名为“《批判史》论述”，编作《反杜林论》“政治经济学”编的第十章。1894年，在《反杜林论》新版（第三版）中，恩格斯提道：“《批判史》论述”这一章，“所有重要的部分都是马克思写的。在原定作为报刊文章的初稿上，我不得不把马克思的手稿大加删节，而恰恰在删掉的部分里，他对经济学史的独立的阐述比起对杜林主张的批判要重要得多。这些阐述恰恰又是手稿当中甚至直到现在还具有重大意义和长远意义的部分。我认为，自己有责任把马克思说明配第、诺思、洛克、休谟等人在古典经济学产生过程中所应占的地位的那些部分，尽可能完全地并逐字逐句地发表出来；而他对魁奈的《经济表》所作的解释就更是如此了，这个表对整个现代经济学来说，仍然是不可解的斯芬克斯之谜。相反，凡是

专门涉及杜林先生著作的地方，只要不影响上下文的联系，我都把它删掉了。”① 按照这些想法，恩格斯根据马克思《评杜林〈国民经济学批判史〉》手稿对第十章作了增补。在恩格斯看来，经过增补的“《批判史》论述”这一章，包含了马克思《评杜林〈国民经济学批判史〉》手稿中，“甚至直到现在还具有重大意义和长远意义的部分”；而手稿本身则是马克思“对经济学史的独立的阐述”。因此，对这一时期马克思阐释的“历史路标”形式的经济学说史的理解，所依据的文献应该包括“《批判史》论述”章和《评杜林〈国民经济学批判史〉》手稿。

在“《批判史》论述”中，马克思以政治经济学作为“一门独立的科学”认识为基础，对经济思想史的形成作了说明。马克思提到，他在1867年出版的《资本论》第一卷德文第一版已经指出：“政治经济学作为一门独立的科学，是在工场手工业时期才产生的。”② 与此相联系，在之前的1859年出版的《政治经济学批判》第一分册中，就已经得出“古典政治经济学在英国从威廉·配第开始，到李嘉图结束，在法国从布阿吉尔贝尔开始，到西斯蒙第结束”③ 的明确结论。显然，马克思一开始就表明，这里将呈现的经济思想史形式是不同于先前《剩余价值理论》呈现的经济思想史形式的。

与《剩余价值理论》的经济思想史形式不同，“对经济学史的独立的阐述”的经济思想史形式，以古代的经济思想为“出发点”。马克思认为：“因为历史地出现的政治经济学，事实上不外是对资本主义生产时期的经济的科学理解，所以，与此有关的原则和定理，能在例如古代希腊社会的著作家那里见到，只是由于一定的现象，如商品生产、贸易、货币、生息资本等等，是两个社会共有的。就希腊人有时涉猎这一领域来说，他们也和在其他一切领域一样，表现出同样的天才和创见。所以他们的见解就历史地成为现代科学的理论的出发点。”④ 古代社会所有的对经济学“原则”“定理”现象的“见解”，实际地成为“历史路标”的经济思想史形式的

① 马克思，恩格斯．马克思恩格斯文集：第9卷．北京：人民出版社，2009：17-18.
② 马克思，恩格斯．马克思恩格斯文集：第5卷．北京：人民出版社，2009：422.
③ 马克思，恩格斯．马克思恩格斯全集：第31卷．2版．北京：人民出版社，1998：445.
④ 同①240.

“出发点”，这与《剩余价值理论》呈现的“自行批判”的经济思想史形式的出发点不相同。

作为这一形式经济思想史“出发点”的，包含古代的一些重要著述者的“天才和创见”，如亚里士多德“发现货币流通的两种不同形式，一种是货币执行单纯流通手段的职能，另一种是货币执行货币资本的职能”①。这里，亚里士多德“实际上正确地提出了这个对于货币学说有如此决定性意义的问题”②。而柏拉图“把分工描述为城市的（在希腊人看来，城市等于国家）自然基础”的见解，“在当时说来是天才的描述”③。

在对重商主义所作的经济思想史研究中，马克思提到，杜林沿袭李斯特认为安·塞拉1613年发表的《略论以金银充分供应无贵金属矿的王国的手段》是“意大利第一本专门的政治经济学著作”的讹误。马克思认为，“实际上并非如此”，其实“早在1609年，即在《略论》出现前四年，已经发表了托马斯·曼的《论英国与东印度的贸易》”，这是“重商主义具有一部划时代的著作”。马克思认为：“这一著作早在第一版就具有特殊的意义，即它攻击了当时在英国作为国家政策还受到保护的原始的货币主义，因而代表了重商主义体系对于自身的母体系的自觉的自我脱离。”因此，“如果说重商主义具有一部划时代的著作……那么这就是托马斯·曼的著作”④。马克思对经济思想史的这一探索，不仅澄清了经济思想史的一些史实，而且也非常清晰地表达了经济思想史应该具备的基本的科学方法。

马克思对配第在经济思想史中的地位作了高度评价，认为他是“现代政治经济学的创始人”。从“对经济学史的独立的阐述”意义上来看，配第在《赋税论》（1662年第1版）中，已经“对商品的价值量作了十分清楚的和正确的分析”，除此“配第的十分圆满的、浑然一体的著作，是他的《货币略论》，这本书在他的《爱尔兰解剖》一书出版之后10年，即在1682年出版”。进而在《货币略论》中，配第在“其他著作中所包含的重商主义见解的最后痕迹，在这里完全消失了”。在《政治算术》中对统计

---

①② 马克思，恩格斯．马克思恩格斯文集：第9卷．北京：人民出版社，2009：242.

③ 同①241.

④ 同①244.

方法的创造和运用，成为配第创作的一部“真正经济学的著作”①。

马克思对配第到斯密这一期间，即 17 世纪下半叶到 18 世纪上半叶这一时期经济思想史的“历史路标”作了概要论述。在对作为“配第的直接后继者”洛克和诺思在经济思想史上地位进行评价时，马克思认为：“洛克的《略论降低利息和提高货币价值》和诺思的《贸易论》，是在同一年即 1691 年出版的”，但洛克和诺思“差不多只是照抄配第”②。马克思指出：“洛克和诺思的例子向我们提供了证明：配第在政治经济学的几乎一切领域中所作的最初的勇敢尝试，是如何一一为他的英国的后继者所接受并且作了进一步的研究的。”比较这一时期重要的经济学著述，可以看到“无论赞成或者反对配第，总是从配第出发的。因此，这个充满有创见的思想家的时期，对研究政治经济学的逐渐产生来说是最重要的时期”③。马克思这里对配第所作的经济思想史的探索，较之前在《剩余价值理论》的论述更为广泛和深入。对配第在经济思想史中地位的轻视或忽视，是马克思同时代的流行的经济思想史研究的一个显著局限。

马克思对重农学派和魁奈的《经济表》作了高度评价，认为“重农学派在魁奈的《经济表》中给我们留下了一个谜，为解开这个谜，经济学的以前的批评家和历史编纂学家绞尽脑汁而毫无结果。这个表本来应该清楚地表明重农学派对一国总财富的生产和流通的观念，可是它对后世的经济学家仍然是一团模糊”④。马克思解开了《经济表》之谜。他指出：“魁奈的《经济表》就是要通过图解来清楚地说明：一个国家（实际上就是法国）每年的总产品，怎样在这三个阶级之间流通，怎样为每年的再生产服务。”⑤ 因此，“经济表这种对于以流通为中介的年度再生产过程所作的简单的、在当时说来是天才的说明，非常准确地回答了这种纯产品在国民经济的循环中究竟成了什么这一问题”⑥。马克思对魁奈《经济表》的分析，

---

① 马克思，恩格斯．马克思恩格斯文集：第 9 卷．北京：人民出版社，2009：246.

② 同①248，248，249.

③ 同①250.

④ 同①258.

⑤ 同①262.

⑥ 同①268.

后来成为经济思想史科学研究的范例。

马克思还对杜林认为的“到杜尔哥，法国重农学派在实际上和理论上都告终了”的观点作了反驳，明确地认为：“米拉波按其经济学观点来说实质上是重农学派，他在1789年的制宪议会上是第一个经济学权威，这次制宪议会在其经济改革上把很大一部分的重农学派原理从理论变成了实际。”①

马克思还提到，对于经济思想史，杜林在“把1691年到1752年这一时期勾销”时，“也就把休谟的一切先驱者勾销了”，杜林继而“又大笔一挥，把休谟和亚当·斯密之间的詹姆斯·斯图亚特爵士勾销了”。对詹姆斯·斯图亚特的《政治经济学原理研究》这部“经久地丰富了政治经济学的领域”的著作，在杜林那里甚至“没有看到片语只字”的评价；而对斯图亚特本人，杜林“把自己的词典中最恶毒的谩骂的言辞都搬出来了”②。

对杜林关于亚当·斯密及其之后的经济思想的评价，马克思没有再作出批判，其中的原因马克思在他的《评杜林〈国民经济学批判史〉》中作了如下说明：“正像杜林先生不了解重农学派一样，他也同样不了解亚当·斯密——更不用说他的后继者。因此，如果再去听他妄谈马尔萨斯、李嘉图和西斯蒙第等人，纯粹是浪费时间。”③ 尽管如此，“《批判史》论述”以批判杜林的经济思想史研究的讹误和谬论为主要线索，还是在总体上呈现了马克思的“历史路标”为主题的经济思想史形式的探索，体现了马克思对经济思想史这一形式的深刻理解。

五、马克思关于经济思想史两种形式的内涵及意义

根据以上的分析，可以对马克思经济思想史的“自行批判”和“历史路标”两种形式作出以下概述：

第一，经济思想史的“自行批判”和“历史路标”这两种形式，是马克思关于政治经济学方法在经济思想史探索上的运用。以“自行批判”为

①② 马克思，恩格斯. 马克思恩格斯文集：第9卷. 北京：人民出版社，2009：269.

③ 马克思，恩格斯. 马克思恩格斯全集：第26卷. 2版. 北京：人民出版社，2014：428.

特征的经济思想史形式，是遵循“第二条道路”的方法，与理论原理阐述的抽象上升到具体过程相联系的经济思想史形式，呈现为政治经济学理论原理阐述的“历史附录”的形式；而以“历史路标”为特征的经济思想史形式，依据的是“第一条道路”所体现的经济思想自身“在历史上走过的道路”，是以经济学范畴、重要理论和规律以及经济学派的思想史研究为主题的。

第二，马克思在建立政治经济学理论体系中关注的是以“自行批判”为主题的经济思想史形式。在马克思经济思想史观中，经济思想史这一形式的特点主要在于：其一，在马克思经济学体系中，“自行批判”的经济思想史是对经济学理论逻辑所作的思想历史逻辑的阐述。其二，“自行批判”的经济思想史形式是按照理论原理阐述的逻辑，以与此相联系的“政治经济学家们以怎样的形式自行批判”为主题的，其逻辑是以经济学理论原理的逻辑为依据、为根据的。在1859年的《政治经济学批判》第一分册中，马克思对“关于商品分析的历史”“关于货币计量单位的学说”“关于流通手段和货币的学说”的思想历史的逻辑，就是以“商品”“货币或简单流通”理论原理的逻辑为依据、为根据的；在《资本论》体系中，《剩余价值理论》就是对《资本论》前三卷以剩余价值理论为核心的理论原理阐述的经济思想史的“自行批判”形式的呈现。其三，“自行批判”的经济思想史不是独立的经济思想史形式，而是以经济学体系为主线的，也是以其此为基础和根据的，以“历史附录”的形式呈现的。

第三，以“历史路标”为主题的经济思想史形式，是相对独立的经济思想史形式。“历史路标”的经济思想史形式，一是以对经济思想历史中范畴、理论和规律及各经济学派的形成和发展为主题的；二是注重对经济思想历史的连续性和间断性的研究，特别是以经济学形式和流派形成和发展及其比较的研究为主题的，注重对经济学演进具有“历史路标”意义的经济范畴、经济理论、经济规律和经济学派的研究；三是“历史路标”的经济思想史形式是独立形态的经济思想史，旨在呈现“经济学规律最先以怎样的历史上具有决定意义的形式被揭示出来并得到进一步发展”的。

对“历史路标”形式的经济思想史和“自行批判”形式的经济思想史

的理解，对推进马克思主义经济思想史学的当代发展有重要的意义。但是，长期以来，马克思经济思想史观的这些见解，并没有在马克思主义经济学领域得到全面实现，出现了某些误读和误解。最严重的就是把马克思关于“自行批判”形式的经济思想史误读和误解成唯一的经济思想史形式。这一误读和误解在理论上的消极后果，突出地反映在两个方面：一方面，把马克思在以《政治经济学批判》第一分册或《资本论》理论原理阐述到理论历史阐述序列的体系分离开来，即把这一体系中体现的“自行批判”的经济思想史与这一理论体系分离，直接地当作经济思想史的全部内容和形式。一直以来，基于马克思主义经济学的经济思想史的探索，就是以马克思的《剩余价值理论》的内容和结构为“蓝本”的，把经济思想史直接当作以价值、货币、资本、剩余价值、利润等范畴为主要线索的经济思想历史形式。另一方面，在马克思主义经济学领域，与“自行批判”的经济思想史相对应的“历史路标”的经济思想史，一直没有能够建立起来，或者说没有能够完全地建立起来。流行的一些经济思想史不是因袭《剩余价值理论》体系，就是在《剩余价值理论》体系基础上延续，把马克思经济学以前的经济思想史和马克思以后的经济思想史，都当作以价值、资本、剩余价值为主要线索的经济思想史，或者是以马克思关于价值、资本、剩余价值的理论为圭臬的经济思想批判史。

经济思想史学是马克思主义经济学的重要组成部分，也是当代马克思主义经济学发展的重要方面。如果基于马克思主义经济学的经济思想史，还是因袭以《剩余价值理论》为唯一式样的经济思想史的路子，就无益于马克思主义经济思想史观的当代发展，更易于堵塞“历史路标”的经济思想史形式的发展。加强和完善“历史路标”形式的经济思想史的研究，无论对基于马克思主义经济学的经济思想史观的发展，还是对经济思想史学科本身的发展都有重要的意义。

第七章 《直接生产过程的结果》的政治经济学意义

在《1863—1865 年经济学手稿》中，《第六章 直接生产过程的结果》（本章简称《第六章》）手稿是马克思 1864 年上半年按照 1863 年 1 月提出的《资本论》结构计划撰写的第一篇最后一章。《第六章》没有收入 1867 年出版的《资本论》第一卷德文第一版，但这部手稿在马克思经济思想发展中有着重要的地位，特别是马克思从资本直接生产过程“结果”上对资本主义经济关系作出的探索，无论是对《资本论》第一卷理论体系和科学方法、还是对马克思经济思想历史与当代的研究都有重要的意义。

一、《第六章》的结构与主题概述

马克思在 1862 年底正式提出撰写以《资本论》为标题的政治经济学著作，在 1863 年 1 月就提出了《资本论》第一篇和第三篇的结构计划，其中《资本论》第一篇的结构计划如下①：

第一篇《资本的生产过程》分为：

（1）导言。商品。货币。

（2）货币转化为资本。

① 马克思，恩格斯．马克思恩格斯全集：第 36 卷．2 版．北京：人民出版社，2015：313.

(3) 绝对剩余价值：(a) 劳动过程和价值增殖过程；(b) 不变资本和可变资本；(c) 绝对剩余价值；(d) 争取正常工作日的斗争；(e) 同时的各工作日（同时雇用的工人人数）。剩余价值额和剩余价值率（大小和高低?）。

(4) 相对剩余价值：(a) 简单协作；(b) 分工；(c) 机器等等。

(5) 绝对剩余价值和相对剩余价值的结合。雇佣劳动和剩余价值的比例。劳动对资本的形式上的从属和实际上的从属。资本的生产性。生产劳动和非生产劳动。

(6) 剩余价值再转化为资本。原始积累。韦克菲尔德的殖民理论。

(7) 生产过程的结果。

（占有规律的表现上的变化可以在第 6 点或第 7 点中考察。）

(8) 剩余价值理论。

(9) 关于生产劳动和非生产劳动的理论。

1863 年至 1865 年间，马克思接续撰写了《资本论》第一卷至第三卷的手稿。这一系列手稿，与马克思之前撰写的《政治经济学批判（1857—1858 年手稿）》和《政治经济学批判（1861—1863 年手稿）》相对应，在《马克思恩格斯文集》第八卷中，被确切地称作"《资本论（1863—1865 年手稿）》"。《第六章》就是这一期间撰写的《资本论》第一篇手稿的最后一部分。马克思在 1866 年初开始为《资本论》第一卷作最后的"誊写"和"润色"，翌年 9 月，《资本论》第一卷德文第一版正式出版。

《资本论》第一卷德文第一版基本上是按照 1863 年 1 月的结构计划撰写的。对于理解《第六章》手稿来说，需要说明的是，从《第六章》手稿到《资本论》第一卷德文第一版发生了三个方面的变化。

第一，马克思在撰写《资本论》第一卷手稿时，已经决定将 1863 年 1 月结构计划中的 (8) 和 (9) 理论历史考察部分，统一归为《资本论》第四卷"理论史"[①]。这样，《资本论》第一卷在结构上就只是 (1) 至 (7) 理论原理阐释部分。同时，马克思在 1863 年撰写《资本论》第一卷手稿

---

① 1865 年 7 月，马克思在即将结束 1863—1865 年《资本论》手稿写作时告诉恩格斯："再写三章就可以结束理论部分（前三册）。然后还得写第四册，即历史文献部分。"（马克思，恩格斯. 马克思恩格斯文集：第 10 卷. 北京：人民出版社，2009：230）

时，“(1) 导言。商品。货币。”并没有列作“第一章”，实际上的第一章是“(2) 货币转化为资本。”在《第六章》手稿中，马克思多次提到“第六章”之前的各章内容证明了这一点。如马克思提到“现在同时解决了第Ⅰ章中所讲到的那个困难”①，这里提到的那个“困难”就是1863年1月结构计划中“(2) 货币转化为资本。”论述的问题；马克思提到“第Ⅲ章曾经详细地阐述过”② 的相对剩余价值问题，就是“(4) 相对剩余价值”中的内容；马克思还提到“如第Ⅳ章所阐述的”③ 资本主义工资的本质问题，就是“(5) 绝对剩余价值和相对剩余价值的结合。”中论述的内容，等等。以此推算，原来的“(7) 生产过程的结果。”就成为“第六章”。由此可以推断，“(1) 导言。商品。货币。”要么没有撰写，要么是以“导言”为标题列在第一章“货币转化为资本。”之前④。在《资本论》第一卷德文第一版中，“(1) 导言。商品。货币。”正式称作“第一章 商品和货币”。

第二，《第六章》的主题由1861年1月结构计划中的“生产过程的结果”，改为“直接生产过程的结果”。《资本论》第一卷德文第一版对“直接生产过程”的内涵作了说明。“直接生产过程”是与资本积累和再生产相联系的范畴。马克思认为，在从资本和剩余价值生产转向资本积累和资本再生产阐释时，必然作出两个方面的“假定”或“抽象”：一方面，虽然“资本的积累过程以它的流通过程为前提”，但在这里“既不研究资本在流通流域里所采取的那些新形式，也不研究这些形式所包含的再生产的具体条件”；另一方面，在这里也不研究“在整个社会生产中执行其他职能的资本家，同土地所有者等等，共同瓜分剩余价值”的过程，只是“把资本主义的生产者当做全部剩余价值的所有者”。马克思在《资本论》第一卷德文第一版中指出：“对积累过程的纯粹的分析，就要求我们暂时抛

① 马克思，恩格斯. 马克思恩格斯文集：第8卷. 北京：人民出版社，2009：453.

② 同①504.

③ 同①461.

④ 通常的看法是“第一册的第一章《商品和货币》这时还没有写。1866年马克思在把这一册作为《资本论》第一卷整理付排时，才补写了这一章”（马克思，恩格斯. 马克思恩格斯文集：第8卷. 北京：人民出版社，2009：635）。

开掩盖它的机制的内部作用的一切现象。”① 在这两个方面“假定”的前提下，对积累和再生产过程“抽象地来考察”，就是“直接生产过程”的确切内涵②。在资本的直接生产过程中，更能深刻地揭示作为这一过程“结果”的资本主义经济关系的本质。

第三，《第六章》手稿虽然没有见于《资本论》第一卷德文第一版，但《第六章》的核心问题和基本观点还是成为《资本论》第一卷德文第一版的结束语。这就是马克思在《资本论》第一卷德文第一版最后论述中指出的：“资本主义生产的直接结果是商品，不过是孕育着剩余价值的商品。因此，我们要回到我们的出发点商品上来，并且同它一道进入流通领域。不过，我们要在下一册中考察的不再是简单商品流通，而是资本的流通过程。”③ 马克思的这一结论，言简意赅地提出了原本打算在《第六章》中阐释的核心观点和基本问题。《第六章》要阐明的核心观点就是孕育着剩余价值的商品作为资本直接生产结果所具有的资本主义经济关系的本质；《第六章》要阐明的基本问题就是资本的生产过程向资本的流通过程过渡的中介关系。

《第六章》手稿分作三节，马克思在手稿一开始就对这三节的主题作了提示：“本章要考察三个问题：（1）商品作为资本的产物，作为资本主义生产的产物；（2）资本主义生产是剩余价值的生产；（3）最后，资本主义生产是使这个直接生产过程具有特殊资本主义特征的整个关系的生产和再生产。”④ 以下对《第六章》手稿的解读，就是根据马克思提出的这三节的主题展开的。

二、关于“商品作为资本的产物，作为资本主义生产的产物”

《第六章》手稿一开始，马克思就提出：“在为付印而最后加工的时

---

①② 马克思，恩格斯．马克思恩格斯全集：第42卷．2版．北京：人民出版社，2016：581.

③ 同①794.

④ 马克思，恩格斯．马克思恩格斯文集：第8卷．北京：人民出版社，2009：423.

候，这三节中的第一节将放在最后，而不是放在最前面，因为它是向第二卷——资本的流通过程——的过渡。为了方便起见，我们在这里从第一节开始论述。”① 《马克思恩格斯文集》编者“第八卷说明”中指出：“在这一章中，马克思论述了作为资本产物的商品和作为资本前提的商品相比所具有的许多新的特点，指出作为资本产物的商品量是资本的转化形式，这个商品量的价值能否实现是资本的价值和剩余价值能否实现的条件。”② 这里提到的“这一章”的内容，指的是“第一节”的主要内容。

在第一节中，马克思基于资本直接生产过程的结果是孕育着剩余价值的商品这一根本规定，从三个方面作了阐述。

第一，商品从“元素形式”到资本直接生产过程“结果”的理论叙述顺序和历史发展过程的一致性。

《资本论》第一卷开首就指出：“资本主义生产方式占统治地位的社会的财富，表现为‘庞大的商品堆积’，单个的商品表现为这种财富的元素形式。因此，我们的研究就从分析商品开始。”③ 这时，商品作为资产阶级财富的“元素形式”，是资本产生的“前提”，是资本主义生产的“出发点”；但从资本直接生产过程的“结果”来看，作为“前提”的商品就成为资本主义生产过程的“产物”，成为孕育着剩余价值的商品。

马克思认为，《资本论》第一卷对商品所作的从“前提”到“结果”的理论叙述顺序，是“同资本的历史发展相一致的”。当资本主义生产还处在完全不存在，或者只是零星存在的历史阶段中，商品生产和商品流通就已经存在。可见，商品生产和商品流通决不以资本主义生产方式作为自己存在的前提。但是，“发达的商品交换和作为产品的一般必要的社会形式的商品形式本身，又只是资本主义生产方式的结果”④。在资本主义生产方式发展过程中，甚至连属于过去各个生产时期的经济范畴，也获得了资本主义经济关系所具有的各种特殊的历史的性质。

马克思由此得出三点结论：一是“只有资本主义生产才使商品成为一

① 马克思，恩格斯．马克思恩格斯文集：第 8 卷．北京：人民出版社，2009：423.

② 同①第八卷说明 3.

③ 马克思，恩格斯．马克思恩格斯全集：第 42 卷．2 版．北京：人民出版社，2016：21.

④ 同①424.

切产品的一般形式”；二是只有“从劳动力本身普遍地成为商品的时刻起”，商品生产才必然会导致资本主义生产；三是“资本主义生产扬弃了商品生产的基础，扬弃了孤立的、独立的生产和商品占有者的交换或等价交换。资本和劳动力的交换变成了形式上的”①。这三点结论，是马克思对资本直接生产过程阐释的理论要义，也是马克思进一步阐释资本直接生产过程结果及其向资本的流通过程过渡的重要基础。

第二，作为资本直接生产过程“产物”的商品的特殊规定性。

商品作为资本主义生产出发点的元素，是物化着一定量劳动时间的单个商品，是具有一定量交换价值的独立物品；而商品作为资本直接生产过程的产物，则有着进一步的规定性。这一进一步的规定性，主要表现在三个方面。

一是撇开商品的使用价值不谈，物化在商品中的是一定量的社会必要劳动。在这一物化劳动中，除了已经等价支付的不变资本部分外，一部分是用工资的等价来交换的，另一部分就是被资本家不付等价而占有的剩余价值。这两部分作为有酬劳动和无酬劳动存在于商品价值中。

二是作为直接生产过程结果的商品，不是单个商品，而是再现着预付资本价值加上剩余价值的一定的商品量，其中每一单个商品都是资本的价值和资本所生产的剩余价值的承担者。单个商品只是表现为总产品的观念上的部分，单个商品上花费的劳动也只是作为总劳动的可除部分而存在。

三是直接生产过程总是不可分的劳动过程和价值增殖过程，商品作为资本的产物，已经是自行增殖的资本的转化形式。这时，转移的预付资本价值和剩余价值的实现，决不能再通过单个商品或部分单个商品按自己的价值出售来达到。

第三，作为直接生产过程结果的“总产品”和“总价值”的特征。

作为直接生产过程结果的商品，表现为“资本的总产品”，“这个总产品的总价值的表现”就是“总价格”。马克思通过四个例证，说明单个商品价值决定与总产品价值决定之间，由于劳动生产率的变化、无酬劳动和

① 马克思，恩格斯．马克思恩格斯文集：第8卷．北京：人民出版社，2009：428．

有酬劳动比率即剩余价值率的变化、工作日长度的变化等而产生的差异，展开说明作为直接生产结果的资本“总产品”和“总价值”的基本特征。马克思认为，对于“总产品”和“总价值”来说，“商品作为资本的产物，作为资本的可除组成部分，作为这样的资本，即已经自行增殖，从而包含着资本所创造的剩余价值的一个可除部分的资本的承担者，我们必须把它看做是与我们以前在开始阐述单个的独立的商品时所考察的商品不同的东西”①。

资本主义生产是剩余价值的生产。在资本积累的条件下，剩余价值的生产也是整个资本关系在规模不断扩大上的生产和再生产。剩余价值总是作为资本直接过程产物的商品价值的一部分被生产出来，在资本直接生产过程的终点上再现出来的。这时，处于直接生产过程结果的商品，必须重新进入交换过程，在通过交换实现总产品价值中实现剩余价值。马克思指出：“商品作为资本的产物，与独立考察的单个商品是多么不同；我们越是往下跟踪研究资本主义生产过程和流通过程，这种差别就越来越明显，也就越来越影响商品现实的价格规定，等等。”② 同个别商品出售不同的是，总产品的价值实现不是其中部分商品按照价值得到实现，而是总产品全部按照价值得到实现。

从资本的生产过程向资本的流通过程过渡的“中介”来看，作为直接生产过程的结果的商品，不仅是孕育着剩余价值的商品，而且还在总产品和总价值的规定上，作为“资本的产品，作为商品，必须加入商品交换过程，因而它不仅要进入实际的物质变换，而且同时要通过我们曾作为商品的形态变化加以叙述的那种形式转化”③。由此可见，“这些商品的流通现在同时是资本的再生产过程，因此包含着商品流通的抽象考察所没有涉及的进一步规定”④。对资本流通过程的考察，是《资本论》第二卷“资本的流通过程”的主题。

---

① 马克思，恩格斯．马克思恩格斯文集：第8卷．北京：人民出版社，2009：444.

② 同①447.

③④ 同①453.

三、关于“资本主义生产是剩余价值的生产”

如马克思所认为的，《第六章》“第一节将放在最后，而不是放在最前面，因为它是向第二卷——资本的流通过程——的过渡”，第二节“资本主义生产是剩余价值的生产”是对资本直接生产过程的“最直接的结果”即资本积累和再生产“结果”的阐释，是《第六章》实际上的第一节。

在对“资本主义生产是剩余价值的生产”问题的阐释中，马克思插入了关于“劳动对资本的形式上的从属和实际上的从属”和“生产劳动和非生产劳动”问题的论述。按照1863年1月的结构计划，这两部分内容应在“(5) 绝对剩余价值和相对剩余价值的结合。”中论述。这里先对“资本主义生产是剩余价值的生产”问题作出解读，然后再对插入的这两个问题作出解读。

剩余价值生产是资本主义生产过程的“决定目的、驱动利益和最终结果”，这是第二节“资本主义生产是剩余价值的生产”问题的核心观点。马克思对此作了以下四个方面的阐释：

第一，资本直接生产过程作为劳动过程的本质规定性。

在剩余价值生产中，资本必须转化为生产过程的要素，“转化为实际劳动过程的各要素”。资本购买生产资料和劳动能力，作为直接生产过程的前提，这是“总过程的内在要素”，这也是对“资本主义生产的整体和连续性”的考察①。在这一考察中，资本就如同简单商品一样，也具有使用价值和交换价值的存在二重形式，但这种二重形式包含进一步发展了的规定性。

加入劳动过程的使用价值，在劳动过程中划分为两个在概念上有严格区别的要素和对立物：一方面是物的存在的生产资料，是客观的生产条件；另一方面是活动着的劳动能力，有目的地表现出来的劳动力，是主观的生产条件。在直接生产过程中，活的劳动能力“表现为具有一定的、与

① 马克思，恩格斯．马克思恩格斯文集：第8卷．北京：人民出版社，2009：458.

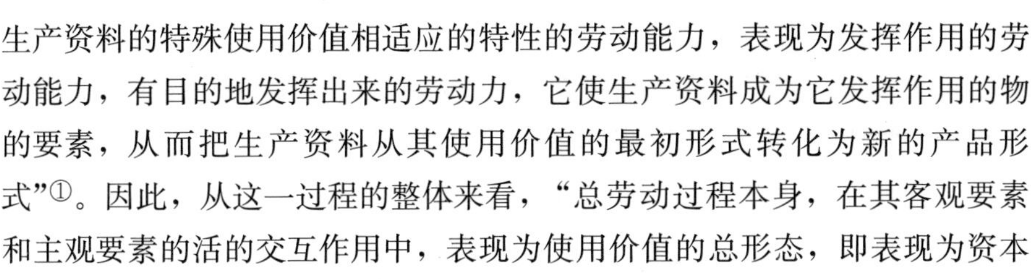

生产资料的特殊使用价值相适应的特性的劳动能力，表现为发挥作用的劳动能力，有目的地发挥出来的劳动力，它使生产资料成为它发挥作用的物的要素，从而把生产资料从其使用价值的最初形式转化为新的产品形式”①。因此，从这一过程的整体来看，“总劳动过程本身，在其客观要素和主观要素的活的交互作用中，表现为使用价值的总形态，即表现为资本在生产过程中的实在形态”②。

在直接生产过程中，资本表现为使用价值的“进一步的形式规定性”主要在于：一方面，在资本主义生产过程中，使用价值（资本在这种使用价值上以生产资料的形式存在）和作为资本（资本是一定的社会生产关系）的这些生产资料即这些物的用途，是不可分割地融合在一起的。另一方面，生产资料要素是以它们在商品流通中就具有的使用价值形态进入劳动过程的，而支出在工资上的那部分资本在进入生产过程以前作为商品（作为生活资料）所具有的使用价值形态，完全不同于它在生产过程中表现出来的活的劳动本身的形态。活的劳动能力要素作为创造价值的要素进入生产过程，不是作为“已经生成的量”，而是“作为流动的量，作为正在生成的量”，这“就把这部分资本跟以生产资料形态存在的那部分资本专门地区分开来了”③。

第二，资本直接生产过程作为价值增殖过程的本质规定性。

就价值增殖过程而言，生产资料价值作为不变价值得到保存，一是取决于进入生产过程的生产资料的价值不大于必需的不变资本价值；二是取决于不变资本要尽可能只是生产地被消费而不是被浪费，否则产品中包含的物化劳动部分就会大于社会必要的量，“这种保存部分地也取决于工人本身，资本家的监督就是从这里开始的”；三是取决于劳动要有秩序有目的地进行，从生产资料到产品的转化要适当地进行，表现为目的的使用价值要作为结果实际地以恰当的形式产生出来，这里“又出现了资本家的监督和纪律”；四是取决于生产过程不被破坏、不被中断，在由劳动过程及

① 马克思，恩格斯．马克思恩格斯文集：第8卷．北京：人民出版社，2009：459.

② 同①460.

③ 同①463，463，464.

其物质条件的性质所决定的时间内实际地不断地提供产品①。

就价值增殖过程而言，购买劳动力商品的可变资本，一是要通过给生产资料追加上一个总计同工资价值一样大的劳动量，来保存可变资本价值；二是要创造超过工资中所包含的劳动量的剩余劳动量，创造可变资本价值的增量即剩余价值。对于资本家来说，他们“在劳动过程的强度已定的情况下力图尽量延长劳动过程的长度，在劳动过程的长度已定的情况下力图尽可能提高劳动过程的强度。资本家强制工人把自己的正常劳动强度提到尽可能高的程度；而且资本家强制工人尽可能把自己的劳动过程延长到超过补偿工资所必要的时间以上”②。

价值增殖过程的这一特殊规定性，也使得资本作为使用价值的形态发生了进一步变化。其变化的要义，一是“生产资料不仅必须有足够吸收必要劳动，而且也必须有足够吸收剩余劳动的数量”，二是“实际劳动过程的强度和外延量改变了”③。

从价值增殖过程来看，生产资料只表现为尽可能多的活劳动量的吸收器，而活劳动只表现为增殖价值的手段，只表现为使现有价值资本化的手段。在这一关系中，“不是活劳动实现在作为自己的客观机体的对象化劳动中，而是对象化劳动通过吸收活劳动来保存自己和增大自己，并由此成为自行增殖的价值，成为资本，并作为资本来执行职能”④。工人只要进入直接生产过程，他的劳动本身就作为处于自身对象化过程中的东西，成为资本价值的存在方式而被并入资本价值之中。马克思指出：“这个保存价值和创造新价值的力量，是资本的力量，这个过程表现为资本自行增殖的过程，并且宁可说表现为工人贫困化的过程，因为工人是把他所创造的价值同时作为与自身相异化的价值创造出来的。”⑤

以上的考察说明，直接生产过程是劳动过程和价值增殖过程的直接统一，但劳动过程只是价值增殖过程的手段，价值增殖过程本身实质上就是

---

① 马克思，恩格斯．马克思恩格斯文集：第8卷．北京：人民出版社，2009：465.
② 同①466-467.
③ 同①467.
④ 同①467.
⑤ 同①468.

剩余价值的生产，即无酬劳动的对象化过程。

第三，资本直接生产过程中对象化劳动和活劳动的本质规定性。

在对资本价值增殖过程考察中可以看到，包含在生产资料中的劳动是已经对象化在使用价值中的过去劳动，活劳动追加的劳动是正处在对象化过程中的现在劳动。马克思认为："在过去劳动推动活劳动的范围内，过去劳动本身成为一个过程，它自行增殖价值，成为创造流数的流动量。过去劳动对追加活劳动的这种吸收，就是它的自行增殖过程，就是它实际转化为资本，转化为自行增殖的价值，就是它从不变的价值量转化为可变的、处于过程中的价值量。"① 生产资料要素作为过去劳动，以生产出来的生产力和生产条件的形式，既增加一定量活劳动所保存的价值量，又增加它新生产出来的使用价值量，"表现为资本内在的力量，因为对象化劳动对工人来说总是作为资本化的东西发挥作用"②。

在价值增殖过程中对象化劳动和活劳动关系上，马克思对剩余价值生产作为资本主义生产过程的"决定目的、驱动利益和最终结果"问题作出新的阐释。马克思指出："资本家对工人的统治，就是物对人的统治，死劳动对活劳动的统治，产品对生产者的统治，因为变成统治工人的手段（但只是作为资本本身统治的手段）的商品，实际上只是生产过程的结果，是生产过程的产物。"③ 由此也生成了资本拜物教的基本根源，即"与意识形态领域内表现于宗教中的那种关系完全同样的关系，即主体颠倒为客体以及反过来的情形"④。

马克思认为，从历史上看，这种"颠倒"是靠牺牲多数来强制地创造财富的过程，也是创造无限的社会劳动生产力的"必经之点"，这种无限的社会劳动生产力构成"自由人类社会的物质基础"。从经济的社会形态的发展规律来看，"这种对立的形式是必须经过的，正像人起初必须以宗教的形式把自己的精神力量作为独立的力量来与自己相对立完全一样。这是人本身的劳动的异化过程"⑤。从这一历史过程可以看到："工人在这里

① 马克思，恩格斯．马克思恩格斯文集：第8卷．北京：人民出版社，2009：473.

② 同①530.

③④⑤ 同①469.

所以从一开始就站得比资本家高，是因为资本家的根就扎在这个异化过程中，并且他在这个过程中找到了自己的绝对满足，但是工人作为这个过程的牺牲品却从一开始就处于反抗的关系中，并且感到它是奴役过程。”①

剩余价值是资本直接生产过程的特有产物。剩余价值是剩余劳动物化的结果，对工人来说则是异己劳动的物化。在资本直接生产过程中，生产资料不仅用来使活劳动物化，而且使多于可变资本中所包含的劳动物化，生产资料“充当表现为剩余价值（和剩余产品）的剩余劳动的吸收手段与榨取手段”②。在这个过程中，生产资料不仅把活劳动转化为物化劳动，而且同时把物化劳动转化为资本，从而把活劳动也转化为资本；生产资料不仅表现为实现劳动的手段，而且同样表现为剥削他人劳动的手段，成为“一个不仅生产商品，而且生产剩余价值，从而生产资本的过程”③。

第四，直接生产过程中体现的“资本的神秘性”。

在直接生产过程中，活劳动已经被并入资本，一切社会劳动生产力都表现为资本的生产力。作为资本的生产力，一是单个的劳动能力不属于工人，只是起着资本统治的“总工厂”中总劳动能力的特殊器官的作用，“总工厂”中资本的统治力量作为资本主义的组织，同工人是相对立的，是强加在工人身上的；二是在历史上它是随着特殊资本主义生产方式的发展而发展起来的，因而“表现为资本主义关系的内在的东西，表现为跟资本关系不能分开的东西”；三是随着资本主义生产方式的发展，客观的劳动条件作为集中的生产资料变得更加发达，并且完全表现在社会结合劳动的生产条件的规模与效果上，表现为不依赖工人而存在的、完全独立的东西，表现为资本的存在方式。这一趋势的本质属性就在于：“生产条件作为结合劳动的共同生产条件所含有的社会性质，比工人自身劳动的社会性质在更大的程度上表现为与工人无关的、属于这种生产条件本身的资本主义性质。”④ 在社会劳动生产力成为资本的生产力过程中，社会的一般发展都被资本所利用，都成为与劳动相对立而存在的资本的生产力发挥作用，

---

① 马克思，恩格斯．马克思恩格斯文集：第 8 卷．北京：人民出版社，2009：469.

② 同①498-499.

③ 同①499.

④ 同①535-536.

表现为资本的发展，它通常是和劳动能力的贫乏化同时并进的。

由此而产生的资本的神秘性，随着两个方面情况的发展越来越具有更为实在的形式：一方面，工人的劳动能力本身由于上述形式而发生了形态变化，以至于它在独立存在时，也就是说，处在这种资本主义联系之外时，就变得无能为力，它的独立的生产能力被破坏了；另一方面，随着机器生产的发展，劳动条件在工艺方面也表现为统治劳动的力量，它代替劳动而又压迫劳动，使独立形式的劳动成为多余的东西。与此同时，以社会劳动为基础的所有对科学、自然力和大量劳动产品的应用本身，也表现为剥削劳动的手段，表现为占有剩余劳动的手段，表现为属于资本而同劳动对立的力量。"劳动的社会生产力的发展和这个发展的条件就表现为资本的行为，这种行为不仅是不管单个工人的意志如何而完成的，而且是直接反对单个工人的。"① 因此，马克思认为，"使资本变成一种非常神秘的东西"的根源，就在于"资本主义生产第一次大规模地发展了劳动过程的物的条件和主观条件，把这些条件同单个的独立的劳动者分割开来，但是资本是把这些条件作为统治单个工人的、对单个工人来说是异己的力量来发展的"②。

四、关于劳动对资本的形式上的从属和实际上的从属

劳动对资本的形式从属和实际从属及其关系问题，马克思在1863年5月写作《1861—1863年经济学手稿》第XXI笔记本时就已经提出，这一论述主要围绕绝对剩余价值和相对剩余价值关系问题而展开。在《第六章》中，马克思着重从剩余价值生产是资本主义生产过程的"决定目的、驱动利益和最终结果"意义上，对他大约一年前的论述作了进一步的深入阐释。在1863年1月的《资本论》第一篇结构计划中，劳动对资本的形式从属和实际从属问题应该在《第六章》之前加以论述。

第一，劳动对资本的形式上的从属。

---

① 马克思，恩格斯．马克思恩格斯文集：第8卷．北京：人民出版社，2009：538.

② 同①396，539.

与《1861—1863年经济学手稿》不同，马克思在《第六章》关于劳动对资本从属关系的阐释一开始，就提出了资本主义生产方式一般形式和资本主义生产方式特殊形式的概念。马克思认为，劳动对资本的形式上的从属，“是所有资本主义生产过程的一般形式；但是，它同时又是与发达的特殊资本主义生产方式并列的特殊形式；因为特殊资本主义生产方式包含劳动对资本的形式上的从属，而劳动对资本的形式上的从属则决不必然包含特殊资本主义生产方式”①。特殊资本主义生产方式是指资本主义经济关系占据统治地位的、发达的资本主义生产方式。

马克思认为：“当劳动过程开始从属于资本时——这种从属发生在这样一种现有劳动过程的基础上，这种现有劳动过程在劳动过程从属于资本之前就已经存在，在以前的各种生产过程和其他生产条件的基础上就已经形成——，资本是使已有的、现存的劳动过程，就是说，例如，使手工业劳动与独立的小农经济相适应的农业方式。”② 这时，剩余价值只有通过延长劳动时间才能生产出来，从而只有以绝对剩余价值方式才能生产出来。因此，劳动对资本的形式从属的特殊性质就在于，“资本已经在一定的从属的职能中存在，但还没有在它的占统治地位的、决定一般社会形式的职能中存在，还不是劳动的直接购买者和生产过程的直接占有者”③。

在劳动对资本形式从属的阐释中，马克思特别提出，“还要从我的笔记本中”作出“补充”。这里提到的“笔记本”就是《1861—1863年经济学手稿》第XXI笔记本。马克思的“补充”是以绝对剩余价值为基础的劳动对资本的形式从属，同以前所有的榨取剩余劳动的方法是不同的。一方面，“剩余劳动占有者与剩余劳动提供者之间是纯粹的货币关系”，也就是说买者只是作为劳动条件的所有者而使卖者在经济上处于从属于自己的地位，这不是政治的和社会上固定的统治和从属关系；另一方面，“工人的客观劳动条件（生产资料）和主观劳动条件（生活资料），是作为资本，作为被他的劳动能力的买者所垄断了的东西与他相对立”④。

---

① 马克思，恩格斯．马克思恩格斯文集：第8卷．北京：人民出版社，2009：500.

② 同①501.

③④ 同①506.

在劳动对资本的形式从属中，生产方式本身虽然没有发生根本的变化，但生产过程已经有两个重要的发展变化。一是“发展着统治和从属的经济关系”，工人的劳动能力由资本家消费，并受资本家的监督与管理；二是“发展着劳动的巨大连续性与强度，以及劳动条件使用上的更大的节约”，无论是对所使用的活劳动还是对加入到产品中去的物化劳动都是如此。这两个发展变化表明，资本对剩余劳动的强制形式，提高了劳动连续性和劳动强度，也有利于劳动能力的差别发展，从而有利于劳动方式和谋生方式的分化。历史地看待这两个重要的发展变化，马克思认为：“这种形式使劳动条件占有者和工人本身之间的关系变为纯粹的买卖关系，或者说货币关系，使剥削关系从一切家长制的和政治的、或者还有宗教的混合物中脱离出来。”① 与此相适应，“生产关系本身又产生出新的统治和从属关系”“又生产出自己本身的政治表现等”②。

第二，劳动对资本的实际从属或特殊资本主义生产方式。

劳动对资本的形式上和实际上的两种从属形式，是与绝对剩余价值和相对剩余价值两种形式相对应的，其中第一种形式始终先于第二种形式，尽管比较发展的第二种形式又构成各新生产部门中实行的第一种形式的基础。马克思认为：“形式上的从属的一般特征是始终存在的，这就是劳动过程直接从属于资本，而不管劳动过程在工艺上以什么方式进行。但是在这个基础上，一种在工艺方面和其他方面都是特殊的生产方式，一种使劳动过程的现实性质及其现实条件都发生变化的生产方式——资本主义生产方式建立起来。资本主义生产方式一经产生，劳动对资本的实际上的从属就发生了。”③

在劳动对资本的实际从属中，社会劳动生产力上和资本家与工人关系上，都发生着“不断继续和重复的”④ 革命。随着大规模劳动的发展，科学和机器在直接生产过程中的应用得到显著发展。马克思指出：“一方面，现在形成为特殊生产方式的资本主义生产方式，创造出物质生产的已经变化的形态。另一方面，物质形态的这种变化又构成资本关系发展

①② 马克思，恩格斯．马克思恩格斯文集：第8卷．北京：人民出版社，2009：507.

③④ 同①516.

的基础，所以资本关系的适当的形态是与劳动生产力的一定发展程度相适应的。”①

社会劳动生产力的发展导致的资本主义生产的物质结果就是，生产量的极大提高和生产部门及其分支的增加与多样化，随之商品生产和商品交换的作用和范围以及产品的交换价值，也相应地发展起来。更为重要的是，剩余价值生产普遍地成为生产的直接目的，产品交换价值普遍地变成决定性的目的。马克思据此认为：“只有当特殊资本主义生产方式发展起来以及劳动对资本的实际上的从属随着这种生产方式也发展起来的时候，资本关系所固有的这种趋势才以适当的方式得到实现——而且这种趋势本身会成为必要的条件，在工艺上也是如此。”②

第三，生产劳动和非生产劳动。

在《1861—1863 年经济学手稿》第Ⅻ笔记本中，接着劳动对资本从属关系问题，马克思对生产劳动和非生产劳动问题作出论述。在《第六章》第三节，马克思也是在劳动对资本从属关系问题之后，对生产劳动和非生产劳动问题作出论述。不过在作出这一论述时，马克思明确指出：“在进一步考察作为资本主义生产方式的结果的变化了的资本形态以前，在这里先要简短地叙述一下生产劳动和非生产劳动。”③ 显然，马克思还是认为生产劳动和非生产劳动问题应该在《第六章》之前加以论述。

马克思提出的生产劳动和非生产劳动问题的基本观点是：资本主义生产的直接目的和真正产物是剩余价值，所以只有直接生产剩余价值的劳动才是生产劳动，只有直接生产剩余价值的劳动能力的行使者才是生产工人，只有直接在生产过程中为了资本的价值增殖而消费的劳动才是生产劳动。

马克思在“生产劳动是直接为资本充当自行增殖的作用因素，充当生产剩余价值的手段的劳动”④ 这一核心观点基础上，提出了三个重要观点。

---

① 马克思，恩格斯. 马克思恩格斯文集：第 8 卷. 北京：人民出版社，2009：517.
② 同①519.
③④ 同①520.

一是关于“总体工人”的观点。随着特殊资本主义生产方式的发展，劳动过程的实际执行者日益成为以社会的规模结合起来的劳动能力，他们以极其不同的方式参加直接的商品形成过程，劳动能力的越来越多的职能被列在生产劳动的直接概念下，这种劳动能力的承担者也被列在“总体工人”概念下。“总体工人”活动形成剩余价值的直接生产，形成“总体工人”意义上的生产劳动。

二是生产劳动的“更切近的规定”。资本主义生产过程的第一个条件是劳动能力所有者作为劳动能力的卖者与资本相对立；第二个条件是雇佣工人的劳动能力和他的劳动，作为活劳动直接被合并到资本生产过程中，使之成为资本生产过程的可变资本部分。在第二个条件中，可变资本不仅保持预付的不变资本价值，再生产出预付的可变资本价值，而且还使预付的资本得到增殖价值，即创造出剩余价值。这就是说，“只有通过创造剩余价值才能把预付的资本价值转化为自行增殖的价值，转化为资本”①。没有第二个条件，第一个条件也能发生，但这是雇佣工人就不是生产工人；虽然每一个生产工人都是雇佣工人，但不能由此认为每个雇佣工人都是生产工人。马克思的结论是：“生产劳动不过是劳动能力和劳动在资本主义生产过程中所呈现的整个关系和方式方法的概括说法”；“生产劳动与非生产劳动之间的区别仅仅在于：劳动是与作为货币的货币相交换，还是与作为资本的货币相交换”②。

三是在非物质生产场合的生产劳动问题。马克思所讲的“非物质生产”主要指两种情况：一是指作为结果的商品，可以脱离生产者而存在，因而可以作为商品来流通，如书籍、绘画，以及与艺术家的艺术活动相分离的艺术品；二是指产品同生产行为不可分离，如医生和教师的劳动。前一种情况，与物质生产的生产劳动比较，“并不会使事情发生变化”；后一种情况，“按照事物的性质只能在某些部门内发生”，因而“这一类的情况对资本主义生产的整体来说是不必考虑的”③。

---

① 马克思，恩格斯．马克思恩格斯文集：第8卷．北京：人民出版社，2009：522.

② 同①525，530.

③ 同①530，530，530，530-531.

五、关于“具有特殊资本主义特征的整个关系的生产和再生产”

《第六章》第三节的主题是“资本主义生产是使这个直接生产过程具有特殊资本主义特征的整个关系的生产和再生产”。马克思从直接生产过程结果及其必然趋势上，从整体上，揭示了资本主义生产关系的本质。

第一，资本直接生产过程“分裂为两极”的必然趋势。

资本在转化为现实生产过程要素之前，只是自在的资本、潜在的资本。只有在实际生产过程中，通过把活劳动现实地合并到资本的物的存在形式中，并通过实际地吸收追加的活劳动，资本才成为实际的资本。从资本直接生产过程结果来看，工人在走出直接生产过程时，同他进入这个过程时一样，工人实现的只是自己的劳动能力的再生产；工人的劳动实际上只是保存价值、创造价值和增殖价值的活动，只是作为必须重新通过同一过程才能保存自身的主观劳动力。而资本却相反，在直接生产过程结果上，总产品中资本已经实现价值增殖，孕育着剩余价值的资本重新作为资本家的财产而与劳动相对立。因此，直接生产过程不仅是资本的再生产过程，而且还是作为资本的资本的生产过程。这就是说，“生产过程创造资本这件事，不过是生产过程创造了剩余价值的另一种说法”①。

资本积累是资本主义再生产过程的内在要素。资本主义再生产过程不仅是生产关系的再生产，而且是这种关系在日益增长的规模上的再生产。在这一过程中，社会劳动生产力随着资本主义生产方式的发展而发展，与工人相对立的已经积累起来的财富也作为统治工人的财富、作为资本，以同样的程度增长起来。这一过程的必然趋势就是，“与工人相对立的财富世界也作为与工人相异化的并统治着工人的世界以同样的程度扩大起来。与此相反，工人本身的贫穷、困苦和依附性也按同样的比例发展起来。工人的贫乏化和上述的丰饶是互相对应，齐头并进的。同时，资本的这种活

① 马克思，恩格斯．马克思恩格斯文集：第8卷．北京：人民出版社，2009：543.

的生产资料的数量即劳动无产阶级也在增大”①。马克思指出，这种“分裂为两极”的趋势的必然是“资本的增长和无产阶级的增加表现为同一过程的互相联系的、又是分裂为两极的产物”②。

第二，直接生产过程的结果与新社会形态物质基础的创造。

在特殊资本主义生产方式中，这种“分裂为两极”的趋势，在对资本家这一方越来越有利、而对雇佣工人那一方越来越不利的状况下，不断地再生产出来。

就生产过程的连续性来看，在“分裂为两极”的关系中，工资不过是工人不断生产出来的产品的一部分，它以工资的形式转变为生活资料，从而转变为劳动能力的手段。马克思认为：“劳动能力的这种保存和增加，作为这个过程的结果，本身又只是表现为属于这个过程的再生产条件和积累条件的再生产与扩大。”③“分裂为两极”的关系从整体上揭示了资本主义生产关系的本质。在资本主义生产关系中，劳动和资本的表面上“平等”的交换关系，完全是“作为它的基础的资本主义关系的假象”④。

这种“分裂为两极”的关系及其趋势，也是资本主义生产方式历史发展的结果。马克思认为，这里要区分“两个要素”，“这两个要素使这种关系本身作为资本主义生产过程的结果以越来越大的规模进行的再生产同最初的形式互相区别开来，这种最初的形式一方面是指历史上表现出来的最初形式，另一方面是指在发达的资本主义社会的表面上不断重新表现出来的最初形式”⑤。马克思力图从历时性和同时性及其统一性上，揭示资本主义生产方式的总体特征。

第一个要素是“流通中发生的引导过程”，即“劳动能力的买和卖”⑥。资本家为了取得劳动而不断地把工人的产品的一部分——必要生活资料——卖给工人，以保存和增加劳动能力即买者本人，并且不断地把工人的产品的另一部分即客观的劳动条件，作为资本自行增殖的手段，作为资本贷给工人。所以，在工人把自己的产品作为资本进行再生产时，资本家

①②③ 马克思，恩格斯．马克思恩格斯文集：第8卷．北京：人民出版社，2009：544．
④⑤⑥ 同①545．

也把工人作为雇佣工人，从而作为自身劳动的卖者进行再生产。作为劳动购买者的资本和作为劳动售卖者的工人之间的关系的“永久化”，是这种生产方式内在的“中介”形式。马克思指出：“这种引导的关系本身又表现为在资本主义生产中发生的对象化劳动对活劳动进行统治的内在要素。”①

第二个要素是“资本关系本身的出现，是以一定的历史阶段和社会生产形式为前提”②。在过去的生产方式中，必然发展起那些超出旧生产关系并迫使旧生产关系转化为资本关系的交往手段、生产资料和需要，但它们只需要发展到使劳动在形式上从属于资本的程度。历史的辩证法确实不可改变，马克思强调：“在这种已经改变了的关系的基础上，会发展起一种发生了特殊变化的生产方式，这种生产方式一方面创造出新的物质生产力，另一方面，它只有在这种新的物质生产力的基础上才能得到发展，从而在实际上给自己创造出新的现实的条件。”③ 在经济的社会关系的不断发展中，必然会出现“完全的经济革命”。这种“完全的经济革命”，“一方面为资本对劳动的统治创造并完成其现实条件，为之提供相应的形式，另一方面，在这个由革命发展起来的与工人相对立的劳动生产力、生产条件与交往关系中，这个革命又为一个新生产方式，即扬弃资本主义生产方式这个对立形式的新生产方式创造出现实条件，这样，就为一种新形成的社会生活过程，从而为新的社会形态创造出物质基础”④。

马克思对这两个要素的发展及其辩证关系的阐释，不仅揭示了资本是怎样进行生产的，而且也说明了资本本身是怎样被生产的，以及资本又是怎样作为根本改变了的东西走出生产过程的。马克思深刻地阐明：“一方面，资本改造了生产方式，另一方面，生产方式的这种改变了的形态和物质生产力的特殊发展阶段，又是资本本身形成的基础和条件，即前提。”⑤

马克思对资本直接生产过程结果的概括性的说明就是：“不仅生产过

①② 马克思，恩格斯．马克思恩格斯文集：第8卷．北京：人民出版社，2009：546．
③④⑤ 同①547．

程的物的条件表现为生产过程的结果，而且物的条件的特殊社会性质也是如此；社会关系，从而生产当事人彼此的社会地位，即生产关系本身，被生产出来，是生产过程的不断更新的结果。”①

① 马克思，恩格斯．马克思恩格斯文集：第8卷．北京：人民出版社，2009：547-548.

第二篇
马克思经济思想与新时期中国特色政治经济学

● 新中国70年，中国社会主义政治经济学发展分为四个阶段：一是从新中国成立到1956年社会主义过渡时期结束，这一阶段构成中国社会主义政治经济学历史的“序幕”；二是从1956年社会主义基本经济制度确立到1976年“文化大革命”结束及之后两年的拨乱反正，这是社会主义政治经济学奠定基础、艰辛探索和曲折发展阶段；三是从1978年党的十一届三中全会到2012年党的十八大召开的改革开放新时期，这是中国特色社会主义政治经济学形成和发展阶段；四是党的十八大以来新时代社会主义政治经济学的发展过程，这是中国特色社会主义政治经济学拓新和探寻“系统化的经济学说”的新阶段。

中国社会主义政治经济学发展，是以中国社会主义初级阶段特殊国情和经济社会关系为出发点的；“第二次结合”也是中国特色社会主义政治经济学发展的思想原则和学理依循；社会主义基本经济制度与经济体制、经济运行之间的“整体关系”，深刻地揭示了中国社会主义政治经济学体系结构的内在规定和层次结构；解放和发展社会生产力，是中国社会主义建设道路探索的本质问题，也是贯穿于社会主义政治经济学发展全过程的理论主线；坚持社会主义市场经济改革“重要原则”，就能把握和处理好两个“辩证法、两点论”问题；“实现什么样的发展、怎样发展”的问题，是贯穿于中国社会主义道路探索全过程的重大课题，更是新时期中国特色社会主义政治经济学的主导性论题。

●《资本论》是以资本主义生产方式的“现代史”为对象的。中国社会经济关系发展的过程和性质决定，作为中国化马克思主义政治经济学对象的，主要是中国经济关系的“形成史”，是以“形成史”为对象特征的。中国社会主义政治经济学则以社会主义经济关系“形成史”为对象。

● 商品范畴作为《资本论》始基范畴，完全是由马克思所说的“特殊资本主义生产方式”的内在矛盾和全部发展过程所决定的，是由“资本主义生产方式专有的特征”所决定的。商品范畴不是中国特色社会主义政治经济学的始基范畴。

● 厘清马克思在《资本论》中实现的更为广泛的“术语的革命”思想的来源和基本过程，将为当代马克思主义政治经济学的“术语的革命”和

中国特色社会主义政治经济学体系发展提供理论上的和方法论上的重要启示。

● 在马克思主义政治经济学史上，恩格斯最先提出了广义政治经济学问题，奠定了广义政治经济学的基础理论和根本方法。回顾恩格斯对广义政治经济学研究的理论贡献，无论对政治经济学史还是对当代中国马克思主义政治经济学的发展，都有重要的意义。

● 1959 年 12 月至 1960 年 2 月，毛泽东在读苏联《政治经济学教科书》下册时发表的关于社会主义政治经济学问题的一系列谈话，是毛泽东当年“下决心要搞通这门学问”① 的重要组成部分，也是毛泽东继 1956 年 4 月《论十大关系》讲话之后对社会主义政治经济学问题再度集中研究，它们共同构成中国社会主义政治经济学史的经典文本和重要文献。

● 中国特色社会主义经济学对马克思主义经济学的创新，是以对马克思经济学特殊形式对象的理解为基础的；中国特色社会主义经济学的体系创新，则是对马克思经济学对象理解的科学拓展。

---

① 中共中央文献研究室. 毛泽东年谱：1949—1976：第 4 卷. 北京：中央文献出版社，2013：290.

第八章　新中国社会主义政治经济学“历史路标”论略

新中国70年，中国社会主义政治经济学发展可以分为四个阶段：一是从新中国成立到1956年社会主义过渡时期结束，这一阶段开创的具有中国特点的过渡时期政治经济学理论，构成中国社会主义政治经济学历史的“序幕”；二是从1956年社会主义基本经济制度确立到1976年“文化大革命”结束及之后两年的拨乱反正，这是社会主义政治经济学奠定基础、艰辛探索和曲折发展阶段；三是从1978年党的十一届三中全会到2012年党的十八大召开的改革开放新时期，这是社会主义政治经济学蓬勃发展时期，也是中国特色社会主义政治经济学形成和发展阶段；四是党的十八大以来新时代社会主义政治经济学的发展过程，这是中国特色社会主义政治经济学拓新和探寻“系统化的经济学说”的新阶段。这四个阶段刻画的“历史路标”，深刻展现了新中国70年间社会主义政治经济学从开创到形成和发展，再到创新和拓展，最后进入“系统化的经济学说”探索的思想历史过程。

这里提到的“历史路标”①，是马克思在写作《1861—1863年经济学手稿》时提出的政治经济学史研究的思想方法和学理路向。“历史路标”重在从思想历史的视角，考察政治经济学规律以怎样的具有决定意义的形

① 马克思，恩格斯．马克思恩格斯全集：第26卷：第1册．北京：人民出版社，1972：367．

式被揭示出来，以及政治经济学理论怎样在经济社会关系发展过程中得到承续、发展和拓新。对中国社会主义政治经济学“历史路标”的探索，以上述四个阶段为历史逻辑，着重探讨的是这一过程的理论逻辑，以揭示新中国 70 年间社会主义政治经济学的特定对象、学理依循、理论内涵、学术特征和科学体系。

一、中国社会主义政治经济学的对象与根据

马克思在《资本论》中对资本主义生产方式的研究，是以英国资本主义经济关系发展为“例证”的。这是因为，英国是当时资本主义生产方式最发达、最典型的国家，通过对英国资本主义经济关系的分析，能够深刻阐明资本主义经济现象和经济过程的内在的、本质的联系，揭示资本主义经济关系发展的必然趋势。“工业较发达的国家向工业较不发达的国家所显示的，只是后者未来的景象”①，对英国发达资本主义经济关系研究的理论结论，对于包括德国、法国在内的其他相对落后的资本主义国家具有普遍的意义。社会经济关系现实的典型性，是政治经济学理论普遍性的基本前提。

从马克思经济思想发展全过程来看，马克思晚年对《资本论》对象及其特点作过新的思考。1877 年，马克思在《给〈祖国纪事〉杂志编辑部的信》中提道，“极为相似的事变发生在不同的历史环境中就引起了完全不同的结果。如果把这些演变中的每一个都分别加以研究，然后再把它们加以比较，我们就会很容易地找到理解这种现象的钥匙”②。马克思对那种把《资本论》中“关于西欧资本主义起源的历史概述彻底变成一般发展道路的历史哲学理论”的观点，很不以为然，认为“这种历史哲学理论的最大长处就在于它是超历史的”③。马克思把不同于西欧国家的政治经济学研究

① 马克思，恩格斯．马克思恩格斯文集：第 5 卷．北京：人民出版社，2009：8.
② 马克思，恩格斯．马克思恩格斯文集：第 3 卷．北京：人民出版社，2009：466-467.
③ 同②466，467.

纳入自己的理论视界。

马克思晚年的这一思考，得到恩格斯的由衷赞许。在写于 1876 年至 1878 年间的《反杜林论》中，恩格斯对政治经济学对象的特殊性问题作了阐释。他认为，“人们在生产和交换时所处的条件，各个国家各不相同，而在每一个国家里，各个世代又各不相同。因此，政治经济学不可能对一切国家和一切历史时代都是一样的”；正因为这样，“谁要想把火地岛的政治经济学和现代英国的政治经济学置于同一规律之下，那么，除了最陈腐的老生常谈以外，他显然不能揭示出任何东西”①。政治经济学对象的特殊性，决定了政治经济学国别特色的必然性。

中国社会主义政治经济学发展，是以中国的特殊国情和经济社会关系的实际为出发点的，是以政治经济学对象的特殊性为特征的。特别是新时期中国特色社会主义政治经济学，更是以此为特征而得以发展和拓新的。

中国的特殊国情和经济社会发展的实际，在政治经济学理论上，体现在对中国社会主义发展阶段的认识上。在过渡时期，生产资料社会主义改造用了四年时间就提前完成，而以 1953 年“一五”计划实施为起点的社会主义工业化却刚刚起步。1957 年初，毛泽东指出：“我国的社会主义制度还刚刚建立，还没有完全建成，还不完全巩固。”② 社会主义制度还需要继续建设、发展，还要实现社会主义工业化，为社会主义制度奠定强大而稳固的物质技术基础。毛泽东把从“刚刚建立”到“完全建成”，再到“完全巩固”，看作中国社会主义接续前行的阶段和过程。1959 年 12 月至 1960 年 2 月，毛泽东在读苏联《政治经济学教科书》的过程中发表了许多谈话，指出：“社会主义这个阶段，又可能分为两个阶段，第一个阶段是不发达的社会主义，第二个阶段是比较发达的社会主义。后一阶段可能比前一阶段需要更长的时间。经过后一阶段，到了物质产品、精神财富都极为丰富和人们的共产主义觉悟极大提高的时候，就可以进入共产主义社会了。”③ 社会主义“分为两个阶段”的判断，直接影响着毛泽东对社会主义政治经济学一些重大理论问题的

① 马克思，恩格斯．马克思恩格斯文集：第 9 卷．北京：人民出版社，2009：153.

② 毛泽东．毛泽东文集：第 7 卷．北京：人民出版社，1999：214.

③ 毛泽东．毛泽东文集：第 8 卷．北京：人民出版社，1999：116.

看法，他当时就质疑那种否定商品生产和价值规律、要求立即进入共产主义的观点和做法，认为“这些人不赞成商品生产，以为苏联已经是共产主义了，实际上还差得很远。我们搞社会主义只有几年，则差得更远”①。

毛泽东关于社会主义发展阶段的思想，在社会主义政治经济学的理论和实践中没有完全得到贯彻。党的十一届三中全会后，以邓小平同志为主要代表的中国共产党人，吸取毛泽东探索社会主义发展阶段的经验教训，面对改革开放新时期的新实际，得出我国正处在社会主义初级阶段的科学判断，逐步形成社会主义初级阶段理论，明确了现时期中国社会主义政治经济学的对象特征。

1981 年 6 月，党的十一届六中全会通过的《关于建国以来党的若干历史问题的决议》，第一次作出“我们的社会主义制度还是处于初级的阶段”② 的判断。党的十三大前夕，邓小平提出：“我们党的十三大要阐述中国社会主义是处在一个什么阶段，就是处在初级阶段，是初级阶段的社会主义。社会主义本身是共产主义的初级阶段，而我们中国又处在社会主义的初级阶段，就是不发达的阶段。一切都要从这个实际出发，根据这个实际来制订规划。”③ 党的十三大第一次明确我国正处在社会主义初级阶段，对社会主义初级阶段的内涵及其特殊规定作了阐释，对社会主义初级阶段的基本特征以及社会主义初级阶段的主要矛盾及其解决途径作了分析，对党在社会主义初级阶段基本路线等重要问题作了论述。

在马克思看来，政治经济学的“每个原理都有其出现的世纪”，政治经济学思想历史研究的要义就在于，厘清“为什么该原理出现在 11 世纪或者 18 世纪，而不出现在其他某一世纪，我们就必然要仔细研究一下：11 世纪的人们是怎样的，18 世纪的人们是怎样的，他们各自的需要、他们的生产力、生产方式以及生产中使用的原料是怎样的；最后，由这一切生存条件所产生的人与人之间的关系是怎样的”④。社会主义初级阶段是当代中

① 毛泽东．毛泽东文集：第 7 卷．北京：人民出版社，1999：434.

② 中共中央文献研究室．改革开放三十年重要文献选编：上．北京：中央文献出版社，2008：212.

③ 邓小平．邓小平文选：第 3 卷．北京：人民出版社，1993：252.

④ 马克思，恩格斯．马克思恩格斯文集：第 1 卷．北京：人民出版社，2009：607-608.

国最重要的、也是最基本的国情和经济社会发展的实际。在现阶段，中国特色社会主义经济学既是以社会主义初级阶段经济关系为对象和特征的，也是以社会主义初级阶段经济关系为研究根据和立论基础的。

在党的十九大上，习近平指出："我国仍处于并将长期处于社会主义初级阶段的基本国情没有变，我国是世界最大发展中国家的国际地位没有变。全党要牢牢把握社会主义初级阶段这个基本国情，牢牢立足社会主义初级阶段这个最大实际。"① 中国社会主义政治经济学以社会主义初级阶段经济关系为特征和根据，是马克思主义政治经济学在当代中国的运用和创新。

二、中国社会主义政治经济学的学理依循

新中国成立后，中国共产党人带领全党全国各族人民，在迅速医治战争创伤、恢复国民经济的基础上，根据中国具体国情，把马克思主义关于社会主义过渡时期理论创造性地运用于中国实际，提出逐步实现国家工业化和对农业、手工业、资本主义工商业的社会主义改造理论，开辟了一条适合中国特点的社会主义改造道路，对社会主义过渡时期政治经济学作出多方面创造性的探索，也拉开了中国社会主义政治经济学发展的"序幕"。

1956 年初，在中国社会主义基本经济制度确立之际，毛泽东把中国自己的社会主义建设道路问题当作国是论衡的重要课题。1956 年 2 月，毛泽东在开始《论十大关系》讲话的调查研究时就提出，我们"完全应该比苏联少走弯路"，"不应该被苏联前几个五年计划的发展速度所束缚"，"要打破迷信"②。同年 3 月，毛泽东在谈到苏共二十大赫鲁晓夫"秘密报告"问题时指出："赫鲁晓夫这次揭了盖子，又捅了娄子。他破除了那种认为苏联、苏共和斯大林一切都是正确的迷信，有利于反对教条主义。不要再硬搬苏联的一切了，应该用自己的头脑思索了。应该把马列主义的基本原理

① 中共中央党史和文献研究院．十九大以来重要文献选编：上．北京：中央文献出版社，2019：9.

② 中共中央文献研究室．毛泽东年谱：1949—1976：第 2 卷．北京：中央文献出版社，2013：537.

同中国社会主义革命和建设的具体实际结合起来，探索在我们国家里建设社会主义的道路了。”① 在对中国社会主义建设道路选择问题探索中，毛泽东立足于国内和国际两个大局，审时度势，从历史、理论与现实的结合上，提出“民主革命时期，我们吃了大亏之后才成功地实现了这种结合，取得了新民主主义革命的胜利。现在是社会主义革命和建设时期，我们要进行第二次结合，找出在中国怎样建设社会主义的道路”；进行“第二次结合”的核心要义，“最重要的是要独立思考，把马列主义的基本原理同中国革命和建设的具体实际相结合”②。

毛泽东提出的“第二次结合”“找出在中国怎样建设社会主义的道路”等重要思想，是对中国革命和建设历史反思和现实思考的结果，是在中国社会主义建设道路选择的关键时期和国际共产主义运动逆转时期作出的重大战略决策。《论十大关系》实际上是毛泽东提出“第二次结合”思想后，对中国社会主义建设道路探索的最初的重要成果，是对中国社会主义政治经济学探索的最初开创性的重要成果。

把马克思主义基本原理与中国经济建设具体实际相结合，实现马克思主义中国化的“第二次结合”，也是新时期中国特色社会主义政治经济学发展的思想原则。1984 年，党的十二届三中全会通过的《关于经济体制改革的决定》明确提出“社会主义经济是公有制基础上的有计划的商品经济”。这是适合当时中国经济体制改革实际的“新话”，邓小平认为，这些“新话”给人以“写出了一个政治经济学的初稿”的印象，呈现的是“马克思主义基本原理和中国社会主义实践相结合的政治经济学”的学理依循③。

“第二次结合”也是新时代中国特色社会主义政治经济学发展的思想原则和学理依循。习近平在提到新时期中国特色社会主义政治经济学关于社会主义初级阶段基本经济制度理论、社会主义本质理论、社会主义市场经济理论和对外开放理论等创新意义时指出，“党的十一届三中全会以来，

---

① 中共中央文献研究室. 毛泽东年谱：1949—1976：第 2 卷. 北京：中央文献出版社，2013：550.

② 同①557.

③ 邓小平. 邓小平文选：第 3 卷. 北京：人民出版社，1993：91，83，83.

我们党把马克思主义政治经济学基本原理同改革开放新的实践结合起来，不断丰富和发展马克思主义政治经济学”，“形成了当代中国马克思主义政治经济学的许多重要理论成果”①。在习近平看来，“第二次结合”是理解新时期中国特色社会主义政治经济学理论创新的思想原则和学理依循根本所在。

坚守“第二次结合”的思想原则和学理依循，在根本上凸显了中国社会主义政治经济学所具有的治国理政的重要意义和根本作用。党的十八大以来，以习近平同志为主要代表的中国共产党人，从治国理政新理念新思想新战略的高度，对中国特色社会主义政治经济学的思想内涵和理论意义作出新的阐释。2014 年 7 月，习近平在对经济新常态“大逻辑”进行阐释时，提出“各级党委和政府要学好用好政治经济学”的新要求，以“自觉认识和更好遵循经济发展规律，不断提高推进改革开放、领导经济社会发展、提高经济社会发展质量和效益的能力和水平”为“学好用好”的标格②。2015 年 11 月，在规划“十三五”时期经济社会发展战略目标时，习近平提出了“马克思主义政治经济学是马克思主义的重要组成部分，也是我们坚持和发展马克思主义的必修课”的重要思想，强调“学习马克思主义政治经济学基本原理和方法论，有利于我们掌握科学的经济分析方法，认识经济运动过程，把握社会经济发展规律，提高驾驭社会主义市场经济能力，更好回答我国经济发展的理论和实践问题”③，深刻地揭示了“必修课”中蕴含的“第二次结合”的思想原则和学理依循。2016 年 7 月，在对供给侧结构性改革理论和实践的阐释中，习近平再次强调：“中国特色社会主义政治经济学只能在实践中丰富和发展，又要经受实践的检验，进而指导实践。要加强研究和探索，加强对规律性认识的总结，不断完善中国特色社会主义政治经济学理论体系，推进充分体现中国特色、中国风格、中国气派的经济学科建设。”④ “第二次结合”的思想原则和学理依循，在

① 中共中央党史和文献研究院．十八大以来重要文献选编：下．北京：中央文献出版社，2018：2-3，3.

② 中共中央文献研究室．习近平关于社会主义经济建设论述摘编．北京：中央文献出版社，2017：320.

③ 同①1，3.

④ 同②331.

习近平新时代中国特色社会主义经济思想中得到升华。

三、社会主义基本经济制度、经济体制和经济运行的总体探索

1957 年，毛泽东在《关于正确处理人民内部矛盾的问题》一文中指出：“在社会主义社会中，基本的矛盾仍然是生产关系和生产力之间的矛盾，上层建筑和经济基础之间的矛盾。”因此，“我们今后必须按照具体的情况，继续解决上述的各种矛盾。当然，在解决这些矛盾以后，又会出现新的问题，新的矛盾，又需要人们去解决”①。社会主义社会基本矛盾理论，为中国社会主义政治经济学奠定了最为坚实的总体方法论基础。

秉持这一总体方法论，中国社会主义政治经济学坚持从社会主义建设整体关系和全面布局上，探讨社会主义经济关系问题。在《论十大关系》讲话中，毛泽东提出“一定要首先加强经济建设”②，因为经济关系是社会主义建设诸关系中主要的和重点的关系，是解决和处理好其他关系的基础和前提；同时，也要结合政治建设、文化建设、国防建设和党的建设，以及外交政策和国际战略等关系，对中国社会主义建设道路作出全面探索。

列宁认为：“马克思主义的全部精神，它的整个体系，要求人们对每一个原理都要（α）历史地，（β）都要同其他原理联系起来，（γ）都要同具体的历史经验联系起来加以考察。”③ 新时期中国特色社会主义政治经济学的特征，就是以社会主义初级阶段经济关系为对象，突出经济制度和经济体制、经济运行及其关系的整体研究。在“整个体系”上，以经济制度论、经济改革论、市场经济论、对外开放论和科学发展论为主导理论；这些集经济制度和经济体制、经济运行为一体的主导理论的相互联系、相互依存和相互作用，生成其他一系列衍生性理论。主导理论和衍生性理论结

① 毛泽东．毛泽东文集：第 7 卷．北京：人民出版社，1999：215.

② 同①28.

③ 列宁．列宁专题文集：论马克思主义．北京：人民出版社，2009：163.

合在一起，共同构成中国社会主义政治经济学的基本构架。这种“整体关系”，在社会主义市场经济理论创新中，得到最为显著的呈现。

从政治经济学思想史来看，经济范畴的形成大多经历了“极其艰难地把各种形式从材料上剥离下来并竭力把它们作为特有的考察对象固定下来”[①] 的过程。在社会主义市场经济范畴的形成中，首先是离析市场经济对资本主义私有制的依附关系，“剥离”出市场经济这一具有体制性规定的“抽象概念”，这就是邓小平一再强调的“计划多一点还是市场多一点，不是社会主义与资本主义的本质区别。计划经济不等于社会主义，资本主义也有计划；市场经济不等于资本主义，社会主义也有市场”[②]。其次是由于“所谓一切生产的一般条件，不过是这些抽象要素，用这些要素不可能理解任何一个现实的历史的生产阶段”[③]，市场经济作为“抽象概念”，只有在与一定的社会基本经济制度相结合时，才具有充分性和现实性。市场经济体制要与社会主义基本经济制度“结合起来”，也就是说，“必须把坚持社会主义基本制度同发展市场经济结合起来，发挥社会主义制度的优越性和市场配置资源的有效性，使全社会充满改革发展的创造活力”[④]。从“剥离下来”的离析过程到“结合起来”的兼容过程，深刻地呈现了社会主义市场经济具有的基本经济制度和经济体制的“整体关系”。

在中国社会主义政治经济学中，“一个公有制占主体，一个共同富裕，这是我们所必须坚持的社会主义的根本原则。我们就是要坚决执行和实现这些社会主义的原则”[⑤]。这一“原则”，也是社会主义初级阶段基本经济制度的本质规定。在现实中，经济体制和经济运行是这一基本经济制度的展开形式和具体实现形式；在理论上，经济体制和经济运行受制于基本经济制度的规定和约束，同时又在一定条件下反作用于基本经济制度，推进基本经济制度的完善和发展。

社会主义基本经济制度与经济体制、经济运行之间的“整体关系”，

① 马克思，恩格斯．马克思恩格斯全集：第31卷．2版．北京：人民出版社，1998：266.
② 邓小平．邓小平文选：第3卷．北京：人民出版社，1993：373.
③ 马克思，恩格斯．马克思恩格斯文集：第8卷．北京：人民出版社，2009：12.
④ 中共中央文献研究室．十七大以来重要文献选编：上．北京：中央文献出版社，2009：800.
⑤ 同②111.

深刻地揭示了中国社会主义政治经济学体系结构的内在规定和层次结构。经济体制改革是中国社会主义政治经济学研究的重要论题。党的十一届三中全会提出：“实现四个现代化，要求大幅度地提高生产力，也就必然要求多方面地改变同生产力发展不适应的生产关系和上层建筑，改变一切不适应的管理方式、活动方式和思想方式，因而是一场广泛、深刻的革命。”① 经济体制改革不是对原有经济体制细枝末节的修补而是根本性的变革；经济体制改革在全部改革中起着先导和引导作用，是社会主义经济关系的根本性调整。经济体制改革与经济制度和经济运行是不可分割地联系在一起的，经济体制改革相对于其他方面的体制改革，也犹如“总体”中的“普照的光”，既决定着“总体”中“不同要素相互间的一定关系”，又“决定于其他要素”②。

党的十八大后，习近平在拓新中国特色社会主义政治经济学中，密切结合新时代中国经济社会发展的新的实际，提出“只有把生产力和生产关系的矛盾运动同经济基础和上层建筑的矛盾运动结合起来观察，把社会基本矛盾作为一个整体来观察，才能全面把握整个社会的基本面貌和发展方向”。从这一“整体”来看，物质生产是社会历史发展的决定性因素，“生产力是推动社会进步的最活跃、最革命的要素”③。只有把经济社会关系作为一个整体来观察，才能全面把握中国社会主义初级阶段经济关系的本质及其发展规律，才能切实体现中国社会主义政治经济学治国理政的特征，才能真正发展和创新中国特色社会主义政治经济学。

四、解放和发展社会生产力的理论主线

解放和发展社会生产力，是中国社会主义建设道路探索的本质问题，

---

① 中共中央文献研究室. 改革开放三十年重要文献选编：上. 北京：中央文献出版社，2008：15.

② 马克思，恩格斯. 马克思恩格斯文集：第8卷. 北京：人民出版社，2009：23，31，23，23，23.

③ 推动全党学习和掌握历史唯物主义 更好认识规律更加能动地推进工作. 人民日报，2013-12-05（1）.

也是贯穿社会主义政治经济学发展全过程的理论主线。1956 年初，毛泽东就提出，“我们的党，我们的政府，我们的各个部门，都必须执行促进生产力发展的任务”，而且上层建筑也要“适合这个经济基础，适合生产力的发展”①；同时，“社会主义革命的目的是为了解放生产力”，而社会主义生产资料所有制的变革“必然使生产力大大地获得解放”②。在《关于正确处理人民内部矛盾的问题》中，毛泽东从“发展”、“解放”和“保护”社会生产力的关系上，作出了“我们的根本任务已经由解放生产力变为在新的生产关系下面保护和发展生产力”③ 的重要论断。

新时期启程时，社会主义政治经济学首先遇到的就是怎样评价社会生产力在中国社会主义经济关系性质和本质中的地位、怎样理解社会生产力在经济增长和发展中的作用问题。1977 年 8 月，邓小平明确提出，在拨乱反正中要澄清的诸多理论问题中，最先需要澄清的就是“四人帮”对“唯生产力论”所谓“批判”的谬误。10 月，邓小平再次提出：“如果不是生产力发展到物质极大丰富，怎么能实现按需分配，怎么能进入共产主义？马列主义没有‘唯生产力论’这个词，这个词不科学。”④ 1978 年 3 月，邓小平在对社会生产力范畴重新认识时指出：“科学技术是生产力，这是马克思主义历来的观点”，认为“现代科学技术的发展，使科学与生产的关系越来越密切了。科学技术作为生产力，越来越显示出巨大的作用”⑤。对马克思主义社会生产力理论的当代诠释，成为中国特色社会主义政治经济学形成的重要标识。

要把解放和发展社会生产力结合起来。邓小平指出：“过去，只讲在社会主义条件下发展生产力，没有讲还要通过改革解放生产力，不完全。应该把解放生产力和发展生产力两个讲全了。”⑥ 解放社会生产力和发展社

---

① 中共中央文献研究室. 毛泽东年谱：1949—1976：第 2 卷. 北京：中央文献出版社，2013：513.

② 毛泽东. 毛泽东文集：第 7 卷. 北京：人民出版社，1999：1.

③ 同②218.

④ 中共中央文献研究室. 邓小平年谱：1975—1997：上. 北京：中央文献出版社，2004：222-223.

⑤ 邓小平. 邓小平文选：第 2 卷. 2 版. 北京：人民出版社，1994：87.

⑥ 邓小平. 邓小平文选：第 3 卷. 北京：人民出版社，1993：370.

会生产力的“完全”性，实际上就是社会主义生产力和生产关系相结合的整体性问题；而“讲全”解放社会生产力和发展社会生产力，实际上就是中国社会主义政治经济学的基本理论。

解放和发展社会生产力，不仅是中国社会主义政治经济学基本理论，而且也是中国特色社会主义政治经济学的理论主线。从新时期中国特色社会主义政治经济学的理论逻辑来看，正是在解放和发展社会生产力理论的基础上，通过对社会主义初级阶段经济关系多样性现状的深刻把握，才形成了社会主义初级阶段生产资料所有制结构和分配体制结构的理论；通过对国际经济格局变化和经济全球化趋势的深刻把握，才形成了改革开放的基本国策并提出了全面深化改革和全面对外开放的理论；通过对社会主义经济体制中计划和市场核心问题的深刻把握，才确立了社会主义市场经济体制改革路径和目标的理论；通过对以经济建设为中心的地位和作用的深刻把握，才形成了以实现社会主义现代化为根本目标的经济发展战略、战略规划和战略步骤理论，等等。所有这些理论的形成和发展，最为现实地证明、也最为生动地体现了解放和发展社会生产力理论在中国社会主义政治经济学体系中所起的理论主线的作用。

党的十八大以来，习近平结合新时代中国经济社会发展的新的实际，强调“提高解放和发展社会生产力的自觉性、主动性”①。习近平新时代中国特色社会主义经济思想的聚焦点和着力点，就是“全面建成小康社会，实现社会主义现代化，实现中华民族伟大复兴，最根本最紧迫的任务还是进一步解放和发展社会生产力”②。要激发解放和发展社会生产力的新的势能和新的力量，实现社会生产力的全面跃升。只有实现解放和发展社会生产力这一“最紧迫的任务”，才能真正达到不断满足人民对美好生活的期盼和要求，推进物质文明、精神文明、政治文明、社会文明和生态文明的全面发展，促进人的自由而全面发展。这就是习近平把解放和发展生产力确立为中国特色社会主义政治经济学首要的“重大原则”的意蕴

① 中共中央文献研究室．习近平关于社会主义经济建设论述摘编．北京：中央文献出版社，2017：11.

② 中共中央文献研究室．十八大以来重要文献选编：上．北京：中央文献出版社，2014：549.

所在。

坚持解放和发展社会生产力的重大原则，作为中国社会主义政治经济学的理论主线，也是马克思主义政治经济学在中国发展的逻辑结论。2018年5月，习近平在纪念马克思诞辰200周年大会上指出：“解放和发展社会生产力是社会主义的本质要求，是中国共产党人接力探索、着力解决的重大问题。新中国成立以来特别是改革开放以来，在不到七十年的时间内，我们党带领人民坚定不移解放和发展社会生产力，走完了西方几百年的发展历程，推动我国快速成为世界第二大经济体。我们要勇于全面深化改革，自觉通过调整生产关系激发社会生产力发展活力，自觉通过完善上层建筑适应经济基础发展要求，让中国特色社会主义更加符合规律地向前发展。”① 中国特色社会主义政治经济学的理论贡献，就体现在以解放和发展社会生产力为根本指向和重大原则，体现在对中国共产党人“接力探索”“着力解决”的这一重大理论和实践问题的拓新上。

五、坚持社会主义市场经济发展的理论主题

新中国成立后，面对中国经济落后，特别是国民经济基础极其薄弱的现状，我国选择了高度集中的经济体制，把有限的人力、物力、财力集中起来，推进国家基础设施重点建设，力求快速建起基本的国民经济基础。随着国民经济基础的快速建立，高度集中的经济体制的弊端也逐渐显露。在《论十大关系》中，毛泽东已经有针对地提出，要用“兼顾”和“统筹”的办法，处理和解决当时社会主义建设中出现的各种“矛盾”和“问题”。他认为，“统筹兼顾，各得其所”原则，是“我们历来的方针，在延安的时候，就采取这个方针。这是一个什么方针呢？就是调动一切积极力量，为了建设社会主义。这是一个战略方针”②。

① 中共中央党史和文献研究院．十九大以来重要文献选编：上．北京：中央文献出版社，2019：429-430.

② 中共中央文献研究室．毛泽东年谱：1949—1976：第3卷．北京：中央文献出版社，2013：69.

按照“统筹兼顾”原则，党的八大有过经济体制改革的“三个主体、三个补充”的设想。陈云在党的八大上提出，社会主义经济的情况将是：“国家经营和集体经营是工商业的主体”，个体经营是“国家经营和集体经营的补充”；“计划生产是工农业生产的主体，按照市场变化而在国家计划许可范围内的自由生产是计划生产的补充”；“在社会主义的统一市场里，国家市场是它的主体”，“自由市场，是在国家领导之下，作为国家市场的补充”①。之后，对高度集中的经济体制改革的理论和实践时起时伏，一直没有停止过。但是，经济体制改革的整体思路，主要还囿于中央与地方权力配置调整的问题，没有能从根本上触动政府统得过多、市场作用趋弱的根本问题，没有在计划和市场关系问题上找到经济体制改革的突破口。

新时期以计划与市场关系为核心问题，社会主义经济体制改革持续推进，中国社会主义政治经济学的主题得以凸显。在这一过程中，党的十四大之前，经历了从计划经济为主、市场调节为辅到社会主义有计划的商品经济，再到计划与市场内在统一的经济体制改革的过程。党的十四大确立了社会主义市场经济体制改革目标模式，党的十四届三中全会提出了社会主义市场经济体制的基本框架，在建立现代企业制度、培育现代市场体系、转变政府职能和完善宏观调控体系，以及建立社会保障体系等方面提出了一系列创新性见解，对建设什么样的社会主义市场经济、怎样建设社会主义市场经济问题作出了初步回答。

从党的十五大到十八大，中国共产党坚持社会主义市场经济改革方向，在关系经济社会发展全局的重大体制改革上取得突破性进展，坚持和完善基本经济制度，深化对社会主义市场经济规律的认识，接续推进社会主义市场经济体制改革，从制度上更好地发挥市场在资源配置中的基础性作用，形成有利于科学发展的宏观调控体系。

党的十八大以后，习近平把坚持社会主义市场经济改革方向，明确为中国特色社会主义政治经济学的“重大原则”，从两个“辩证法、两点论”的高度，对社会主义经济制度和市场经济体制关系、市场和政府关系问题作了多方面的深刻阐释，提升了中国特色社会主义政治经济学理论主题的

① 陈云．陈云文选：第3卷．2版．北京：人民出版社，1995：13.

内涵。

社会主义市场经济是经济体制一般和经济制度特殊的统一。党的十八届三中全会强调："公有制为主体、多种所有制经济共同发展的基本经济制度，是中国特色社会主义制度的重要支柱，也是社会主义市场经济体制的根基。"① 社会主义市场经济体制改革和发展问题，是中国特色社会主义政治经济学中最具创新性的理论和实践问题；而市场经济体制如何与社会主义基本经济制度"结合起来"，则是中国特色社会主义政治经济学最具开拓性的理论主题。

社会主义基本制度和市场经济体制"结合起来"，集中体现在两个要讲"辩证法、两点论"的问题上。

一是在社会主义基本制度与市场经济体制结合问题上，要"坚持辩证法、两点论，继续在社会主义基本制度与市场经济的结合上下功夫，把两方面优势都发挥好"②。在社会主义市场经济中，要坚持和完善社会主义基本经济制度，毫不动摇巩固和发展公有制经济，毫不动摇鼓励、支持、引导非公有制经济发展，推动各种所有制取长补短、相互促进、共同发展。强调把公有制经济建设好、发展好、巩固好，同鼓励、支持、引导非公有制经济发展不是对立的，而是有机统一的。党的十九大把这"两个毫不动摇"，作为新时代坚持和发展中国特色社会主义的基本方略，作为党和国家一项大政方针再次加以确定。

二是在市场对资源配置起决定性作用和更好地发挥政府作用关系问题上，同样要讲"辩证法、两点论"，把"看不见的手"和"看得见的手"都用好。政府和市场的作用是相辅相成的，不是对立的，也不是简单地让市场作用多一些、政府作用少一些的问题，要坚持统筹把握，要优势互补、有机结合、协同发力。习近平指出："经济体制改革仍然是全面深化改革的重点，经济体制改革的核心问题仍然是处理好政府和市场关系。"③

---

① 中共中央文献研究室．十八大以来重要文献选编：上．北京：中央文献出版社，2014：514-515.

② 中共中央党史和文献研究院．十八大以来重要文献选编：下．北京：中央文献出版社，2018：6.

③ 同①498.

我国经济体制改革的历史证明，处理好政府和市场的关系，是我国经济体制改革的核心问题。以古典的自由放任市场经济观念来理解现代市场经济，甚至把市场经济的原教旨主义视若“圭臬”，必然误入歧途。坚持社会主义市场经济改革“重要原则”，就能把握和处理好两个“辩证法、两点论”问题。习近平对中国社会主义市场经济发展实践经验的理论提升，更为显著地呈现了中国特色社会主义政治经济学的理论主题。

六、从“发展的观点”到新发展理念的理论主导

在《论十大关系》中，毛泽东就提出坚持“从发展的观点看”① 经济建设问题的思想方法。毛泽东认为，“关系”就是“问题”、就是“矛盾”，解决矛盾的出路就在于坚持“从发展的观点看”，在于树立适合于经济建设实际要求的发展理念。要注重发展的系统性，“要解决生产的诸种关系，也就是各种制度问题，不单是要解决一个所有制问题”；还要关注世界各国发展的长处，“凡是外国的好东西，有用的东西，我们就要学，并把它变成我们自己的东西”②。

“实现什么样的发展、怎样发展”的问题，是贯穿于中国社会主义道路探索全过程的重大课题，更是新时期中国特色社会主义政治经济学的主导性论题。

“中国解决所有问题的关键是要靠自己的发展”，邓小平把“发展才是硬道理”③ 看作体现社会主义本质、解决中国社会主义初级阶段所有问题、充分发挥社会主义经济制度优越性的重大问题。“要善于把握时机来解决我们的发展问题”④，邓小平理论中的发展理念及其在中国经济改革中的实

---

① 毛泽东．毛泽东文集：第7卷．北京：人民出版社，1999：44.

② 中共中央文献研究室．毛泽东年谱：1949—1976：第2卷．北京：中央文献出版社，2013：529，514.

③ 邓小平．邓小平文选：第3卷．北京：人民出版社，1993：265，377.

④ 同③365.

践，成就了中国特色社会主义政治经济学的主导性论题。

在把中国特色社会主义经济建设推向21世纪的进程中，江泽民强调："发展是硬道理，这是我们必须始终坚持的一个战略思想"，"三个代表"重要思想突出了"发展是党执政兴国的第一要务"的重要论断，把"实现什么样的发展、怎样发展"的问题，看作社会主义现代化建设的根本所在，把发展问题同党的性质、党的执政基础紧密地联系起来。"只有经济大大发展了，全国的经济实力和综合国力大大增强了，人民生活才能不断改善，国家才能长治久安，我们的腰杆子才能更硬，我们在国际上说话才能更有分量，我们的朋友才能更多。"① 进入新世纪，科学发展观对"实现什么样的发展、怎样发展"问题作出了进一步的阐释。发展要坚持"以人为本"的核心立场，要坚持统筹兼顾的方法，要以"全面""协调""可持续"为主题。胡锦涛指出："以经济建设为中心是兴国之要，发展仍是解决我国所有问题的关键。只有推动经济持续健康发展，才能筑牢国家繁荣富强、人民幸福安康、社会和谐稳定的物质基础。必须坚持发展是硬道理的战略思想，决不能有丝毫动摇。"②

党的十八大以来，习近平对发展问题作出多方面实践上的新探索和理论上的新阐释，新发展理念贯穿于习近平新时代中国特色社会主义思想发展的全过程，也成为习近平对中国特色社会主义政治经济学拓新的主要内容。

新发展理念所具有的"管全局、管根本、管方向、管长远"的作用，深刻揭示了这一理念在中国特色社会主义政治经济学中的主导性特征。

这一主导性特征，体现于新发展理念各个方面作用的相互依存、相互着力和相辅相成、紧密相连。创新构成引领发展的"第一动力"，协调铸就持续健康发展的"内在要求"，绿色成为永续发展的"必要条件"和满足人民对美好生活期盼的"重要体现"，开放成为国家繁荣发展的"必由之路"，共享彰显中国特色社会主义的"本质要求"。这五个方面，既各有

---

① 江泽民. 江泽民文选：第1卷. 北京：人民出版社，2006：307.

② 胡锦涛. 胡锦涛文选：第3卷. 北京：人民出版社，2016：628.

侧重又相互支撑，“构成一个总体的各个环节，一个统一体内部的差别”①，形成一个“崇尚创新、注重协调、倡导绿色、厚植开放、推进共享”② 的有机整体，对社会主义经济关系方方面面都起着主导性的作用。

这一主导性特征，体现于新发展理念在经济、政治、文化、社会和生态文明建设的“总体布局”中的起着“先导”和“方向”作用，是基于“总体布局”也是须臾不可脱离“总体布局”的主导性论题。“创新”依托科技创新、着力创新驱动、依靠创新人才、占据创新高地、发挥先发优势，形成更为完善的促进创新的体制架构；“协调”坚持区域之间、城乡之间以及五大建设之间的统筹规划、协调发展，旨在增强发展的全面性和可持续性；“绿色”旨在推动形成绿色发展方式和生活方式，协同推进人民富裕、国家强盛、中国美丽；“开放”重在丰富对外开放内涵，开创对外开放新局面，形成深度融合的互利合作的开放格局；“共享”追求社会公平正义，让广大人民群众共享改革发展成果。新发展理念各个方面及其整体作用在实现建设现代化强国和中华民族伟大复兴中发挥着主导性作用。

这一主导性特征，还体现于新发展理念关于发展思路、发展方向、发展战略、发展目标、发展步骤、发展着力点和发展绩效等一系列理念，包含对全球经济增长和发展成败得失经验教训的探究，特别包含对发展中国家经济增长和发展中各种困境的探究，因而为那些既希望加快发展又希望保持自身独立性的国家和民族，提供了发展道路选择上的可资借鉴的中国方案，对世界上许多国家摆脱传统增长模式的“窠臼”、跨越“中等收入陷阱”有主导性启迪。

七、中国特色社会主义“系统化的经济学说”的探索

2015 年 11 月，习近平在题为《不断开拓当代中国马克思主义政治经

---

① 马克思，恩格斯．马克思恩格斯文集：第 8 卷．北京：人民出版社，2009：23.

② 中共中央文献研究室．习近平关于全面建成小康社会论述摘编．北京：中央文献出版社，2016：56.

济学新境界》的讲话中提出："我们要立足我国国情和我们的发展实践，深入研究世界经济和我国经济面临的新情况新问题，揭示新特点新规律，提炼和总结我国经济发展实践的规律性成果，把实践经验上升为系统化的经济学说，不断开拓当代中国马克思主义政治经济学新境界，为马克思主义政治经济学创新发展贡献中国智慧。"① "上升为系统化的经济学说"，是新中国 70 年社会主义政治经济学学术发展的要求，也是新时代中国特色社会主义政治经济学学科建设的旨向。

对党的十八大之前中国社会主义的"系统化的经济学说"，学术界有过一些概括。如认为，这一体系，在对象和方法上，突出社会主义初级阶段经济关系为研究对象、"剥离下来"和"结合起来"为方法要义的特征；在理论构架上，突出解放生产力和发展生产力、社会主义初级阶段基本经济制度、社会主义市场经济体制、社会主义经济发展和社会主义改革开放等主导理论。

党的十八大以来，在中国特色社会主义政治经济学的新发展上，对"系统化的经济学说"有过两次重要的概括：一次是 2015 年习近平在十八届中共中央政治局第二十八次集体学习时提出的，一次是在 2017 年中央经济工作会议上提出的。这两次概括交相辉映、结为一体，开拓了中国特色"系统化的经济学说"探索的新境界。

2015 年 11 月，习近平对中国特色"系统化的经济学说"作过六个主要方面的概括：一是坚持以人民为中心的发展思想；二是坚持新发展理念；三是坚持和完善社会主义基本经济制度；四是坚持和完善社会主义基本分配制度；五是坚持社会主义市场经济改革方向；六是坚持对外开放基本国策。这六个方面内容的概括，突出了新时代开初中国特色社会主义政治经济学既有的理论成就，重点在于阐明，"这些理论成果，马克思主义经典作家没有讲过，改革开放前我们也没有这方面的实践和认识，是适应当代中国国情和时代特点的政治经济学，不仅有力指导了我国经济发展实践，而且开拓了马克思主义政治经济学新境界"②。

---

① 中共中央党史和文献研究院. 十八大以来重要文献选编：下. 北京：中央文献出版社，2018：7.

② 同①3.

党的十九大对习近平新时代中国特色社会主义思想的核心要义和基本方略作了阐释。党的十九大后召开的第一次中央经济工作会议，对习近平新时代中国特色社会主义经济思想作出“系统化”的概括。这一概括认为，习近平新时代中国特色社会主义经济思想，以新发展理念为“主要内容”，展开为七个“坚持”的主要方面，坚持加强党对经济工作的集中统一领导，保证我国经济沿着正确方向发展；坚持以人民为中心的发展思想，贯穿到统筹推进“五位一体”总体布局和协调推进“四个全面”战略布局之中；坚持适应把握引领经济发展新常态，立足大局，把握规律；坚持使市场在资源配置中起决定性作用，更好发挥政府作用，坚决扫除经济发展的体制机制障碍；坚持适应我国经济发展主要矛盾变化完善宏观调控，相机抉择，开准药方，把推进供给侧结构性改革作为经济工作的主线；坚持问题导向部署经济发展新战略，对我国经济社会发展变革产生深远影响；坚持正确工作策略和方法，稳中求进，保持战略定力、坚持底线思维，一步一个脚印向前迈进。

在这一概括中，新发展理念是“系统化的经济学说”的主要内容。以新发展理念为指导，推进我国经济持续健康发展的一套制度体制框架基本形成，就是新发展理念成为中国特色“经济学说的系统化”的“主要内容”的现实根据。

在这一概括中，坚持党对经济工作的领导和坚持以人民为中心的发展思想是“系统化的经济学说”的本质特征和核心立场。坚持党对经济工作领导的理论，在本质上就是坚持党对经济工作的集中统一领导，以保证中国特色社会主义经济沿着正确的方向发展。坚持以人民为中心的发展思想，在根本上就是把为人民谋幸福、为民族谋复兴的“人民至上论”、实现人民对美好生活向往的“人民幸福论”，作为经济发展的出发点和落脚点。

在这一概括中，经济发展新常态、社会主义市场经济体制改革和供给侧结构性改革理论，是“系统化的经济学说”关于经济改革和发展的理论支柱。其中，经济发展新常态理论要旨在于“走出一条质量更高、效益更好、结构更优、优势充分释放的发展新路，推动我国经济向形态更高级、分工更优化、结构更合理的阶段演进”；社会主义市场经济体制改革理论强调抓住市场和政府关系的核心问题，“加快转变政府职能，该放给市场和社会的权一定要放足、放到位，该政府管的事一定要管好、管到位”①；供给侧结构性改革理论强调适应新时代我国社会主要矛盾的变化，坚持完善宏观调控，要注重作为供给侧的生产环节和过程的决定性作用，又要重视作为需求侧的消费环节和过程的反作用，要发力于供给的结构性改革又着力于需求的结构性调整，要突出发展社会生产力又注重完善社会生产关系。

在这一概括中，坚持问题导向和坚持正确工作策略，是中国特色“系统化的经济学说”的根本方法和战略思维。

对中国特色“系统化的经济学说”的这两次概括，有其内在统一性，共同体现中国特色社会主义政治经济学的最新发展，共同构成习近平新时代中国特色社会主义经济思想的整体结构，也共同合成中国特色社会主义政治经济学的初步的理论菁华。

七秩岁月，砥砺前行。中国社会主义政治经济学70年不平凡历程中树起的“历史路标”，不仅镌刻了马克思主义政治经济学在中国发展的辉煌记忆，而且还蕴含着新时代中国特色社会主义政治经济学发展创新的思想智慧和理论指向，拓展了21世纪中国马克思主义政治经济学发展的新境界。

---

① 中共中央文献研究室．习近平关于社会主义经济建设论述摘编．北京：中央文献出版社，2017：85，68.

第九章　从"现代史"对象向"形成史"对象的发展

马克思在《资本论》中是以资本主义经济关系的"现代史"，而不是它的"形成史"为对象的。"现代史"是《资本论》叙述的主体，但《资本论》没有完全舍去对"形成史"的研究和叙述，"形成史"是"现代史"叙述的历史基础和逻辑前提。

近百年来，中国社会经济关系发展的过程和性质决定了作为中国化马克思主义政治经济学对象的，主要是中国经济关系的"形成史"，是以"形成史"为对象特征的。中国社会主义政治经济学则以社会主义经济关系"形成史"为对象的。这是理解中国化马克思主义政治经济学对象和体系的理论基点和学理依循，也是中国特色社会主义政治经济学发展的理论基点和学理依循。

一、《资本论》对"现代史"和"形成史"理解的基本观点

从 1857 年马克思以《政治经济学批判》为题写作政治经济学著作开始，到 1867 年马克思以《资本论》为题发表政治经济学著作，10 年间马克思多次谈到政治经济学对象中资本主义经济关系的"现代史"和"形成

史”及其关系问题，这是马克思对政治经济学对象和体系结构问题阐释的重要思想。

在《1857—1858年经济学手稿》中，马克思在对《政治经济学批判》对象和体系结构问题的阐释中，第一次提到政治经济学的“现代史”和“形成史”及其关系问题。马克思重点阐明了以下几个观点：

第一，关于政治经济学对象中“现代史”和“形成史”的含义。马克思认为，资本“生成”和“产生”的“条件和前提”，显然“属于资本的历史前提，这些前提作为这样的历史前提已经成为过去，因而属于资本的形成史，但决不属于资本的现代史，也就是说，不属于受资本统治的生产方式的实际体系”①。在马克思看来，作为《政治经济学批判》及后来的《资本论》对象的，是资本主义生产方式的“现代史”而不是其“形成史”。

第二，关于《政治经济学批判》对象中的“现代史”的含义。“资本的现代史”就是“受资本统治的生产方式的实际体系”，这是马克思对“现代史”的根本规定。在《〈政治经济学批判〉导言》中，马克思指出：“主体——这里是现代资产阶级社会——都是既定的；因而范畴表现这个一定社会即这个主体的存在形式、存在规定、常常只是个别的侧面”②。作为对象的资本主义经济关系，是一种“纯粹的”资本主义生产方式，同任何“有机体制”一样，“这种有机体制本身作为一个总体有自己的各种前提，而它向总体的发展过程就在于：使社会的一切要素从属于自己，或者把自己还缺乏的器官从社会中创造出来”③。

第三，关于资本的“形成史”在《政治经济学批判》体系结构中的地位。马克思提出：“表现资本的生成的条件，不属于以资本为前提的生产方式的范围，而是资本生成的史前阶段，处于资本以前的时期，就像地球从流动的火海和气海的状态变为地球现在的形态所经历的过程，处于已经形成的地球的生命的彼岸一样。”④ 资本“形成史”只是资本“现代史”的“史前阶段”，不属于《政治经济学批判》的对象，在马克思看

① 马克思，恩格斯．马克思恩格斯全集：第30卷．2版．北京：人民出版社，1995：451.
② 马克思，恩格斯．马克思恩格斯文集：第8卷．北京：人民出版社，2009：30.
③ 同①237.
④ 同①452.

来，“要揭示资产阶级经济的规律，无须描述生产关系的真实历史”；但是，“把这些生产关系作为历史上已经形成的关系来正确地加以考察和推断，总是会得出这样一些原始的方程式，——就像例如自然科学中的经验数据一样，——这些方程式将说明在这个制度以前存在的过去。这样，这些启示连同对现代的正确理解，也给我们提供了一把理解过去的钥匙”①。

第四，关于政治经济学中“现代史”和“形成史”之间的关系。“现代史”和“形成史”之间的关系，在资本积累和资本原始积累关系中最为清晰地得到呈现。马克思认为：“原始积累应当同资本积累区别开；后者以资本为前提，以现存的资本的关系为前提，因而也就是以资本同劳动、价格（固定资本和流动资本）、利息以及利润的关系为前提。但是，为要生成资本，就要以一定的积累为前提，这种积累已经包含在对象化劳动与活劳动的独立的对立中，包含在这种对立的独立存在中。这种积累是生成资本所必需的，因而已经作为前提，即作为一个因素包含在资本的概念中，这种积累应当在本质上同已成为资本的资本积累区别开，在后一种积累中资本必然已经存在。”② 资本积累是“现代史”的范畴，资本原始积累是“形成史”的范畴。

第五，关于“形成史”在“现代史”叙述逻辑中的结构序列。马克思提出，对“形成史”作出的“正确的考察”，“同样会得出预示着生产关系的现代形式被扬弃之点，从而预示着未来的先兆，变易的运动。如果说一方面资产阶级前的阶段表现为仅仅是历史的，即已经被扬弃的前提，那么，现在的生产条件就表现为正在扬弃自身，从而正在为新社会制度创造历史前提的生产条件”③。对资本积累“现代史”的考察，深刻地包含资本将被历史地“扬弃”的内在趋势，这时资本原始积累对资本主义“史前”生产方式“扬弃”的“形成史”的考察才成为必要。

马克思对《政治经济学批判》所作的这五个方面的阐释，对《资本

① 马克思，恩格斯．马克思恩格斯全集：第30卷．2版．北京：人民出版社，1995：453．

② 同①280．

③ 同①453．

论》对象和体系结构的确立产生重要影响；在《资本论》第一卷中，马克思对“现代史”和“形成史”问题进一步作出三个方面新的探索。

第一，资本主义生产方式的“现代史”作为《资本论》对象，是“在其纯粹的状态下进行考察”的，因而是一种“纯粹的”资本主义生产方式。在方法论上，对“纯粹的”资本主义生产方式的阐释，要“避免次要情况的干扰”，要“假定资本主义生产已经到处确立并占据了一切产业部门”①；这时，占统治地位的资本主义生产方式之外的各种“中间形式”或者“过渡形式”，不再作为“现代史”的叙述对象，因为这些形式或多或少是“形成史”中留下的经济形式或经济关系。同时，尽管这些“中间形式还会在大工业的基础上在某些地方再现出来”，但它们的“样子完全改变了”②，成为占统治地位的资本主义生产方式的从属部分或依附成分，是理论逻辑被“抽象”的成分，不再是“现代史”的叙述对象。

第二，在资本积累和资本主义积累历史趋势的阐释中，马克思对资本“现代史”和“形成史”的关系作了新的探索。马克思提出：“资本积累以剩余价值为前提，剩余价值以资本主义生产为前提，而资本主义生产又以商品生产者握有较大量的资本和劳动力为前提。”③ 这就好比在“一个恶性循环中兜圈子”，资本积累之前必然有一种原始积累，它“不是资本主义生产方式的结果，而是它的起点”④。

在马克思看来，原始积累作为资本主义生产方式的“前史”，是形成生产者和生产资料分离的“历史”，不是资本主义生产方式本身的历史。马克思认为：“创造资本关系的过程，只能是劳动者和他的劳动条件的所有权分离的过程，这个过程一方面使社会的生活资料和生产资料转化为资本，另一方面使直接生产者转化为雇佣工人。因此，所谓原始积累只不过是生产者和生产资料分离的历史过程。这个过程所以表现为‘原始的’，因为它形成资本及与之相适应的生产方式的前史。”⑤

第三，原始积累是资本主义生产方式的“起点”或“前史”，但不是

---

① 马克思，恩格斯．马克思恩格斯文集：第5卷．北京：人民出版社，2009：670注21a.

② 同①584.

③④ 同①820.

⑤ 同①822.

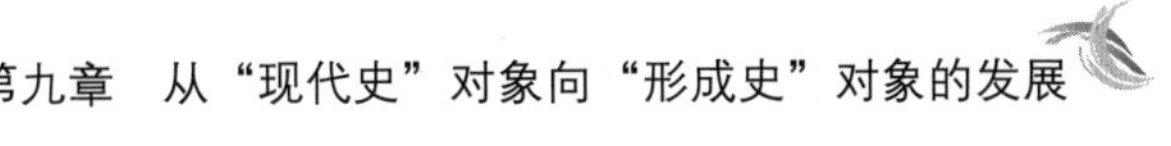

《资本论》所叙述的“现代史”的逻辑起点。作为《资本论》第一卷逻辑起点的商品，是“现代史”意义上而不是“形成史”意义上的商品范畴。对原始积累的阐释，只是在“现代史”本身“正在扬弃自身”，并且“为新社会制度创造历史前提”的节点上才作出阐释。在《资本论》第一卷中，马克思是在“资本积累”向“资本主义积累的历史趋势”逻辑转化的节点上，才对资本原始积累作出阐释。

深刻把握马克思对资本主义经济关系“现代史”和“形成史”内涵及其关系的理解，无论是对《资本论》对象和体系结构问题的理解，还是对拓新中国化马克思主义政治经济学对象和体系结构的理解，都有重要的理论和方法意义。

二、中国化马克思主义政治经济学的过程和阶段性特征

这里首先要对“马克思主义政治经济学中国化”和“中国化马克思主义政治经济学”概念作一简要说明。

按通常的理解，马克思主义政治经济学中国化，指的是马克思主义政治经济学基本原理同中国经济关系具体实际相结合的过程。进一步的分析可以看到，百年来马克思主义政治经济学中国化过程，包含两个基本方面的意义：一方面是“化中国”，即把马克思主义政治经济学基本原理运用于中国经济关系发展的具体实际，分析和解决中国的实际问题，如毛泽东所指出的：“使马克思主义在中国具体化，使之在其每一表现中带着必须有的中国的特性，即是说，按照中国的特点去应用它”①；另一方面是“中国化”，即把马克思主义政治经济学基本原理运用于中国实际过程中形成的新的思想，上升为马克思主义政治经济学的新内涵、新思想，升华为“中国化”了的马克思主义政治经济学的新概念、新理论及新形式，如毛泽东所指出的：“要使中国革命丰富的实际马克思主义化”②，“要把马、

① 毛泽东．毛泽东选集：第2卷．2版．北京：人民出版社，1991：534.

② 毛泽东．毛泽东文集：第2卷．北京：人民出版社，1993：374.

恩、列、斯的方法用到中国来，在中国创造出一些新的东西”①。

“化中国”和“中国化”这两个基本方面，前者呈现为理论指导并运用于实际的过程，是以理论付诸实践为过程特征的；后者呈现为理论概括和升华的过程，是以理论思维和理性概括为过程特征的。“化中国”与“中国化”两个方面，相辅相成、互为因果，呈现为螺旋式上升过程，展现为马克思主义政治经济学中国化的历史进程，形成为中国化马克思主义政治经济学的理论形态。这一历史进程和理论形态的结合，构成中国共产党百年经济思想中理论创新和理论创造的全部内容。

从这种螺旋式上升的整体过程来看，马克思主义政治经济学中国化历史进程可以分作五个阶段。

一是中国共产党成立前后马克思主义政治经济学在中国的传播和初步运用，这是马克思主义政治经济学中国化百年历程的起端；而后，在新民主主义革命时期，马克思主义政治经济学中国化实现了从分散的“化中国”过程向集成的“中国化”过程的飞跃。在这一阶段，以毛泽东同志为主要代表的中国共产党人，对中国半殖民地半封建社会形态性质，对新民主主义的经济制度和体制以及经济结构过渡性质等理论作出系统阐释，对新民主主义基本经济纲领理论作出科学分析，形成了中国新民主主义政治经济学多方面的理论创新和理论创造。

二是从新中国成立到1956年社会主义基本经济制度确立，马克思主义政治经济学基本原理在新民主主义社会向社会主义社会过渡时期的运用和发展，形成了具有中国特点的社会主义过渡时期政治经济学理论。在这一阶段，社会基本经济制度转型、主导型经济体制转型、社会生产力持续增长这三个方面的同步推进，是中国共产党对马克思主义过渡政治经济学理论和实践的伟大创造。

三是从1956年社会主义基本经济制度确立，到1976年“文化大革命”结束，再到之后两年的思想理论上的拨乱反正，构成中国社会主义政治经济学奠定基础、艰辛探索和曲折发展的阶段。1959年12月，毛泽东曾把

① 毛泽东. 毛泽东文集：第2卷. 北京：人民出版社，1993：408.

当时中国社会主义发展阶段设想为“不发达的社会主义”①，探索的就是“不发达的社会主义”政治经济学。这一阶段，马克思主义政治经济学中国化的发展尽管多有波折，但还是取得了一系列独创性成果，如社会主义社会的基本矛盾理论，统筹兼顾、注意综合平衡理论，以农业为基础、工业为主导、农轻重协调发展理论等，就是中国共产党对中国化马克思主义政治经济学的创造性发展。

四是从 1978 年到 2012 年改革开放新时期中国特色社会主义政治经济学的形成和发展，这是马克思主义政治经济学中国化发展的重要阶段。立足社会主义初级阶段的国民经济事实和社会经济关系现实，系统把握这一阶段的经济制度、经济体制和经济运行的整体关系，形成了包括经济制度论、经济改革论、市场经济论、科学发展论和对外开放论等主导性理论，这些主导理论交互作用，进一步生成一系列衍生性理论，并共同汇聚成新时期中国特色社会主义政治经济学体系，实现中国化马克思主义政治经济学的理论创新和理论创造。习近平曾指出：“党的十一届三中全会以来，我们党把马克思主义政治经济学基本原理同改革开放新的实践结合起来，不断丰富和发展马克思主义政治经济学。”② 在这一阶段，“这些理论成果，马克思主义经典作家没有讲过，改革开放前我们也没有这方面的实践和认识，是适应当代中国国情和时代特点的政治经济学，不仅有力指导了我国经济发展实践，而且开拓了马克思主义政治经济学新境界”③。

五是党的十八大以来新时代中国特色社会主义政治经济学发展阶段，这也是习近平经济思想拓新和马克思主义政治经济学中国化发展的新阶段。2017 年底，党的十九大之后召开的第一次中央经济工作会议，对习近平经济思想首次作出概括，提出了一个“主要内容”和“七个坚持”体系结构，即：以坚定不移地贯彻新发展理念为主要内容；坚持加强党对经济工作的集中统一领导，坚持以人民为中心的发展思想，坚持适应把握引领

① 毛泽东. 毛泽东文集：第 8 卷. 北京：人民出版社，1999：116.

② 中共中央党史和文献研究院. 十八大以来重要文献选编：下. 北京：中央文献出版社，2018：2-3.

③ 同②3.

经济发展新常态，坚持使市场在资源配置中起决定性作用、更好发挥政府作用，坚持把推进供给侧结构性改革作为经济工作的主线，坚持问题导向部署经济发展新战略，坚持正确工作策略和方法等。对习近平经济思想的这一概括，升华了中国化马克思主义政治经济学的理论境界。

这五个阶段，在马克思主义政治经济学中国化整体过程中，集中体现了以下三个基本特征：

第一，马克思主义政治经济学中国化的百年历程，始终是以中国社会发展性质，特别是以中国社会经济关系的变革和发展为前提和对象的。马克思主义政治经济学中国化为马克思主义中国化接续推进的历史性飞跃，提供了政治经济学的“最深刻、最全面、最详尽的证明和运用”①。马克思主义政治经济学中国化过程，是马克思主义中国化过程的有机组成部分；中国化马克思主义政治经济学的理论创新和理论创造，也是马克思主义中国化历史性飞跃中理论创新和理论创造的重要内容。

第二，马克思主义政治经济学中国化的五个阶段，以三种不同的社会经济关系为对象，相应地形成中国化马克思主义政治经济学的三种不同形式：第一阶段是以半殖民地半封建社会经济关系为对象，形成的是新民主主义政治经济学；第二阶段是以社会主义过渡时期社会经济关系为对象，形成的是社会主义过渡时期政治经济学；第三阶段至第五阶段是以“不发达的社会主义”或“社会主义初级阶段”的社会经济关系为对象，形成和发展的是中国社会主义政治经济学。

第三，百年来马克思主义政治经济学中国化的这三种不同的政治经济学形式，都是以“形成史”为对象特征的：一是立足党的二大提出的“民主主义革命”任务，形成以取得新民主主义革命胜利为目标的“过渡”政治经济学；二是立足生产资料社会主义改造，提出以确立社会主义经济制度为目标的“过渡”政治经济学；三是以处于社会主义初级阶段为主题的“过渡”政治经济学，这种形式又以1978年党的十一届三中全会为界，进一步分为中国特色社会主义政治经济学开创性探索与中国特色社会主义政治经济学形成和拓展两种发展形式。中国化马克思主义政治经济学，在整

① 列宁．列宁专题文集：论马克思主义．北京：人民出版社，2009：17.

体上是以“形成史”为对象而不是以“现代史”为对象的政治经济学形态。

三、中国化马克思主义政治经济学的“形成史”的对象特征

百年来中国共产党经济思想的发展是以中华民族伟大复兴为主题的。在这百年历程中，无论是新民主主义革命取得伟大成就而创立的根本社会条件，还是社会主义革命和建设取得伟大成就而奠定的根本政治前提和制度基础；无论是改革开放和社会主义现代化建设取得伟大成就而提供的充满新的活力的体制保证和快速发展的物质条件，还是新时代中国特色社会主义取得伟大成就而提供的更为完善的制度保证、更为坚实的物质基础、更为主动的精神力量等等，根本上都是以中国社会经济关系的变革和发展过程为主导线索的。中国化马克思主义政治经济学，就是以这一过程中接续演进的社会经济关系的变革和发展为理论要旨的，就是以这一过程的不同社会经济形态的“形成史”为对象特征的。

1922 年，党的二大在提出中国民主主义革命分两步走的理论时，就对中国社会经济关系所处的“特殊的历史形态”① 问题作出探索，萌生了马克思主义政治经济学要以中国“特殊的历史形态”为对象特征的观点。1923 年，瞿秋白在《帝国主义侵略中国之各种方式》一文中已经昭示，帝国主义列强在中国，“各国依其自国资本主义发展之程度而异其侵略之方式，又依世界经济变更之动象而异其相对之关系”；“列强帝国主义侵略中国的方式各种俱施”，从“强辟商场”到“垄断原料”、从“移植资本”到“文化侵略”等，使中国沦为“国际的殖民地”；“仅仅因各帝国主义国家力敌势均，无一敢首先发难，而又互相牵掣”，才使中国封建专制主义的“政治权”得以“苟延残喘”，使中国成为“半殖民地”。之后，中国共产

① 中共中央文献研究室，中央档案馆. 建党以来重要文献选编（1921—1949）：第 25 册. 北京：中央文献出版社，2011：750.

党对中国半殖民地半封建社会性质问题渐次深入地进行了探讨。中国社会所处的这种“特殊的历史形态”是“现代史”的，它是当时中国所处的现实经济关系的真实反映；这种“特殊的历史形态”更是“形成史”的，它是一种“中间的”“过渡的”，处在不断变化和变革中的社会经济关系，因而也是一种非典型的经济制度和经济体制。与中国半殖民地半封建社会经济形态相适应的，必然是以“形成史”而不是以“现代史”为对象特征的政治经济学形态。

在对新民主主义社会经济关系的研究中，这一“形成史”的对象特征更为清晰地得到呈现。1948 年 9 月，毛泽东在对新民主主义经济关系本质的阐释中提出：“这个国家是无产阶级领导的，所以这些经济都是社会主义性质的。农村个体经济加上城市私人经济在数量上是大的，但是不起决定作用。我们国营经济、公营经济，在数量上较小，但它是起决定作用的。我们的社会经济的名字还是叫‘新民主主义经济’好。”① 在这一经济关系演进方向上，“由发展新民主主义经济过渡到社会主义”② 是其内在趋势。1949 年 1 月，毛泽东再次提到这一问题时认为：“一方面，决不可认为新民主主义经济不是计划的、向社会主义发展的，而完全是资本主义世界。另一方面，必须谨慎，不能急于求社会主义化。”③ 对新民主主义经济关系的性质及其结构和趋势的论述，最深刻地阐明了新民主主义经济形态过渡性的特征，也最切实地体现了这一阶段马克思主义政治经济学中国化的“形成史”的对象特征。

新中国成立后，在新民主主义社会向社会主义社会过渡时期，中国共产党开创了中国社会主义“过渡”政治经济学的新形态。这里所说的“过渡”政治经济学，同样是以社会经济关系的政治经济学的“形成史”为对象特征的。

1956 年，中国社会进入以生产资料公有制为基础的社会主义经济形态。1959 年 12 月，毛泽东在读苏联《政治经济学教科书》时指出：“社会

---

① 毛泽东．毛泽东文集：第 5 卷．北京：人民出版社，1996：139.

② 中共中央文献研究室．毛泽东年谱：1893—1949：下卷．修订本．北京：中央文献出版社，2013：346.

③ 同②432.

主义这个阶段，又可能分为两个阶段，第一个阶段是不发达的社会主义，第二个阶段是比较发达的社会主义。后一阶段可能比前一阶段需要更长的时间。经过后一阶段，到了物质产品、精神财富都极为丰富和人们的共产主义觉悟极大提高的时候，就可以进入共产主义社会了。”① 毛泽东对社会主义经济关系从“不发达”到“比较发达”的过渡特征的判断，拓宽了中国共产党对社会主义经济关系的“现代史”和“形成史”的认识视界。“不发达的社会主义阶段”的重要判断，是对政治经济学以“形成史”为对象特征的确定。改革开放新时期社会主义初级阶段的认识，是以“不发达的社会主义阶段”为理论先导的，是对社会主义政治经济学以“形成史”为对象特征的再度肯定。

改革开放新时期，中国特色社会主义政治经济学是以社会主义初级阶段这一“过渡”的经济关系为对象的。1987 年 8 月，在党的十三大召开之前，邓小平就提出：“社会主义本身是共产主义的初级阶段，而我们中国又处在社会主义的初级阶段，就是不发达的阶段。一切都要从这个实际出发，根据这个实际来制订规划。”② 党的十三大明确指出：“正确认识我国社会现在所处的历史阶段，是建设有中国特色的社会主义的首要问题，是我们制定和执行正确的路线和政策的根本依据。”③ 社会主义初级阶段经济关系的过渡性特征，使得“形成史”的对象特征成为新时期马克思主义政治经济学中国化的显著标识。

1847 年，马克思在推进政治经济学科学革命之初，就已经提出政治经济学对象和理论的历史性问题。他提出，“人们在发展其生产力时，即在生活时，也发展着一定的相互关系；这些关系的形式必然随着这些生产力的改变和发展而改变”，因此“经济范畴只是这些现实关系的抽象，它们仅仅在这些关系存在的时候才是真实的”④。毛泽东在研读苏联《政治经济学教科书》时同样指出：“能说社会主义社会里面的经济范畴都是永久存

---

① 毛泽东．毛泽东文集：第 8 卷．北京：人民出版社，1999：116.

② 邓小平．邓小平文选：第 3 卷．北京：人民出版社，1993：252.

③ 中共中央文献研究室．改革开放三十年重要文献选编：上．北京：中央文献出版社，2008：474.

④ 马克思，恩格斯．马克思恩格斯文集：第 10 卷．北京：人民出版社，2009：47.

在的吗？能说按劳分配这些范畴是永久不变的，而不是像其他范畴一样都是历史范畴吗?”[①] 社会主义政治经济学中范畴的内涵、范畴的本质规定性，同样要随着社会经济关系的发展而改变。毛泽东认为：“一切事物总是有‘边’的。事物的发展是一个阶段接着一个阶段不断地进行的，每一个阶段也是有‘边’的。不承认‘边’，就是否认质变或部分质变。”[②] 毛泽东在这里提出的社会主义阶段发展和变革的辩证关系，同样是对中国化马克思主义政治经济学对象和范畴、理论等具有的“形成史”对象特征的深刻阐释。社会主义初级阶段的经济关系，不可能是典型的或者发达形态的社会主义经济关系；作为社会经济关系的“有机体制”，它还是初步的和形成中的，甚至经济制度和经济体制的基本特征还在成长和完善中，政治经济学以“形成史”为其对象特征是最为适合的。

2021年1月，习近平在阐释社会主义初级阶段和新发展阶段的关系时指出：“社会主义初级阶段不是一个静态、一成不变、停滞不前的阶段，也不是一个自发、被动、不用费多大气力自然而然就可以跨过的阶段，而是一个动态、积极有为、始终洋溢着蓬勃生机活力的过程，是一个阶梯式递进、不断发展进步、日益接近质的飞跃的量的积累和发展变化的过程。”这一论述，对马克思主义政治经济学中国化具有的“现代史”和“形成史”的总体关系作出的全面阐释，既充分展现了“我国社会主义从初级阶段向更高阶段迈进”的过渡性特征[③]，也突出表明了中国特色社会主义政治经济学具有的“形成史”的对象特征。

四、中国化马克思主义政治经济学三大经济纲领的“现代史”意义

任何社会经济关系的发展，在一定的时期内总有其相对稳定性，也必

---

① 毛泽东. 毛泽东文集：第8卷. 北京：人民出版社，1999：137.

② 同①108.

③ 深入学习坚决贯彻党的十九届五中全会精神 确保全面建设社会主义现代化国家开好局. 人民日报，2021-01-12（1）.

然会形成一些具有“现代史”意义的政治经济学范畴和理论，体现“现代史”意义的政治经济学的本质规定性。马克思主义政治经济学中国化过程，是以中国社会经济关系的“形成史”为对象特征的，但也没有忽略对政治经济学的“现代史”的探索。中国共产党百年经济思想历程中提出的三大“基本经济纲领”，就是对三种不同经济关系所作的“现代史”意义上的理论探讨。

第一，新民主主义基本经济纲领。1947 年 12 月，毛泽东在《目前形势和我们的任务》一文中，对新民主主义经济纲领作出概括：“没收封建阶级的土地归农民所有，没收蒋介石、宋子文、孔祥熙、陈立夫为首的垄断资本归新民主主义的国家所有，保护民族工商业。这就是新民主主义革命的三大经济纲领。”① 在这一经济纲领中，首先提出的是“没收封建阶级的土地归农民所有”，这是中国共产党在 1947 年制订的《中国土地法大纲》中提出的。中国半殖民地半封建社会的土地制度，既是“我们民族被侵略、被压迫，穷困及落后的根源”，也是“我们国家民主化、工业化、独立、统一及富强的基本障碍”②。“消灭封建性及半封建性剥削的土地制度，实行耕者有其田的制度”③ 的思想，是中国共产党对新民主主义革命时期中国土地本质的科学概括，是新民主主义政治经济学的重要原理。没收官僚资本归新民主主义国家所有的经济纲领，使官僚资本转化为社会主义国营经济的主要组成部分，为发展和壮大社会主义性质的国营经济奠定坚实基础，也为新中国用和平赎买方法对民族资本主义经济进行社会主义改造提供有力的物质基础。保护和利用民族工商业的经济纲领，体现了团结好民族资产阶级，保护民族工商业和团结民族资产阶级的重要思想。

第二，社会主义过渡时期的基本经济纲领，以过渡时期“总路线”为基本形式。1953 年 12 月，毛泽东在审阅中共中央宣传部编写的党在过渡时期总路线的学习和宣传提纲时提出：“从中华人民共和国成立，到社会主义改造基本完成，这是一个过渡时期。党在这个过渡时期的总路线和总

---

①　毛泽东．毛泽东选集：第 4 卷．2 版．北京：人民出版社，1991：1253.

②③　中共中央文献研究室，中央档案馆．建党以来重要文献选编（1921—1949）：第 24 册．北京：中央文献出版社，2011：416.

任务，是要在一个相当长的时期内，逐步实现国家的社会主义工业化，并逐步实现国家对农业、对手工业和对资本主义工商业的社会主义改造。”① 过渡时期总路线适合于当时中国经济关系发展的实际，体现了中国社会发展的内在必然性。1954 年 2 月，党的七届四中全会正式批准了这条总路线。

“在过渡时期中，我们党创造性地开辟了一条适合中国特点的社会主义改造的道路。”② 从 1949 年到 1956 年，中国基本上实现了对农业、手工业和资本主义工商业的社会主义改造，基本结束了长达几千年的阶级剥削历史。在一个经济文化比较落后的东方大国成功实现了从新民主主义到社会主义的转变，建立了社会主义基本制度。这是马克思主义政治经济学“化中国”和“中国化”的过程。1959 年，毛泽东在回顾这一时期的实践创新和理论创新时深有感慨地说，“马克思这些老祖宗的书，必须读，他们的基本原理必须遵守，这是第一”；但只有这一条是不行的，还“要创造新的理论，写出新的著作，产生自己的理论家，来为当前的政治服务，单靠老祖宗是不行的”③。

第三，社会主义初级阶段基本经济纲领。党的十五大首次提出的“社会主义初级阶段的基本纲领”，强调“建设有中国特色社会主义的经济，就是在社会主义条件下发展市场经济，不断解放和发展生产力”④ 的理论要义。社会主义市场经济体制的改革和发展，是中国共产党在社会主义初级阶段政治经济学中最具创造性的理论和实践；不断解放和发展社会生产力是社会主义的本质规定，是社会主义初级阶段政治经济学的根本命题。

社会主义初级阶段基本经济纲领，揭示了社会主义初级阶段政治经济学理论的核心观点：一是要坚持和完善社会主义公有制为主体、多种

---

① 毛泽东．毛泽东文集：第 6 卷．北京：人民出版社，1999：316.

② 中共中央文献研究室．改革开放三十年重要文献选编：上．北京：中央文献出版社，2008：189.

③ 毛泽东．毛泽东文集：第 8 卷．北京：人民出版社，1999：109.

④ 中共中央文献研究室．改革开放三十年重要文献选编：下．北京：中央文献出版社，2008：899.

所有制经济共同发展的基本经济制度；二是要坚持和完善社会主义市场经济体制，使市场在国家宏观调控下对资源配置起基础性作用；三是要坚持和完善按劳分配为主体的多种分配方式，允许一部分地区一部分人先富起来，带动和帮助后富，逐步走向共同富裕；四是要坚持和完善对外开放，积极参与国际经济合作和竞争。对外开放作为我国社会主义现代化建设的基本国策，是中国特色社会主义政治经济学的显著特征。这一基本经济纲领，对社会主义初级阶段经济关系和经济制度的基本特征、主要内涵作出的概括，是对马克思主义政治经济学中国化探索的理论升华。

这三个基本经济纲领，是对百年来中国社会三种基本经济关系根本规定性的探讨，尽管在经济过程的演进中，各种基本经济关系具有时间上的继起性，因而具有“形成史”的特征；但在各种基本经济关系特定阶段的空间存在上，还具有局部的“现代史”特征，构成马克思主义政治经济学中国化中“现代史”叙述的内容。

同时，在“现代史”意义上呈现的三大基本经济纲领，与马克思在《资本论》中提到的本来意义上的“现代史”叙述还是有区别的。其中，最突出的区别就在于，这里的“现代史”意义的叙述，是建立在“形成史”阐释基础上的，是以“形成史”过程为主体和主导的。例如，党的十五大在提出社会主义初级阶段基本经济纲领时，被概括为“基本经济制度”的，只是“坚持和完善社会主义公有制为主体、多种所有制经济共同发展的基本经济制度”的规定。到党的十九届四中全会，对社会主义初级阶段基本经济制度有了显著拓展，提出“公有制为主体、多种所有制经济共同发展，按劳分配为主体、多种分配方式并存，社会主义市场经济体制等社会主义基本经济制度”的规定。这一新的概括与我国社会主义初级阶段社会生产力发展水平相适应，是改革开放40多年来中国社会主义经济建设和改革的实践创新的理论结晶，也是马克思主义政治经济学理论创新的凝练。

从“社会主义初级阶段的基本纲领”内在规定的变化中可以看到，马克思主义政治经济学中国化的“现代史”意义的叙述，也是以“形成史”

阐释为基础和根据的，是在以“形成史”为对象特征上的“现代史”的叙述。

五、中国化马克思主义政治经济学对象特征的科学把握

中国化马克思主义政治经济学以“形成史”为对象特征，既是由中国社会经济关系的本质特征决定的，也是中国共产党经济思想理论创新和理论创造的结晶，还是中国共产党秉持与时俱进、守正创新的马克思主义理论风格和理论品质的结果。

中国化马克思主义政治经济学以“形成史”为对象特征，升华了当代马克思主义政治经济学的理论形式和思想特色。在马克思主义政治经济学形成时期，马克思和恩格斯对政治经济学对象有两种基本的观点：一是对象的典型性的观点，《资本论》第一卷是以英国资本主义发展为“例证”的，英国是当时资本主义经济最发达、最典型的国家，通过对英国资本主义经济关系的分析，能够透彻地理解资本主义经济关系的发展规律和本质特征。对象的典型性，生成了政治经济学“现代史”的对象特征。二是对象的特殊性的观点，恩格斯在《反杜林论》中定义政治经济学对象时指出：“人们在生产和交换时所处的条件，各个国家各不相同，而在每一个国家里，各个世代又各不相同。因此，政治经济学不可能对一切国家和一切历史时代都是一样的。”① 恩格斯还举例说明：“火地岛的居民没有达到进行大规模生产和世界贸易的程度，也没有达到出现票据投机或交易所破产的程度。谁要想把火地岛的政治经济学和现代英国的政治经济学置于同一规律之下，那么，除了最陈腐的老生常谈以外，他显然不能揭示出任何东西。”② 对象的特殊性，生成了政治经济学“形成史”的对象特征。

马克思主义政治经济学中国化的百年发展，是以过渡性的、非典型性

①② 马克思，恩格斯. 马克思恩格斯文集：第9卷. 北京：人民出版社，2009：153.

的经济关系为对象的。新民主主义经济关系和新民主主义社会向社会主义经济关系、社会主义社会过渡，是以发展中的和过渡性的经济关系为特征的，这些经济关系都不具有发达的和典型的特征。特别是在中国特色社会主义政治经济学发展阶段，作为对象的中国的特殊国情和社会主义初级阶段经济关系的特殊性质更为显著。中国化马克思主义政治经济学以社会主义初级阶段经济关系的“形成史”为对象特征，同《资本论》以发达的资本主义经济关系的“现代史”为对象特征不相同，这就要求我们更为深刻地理解马克思、恩格斯关于政治经济学“现代史”和“形成史”对象特征的基本理论，拓新马克思主义政治经济学以“形成史”为对象特征的理论形式和思想特色。

中国化马克思主义政治经济学以“形成史”为对象特征，凸显了马克思主义政治经济学中国化具有的“问题意识”的方法指向。以“形成史”为对象特征，必然要求增强对经济关系实践逻辑的探索，这实际上是对马克思开始政治经济学研究时提出“从当前的国民经济的事实出发”① 的方法的赓续。这里讲的“当前的国民经济的事实”，其基本内涵就是指正在发展中的社会经济关系的现实。马克思主义政治经济学中国化的过程，始终是从中国不同时期“国民经济的事实出发”的。中国特色社会主义经济学是从当代中国改革开放和现代化建设的“国民经济的事实出发”的，即以中国社会主义初级阶段的经济关系的实际为基础的，显现的是与“形成史”对象特征相联系的“问题意识”的方法论。在对党的十八届三中全会通过的《中共中央关于全面深化改革若干重大问题的决定》的说明中，习近平在谈到“问题意识”的方法论时指出：“要有强烈的问题意识，以重大问题为导向，抓住关键问题进一步研究思考，着力推动解决我国发展面临的一系列突出矛盾和问题。”② 习近平紧紧扣住中国特色社会主义经济关系的社会的和历史的规定性，凸显了从社会主义初级阶段的“国民经济的事实出发”的“问题意识”。党的十九大召开后不久，习近平在对新时代

① 马克思，恩格斯. 马克思恩格斯文集：第1卷. 北京：人民出版社，2009：156.

② 中共中央文献研究室. 十八大以来重要文献选编：上. 北京：中央文献出版社，2014：497.

中国特色社会主义经济思想的阐释中，不仅把“坚持问题导向部署经济发展新战略”，作为这一经济思想“问题意识”方法论要义提出来；而且还突出了这一经济思想的“形成史”的对象特征，即这一经济思想是“我们推动我国经济发展实践的理论结晶”，是“运用马克思主义基本原理对中国特色社会主义政治经济学的理性概括”①。

中国化马克思主义政治经济学以“形成史”为对象特征，拓新了马克思主义政治经济学中国化的思想内涵和理论境界。《资本论》以“现代史”为对象特征，突出了对“纯粹的”资本主义经济关系的阐释。中国化马克思主义政治经济学的“形成史”的对象特征，侧重于对不断发展中的社会经济关系现实的研究。例如，在社会主义政治经济学中，就不是对“纯粹的”社会经济关系的探讨，而是对具体的正在实践中不断发展的社会经济关系的研究。对社会主义初级阶段经济关系的阐释，不是停留在对生产资料公有制是社会主义本质特征的阐释上，而是拓展为对以公有制为主体多种经济形式共同发展的具体特征的展开论述，甚至包括对社会主义市场经济这一社会主义初级阶段基本经济制度的展开探索。

中国化马克思主义政治经济学以“形成史”为对象特征，增强了当代马克思主义政治经济学理论创造的内在动力。1886 年，恩格斯在《资本论》第一卷“英文版序言”中提出：“一门科学提出的每一种新见解都包含这门科学的术语的革命。”②“术语的革命”是对《资本论》理论创新和理论创造的学理特征的科学概括。马克思是在“抽象上升到具体”的思维过程中，再现“术语的革命”的历史逻辑和理论逻辑的，这是《资本论》以“现代史”为对象特征的方法论的体现。以“术语的革命”为标识的理论创新和理论创造，也是中国化马克思主义政治经济学的特征。中国化马克思主义政治经济学的“形成史”的对象特征，是以中国正在发展和演进中的经济关系为根据的，在“现代史”发展和实践过程中呈现“术语的革命”的历史逻辑和理论逻辑。社会主义市场经济的“术语的革命”，就是

---

① 中共中央党史和文献研究院. 十九大以来重要文献选编：上. 北京：中央文献出版社，2019：137.

② 马克思，恩格斯. 马克思恩格斯文集：第 5 卷. 北京：人民出版社，2009：32.

其中最生动的例证。

1978 年，党的十一届三中全会之后，中国特色社会主义政治经济学循着从“重视价值规律的作用”到“计划经济为主、市场调节为辅”的思路，展开经济体制改革理论的探索。1984 年，党的十二届三中全会提出“社会主义经济是公有制基础上的有计划的商品经济”的术语，这是对经济体制改革实践发展的理性概括。邓小平对“公有制基础上的有计划的商品经济”术语给予高度评价，认为这是“马克思主义基本原理和中国社会主义实践相结合的政治经济学”的集中体现，是“写出了一个政治经济学的初稿”① 的标志。1987 年，党的十三大根据经济体制改革的新的实践，提出建立“国家调节市场，市场引导企业”为特征的经济体制的理性概括。1992 年，党的十四大正式提出“社会主义市场经济”新的术语，实现了中国特色社会主义政治经济学的“术语的革命”。

社会主义市场经济的“术语的革命”，并没有由此而终结，而是在中国经济体制改革新的实践中不断伸展，成为中国特色社会主义政治经济学的重要原则性范畴。党的十四届三中全会提出社会主义市场经济体制的基本框架，丰富和完善了社会主义市场经济术语的内涵，使这一“术语的革命”产生了更为广泛和更为深远的理论和实践影响。从党的十五大到十六大，市场经济同社会主义初级阶段基本经济制度相结合的发展路径继续伸展，进一步形成了有利于转变经济发展方式、促进全面协调可持续发展和全面提高对外开放水平的体制内涵。党的十七大对更大范围地发挥市场在资源配置中的基础性作用、更为有效地运用宏观调控体系作出新的概括，对这一“术语的革命”增加了新的理论张力。党的十八大以加快完善社会主义市场经济体制和加快转变经济发展方式为主题，对社会主义市场经济体制改革和发展提出了新的理论构想和新的实践要求。党的十八届三中全会深化了市场在资源配置中起决定性作用和更好地发挥政府作用“两点论”的理性概括。党的十九届四中全会，进一步提出社会主义市场经济具有社会主义初级阶段基本经济制度性质的新概括，升华了这一“术语的革命”的内在规定和根本特征。

---

① 邓小平. 邓小平文选：第 3 卷. 北京：人民出版社，1993：396，83，83.

对马克思主义政治经济学中国化“形成史”对象特征的探索，就是为了探明马克思主义政治经济学在中国的百年历程，是以中国经济关系变革的社会性和历史性为背景，是以中国社会经济关系的现实变化和实践发展为基础、根据，直面的是中国发展的问题，提出的是解决中国问题、办好中国事情、发展好中国经济的理论和对策，是适合于中国和时代发展要求的中国化马克思主义政治经济学。

第十章 《资本论》始基范畴的整体阐释及其现实意义

《第六章 直接生产过程的结果》（本章简称《第六章》）手稿，是马克思经济学手稿中最为详尽地论述商品范畴作为《资本论》始基范畴和逻辑起点的内涵和本质规定的文本。手稿对商品范畴是以资本主义经济关系的存在和发展为基础的问题作了论述，在历史逻辑上确定了商品范畴作为《资本论》始基范畴的内在必然性；手稿从"抽象上升到具体的方法"上，对商品范畴从"元素"到"结果"的理论逻辑作了整体阐释。商品范畴作为《资本论》始基范畴，完全是由马克思所说的"特殊资本主义生产方式"的内在矛盾和全部发展过程所决定的，完全是由马克思所说的"资本主义生产方式专有的特征"所决定的。列宁依循马克思的思想精髓和科学方法，创立了以资本集中为始基范畴、以垄断为核心范畴的关于帝国主义政治经济学理论体系。这是继承和创新马克思主义政治经济学理论和方法的"列宁路径"。中国特色社会主义政治经济学及其理论体系的发展，要依循"列宁路径"，要避免"布哈林陷阱"。

一、商品始基范畴的提出与《资本论》逻辑起点的形成

在《第六章》中，马克思从资本直接生产过程"结果"的视角，对商

品范畴作为《资本论》始基范畴和逻辑起点所作的整体阐释，对《资本论》第一卷理论体系和科学方法及其当代意义的理解有着无可替代的作用。

马克思在1857年8月撰写的《〈政治经济学批判〉导言》（本章简称《导言》），是马克思经济思想历史发展重要转折的标志。从马克思经济思想过程整体来看，在《导言》之前，是马克思经济思想以研究为主要特征的过程，是马克思充分地占有经济学的各种材料、分析所有这些材料的各种发展形式，以及寻求这些形式的内在联系的过程。这一研究过程的主要理论成果，体现在《哲学的贫困》《雇佣劳动与资本》等著述中。《导言》是马克思经济思想从以研究为主要特征的过程向以叙述为主要特征的过程转折的标志。

《导言》是马克思为当时计划写作的《政治经济学批判》巨著写的“总的导言”。《导言》最后没有完成，因为马克思觉得“预先说出正要证明的结论总是有妨害的”①。从《导言》提出构建政治经济学体系的“抽象上升到具体的方法”，到依循这一方法的“五篇结构计划”的形成，再到1857年10月在《政治经济学批判》“货币章”中对达里蒙货币理论的批判，最后确立以商品范畴为逻辑起点的这一过程，集中反映了马克思经济思想从以研究为主要特征的过程向以叙述为主要特征的过程转折的路径与特征。当然，《导言》之后，马克思以叙述为主的经济思想发展过程，并不排除同时存在的大量的经济思想发展的研究过程。

在《导言》中，马克思提出了构建政治经济学理论体系的“抽象上升到具体的方法”，亦即“抽象的规定在思维行程中导致具体的再现”的方法。这是马克思对《政治经济学批判》和《资本论》逻辑起点探索依循的基本方法。在《导言》中，马克思提出的《政治经济学批判》“五篇结构计划”中各篇的主题依次是：“一般的抽象的规定”“形成资产阶级社会内部结构并且成为基本阶级的依据的范畴”“资产阶级社会在国家形式上的概括”“生产的国际关系”“世界市场和危机”。其中第一篇“一般的抽象的规定”，主要是“一些有决定意义的抽象的一般的关系，如分工、货币、

---

① 马克思，恩格斯．马克思恩格斯文集：第2卷．北京：人民出版社，2009：588.

价值等等”，或者说是“劳动、分工、需要、交换价值等等这些简单的东西”，也就是说，这些简单范畴可能成为理论体系始基范畴和逻辑起点。在接着《导言》之后的《1857—1858年经济学手稿》“货币章”中，马克思以达里蒙货币理论批判为开端，对《政治经济学批判》理论体系的始基范畴作出最初探索。

在“货币章”中，马克思对达里蒙的货币理论进行了批判，起初在对货币关系的探讨中揭示交换价值的内在规定性，接着在对交换价值的探讨中揭示价值的内在规定性；在此基础上，马克思转而从阐明价值、交换价值作为商品的内在要素和机能的性质上，阐明货币作为商品内在矛盾“外在化”的必然趋势和本质规定，揭示商品范畴较之货币范畴具有的更为抽象的规定性。这也说明，古典政治经济学惯常以价值范畴为逻辑起点的叙述方法，不免带有某些唯心主义的痕迹。马克思据此提出：“有必要对唯心主义的叙述方式作一纠正，这种叙述方式造成一种假象，似乎探讨的只是一些概念规定和这些概念的辩证法。因此，首先是弄清这样的说法：产品（或活动）成为商品；商品成为交换价值；交换价值成为货币。”① 马克思第一次提出了以商品范畴为《政治经济学批判》逻辑起点的观点。从商品范畴到货币范畴的转化，是从具有简单规定性范畴向具有复杂规定性范畴的转化，是对“抽象上升到具体的方法”的依循。

在“货币章”中，马克思进一步提出：“在考察交换价值、货币、价格的这个第一篇里，商品始终表现为现成的东西。形式规定很简单。我们知道，商品表现社会生产的各种规定，但是社会生产本身是前提。”② 商品作为“简单”范畴，“始终”是价值、货币这些范畴存在的根据，是“现成的东西”；同时，商品范畴是一定社会生产的“各种规定”的体现，并且是以一定的社会经济关系的存在和发展为“前提”的。在《1857—1858年经济学手稿》最后形成的“价值章”一开始，马克思明确提出“表现资产阶级财富的第一个范畴是商品的范畴”③。马克思把“价值章”明确标为

① 马克思，恩格斯．马克思恩格斯全集：第30卷．2版．北京：人民出版社，1995：101.
② 同①180.
③ 马克思，恩格斯．马克思恩格斯全集：第31卷．2版．北京：人民出版社，1998：293.

第“Ⅰ”章，说明《政治经济学批判》将以此为第一篇“一般的抽象的规定”的开篇之章。

1858 年初，马克思把《政治经济学批判》“五篇结构计划”调整为“六册结构计划”。1859 年出版的《政治经济学批判》第一分册，就是马克思按照“六册结构计划”撰写的。马克思在第一分册的“序言”中开宗明义，提出：“我考察资产阶级经济制度是按照以下的顺序：资本、土地所有制、雇佣劳动；国家、对外贸易、世界市场”，其中“第一册论述资本，其第一篇由下列各章组成：(1) 商品，(2) 货币或简单流通，(3) 资本一般。前两章构成本分册的内容。”① 在《政治经济学批判》第一分册中，马克思在第一章“商品”一开始就提出：“最初一看，资产阶级的财富表现为一个庞大的商品堆积，单个的商品则表现为这种财富的原素存在。”② 商品范畴作为《政治经济学批判》的始基范畴，在马克思政治经济学著作中第一次正式得到阐释。

1861 年 8 月，马克思以“《政治经济学批判》续”为标题，继续写作内容为第三章资本的《政治经济学批判》第二分册。在写作过程中，马克思不断地接触和发现新的理论问题，以至于认为“要是隔一个月重看自己所写的一些东西，就会感到不满意，于是又得全部改写”③。两年以后，到 1863 年 7 月，马克思实际完成的是一部包括 23 个笔记本的卷帙浩繁的手稿即《1861—1863 年经济学手稿》，其内容大大超出计划写作的第二分册的内容。在这部手稿的写作中，马克思决定将自己的经济学著作，“以《资本论》为标题单独出版，而《政治经济学批判》只作为副标题”④。1863 年 1 月初，马克思提出了《资本论》理论部分的三篇结构，并拟定了第一篇“资本的生产过程”的结构计划。第一篇分为 9 章，其中理论部分 7 章依次为：第一章“导言。商品。货币”；第二章“货币转化为资本”；第三章“绝对剩余价值”；第四章“相对剩余价值”；第五章“绝对剩余价值和相对剩余价值的结合”；第六章“剩余价值再转化为资本”；第七章

① 马克思，恩格斯．马克思恩格斯全集：第 31 卷．2 版．北京：人民出版社，1998：411.

② 同①419.

③ 马克思，恩格斯．马克思恩格斯文集：第 10 卷．北京：人民出版社，2009：180.

④ 同③196.

“生产过程的结果”。1863 年 1 月的这一计划，把之前在《政治经济学批判》第一分册阐述的“商品。货币”合为第一章“导言”，作为《资本论》第一卷开篇的内容，商品范畴自然成为《资本论》的始基范畴和逻辑起点。

二、商品范畴从“前提”到“产物”的“历史发展”研究

1863 年 8 月，马克思在写作《资本论》第一卷手稿时，没有从原来计划的第一章“导言。商品。货币”开始，而是以原来计划的第二章“货币转化为资本”为开头的“第一章”。这样，原来计划的第七章“生产过程的结果”，就成为“第六章”。同时，马克思还把“生产过程的结果”改作“直接生产过程的结果”。“直接生产过程”的提法，更为准确地表达了《资本论》第一卷的主题及其与《资本论》第二卷“资本的流通过程”和第三卷“总过程的各种形式”主题的逻辑关系及其方法论要义。在《资本论》第一卷德文第一版中，马克思认为“直接生产过程”是与资本积累和再生产相联系的范畴。在从资本和剩余价值生产转向资本积累和资本再生产阐释时，马克思作出了两个方面的“假定”或“抽象”：一是资本积累过程以其流通过程为前提的，但这里撇开了对资本在流通领域所采取的那些新形式问题的研究，也撇开了对这些形式包含的再生产的具体条件问题的研究；二是在这里也撇开了对在整个社会生产中执行其他职能的资本家、土地所有者等、共同瓜分剩余价值过程的研究。马克思指出：“对积累过程的纯粹的分析，就要求我们暂时抛开掩盖它的机制的内部作用的一切现象。”① 在作出以上两个方面“假定”的前提下，对积累和再生产过程进行“抽象”的考察，就是“直接生产过程”的确切内涵②，也更能深刻地揭示作为这一过程“结果”的资本主义经济关系的本质。

①② 马克思，恩格斯. 马克思恩格斯全集：第 42 卷. 2 版. 北京：人民出版社，2016：581.

《第六章》手稿最后没有收入1867年出版的《资本论》第一卷德文第一版。但《资本论》第一卷德文第一版的简要结语还是指出：资本主义生产的直接结果是“孕育着剩余价值的商品”，从而“回到我们的出发点商品上来，并且同它一道进入流通领域”；不过，这时“不再是简单商品流通，而是资本的流通过程”①。马克思言简意赅地指出：《第六章》要阐明的核心问题，就是从作为“出发点商品”到作为“结果”的“孕育着剩余价值的商品”的资本主义经济关系的内在规定性；《第六章》要阐明的基本问题，就是《资本论》第一卷资本的生产过程向第二卷资本的流通过程过渡的“中介”环节。

《第六章》集中考察了三个问题，其中第一个就是“商品作为资本的产物，作为资本主义生产的产物”② 问题。马克思从作为资本直接生产过程“产物”的商品范畴探讨切入，在同作为资本产生“前提”的商品范畴的比较研究中，揭示商品从“前提”到“产物”这一“历史发展”的基本特征，揭示商品范畴作为《资本论》始基范畴的“历史发展”过程和理论叙述顺序上的内在联系。

从直接生产过程结果来看，商品作为“资本的产物”，已经成为孕育着剩余价值的商品；而在直接生产过程开始时，商品作为“资产阶级财富的元素形式”，是“出发点”，是“资本产生的前提”③。《资本论》第一卷开篇就指出：“资本主义生产方式占统治地位的社会的财富，表现为‘庞大的商品堆积’，单个的商品表现为这种财富的元素形式。因此，我们的研究就从分析商品开始。”④《第六章》着力阐明的是，《资本论》第一卷对商品范畴所作的从“前提”到“产物”的理论叙述顺序，是“同资本的历史发展相一致的”⑤。《第六章》对这一“历史发展”问题的论述，在现存的马克思《资本论》及经济学手稿中没有再发现。

在资本主义生产方式还处在完全不存在或者只是零星存在的历史阶段，商品生产和商品流通就已经存在。商品生产和商品流通决不以资本主

---

① 马克思，恩格斯．马克思恩格斯全集：第42卷．2版．北京：人民出版社，2016：794.

②③ 马克思，恩格斯．马克思恩格斯文集：第8卷．北京：人民出版社，2009：423.

④ 同①21.

⑤ 同②423.

义生产方式为自己存在的前提。但是，马克思强调："发达的商品交换和作为产品的一般必要的社会形式的商品形式本身，又只是资本主义生产方式的结果。"① 只有在资本主义生产方式的基础上，各种生产条件本身特别是劳动力，才广泛地表现为从流通过程进入生产过程的商品，所有产品才采取商品形式。在资本主义生产方式中，属于过去各个生产时期的经济范畴，也获得了资本主义经济关系所具有的各种特殊的历史规定性。因此，"如果说一方面商品表现为资本形成的前提，那么另一方面，就商品是产品的一般元素形式而言，它在本质上表现为资本主义生产过程的产物和结果"②。在马克思看来，商品范畴作为资本的"前提"，在历史逻辑上是先于资本范畴存在的，具有显著的历时性；但是，作为资本"前提"的商品范畴，"在本质上"却是以资本主义生产方式的存在为前提的，是在发达的资本主义生产方式中才具有得以存在的"元素形式"，因而具有资本主义经济关系的同时性，总是具有资本主义经济关系总体中"元素形式"的本质规定。

在对这一"历史发展"的探索中，马克思得出三点结论：

第一，"只有资本主义生产才使商品成为一切产品的一般形式"③。这是商品范畴作为《资本论》始基范畴的历史前提和现实基础。作为历史前提，无论是"庞大的商品堆积"还是"财富的元素形式"，实际上都是以资本主义生产方式的存在和一定程度的发展为前提、为基础的。毫无疑问，商品范畴作为《资本论》始基范畴，是以特定的资本主义生产方式为其历史前提和现实基础的。

第二，只有从劳动力本身普遍地成为商品的时刻起，商品生产才必然会导致资本主义生产④。在《第六章》中，马克思对此作了多方面的阐释，他特别强调："只是由于工人为了生活而出卖自己的劳动能力，物质财富才转化为资本。作为劳动的物的条件的东西即生产资料，和作为维持工人本人生活的物的条件的东西即生活资料，只有同雇佣劳动相对立才成为资

①② 马克思，恩格斯．马克思恩格斯文集：第8卷．北京：人民出版社，2009：424.

③④ 同①428.

本。”① 正是在这一意义上，“劳动能力的买和卖就构成资本主义生产过程的绝对基础，构成这种生产过程本身的一个要素”②。显然，商品范畴作为《资本论》始基范畴的“绝对基础”，不只在于商品生产和商品交换这一经济形式上的一般规定，更在于劳动力本身“普遍地成为商品”这一资本主义生产方式的特殊规定。

第三，“资本主义生产扬弃了商品生产的基础，扬弃了孤立的、独立的生产和商品占有者的交换或等价交换。资本和劳动力的交换变成了形式上的”③。劳动对资本的形式上从属向实际上从属的转变，是一般资本主义向特殊资本主义转变的根本标志。马克思认为：“特殊资本主义生产方式包含劳动对资本的形式上的从属，而劳动对资本的形式上的从属则决不必然包含特殊资本主义生产方式。”④ 特殊资本主义生产方式是指资本主义经济关系占据统治地位的、发达的资本主义生产方式，是商品范畴成为《资本论》始基范畴的经济关系的基本根据。

马克思提出的以上三点结论，是对资本直接生产过程结果阐释的理论要义，是进一步阐释资本直接生产过程结果及其向资本的流通过程过渡的重要基础，显然也是从直接生产过程结果的意义上对商品范畴作为《资本论》始基范畴和逻辑起点规定性的深刻阐释。

在1857年撰写的“货币章”中，马克思最初提出商品作为始基范畴的观点，主要从商品的内在规定性上揭示货币是商品内在矛盾“外在化”的结果，在理论逻辑上确定了商品作为始基范畴的内在必然性。在1859年《政治经济学批判》第一分册中，马克思对商品作为始基范畴的探索，集中体现于两个新的观点：一是确立了商品范畴是以“资产阶级的财富”为基础的，因而是以资本主义经济关系的存在和发展为前提的；二是指出了资本主义生产结果是一个“庞大的商品堆积”，而作为始基范畴的商品只是“单个的商品”、只是“这种财富的元素存在”。在《第六章》阐释的第一个关于“商品作为资本的产物，作为资本主义生产的产物”问题中，马

---

①② 马克思，恩格斯．马克思恩格斯文集：第8卷．北京：人民出版社，2009：485.

③ 同①428.

④ 同①500.

克思从"历史发展"上，对商品范畴是以资本主义经济关系的存在和发展为基础的问题作了展开论述，对商品范畴资本主义经济关系的规定性作出新的阐释，在历史逻辑上确定了商品作为始基范畴的内在必然性。在《第六章》接着阐释的第二个问题"资本主义生产是剩余价值的生产"和第三个问题"直接生产过程具有特殊资本主义特征的整个关系的生产和再生产"① 中，马克思进一步从"抽象上升到具体的方法"上，对商品范畴从"元素"到"结果"的理论叙述顺序作了深刻阐释。

三、商品范畴从"元素"到"结果"的"抽象上升到具体"研究

在《第六章》的进一步探讨中，马克思指出："商品是资本主义生产的元素，商品又是资本主义生产的产物，是资本在生产过程的终点上得以再现的形式。"② 对商品作为"元素"形式同作为"结果"形式的比较研究可以看到，"从资本主义生产中产生的商品与作为资本主义生产元素的商品，作为资本主义生产的前提的商品，是有不同规定的"③。这种"不同规定"，既是商品在社会经济关系演进中"历史发展"的再现，也是商品范畴本身在抽象上升到具体过程中思维上的再现。这种"不同规定"，只有在对资本直接生产过程整体关系的考察中才能厘清。

首先，商品范畴作为资本主义生产出发点的"元素形式"，一开始就是"资产阶级的财富"的存在形式。从"历史发展"上看，普遍的商品生产和商品交换既是资本主义生产的基础，也是资本主义生产的条件。马克思认为："随着产品变为商品，生产条件即产品要素（它们是跟那些产品相同的东西）也以同样的程度自然而然地变成商品……在这里，直接生产过程总是不可分的劳动过程和价值增殖过程，正像产品是使用价值和交换

① 马克思，恩格斯. 马克思恩格斯文集：第 8 卷. 北京：人民出版社，2009：423.
② 同①445.
③ 同①431.

价值的统一即商品一样。"① 在这同一过程中，庞大的商品堆积不仅是资本主义生产方式的特征，而且也是资本主义商品生产的必然结果。如马克思指出的"商品作为产品的一般必要形式，作为资本主义生产方式专有的特征，明显地表现在随着资本主义生产的发展而造成的大规模生产中，表现在产品的片面性和数量庞大上"②。显然，一开始作为"元素形式"的商品范畴，还只是物化着一定量劳动时间的单个商品，是具有一定量交换价值的独立物品，还不具有进一步发展的资本和剩余价值的内在规定性。因而可以认为，相对于资本直接生产过程"结果"的商品范畴而言，一开始作为"元素形式"的商品范畴，抽象了资本和剩余价值的进一步规定性，是简单的、抽象的商品范畴。

其次，作为"元素形式"的商品范畴，在价值上只包含一定量的社会必要劳动这一简单规定性；作为资本直接生产过程"结果"的商品范畴，物化在商品中的一定量的社会必要劳动具有较为复杂的规定性，除了不变资本部分外，还有一部分是用工资的等价来交换的，另一部分就是被资本家不付等价而占有的剩余价值。这两部分作为有酬劳动和无酬劳动存在于商品价值中。

再次，作为"元素形式"的商品范畴，是以"单个的商品"为存在形式的；而作为直接生产过程"结果"的商品范畴，不再是"单个的商品"的存在形式，而是"一个再现着预付资本的价值加上剩余价值（即被占有的剩余劳动）的商品量，并且每一单个商品都是资本的价值和资本所生产的剩余价值的承担者"③。"单个的商品"只是表现为总产品的观念上的部分，"单个的商品"花费的劳动，也只是作为"结果"的"总产品"中"总劳动"的可除部分而存在。

在《第六章》中，马克思着力阐释的是："我们从作为资本主义生产的基础和前提的商品，从产品的这个特殊社会形式出发。我们来看一看单个产品，分析它作为商品所包含的、并给它打上商品烙印的形式规定性。"④ 从历时性来看，个别的商品是商品存在的一般的形式，这是因为，

①② 马克思，恩格斯．马克思恩格斯文集：第8卷．北京：人民出版社，2009：429.

③ 同①431.

④ 同①430.

在资本主义生产方式以前，作为生产过程结果的大部分产品不是商品，它们本身也不是作为商品进入生产过程的。“产品转化为商品只不过发生在个别地方，只涉及到生产的剩余或个别生产部门（制造业产品）等等。产品既没有整个地作为交易品进入过程，也没有普遍地作为交易品走出过程。”①

商品范畴一开始只是“这样的前提”，即“从商品这个资本主义生产的最简单的元素出发”，只具有商品范畴的“最简单的”规定性；而在直接生产过程的“结果”上，商品范畴包含“资本主义生产的产物，结果”，商品范畴具有更为复杂的规定性。马克思认为：“起初表现为资本主义生产的元素的东西，以后又表现为资本主义生产本身的产物。只有在资本主义生产的基础上，商品才成为产品的一般形式，而且资本主义生产越发展，一切生产的组成部分也就越作为商品进入生产过程。”②

最后，商品作为资本直接生产过程的产物，已经是自行增殖的资本的转化形式，在这种商品的价格中不仅补偿了生产商品时所消费的预付资本的价值，而且同时物化了生产商品时所消费的剩余劳动即剩余价值。这时，转移的预付资本价值和剩余价值的实现，决不能再通过单个商品或部分单个商品按自己的价值出售来达到的。

从资本直接生产过程的“结果”上看，商品范畴所具有的资本“产物”的规定性，较之作为“元素形式”商品范畴的规定性，后者较前者只具有较为简单的规定性，而前者较后者则具为较为复杂的规定性。这体现了马克思在《导言》中提出的“抽象上升到具体的方法”的运用、体现和证明。在马克思看来，“抽象上升到具体的方法”体现着简单的范畴向比较具体的范畴逐次上升的过程，这一逐次上升的思维过程，同范畴的历史发展过程，呈现为两种基本关系。

第一种关系是“从最简单上升到复杂这个抽象思维的进程符合现实的历史过程”③。简单范畴表现了较不发展的经济关系的规定性，没有表现出

---

① 马克思，恩格斯．马克思恩格斯文集：第8卷．北京：人民出版社，2009：430.

② 同①430-431.

③ 同①26.

比较具体范畴的较为具体的经济关系的规定性。比较具体的范畴把简单范畴及其表现的不发展的经济关系，当作一种从属关系保存下来。《第六章》是从商品范畴的关系上阐明这一关系的：在作为直接生产过程“结果”的商品存在之前，作为“元素形式”的商品在历史上就已经存在，但它并不具备作为“结果”的商品所具有的复杂的规定性。商品范畴的“抽象上升到具体”的过程也证明，“比较简单的范畴可以表现一个比较不发展的整体的处于支配地位的关系或者一个比较发展的整体的从属关系，这些关系在整体向着以一个比较具体的范畴表现出来的方面发展之前，在历史上已经存在”①。

第二种关系是“十分简单的范畴，在历史上只有在最发达的社会状态下才表现出它的充分的力量”②。从最简单上升到复杂这个抽象思维的进程，与现实的历史过程在总的方向上是相符合的，但也可能存在历史演进的种种跳跃性。在历史上一些不成熟的社会形式中，有些简单范畴如货币在历史演进中，可能有三种情况：一是不存在货币；二是如古代社会，货币虽然很早就全面地发生作用，但它只是这一社会中某些片面发展的民族即商业民族中才处于支配地位；三是古希腊货币的充分发展只出现在其解体的时期。货币作为简单范畴，在历史发展中并不具备完整的规定性，也不普遍地存在于各个历史时期的所有经济关系中，即便它作为“十分简单的范畴”，也“只有在最发达的社会状态下才表现出它的充分的力量”。对于商品范畴也是这样：作为“元素形式”的商品范畴的简单规定性，是资本主义生产方式的发达形态下商品范畴意义上的简单规定，它既不存在于资本主义之前的所有生产方式之中，也没有在商品经济发生作用的生产方式中呈现全部的简单规定。作为《资本论》“元素形式”的商品范畴，在历史发展中存在于“特殊资本主义生产方式”之前，在思维过程中是对“特殊资本主义生产方式”发展完备的商品范畴简单规定性的抽象。

---

① 马克思，恩格斯．马克思恩格斯文集：第8卷．北京：人民出版社，2009：26.

② 同①27.

四、商品作为《资本论》始基范畴探索的政治经济学意义

《第六章》没有收入《资本论》第一卷德文第一版，在《资本论》第一卷德文第二版后，第一版中关于直接生产过程结果问题的简短结语也被删去。《第六章》是在距离这一手稿写作整整 70 年后的 1933 年才公开发表，之后对这一文献的研究也没有得到应有的重视。实际上，《第六章》是已经发现的马克思经济学手稿中最为详尽地论述商品范畴作为《资本论》始基范畴和逻辑起点的内涵和本质规定的文本，对于我们理解商品范畴作为《资本论》始基范畴和逻辑起点的思想精髓和科学方法有着不可替代的文献价值和学理意义。

列宁虽然没有读过《第六章》，但他对《第六章》所阐释的商品范畴作为《资本论》始基范畴的基本理论却作出过方法论上的精辟论述。列宁在 1915 年撰写的《谈谈辩证法问题》中指出："马克思在《资本论》中首先分析资产阶级社会（商品社会）里最简单、最普通、最基本、最常见、最平凡、碰到过亿万次的关系：商品交换。这一分析从这个最简单的现象中（从资产阶级社会的这个'细胞'中）揭示出现代社会的一切矛盾（或一切矛盾的萌芽）。往后的叙述向我们表明这些矛盾和这个社会——在这个社会的各个部分的总和中、从这个社会的开始到终结——的发展（既是生长又是运动）。"① 列宁深刻地把握了商品范畴作为《资本论》始基范畴所具有的"辩证法问题"上的深刻内涵，他强调了两个基本观点：一是"从这个最简单的现象中……揭示出现代社会的一切矛盾（或一切矛盾的萌芽）"；二是"这些矛盾和这个社会——在这个社会的各个部分的总和中、从这个社会的开始到终结——的发展（既是生长又是运动）"。商品范畴作为《资本论》始基范畴，完全是由马克思所说的"特殊资本主义生产方式"的内在矛盾和全部发展过程所决定的，也完全是由马克思所说的

---

① 列宁．列宁专题文集：论辩证唯物主义和历史唯物主义．北京：人民出版社，2009：150.

“资本主义生产方式专有的特征”所决定的。

我们经常引用恩格斯的那句名言：“马克思的整个世界观不是教义，而是方法。它提供的不是现成的教条，而是进一步研究的出发点和供这种研究使用的方法。”① 但是，这一“方法”要能够真正运用于实际，是要经过长期探索才能实现的。在《第六章》中，马克思对商品范畴作为《资本论》始基范畴和逻辑起点的探讨，不能变成一种“现成的教条”，更不能成为探讨政治经济学理论体系新的发展刻意模仿的对象和可能因袭的唯一模式。值得注意的是，列宁写作《谈谈辩证法问题》时，正是他对帝国主义政治经济学问题深入研究的重要时期。一年后的1916年，列宁系统阐释帝国主义政治经济学理论体系的著作《帝国主义是资本主义的最高阶段》（简称《帝国主义论》）问世。列宁没有简单地因袭马克思《资本论》以商品范畴为始基范畴和逻辑起点的做法，而是依循马克思的思想精髓和科学方法，特别是依循《谈谈辩证法问题》中作了概括的两个观点，创立了以资本集中为始基范畴、以垄断为核心范畴的关于帝国主义政治经济学理论体系。这是在马克思《资本论》之后，继承和创新马克思主义政治经济学理论和方法的“列宁路径”。“列宁路径”是在对《资本论》始基范畴和逻辑起点的思想精髓和科学方法的把握中，对马克思主义政治经济学的发展和创新。我们可以设想，假如列宁拘泥于《帝国主义论》是不是要在形式上因袭《资本论》逻辑起点问题，而不是从资本主义生产方式发展的新形式新趋势自身的“一切矛盾的萌芽”中，从“社会的各个部分的总和”和社会的“既是生长又是运动”过程中，探索《帝国主义论》应该有的逻辑起点问题，他根本就不可能使《帝国主义论》的逻辑起点既符合资本主义经济关系发展的内在规定性又是对马克思思想精髓和科学方法的依循，也就不可能有《帝国主义论》的科学理论及体系。这应该是“列宁路径”的精神实质和思想真谛。

在列宁《帝国主义论》发表之前和之后，也有过对《资本论》商品经济范畴的理解和探讨的各种观点，其中不乏困于理论“陷阱”的误解。在俄国，在列宁《帝国主义论》发表之前，布哈林在《食利者政治经济学》

① 马克思，恩格斯. 马克思恩格斯文集：第10卷. 北京：人民出版社，2009：691.

一文中提出，“政治经济学作为一门科学，只把商品社会（特别是商品资本主义社会）作为自己的对象”；因此，“在社会主义制度下，政治经济学将失去自己的意义：只保留‘经济地理’——一个体记述的科学和‘经济政治’的标准科学”①。布哈林被《资本论》中商品范畴以及他所谓的“商品社会”“商品资本主义社会”所困扰，而忘了马克思在《资本论》第一卷德文第一版中就指出的，“我要在本书研究的，是资本主义生产方式以及和它相适应的生产关系和交换关系”②。政治经济学不会因为商品始基范畴地位的丧失而“失去自己的意义”；或者说，政治经济学特别是社会主义政治经济学及其理论体系，也不会只有因袭以商品范畴为始基范畴和逻辑起点才得以存在。

在列宁《帝国主义论》发表之后，布哈林在出版于1920年的《过渡时期经济学》一书中认为：“理论政治经济学是关于以商品生产为基础的社会经济的科学，也就是关于无组织的社会经济的科学……其实，只要我们来研究有组织的社会经济，那么，政治经济学中的一切基本‘问题’……就都消失了。”他的结论就是：“资本主义商品社会的末日也就是政治经济学的告终。”③ 列宁在写于1920年5月的对布哈林《过渡时期经济学》的批注和评论中提出，布哈林提出的政治经济学只是研究“以商品生产为基础的社会经济”、只是研究“无组织的社会经济”的定义，比恩格斯在《反杜林论》中提出的定义“倒退了一步”④。列宁提到的《反杜林论》关于政治经济学对象的定义是“一门研究人类各种社会进行生产和交换并相应地进行产品分配的条件和形式的科学”⑤。《资本论》中存在的关于“以商品生产为基础的社会经济”的大量论述，毕竟只是资本主义生产方式的特殊规定性的结果，而不是广义政治经济学及其理论体系的唯一遵循。布哈林对政治经济学的理解，特别是对社会主义政治经济学的理解被他自己设置的“陷阱”所困扰、所扼杀。

---

① 布哈林．布哈林文选：下册．北京：东方出版社，1988：39，40.

② 马克思，恩格斯．马克思恩格斯全集：第42卷．2版．北京：人民出版社，2016：14.

③ 布哈林．过渡时期经济学．北京：三联书店，1981：1.

④ 列宁．列宁全集：第60卷．2版．北京：人民出版社，1990：275.

⑤ 马克思，恩格斯．马克思恩格斯文集：第9卷．北京：人民出版社，2009：156.

中国特色社会主义政治经济学及其理论体系的发展，要依循“列宁路径”，要避免“布哈林陷阱”。《第六章》对《资本论》始基范畴和逻辑起点问题的阐释，以及这一阐释中所体现的马克思经济学的思想精髓和科学方法，无疑应该成为“进一步研究的出发点和供这种研究使用的方法”。实际上，“列宁路径”在中国特色社会主义政治经济学中实现的基本理念已经形成，这一基本理念就是“要立足我国国情和我们的发展实践，深入研究世界经济和我国经济面临的新情况新问题，揭示新特点新规律，提炼和总结我国经济发展实践的规律性成果，把实践经验上升为系统化的经济学说，不断开拓当代中国马克思主义政治经济学新境界”①。

① 中共中央党史和文献研究院．十八大以来重要文献选编：下．北京：中央文献出版社，2018：7.

第十一章　马克思经济学“术语的革命”及其当代意义

1868年1月，马克思在给恩格斯的一封信中，首次提出剩余价值、劳动二重性和工资范畴是《资本论》第一卷中三个“崭新的因素”的观点。这时离1867年9月《资本论》第一卷德文第一版出版不到半年。1886年11月，在为《资本论》第一卷英译本写的“英文版序言”中，恩格斯提出了马克思经济学“术语的革命”的问题，对《资本论》中剩余价值等范畴在“术语的革命”中的地位和意义作了阐释。从“崭新的因素”到“术语的革命”，揭示了马克思政治经济学的基本特征和思想特色，多方面展示了《资本论》的理论内涵和学术意蕴。

一、《资本论》中“崭新的因素”与马克思政治经济学基本特征

马克思提出的《资本论》第一卷的三个“崭新的因素”就是：“(1) 过去的一切经济学一开始就把表现为地租、利润、利息等固定形式的剩余价值特殊部分当做已知的东西来加以研究，与此相反，我首先研究剩余价值的一般形式，在这种形式中所有这一切都还没有区分开来，可以说还处于融合状态中。(2) 经济学家们毫无例外地都忽略了这样一个简单的事实：

既然商品是二重物——使用价值和交换价值，那么，体现在商品中的劳动也必然具有二重性，而像斯密、李嘉图等人那样只是单纯地分析劳动本身，就必然处处都碰到不能解释的现象。实际上，对问题的批判性理解的全部秘密就在于此。（3）工资第一次被描写为隐藏在它后面的一种关系的不合理的表现形式，这一点通过工资的两种形式即计时工资和计件工资得到了确切的说明。"① 剩余价值、劳动二重性和工资范畴这三个"崭新的因素"，是《资本论》第一卷中三个主要的范畴，也是恩格斯后来称作的马克思经济学"术语的革命"的典型范畴。

在《资本论》第一卷中，剩余价值、劳动二重性和工资范畴作为"崭新的因素"，是马克思经济思想发展的重要标识，是马克思实现的政治经济学科学革命的基本特征和思想特色的集中体现，也是马克思主义政治经济学当代发展的基本遵循。

一是剩余价值作为这三个"崭新的因素"的首要范畴，是马克思政治经济学的核心范畴，是马克思政治经济学科学革命的主旨所在。剩余价值理论作为马克思一生科学研究的两个伟大的发现之一，是马克思政治经济学区别于当时其他各种经济学流派的根本标志之一。

自1843年开始研究政治经济学，历经15年的科学探索，一直到撰写《1857—1858年经济学手稿》时，马克思才首次提出剩余价值范畴。在这部《手稿》的"资本章"中，马克思认为，从资本价值的简单保存过程来看，商品价值只相当于商品的生产费用，即"产品的价值＝原料的价值＋劳动工具已被消耗的部分的、即已转移到产品上的、扬弃了其原来形式的那一部分的价值＋劳动的价值。或者说，产品的价格等于它的生产费用，也就是＝在生产过程中消费掉的各商品的价格总和"②。这里所说的"生产费用"，指的是商品生产中消耗的资本的价值部分，它并不包括利息和利润，因而不能把这种生产费用理解为商品价值总和，否则"剩余价值就会是纯粹名义上的、虚拟的、假定的东西，是一句空话"③。这是马克思首次

① 马克思，恩格斯. 马克思恩格斯文集：第10卷. 北京：人民出版社，2009：275-276.

② 马克思，恩格斯. 马克思恩格斯全集：第30卷. 2版. 北京：人民出版社，1995：272.

③ 同②275.

在政治经济学意义上使用“剩余价值”术语。从资本价值的增殖过程来看，马克思强调：“在资本方面表现为剩余价值的东西，正好在工人方面表现为超过他作为工人的需要，即超过他维持生命力的直接需要的剩余劳动。”① 尽管在对商品价值的理解上，马克思这时使用的还是“生产费用”这类李嘉图学派的用语，但“剩余价值”这一范畴的提出已经表明，马克思实际上“已经推翻了迄今存在的全部利润学说”②。

在《1861—1863年经济学手稿》中，马克思从“历史的评论”的视角，对剩余价值范畴的经济思想史意义作了阐释。他认为：“所有经济学家都犯了一个错误：他们不是纯粹地就剩余价值本身，而是在利润和地租这些特殊形式上来考察剩余价值。由此会产生哪些必然的理论谬误，这将在第三章中得到更充分的揭示，那里要分析剩余价值作为利润所采取的完全转化了的形式。”③ 这里讲的“第三章”，指的是马克思当时计划撰写的“六册结构”中的第一册《资本》第一篇“资本一般”第三章资本，马克思在这一部分打算论述“利润率和剩余价值”“资本和利润”“资本各个部分的均等利润”“利息和利润”等内容。剩余价值范畴就是贯穿于《资本论》理论逻辑的主题。《资本论》第一卷和第二卷在对资本的生产过程和流通过程的阐释中，首先研究的是剩余价值的一般形式，这时还没有对利润、利息、地租这一切具体形式作出区分，这些具体形式还处于融合状态。在《资本论》第三卷对资本的总过程的各种形式的阐释中，再对剩余价值转化为利润、利润转化为平均利润，以及商业利润、利息、地租等这些具体形式作出展开论述。

恩格斯认为，剩余价值范畴的提出，使得马克思与他之前的经济学家们之间的关系发生了根本性的变化，就像化学革命中拉瓦锡与普利斯特列和舍勒的关系一样，马克思正是在前人认为已经有答案的地方，发现了问题所在，实现了经济学的科学革命。恩格斯的评价是：“这里的问题不是在于要简单地确认一种经济事实，也不是在于这种事实与永恒公平和真正

① 马克思，恩格斯. 马克思恩格斯全集：第30卷. 2版. 北京：人民出版社，1995：286.
② 马克思，恩格斯. 马克思恩格斯文集：第10卷. 北京：人民出版社，2009：143.
③ 马克思，恩格斯. 马克思恩格斯全集：第33卷. 2版. 北京：人民出版社，2004：7.

道德相冲突，而是在于这样一种事实，这种事实必定要使全部经济学发生革命，并且把理解全部资本主义生产的钥匙交给那个知道怎样使用它的人。根据这种事实，他研究了全部既有的经济范畴，正像拉瓦锡根据氧气研究了燃素说化学的各种既有的范畴一样。"① 这就是恩格斯认为的剩余价值"术语的革命"，在马克思实现的经济学科学革命中的理论力量和魅力所在。

二是劳动二重性作为政治经济学的"崭新的因素"，在于马克思经济学中"对问题的批判性理解的全部秘密就在于此"，是马克思经济学体系的"枢纽"或主线所在。劳动二重性不仅是完整的经济范畴，对于《资本论》第一卷中商品二因素、劳动力商品、劳动过程和价值增殖过程、剩余价值生产形式及其本质、劳动对资本的形式从属和实际从属、工资的本质、资本积累过程和趋势等理论的理解，都有重要的意义，起着"枢纽"的作用。同时，劳动二重性也是马克思对政治经济学方法的特征及其内涵的概述，是构成《资本论》体系的主线和方法论的要义。

在《资本论》第一卷德文第一版中，马克思指出："进一步考察表明，商品中包含的劳动也具有二重性。这一点首先是由我批判地阐明了的，这是理解政治经济学的枢纽。"② 马克思认为他在 1859 年出版的《政治经济学批判》第一分册中对劳动二重性"首先"作了阐释。马克思指出："要理解交换价值由劳动时间决定，必须把握住下列几个主要观点：劳动化为简单的、可以说是无质的劳动；生产交换价值因而生产商品的劳动借以成为社会劳动的特有方式；最后，以使用价值为结果的劳动和以交换价值为结果的劳动之间的区别。"③ 这些观点构成劳动二重性范畴和术语的精粹。

马克思这里讲的"首先"，是就马克思在公开出版著述中"首先"提出而言的。从马克思经济思想发展来看，在这之前的《1857—1858 年经济学手稿》的"货币章"中，马克思在对商品内在矛盾的分析中，已经提出商品具有"二重存在"形式的观点。这里的"二重存在"，是指商品作为

---

① 马克思，恩格斯．马克思恩格斯文集：第 6 卷．北京：人民出版社，2009：21.

② 马克思，恩格斯．马克思恩格斯全集：第 42 卷．2 版．北京：人民出版社，2016：28.

③ 马克思，恩格斯．马克思恩格斯全集：第 31 卷．2 版．北京：人民出版社，1998：422.

“自然存在”和作为“纯经济存在”的“二重存在”形式，“在纯经济存在中，商品是生产关系的单纯符号，字母，是它自身价值的单纯符号”①。在这一手稿“资本章”对资本的劳动过程和价值增殖过程的分析中，马克思指出：“在价值之前出现的、作为出发点的劳动过程——这种劳动过程，由于它的抽象性、纯粹的物质性，同样是一切生产形式所共有的——又在资本内部表现为在资本的物质内部进行的过程、构成资本内容的过程。”②劳动的“二重存在”形式是理解劳动过程的共有性和资本增殖的特殊性的理论上和方法论上的主线。

在1873年出版的《资本论》第一卷德文第二版中，马克思对劳动二重性作了更为详细的说明。马克思提出：“商品中包含的劳动的这种二重性，是首先由我批判地证明的。这一点是理解政治经济学的枢纽，因此，在这里要较详细地加以说明。”③ 据此，《资本论》第一卷德文第二版增列了“体现在商品中的劳动的二重性”的分节标题，劳动二重性作为《资本论》体系的主线更为清晰地得到呈现。

三是在这三个“崭新的因素”中，工资范畴与剩余价值和劳动二重性范畴不同，工资作为经济学术语，是马克思对当时流行于政治经济学各流派中已有术语的批判性借鉴，并赋予工资范畴“崭新”的含义，这是马克思政治经济学批判的思想特色所在。

马克思在政治经济学研究之初，就对工资范畴作出多方面的研究，这些研究的显著特点在于：工资范畴与马克思关于异化劳动、雇佣劳动，以及劳动和资本的阶级关系的分析联结在一起。工资范畴与马克思劳动价值论的发展和创新紧密地联系在一起，工资本质的揭示是马克思劳动价值论科学革命的结果，劳动价值论科学革命的实现是以工资范畴这一“崭新的因素”的确立为标志的。在1847年发表的《哲学的贫困》中，马克思对蒲鲁东工资理论作了批判。蒲鲁东认为，工人工资的普遍提高必将引起生活必需品价格的普遍上涨，工人同盟组织以争取提高工资而进行的罢工斗

---

① 马克思，恩格斯．马克思恩格斯全集：第30卷．2版．北京：人民出版社，1995：90.
② 同①263.
③ 马克思，恩格斯．马克思恩格斯文集：第5卷．北京：人民出版社，2009：54-55.

争，结果除了“加剧贫困以外，不会有别的结果”①。在对蒲鲁东这一谬误的批判中，马克思指出，“普遍提高工资就会使利润普遍降低，而商品的市场价格却不会有任何变化”，工人工资的提高直接结果是资本利润的减少。因此，工人阶级最初以提高工资而联合起来形成的“同盟”，“总是具有双重目的：消灭工人之间的竞争，以便同心协力地同资本家竞争”②。在这一过程中，以工人阶级“同盟”的“联合”斗争，使工人阶级“形成一个自为的阶级。他们所维护的利益变成阶级的利益。而阶级同阶级的斗争就是政治斗争”③。马克思确立了工资范畴中蕴含的科学社会主义的基本立场。

在《资本论》第一卷中，马克思认为那种把工资看作“劳动力的价值和价格”的“用语”的观点，“是直接地、自发地、作为流行的思维形式再现出来的”，其结果必然“陷入了无法解决的混乱和矛盾中，同时为庸俗经济学的在原则上只忠于假象的浅薄性提供了牢固的活动基础”；而工资是劳动力价值或价格的转化形式的观点，却“只有科学才能揭示出来”，在这一方面，“古典政治经济学几乎接触到事物的真实状况，但是没有自觉地把它表述出来。只要古典政治经济学附着在资产阶级的皮上，它就不可能做到这一点”。马克思“站在工人的立场上”，第一次揭示了工资的本质，揭示了经济学流行的工资范畴背后隐藏的经济关系和阶级关系的本质。

二、恩格斯关于马克思“术语的革命”论述的基本思想

“一门科学提出的每一种新见解都包含这门科学的术语的革命。”这是1886年恩格斯在《资本论》第一卷“英文版序言”中，对马克思经济学的科学革命意义作出的评价。恩格斯对“术语的革命”的科学史意义的评价，也为现代科学史研究的学者所认可，托马斯·库恩就曾认为“科学革

① 蒲鲁东. 贫困的哲学：上卷. 北京：商务印书馆，2010：143-144.

② 马克思，恩格斯. 马克思恩格斯文集：第1卷. 北京：人民出版社，2009：649，649，654.

③ 同②654.

命”指的就是“某些科学术语发生意义变革的事件”①；而“接受新范式，常常需要重新定义相应的科学”，“界定正当问题、概念和解释的标准一旦发生变化，整个学科都会随之变化”②。

在对马克思经济学“术语的革命”基本特征的理解上，恩格斯强调了两个基本观点：一是“术语的革命”中方法论上的整体观。恩格斯认为，当时流行的政治经济学“通常满足于照搬工商业生活上的术语并运用这些术语，完全看不到这样做会使自己局限于这些术语所表达的观念的狭小范围”。例如，古典政治经济学就“从来没有超出通常关于利润和地租的概念，从来没有把产品中这个无酬部分（马克思称它为剩余产品），就其总和即当做一个整体来研究过，因此，也从来没有对它的起源和性质，对制约着它的价值的以后分配的那些规律有一个清楚的理解”③。马克思的“术语的革命”，是基于唯物史观整体方法论的学术成就。

恩格斯的这一论述，高度契合马克思关于政治经济学整体方法论的要义。整体方法论是以唯物史观为基础的。1847 年，唯物史观创立后不久，马克思在《哲学的贫困》中就从“整体”意义上，对政治经济学方法论作了阐释。马克思指出：“每一个社会中的生产关系都形成一个统一的整体。”④ 这一“整体”的基本规定就在于：“社会关系和生产力密切相联。随着新生产力的获得，人们改变自己的生产方式，随着生产方式即谋生的方式的改变，人们也就会改变自己的一切社会关系。”⑤ 马克思提出政治经济学整体方法论的意义就在于：“谁用政治经济学的范畴构筑某种意识形态体系的大厦，谁就是把社会体系的各个环节割裂开来，就是把社会的各个环节变成同等数量的依次出现的单个社会。其实，单凭运动、顺序和时间的唯一逻辑公式怎能向我们说明一切关系在其中同时存在而又互相依存的社会机体呢?”⑥ 社会经济关系的整体性是理解和把握经济范畴、原理、

---

① 库恩．必要的张力．福州：福建人民出版社，1981：xiv.

② 库恩．科学革命的结构：第 4 版．2 版．北京：北京大学出版社，2012：88，91.

③ 马克思，恩格斯．马克思恩格斯文集：第 5 卷．北京：人民出版社，2009：33.

④ 马克思，恩格斯．马克思恩格斯文集：第 1 卷．北京：人民出版社，2009：603.

⑤ 同④602.

⑥ 同④603-604.

思想的内在要求。基于方法论上的整体观，马克思对剩余价值以及工资、劳动二重性的规律有了“一个清楚的理解”，对资本主义经济关系这一“同时存在而又互相依存的社会机体”也有了“一个清楚的理解”。

在《1857—1858年经济学手稿》中，马克思对这一整体方法论作了更为深刻的论述，突出了这三个“崭新的因素”的内在联系和整体规定性。在对剩余价值生产和流通问题的论述中，马克思指出：“剩余价值只能在与必要劳动的关系上来测定。利润只是剩余价值的第二级的、派生的和变形的形式，只是资产阶级的形式，在这个形式中，剩余价值起源的痕迹消失了。”① 对这一逻辑关系和主题的理解，与工资和劳动二重性的“崭新的因素”的理解是联系在一起的：一方面，剩余价值和工资是必要劳动和剩余劳动的资本主义经济的“社会机体”中的本质关系，因为“在既定的生产条件下由资本生产出来的唯一价值，是由新劳动量追加的价值。但是，这种价值是由再生产出工资（资本以工资形式进行的预付）的必要劳动和剩余劳动（因而是超出必要劳动的剩余价值）构成的”②；另一方面，劳动二重性是从整体上理解这一本质关系的“枢纽”，因为“材料和机器上的预付只是从一种形式转变成另一种形式。工具也和原料一样，转变成产品，它的损耗同时也就是产品形式的创造”③，但它们“决不会使产品的价值有所增加。它们的价值是以前的生产的结果，而不是它们在其中充当工具和材料的当前的生产的结果”④。这三个“崭新的因素”构成的整体理论，是马克思政治经济学整体方法论的集中体现，也是马克思认为的《资本论》第一卷三个“崭新的因素”整体性的内在根据和必然逻辑。

二是“术语的革命”中的社会历史观。在经济学术语使用中，社会历史观起着重要的作用。恩格斯认为：“把现代资本主义生产只看做是人类经济史上一个暂时阶段的理论所使用的术语，和把这种生产形式看做是永恒的、最终的阶段的那些作者所惯用的术语，必然是不同的。”⑤ 马克思“术语的革命”中坚守的社会历史观，是以唯物史观为圭臬的，是唯物史

① 马克思，恩格斯．马克思恩格斯全集：第30卷．2版．北京：人民出版社，1995：599.

②③ 同①598.

④ 同①598-599.

⑤ 马克思，恩格斯．马克思恩格斯文集：第5卷．北京：人民出版社，2009：33.

观在政治经济学方法论中的延伸。

恩格斯的这一论述，同马克思在政治经济学研究中彰显的社会历史观的要义高度契合。在《哲学的贫困》对蒲鲁东政治经济学方法的批判中，马克思已经认识到“人们按照自己的物质生产率建立相应的社会关系，正是这些人又按照自己的社会关系创造了相应的原理、观念和范畴”；“经济范畴只不过是生产的社会关系的理论表现，即其抽象”，因而“这些观念、范畴也同它们所表现的关系一样，不是永恒的。它们是历史的、暂时的产物”①。1865年，在《资本论》第一卷德文第一版最后成稿时，马克思再次指出，蒲鲁东政治经济学方法的错误在于，“不是把经济范畴看做历史的、与物质生产的一定发展阶段相适应的生产关系的理论表现，而是荒谬地把它看做预先存在的、永恒的观念”，这就使得他“通过这种迂回的道路又回到资产阶级经济学的立场上去”②。

在《〈政治经济学批判〉导言》中，马克思认为，古典政治经济学在内的各种经济学流派和思潮，都把“单个的孤立的猎人和渔夫”作为出发点，实质上是经济学的一种“虚构”、一种“假象”。这种“虚构”和“假象”产生的根源就在于抹杀了“物质生产”的社会性质和历史性质。如果把这一类“只是大大小小的鲁滨逊一类故事所造成的美学上的假象”当作“国民经济的事实”，作为政治经济学的出发点，实在是“缺乏想象力”。其实，不仅马克思那时流行的“最新的经济学”因袭了这种“虚构”和“假象”，而且这之后流行于西方的各种“最新的经济学”，同样一再地渲染这种“虚构”和“假象”，将这种“错觉”当作经济学理论的出发点。回溯经济思想史上各种“最新的经济学”的这种“虚构”和“假象”，确实应了马克思所说的，“再没有比这类想入非非的陈词滥调更加枯燥乏味的了”③。

在对“术语的革命”中社会历史观方法的理解中，恩格斯还强调了“经济史”在政治经济学理论阐释中的重要意义。恩格斯指出，在资产阶级政治经济学那里，经济史上的“重大的、本质不同的时期”往往“被抹

① 马克思，恩格斯. 马克思恩格斯文集：第1卷. 北京：人民出版社，2009：603，602，603.
② 马克思，恩格斯. 马克思恩格斯文集：第3卷. 北京：人民出版社，2009：19.
③ 马克思，恩格斯. 马克思恩格斯全集：第30卷. 2版. 北京：人民出版社，1995：26.

杀了”。例如，在古典政治经济学那里，通过在把农业和手工业之外的“一切产业”，都归结为制造业“这个术语”的办法，使得“以手工分工为基础的真正工场手工业时期和以使用机器为基础的现代工业时期的区别，就被抹杀了”①。恩格斯对经济史研究意义的强调，是对“术语的革命”中社会历史观方法的深化。

经济史是政治经济学理论阐释的重要组成部分，也是实现“术语的革命”的重要内容。马克思在对政治经济学对象的探讨中曾经认为，生产不仅仅表现为一定特殊生产部门中的活动，而且“始终是一定的社会体即社会的主体在或广或窄的由各生产部门组成的总体中活动着”，即都是在一定社会的生产体系或产业部门组成的“总体”中活动着的②。这里提到的具体的特殊生产部门和生产“总体”的关系，更多涉及的就是经济史问题。马克思认为，关于这些问题的“科学的叙述对现实运动的关系，也还不是这里所要说的”③。经济史作为把握社会经济关系的历史逻辑的探索，是马克思经济学理论逻辑中“所要说的”内容，在《资本论》第一卷中，经济史成为马克思经济学理论逻辑探索“所要说的”内容，特别是在对剩余价值和工资这两个“崭新的因素”的阐释中，经济史的研究成为重要内容，也成为“术语的革命”中社会历史观方法论运用的重要体现。

在《资本论》第一卷中，经济史的研究主要集中在三个问题上：一是在工作日问题阐释中，对“争取正常工作日的斗争”的经济史研究；二是在相对剩余价值问题阐释中，对工场手工业时期到机器大工业时期发展的经济史研究；三是在资本积累及其过程问题阐释中，对资本原始积累的经济史研究。对经济史的这些研究，与剩余价值和工资这两个“崭新的因素”的阐释直接关联，是对这两个“崭新的因素”的历史逻辑的阐释。

绝对剩余价值的生产同工作日的长度直接相关。马克思在《资本论》第一卷中对“争取正常工作日的斗争”的经济史研究，就是在对绝对剩余价值生产问题阐释中作出的。在《资本论》第一卷德文第一版第三章“绝对剩余价值的生产”中，马克思列出第三节“工作日”对此作出专门研

① 马克思，恩格斯. 马克思恩格斯文集：第 5 卷. 北京：人民出版社，2009：33.

②③ 马克思，恩格斯. 马克思恩格斯全集：第 30 卷. 2 版. 北京：人民出版社，1995：27.

究。在《资本论》第一卷德文第二版中，“绝对剩余价值的生产”改作第三篇。在第三篇第八章“工作日”中，马克思把“争取正常工作日的斗争”划分为两大经济史阶段，即“14 世纪中叶至 17 世纪末叶关于延长工作日的强制性法律”和“对劳动时间的强制的法律限制。1833—1864 年英国的工厂立法”。马克思认为：“在资本主义生产的历史上，工作日的正常化过程表现为规定工作日界限的斗争，这是全体资本家即资本家阶级和全体工人即工人阶级之间的斗争。”①

在对“术语的革命”方法的阐释中，恩格斯指出，资产阶级经济学“抹杀”了以手工分工为基础的真正的工场手工业和以使用机器为基础的现代工业这两不同时期的“区别”。资产阶级经济学认识上的这一局限性，凸显了《资本论》第一卷对这两个时期经济史阐释的重要性。在《资本论》第一卷德文第一版中，对这两个时期的经济史研究属于第四章“相对剩余价值的生产”的内容。在《资本论》第一卷德文第二版中，第四章改作第四篇，原来第四章的四节也改作第四篇的四章，即第十章“相对剩余价值的概念”、第十一章“协作”、第十二章“分工和工场手工业”和第十三章“机器和大工业”。在第十章对相对剩余价值进行阐释时，马克思指出：“对于由必要劳动转化为剩余劳动而生产剩余价值来说，资本占有历史上遗留下来的或者说现存形态的劳动过程，并且只延长它的持续时间，就绝对不够了。它必须变革劳动过程的技术条件和社会条件，从而变革生产方式本身，以提高劳动生产力，通过提高劳动生产力来降低劳动力的价值，从而缩短再生产劳动力价值所必要的工作日部分。”② 从“历史上遗留下来的”劳动过程到“变革生产方式”的研究，着力点就是劳动过程的技术条件和社会条件、生产方式和劳动生产力本身的变革问题等，这些构成这一时期经济史研究的重要内容。

从争取正常工作日斗争和工场手工业到机器大工业两个时期的经济史研究，揭示了剩余价值理论的历史逻辑，也是对剩余价值这一“术语的革命”的经济史实的证明。马克思认为：“绝对剩余价值的生产只同工作日

① 马克思，恩格斯．马克思恩格斯文集：第 5 卷．北京：人民出版社，2009：272.

② 同①366.

的长度有关；相对剩余价值的生产使劳动的技术过程和社会组织发生彻底的革命。因此，相对剩余价值的生产以特殊的资本主义的生产方式为前提；这种生产方式连同它的方法、手段和条件本身，最初是在劳动在形式上从属于资本的基础上自发地产生和发展的。劳动对资本的这种形式上的从属，又让位于劳动对资本的实际上的从属。”① 从工场手工业时期到机器大工业时期的经济史研究，刻画了绝对剩余价值生产方式向相对剩余价值生产方式转变的历史逻辑，也揭示了剩余价值这一“术语的革命”的经济史的基本依据。

三、马克思经济学“术语的革命”的主要形式及其方法论意义

恩格斯对马克思经济学“术语的革命”的整体方法论和社会历史观的阐述，准确地把握了马克思经济学理论体系和学术话语体系的核心观点，也形成了理解马克思经济学“术语的革命”的本质及其形式的方法论遵循。

剩余价值、劳动二重性和工资，作为马克思经济学“术语的革命”的显著标识，是马克思经济学的新概念、新范畴、新表述，是马克思经济学理论体系和学术话语体系的根本方法和基本立场的表达。按照这三个范畴的术语词语来源，马克思“术语的革命”可以分为两类：一类是马克思原创性的“术语的革命”，如劳动二重性、剩余价值，在《资本论》第一卷中还有资本总公式、劳动力商品、不变资本和可变资本等术语，这类术语由马克思首次提出来；另一类是批判借鉴性的“术语的革命”，如工资，在《资本论》第一卷中还有资本、交换价值、货币等术语，这类术语是对当时已有的经济学范畴中合理的因素和成分的批判性借鉴，其中包含对术语内涵的根本性的变革。如在《1857—1858年经济学手稿》中，马克思在对资本术语的批判性借鉴中提道：“准确地阐明资本概念是必要的，因为

① 马克思，恩格斯. 马克思恩格斯文集：第5卷. 北京：人民出版社，2009：583.

它是现代经济学的基本概念，正如资本本身——它的抽象反映就是它的概念——是资产阶级社会的基础一样。明确地弄清关系的基本前提，就必然会得出资产阶级生产的一切矛盾，以及这种关系超出它本身的那个界限。”① 马克思准确地把握了对经济学中流行的资本范畴作出“术语的革命”的着力点和关键点。

马克思“术语的革命”的这两种类型不是截然分开的。在《资本论》中，马克思往往通过术语的比较研究，阐明原创性术语的意义以及同批判借鉴性术语的关系。与剩余价值这一原创性术语相对应，马克思还提出了不变资本和可变资本这些原创性术语。马克思认为：“资本的这两个组成部分，从劳动过程的角度看，是作为客观因素和主观因素，作为生产资料和劳动力相区别的；从价值增殖过程的角度看，则是作为不变资本和可变资本相区别的。”② 不变资本和可变资本术语实质上是劳动二重性术语在剩余价值理论阐释中的拓展，也是对剩余价值来源及其本质阐释的展开。在对资本流通理论的阐释中，马克思在批判地借鉴固定资本和流动资本术语中，同不变资本和可变资本术语作了比较研究，特别是从经济思想史上对“两种有机构成”及其经济学意义作了详尽考察。马克思对重农学派特别是对魁奈关于固定资本和流动资本范畴的理解给予高度评价，认为“在魁奈那里，固定资本和流动资本的区别表现为‘原预付’和‘年预付’。他正确地把这种区别说成是生产资本即并入直接生产过程的资本内部的区别”③。在经济思想史上，“斯密把‘原预付’和‘年预付’换成‘固定资本’和‘流动资本’，进步之处在于‘资本’这个名词，他使资本这个概念普遍化，摆脱了重农学派特别注意把它应用于‘农业’领域这种情况；退步之处在于把‘固定’和‘流动’理解为决定性的区别，并且坚持不变”④。在对固定资本和流动资本的理解上，斯密的“唯一进步”是把“范畴普遍化”，在其他方面则“远远落在魁奈后面”。斯密的失误在于，“把重农学派在阐明生产资本的区别和它们对周转的影响时所依据的那个基础

① 马克思，恩格斯．马克思恩格斯全集：第30卷．2版．北京：人民出版社，1995：293.
② 马克思，恩格斯．马克思恩格斯文集：第5卷．北京：人民出版社，2009：243.
③ 马克思，恩格斯．马克思恩格斯文集：第6卷．北京：人民出版社，2009：211.
④ 同③401.

抛弃了”，即把“生产资本和处于流通领域的资本（商品资本和货币资本），同固定资本和流动资本根本混同起来”①。斯密的这一“完全错误的解释”，导致对资本的两种构成理论的“完全错误的解释”。马克思指出：“由于可变资本和不变资本流动部分在周转中具有同一形式，它们在价值增殖过程和剩余价值形成上的本质区别就被掩盖起来，因而资本主义生产的全部秘密就更加隐蔽了。在流动资本这个共同的名称下，这个本质区别被抹杀了。”② 从经济思想史来看，“以后的经济学走得更远，它认定，作为本质的东西和唯一的区别的，不是可变资本和不变资本的对立，而是固定资本和流动资本的对立”③。马克思在说明不变资本和可变资本的“术语的革命”意义的同时，也阐明了对固定资本和流动资本的批判借鉴的根本点，以及对固定资本和流动资本所实现的“术语的革命”的关键点。如马克思所概括的：“这里我要提醒读者，可变资本和不变资本这两个范畴是我最先使用的。亚·斯密以来的政治经济学都把这两个范畴中包含的规定，同那种由流通过程产生的形式区别，即固定资本和流动资本的区别混淆起来了。”④

在《资本论》第一卷中，马克思的“术语的革命”更多地呈现在批判借鉴性术语上。工资作为《资本论》第一卷中三个“崭新的因素”之一，集中体现了马克思在批判借鉴性术语上实现的“术语的革命”的意义。

工资是马克思开始政治经济学研究时就对工资范畴给予高度关注。在《1844年经济学哲学手稿》的笔记本Ⅰ中，马克思从第Ⅰ页起分作三栏，对亚当·斯密《国富论》中关于工资、利润和地租的论述并行地进行摘录、评价和比较研究。在笔记本Ⅰ的第Ⅰ页到第ⅩⅤ页对工资范畴的阐述中，马克思主要引述了斯密《国富论》中的基本观点，同时也引述了威·舒尔茨《生产运动。从历史统计学方面论国家和社会的一种新科学的基础的建立》（1843年）中工资与劳动时间关系的论述、机器大工业发展中女工和童工的命运问题，康·贝魁尔《社会经济和政治经济的新理论，或关

① 马克思，恩格斯. 马克思恩格斯文集：第6卷. 北京：人民出版社，2009：213，215.
②③ 同①223.
④ 马克思，恩格斯. 马克思恩格斯文集：第5卷. 北京：人民出版社，2009：706注66.

于社会组织的探讨》(1842年)、查·劳顿《人口和生计问题的解决办法，以书信形式向医生提出》(1842年)和欧·比雷《论英法工人阶级的贫困》(1840年)关于富裕人口和贫困人口分化状况问题等有关论述。以斯密《国富论》为主线的经济思想史的探索，与对同时代经济学家理论研究的结合，成为马克思开始工资理论及其“术语的革命”探索的重要特征。

“工资决定于资本家和工人之间的敌对的斗争。”[①] 这是马克思在《1844年经济学哲学手稿》笔记本Ⅰ第Ⅰ页对工资理论探讨时写下的第一句话，也成为马克思对工资的政治经济学研究的核心观点。1847年12月，马克思在布鲁塞尔德意志工人协会发表的题为《雇佣劳动与资本》的演讲中，提出的“第一个问题”就是：“什么是工资？它是怎样决定的?”[②] 以此为切入点，马克思对工资理论作了深刻阐释，形成了劳动力商品理论的有决定性意义的观点。1891年《雇佣劳动与资本》再版之际，恩格斯对马克思在《雇佣劳动与资本》中阐明的劳动力商品理论和工资理论作了肯定，为了同马克思后来的“新的观点一致起来”，作了一些“完全符合”马克思本意的“必要的修改和补充”[③]。恩格斯指出：“我所作的全部修改，都归结为一点。在原稿上是，工人为取得工资向资本家出卖自己的劳动，在现在这一版本中则是出卖自己的劳动力。关于这点修改，我应当作一个解释。向工人们解释，是为了使他们知道，这里并不是单纯的咬文嚼字，而是牵涉到全部政治经济学中一个极重要的问题。向资产者们解释，是为了使他们确信，没有受过教育的工人要比我们那些高傲的‘有教养的人’高明得多，因为工人对最艰深的经济学论述也很容易理解，而‘有教养的人’对这种复杂的问题却终身也解决不了。”[④] 其实，马克思关于雇佣劳动与资本的演讲，最重要的就是向工人们讲清工资的本质，约·魏德迈抄录的马克思这一演讲手稿的标题就是《工资》[⑤]。

---

① 马克思，恩格斯．马克思恩格斯文集：第1卷．北京：人民出版社，2009：115.
② 同①712.
③ 同①702.
④ 同①702.
⑤ 马克思，恩格斯．马克思恩格斯全集：第6卷．北京：人民出版社，1961：753.

1847年12月底，马克思在关于“工资”的手稿中，对《雇佣劳动与资本》作了多方面的补充性论述。“工资”手稿分作“[A]”“[B]补充”“[C]”三部分。“[A]”部分是对《雇佣劳动与资本》中“已经阐明”的问题作出的7个方面的概括。“[C]”部分是对要进一步探讨的8个问题的说明，这8个问题包括：生产力的提高对工资的影响问题、工人和企业主之间的竞争问题、工人彼此之间的竞争问题、工资的波动问题、最低工资问题、改善生活状况建议问题、工人联合会问题、雇佣劳动的积极方面问题。这些问题的提出，实际上就是《资本论》第一卷实现的工资范畴的“术语的革命”的重要开端。值得注意的是“[B]补充”部分，这里的“补充”分作9节，分节标题是9位经济学家的名字。他们分别是阿特金森、卡莱尔、麦克库洛赫、约翰·威德、拜比吉、安德鲁·尤尔、罗西、舍尔比利埃和布雷。“[B]补充”部分对这9位经济学家关于工资观点的评价，尽管详略不一，有的只列出一个名词，如在“V. 拜比吉”标题下，只提到“Trucksystem”（实物工资制）一词。但是，马克思在这里所作“补充”的目的却十分清楚，就是通过对这些经济学家关于工资观点的批判性借鉴，进一步完善工资理论，为实现工资范畴的“术语的革命”奠立坚实的经济学理论和经济思想史的基础。

在“[B]补充”部分，马克思首先提到的是英国经济学家阿特金森在《政治经济学原理》（1840年）中收录的英国经济学家约翰·包林的一段论述。马克思从中提出“分工的变化和更加细密对确定工资影响”的问题，提出在工资问题论述中“关于人口论再谈几句”的设想；在对英国经济学家约翰·威德《中等阶级和工人阶级的历史》（1835年）一书有关工资问题论述的摘录中，马克思注意到“机器和分工以更低廉的劳动代替高价的劳动”的问题；在摘录英国经济学家安德鲁·尤尔《工厂哲学和工业经济》（1836年）的有关论述中，马克思提出“现代工业的普遍原则”就是“以童工代替成年工，以非熟练工人代替熟练工人，以女工代替男工”的问题，以及“工资平均化”是“现代工业的主要特征”的问题；在摘录瑞士经济学家舍尔比利埃《富人或穷人》（1840年）的有关论述中，马克思提出“在谈到工资的降低或提高的时候，永远也不应该忽视整个世界市场和各个国家工人的状况”的问题，等等①。

“工资”手稿涉及的这些经济学家都是与马克思同时代的经济学家，他们对工资问题的理解更多地与工资理论的现实问题有关。从亚当·斯密古典政治经济学工资理论的研究，到同时代经济学家关于工资的现实问题的探讨，都成为马克思实现工资范畴“术语的革命”中批判借鉴的研究资料，也成为《资本论》中工资范畴这一“崭新的因素”形成的批判借鉴的思想资源。

马克思经济学“术语的革命”中的这两种形式——原创性的和批判借鉴性的论述，不仅揭示了《资本论》第一卷三个“崭新的因素”所包含的“术语的革命”的深刻意蕴，厘清了马克思在《资本论》中实现的更为广泛的“术语的革命”的思想来源和基本过程，而且也为当代马克思主义政治经济学的“术语的革命”和中国特色社会主义政治经济学体系的发展提供理论上的和方法论上的重要启示。

---

① 马克思，恩格斯．马克思恩格斯全集：第 6 卷．北京：人民出版社，1961：636-640.

第十二章　广义政治经济学研究及其当代意义

在马克思主义政治经济学史上，恩格斯不仅最先提出了广义政治经济学问题，而且也最先对广义政治经济学的基本问题作出多方面的探索，奠定了广义政治经济学的基础理论和根本方法。

回顾恩格斯对广义政治经济学研究的理论贡献，无论对政治经济学史还是对当代中国马克思主义政治经济学的发展，都有重要的意义。

一、广义政治经济学的提出及基本含义

恩格斯在《反杜林论》第二编“政治经济学”第一章“对象和方法”中，通过对广义政治经济学中生产和交换关系的分析，提出了政治经济学作为一门“历史的科学”的本质特征；在对生产和交换及其与分配之间交互作用的探析中，提出了狭义政治经济学问题，阐明了“广义的”和“狭义的”政治经济学之间的关系。恩格斯的这一分析思路，一方面是研究马克思主义政治经济学对象和方法的需要，另一方面也与批判杜林的庸俗政治经济学观点有关。

在对政治经济学对象和方法问题阐释一开始，恩格斯就对广义政治经

济学对象作了界定，提出“政治经济学，从最广的意义上说，是研究人类社会中支配物质生活资料的生产和交换的规律的科学”①。生产和交换这两种“社会职能”，构成“经济曲线的横坐标和纵坐标”。由于“人们在生产和交换时所处的条件，各个国家各不相同，而在每一个国家里，各个世代又各不相同”这样的基本事实，使得“政治经济学不可能对一切国家和一切历史时代都是一样的”②。这就清楚地表明，“政治经济学本质上是一门历史的科学”③。

“政治经济学本质上是一门历史的科学”，是马克思主义政治经济学的基本观点，也是恩格斯提出“广义的”到“狭义的”政治经济学理论的基本立足点。“狭义的”政治经济学以特定的经济社会关系为对象，“它首先研究生产和交换的每个个别发展阶段的特殊规律”；这时，由此揭示的特定的经济社会关系中的“生产方式和交换形式的规律”，对于具有“这种生产方式和交换形式的一切历史时期也是适用的”。正是在这一基础上，才有“广义的”政治经济学的形成，即“在完成这种研究以后，它才能确立为数不多的、适用于生产一般和交换一般的、完全普遍的规律”④。在这里，“每个个别发展阶段的特殊规律”和“完全普遍的规律”的区分，成为“狭义的”和“广义的”政治经济学划分的重要标志。

“政治经济学本质上是一门历史的科学”，也是恩格斯提出分配的历史性特征的依据。恩格斯认为：“随着历史上一定社会的生产和交换的方式和方法的产生，随着这一社会的历史前提的产生，同时也产生了产品分配的方式方法。”⑤ 同时，在一定条件下，分配对生产和交换也有重要的反作用，这就是说，“分配并不仅仅是生产和交换的消极的产物；它反过来也影响生产和交换。每一种新的生产方式或交换形式，在一开始的时候都不仅受到旧的形式以及与之相适应的政治设施的阻碍，而且也受到旧的分配方式的阻碍。新的生产方式和交换形式必须经过长期的斗争才能取得和自己相适应的分配”⑥。在恩格斯看来，无论是“狭义的”还是“广义的”政

①②③　马克思，恩格斯．马克思恩格斯文集：第9卷．北京：人民出版社，2009：153.

④⑤　同①154.

⑥　同①155.

治经济学，生产和交换及其相应的分配关系总是其基本的内容。

在阐明“广义的”和“狭义的”政治经济学关系之后，恩格斯对广义政治经济学的内涵再次作出概括，认为“政治经济学作为一门研究人类各种社会进行生产和交换并相应地进行产品分配的条件和形式的科学——这样广义的政治经济学尚待创造”①。在这一概括中，“广义的”的政治经济学是“各种社会”中“生产和交换并相应地进行产品分配的条件和形式”研究的科学，而“狭义的”政治经济学则是对某一特定的社会经济关系中“生产和交换并相应地进行产品分配的条件和形式”研究的科学，在资本主义经济关系为主体的社会中，狭义政治经济学就是资本主义政治经济学。

与恩格斯之前对“狭义的”和“广义的”政治经济学划分的标志相联系，可以看到，广义政治经济学实际上具有两重含义：一是对各种社会经济关系一般特征为对象的政治经济学研究，是一种基于“普遍”意义上的政治经济学研究：二是相对于狭义政治经济学之外的，以其他各种社会经济关系为对象的政治经济学的研究，是一种基于“个别”意义上的政治经济学的研究。

在经济思想史上，18 世纪下半叶，法国的重农学派和英国的亚当·斯密就对“狭义的政治经济学”作出了“正面阐释”。但是他们的阐释存在两个根本的缺陷：一是错把政治经济学的“狭义的”研究的结论，说成是适合于任何社会经济关系发展的“永恒的自然规律”，陷于“非历史”的理论误区；二是“从人性中引申出”政治经济学的理论结论，落入“非社会”的思想窠臼。与此相反的是，马克思在政治经济学上科学革命的根本标志，就在于对资本主义经济关系作出历史的和社会的分析。恩格斯对政治经济学“广义的”和“狭义的”规定性的划分，就是马克思主义政治经济学社会性和历史性特征的彰显。

在《资本论》中，马克思就是从“狭义的”政治经济学的意义上，提出“我要在本书研究的，是资本主义生产方式以及和它相适应的生产关系

---

① 马克思，恩格斯．马克思恩格斯文集：第 9 卷．北京：人民出版社，2009：156.

和交换关系”；并指出“本书的最终目的就是揭示现代社会的经济运动规律”①。恩格斯认为，马克思对资本主义经济关系的历史性和社会性分析的特征，首先就在于“从批判封建的生产形式和交换形式的残余开始，证明它们必然要被资本主义形式所代替”，其次在于“把资本主义生产方式和相应的交换形式的规律从肯定方面，即从促进一般的社会目的的方面来加以阐述”，最后在于“对资本主义的生产方式进行社会主义的批判，就是说，从否定方面来表述它的规律，证明这种生产方式由于它本身的发展，正在接近它使自己不可能再存在下去的境地”②。

马克思对资本主义经济关系的狭义政治经济学研究作出了重要贡献。但是，要对资本主义经济关系作出全面的批判，只知道资本主义的生产、交换和分配形式是不够的；还要对发生在这些形式之前的、或者在不太发达国家内和这些形式同时并存的那些形式，作出研究和比较，至少作出概要式的研究和比较。恩格斯认为：“到目前为止，总的说来，只有马克思进行过这种研究和比较，所以，到现在为止在资产阶级以前的理论经济学方面所确立的一切，我们也差不多完全应当归功于他的研究。”③ 马克思在狭义政治经济学研究的同时，也对广义政治经济学研究作出重要的贡献。

恩格斯在对杜林的庸俗经济学批驳中指出，杜林的《国民经济学和社会经济学教程》把政治经济学归结为“各种最后的终极的真理、永恒的自然规律、同义反复的毫无内容的公理”，把寻求“一切经济的最一般的自然规律”作为政治经济学的任务；杜林自以为“他的经济学涉及他的哲学中‘已经确立的东西’，而且‘在某些重要方面，依据的是更高级的、在更高的研究领域中已被完成的真理’”④。这里所谓“哲学中‘已经确立的东西’”和“更高级的、在更高的研究领域中已被完成的真理”的表述，明显地暴露出先验论和形而上学方法论的特征。在杜林看来，政治经济学研究的“不是历史的发展规律，而是自然规律，是永恒真理”⑤。杜林在经

① 马克思，恩格斯．马克思恩格斯文集：第5卷．北京：人民出版社，2009：8，10．
② 马克思，恩格斯．马克思恩格斯文集：第9卷．北京：人民出版社，2009：156，157，157．
③ 同②157．
④ 同②158，159，159．
⑤ 同②158．

济学研究对象和方法上的这些错误认识，同他所秉持的康德唯心主义先验论以及非历史主义方法论有直接的关系。杜林对政治经济学对象和方法所持的非历史的和非社会的观点，甚至还是对18世纪下半叶重农学派和斯密政治经济学理论的倒退。

二、恩格斯晚年对广义政治经济学的总体研究

在《反杜林论》中，恩格斯认为，在以资本主义经济关系为对象的狭义政治经济学之外，广义政治经济学至少还存在两种形式：一种是对资本主义经济关系“之前的”经济关系的研究；另一种是对“在不太发达的国家内和这些形式同时并存的”① 经济关系的研究。在《反杜林论》中，恩格斯对广义的政治经济学的研究，集中于前资本主义的各种社会经济关系的政治经济学研究。在《反杜林论》之后，恩格斯在《家庭、私有制和国家的起源》(1884年）之外，还写了《论日耳曼人的古代历史》(1881—1882年)、《法兰克时代》(1881—1882年)、《马尔克》(1882年)、《论封建制度的瓦解和民族国家的产生》(1884年）和《法德农民问题》(1894年）等著述中，对广义政治经济学作出多方面的开拓性研究。

特别是在《家庭、私有制和国家的起源》中，恩格斯从“起源”及其演进过程意义上，对前资本主义经济关系的各种社会经济关系的一般特征及其发展过程作出的三个方面的研究，呈现了广义政治经济学的基本理论的方法要义。

第一，以蒙昧时代—野蛮时代—文明时代为演进过程，对前资本主义各种经济关系的历史逻辑作出广义政治经济学的研究。恩格斯认为，摩尔根“根据生活资料生产的进步”，尝试着给“人类的史前史建立一个确定的系统”，提出了从蒙昧时代到野蛮时代再到文明时代的划分，每一时代又分为低级阶段、中级阶段和高级阶段。摩尔根只对前两个时代以及向第三个时代的过渡问题作出研究。恩格斯借助摩尔根对时代演进和阶段划分

① 马克思，恩格斯．马克思恩格斯文集：第9卷．北京：人民出版社，2009：157.

的基本观点，对前资本主义的各种经济关系作出“普遍”意义上的政治经济学研究。

蒙昧时代的低级阶段是“人类的童年”，它“以果实、坚果、根作为食物；音节清晰的语言的产生是这一时期的主要成就”①。这一阶段延续了好几千年，“我们既然承认人是起源于动物界的，那么，我们就不能不承认这种过渡状态了”②。蒙昧时代的中级阶段是“从采用鱼类（我们把虾类、贝壳类及其他水栖动物都算在内）作为食物和使用火开始”，有了“早期的粗制的、未加磨制的石器，即所谓旧石器时代的石器”③。蒙昧时代的高级阶段，是从弓箭的发明开始的，“由于有了弓箭，猎物便成了通常的食物，而打猎也成了常规的劳动部门之一”；这时，“弓箭对于蒙昧时代，正如铁剑对于野蛮时代和火器对于文明时代一样，乃是决定性的武器”④。

野蛮时代的低级阶段，是从学会制陶术开始的，“野蛮时代的特有的标志，是动物的驯养、繁殖和植物的种植”⑤。野蛮时代的中级阶段，“在东大陆，是从驯养家畜开始；在西大陆，是从靠灌溉之助栽培食用植物以及在建筑上使用土坯（即用阳光晒干的砖）和石头开始”⑥。野蛮时代的高级阶段，“从铁矿石的冶炼开始，并由于拼音文字的发明及其应用于文献记录而过渡到文明时代”⑦。恩格斯认为：“在野蛮时代高级阶段已经破坏了氏族社会组织，而随着文明时代的到来又把它完全消灭的一般经济条件。”⑧

从生活资料生产发展的历史逻辑来看，恩格斯在广义政治经济学意义上，对从蒙昧时代到野蛮时代再到文明时代经济关系的“普遍”特征的概括就是：“蒙昧时代是以获取现成的天然产物为主的时期；人工产品主要是用做获取天然产物的辅助工具。野蛮时代是学会畜牧和农耕的时期，是学会靠人的活动来增加天然产物生产的方法的时期。文明时代是学会对天然产物进一步加工的时期，是真正的工业和艺术的时期。”⑨

①②③　马克思，恩格斯．马克思恩格斯文集：第4卷．北京：人民出版社，2009：33.

④　同①34.

⑤⑥　同①35.

⑦　同①37.

⑧　同①177.

⑨　同①38.

第二，以三次社会大分工为主线，对广义政治经济学中生产力和生产方式渐进的实践逻辑作出分析。值得注意的是，在《德意志意识形态》手稿中，马克思和恩格斯就已经以“分工”为总的前提，提出“分工的各个不同发展阶段，同时也就是所有制的各种不同形式。这就是说，分工的每一个阶段还决定个人在劳动资料、劳动工具和劳动产品方面的相互关系”①。

在《家庭、私有制和国家的起源》中，恩格斯以三次社会大分工为主线，对前资本主义社会的广义政治经济学作出整体探索。游牧部落从其余的野蛮人群中分离出来是第一次社会大分工，“产生了第一次社会大分裂，分裂为两个阶级：主人和奴隶、剥削者和被剥削者”②。由此而形成了以私有制为基本特征的前资本主义（也包括资本主义）经济关系据以运转的轴心关系。

第二次社会大分工是手工业和农业的分离，“随着生产分为农业和手工业这两大主要部门，便出现了直接以交换为目的的生产，即商品生产”③。这时，劳动产品中日益增加的一部分，是直接为了交换而生产的，从而使“单个生产者之间的交换提升为社会的生活必需”④。自然经济中萌生并不断增长着商品生产和商品交换，成为社会经济关系演进的内在推动力。

第三次社会大分工使商人阶级从工农业中分离出来，随着这次分工中商人阶级的形成，“出现了金属货币即铸币，随着金属货币就出现了非生产者统治生产者及其生产的新手段”⑤。于是，“第三次的、它所特有的、有决定意义的重要分工：它创造了一个不再从事生产而只从事产品交换的阶级——商人”⑥，从而形成了直至封建专制时期经济关系的根本特征。以三次社会大分工为主线的各经济关系发展的实践逻辑，拓展了广义政治经济学的研究路向和理论视野。

第三，生产和交换为经济发展的经济坐标，对广义政治经济学中经济体制和经济制度的理论逻辑作出分析。恩格斯认为：“分工、由分工而

---

① 马克思，恩格斯．马克思恩格斯文集：第1卷．北京：人民出版社，2009：521.

② 马克思，恩格斯．马克思恩格斯文集：第4卷．北京：人民出版社，2009：180.

③ 同②182.

④⑤⑥ 同②185.

产生的个人之间的交换，以及把这两者结合起来的商品生产，得到了充分的发展，完全改变了先前的整个社会。”① 循着这一逻辑过程，先前一切社会发展阶段上的生产，在本质上是“共同的生产”；同样，消费也是在较大或较小的“共产制共同体内部直接分配产品”②。在生产关系上，“生产的这种共同性是在极狭小的范围内实现的，但是它随身带来的是生产者对自己的生产过程和产品的支配”③。但是，随着分工进入生产过程并不断地影响着生产过程，原有的生产和占有的共同性逐渐被破坏，使个人占有成为占主导的形式，共同体之间的交换也被个人之间的交换所取代；进而使得为了交换的生产迅速发展起来，“商品生产逐渐地成了占统治地位的形式”；而当货币以及随货币而来的商人作为中间人插进生产者之间时，“交换过程就变得更加错综复杂，产品的最终命运就变得更加不确定了”④。

恩格斯认为，文明时代开始的商品生产和商品交换，在经济关系上出现了四大特征：一是“出现了金属货币，从而出现了货币资本、利息和高利贷”；二是“出现了作为生产者之间的中间阶级的商人”；三是“出现了土地私有制和抵押”；四是“出现了作为占统治地位的生产形式的奴隶劳动”⑤。

恩格斯从生活资料生产的进步的时代变迁上、从社会分工的逐次演进上，以及从生产和交换关系的经济坐标上，对前资本主义社会的历史逻辑、实践逻辑和理论逻辑的阐释，为广义政治经济学发展奠定了重要的理论的和方法的基础。

三、恩格斯晚年对过渡时期和未来社会的广义政治经济学研究

在恩格斯看来，《资本论》之所以被称作狭义政治经济学研究，是因

①②③　马克思，恩格斯．马克思恩格斯文集：第4卷．北京：人民出版社，2009：193．

④　同①194．

⑤　同①195．

为资本主义是当时居于“主体”地位的经济关系，如马克思在《〈政治经济学批判〉导言》中指出的，“应当时刻把握住：无论在现实中或在头脑中，主体——这里是现代资产阶级社会——都是既定的；因而范畴表现这个一定社会即这个主体的存在形式、存在规定、常常只是个别的侧面”①。在这种情况下，除了狭义政治经济学之外的其他各个社会经济关系所作的政治经济学研究，就属于“广义的政治经济学”。

1891年，恩格斯在为《雇佣劳动与资本》所写的“导言”中指出，在“当代资本主义经济”转变为“新的社会制度”的过程中，要“经过一个短暂的、有些艰苦的、但无论如何在道义上很有益的过渡时期”②。与这一“过渡时期”相联系的政治经济学，也是广义政治经济学的对象。1894年，恩格斯在《法德农民问题》一文中，对法国和德国可能遇到的“过渡时期”的广义政治经济学问题作了较为系统的探索。

第一，关于“过渡时期”生产资料所有制变革基本原则的问题。无产阶级及其政党以所拥有的一切手段来为生产资料归共同占有而斗争，这是“过渡时期”的基本原则。在这一过程中，农民想要保全他们那样的小块土地所有制是绝对不可能的，“资本主义的大生产将把他们那无力的过时的小生产压碎，正如火车把独轮手推车压碎一样是毫无问题的。如果我们这样做，那就是按照必然的经济发展的精神行动，而经济发展会使农民的头脑接受我们的话”③。

第二，关于“过渡时期”坚持和发展生产资料公共占有形式问题。恩格斯指出，在“过渡时期”，只能有两种生产资料占有形式，一是个人占有，这一形式对于生产者来说都从来没有作为普遍形式存在过，而且一天天地越来越被工业的进步所排除；二是公共占有，这一形式的物质的和精神的前提都已经由资本主义社会的发展本身造成，生产资料的公共占有是“过渡时期”社会主义革命“应当争取的唯一的主要目标”④。

第三，关于“过渡时期”所有制变革形式问题。恩格斯认为，在根本

① 马克思，恩格斯．马克思恩格斯文集：第8卷．北京：人民出版社，2009：30.
② 马克思，恩格斯．马克思恩格斯文集：第1卷．北京：人民出版社，2009：709.
③ 马克思，恩格斯．马克思恩格斯文集：第4卷．北京：人民出版社，2009：527.
④ 同③516.

上，“我们的党一旦掌握了国家政权，就应该干脆地剥夺大土地占有者，就像剥夺工厂主一样”；但是，这种“剥夺”采取什么样的方式，如是否用赎买来进行。恩格斯强调：“我们决不认为，赎买在任何情况下都是不容许的；马克思曾向我讲过（并且讲过好多次!）他的意见：假如我们能赎买下这整个匪帮，那对于我们最便宜不过了。”①

第四，关于“过渡时期”农民和土地问题。作为工人的同盟军，农民对社会主义革命的发展有重要意义。恩格斯认为，要使农民成为可靠的同盟军，就要对他们进行“社会主义的宣传”，要向他们讲清楚涉及他们根本利益的基本道理。小农要挽救和保全他们的房产和田产，只有把它们变成合作社的占有和合作社的生产才能做到，如果他们要坚持自己的个体经济，“就必然要丧失房屋和家园，大规模的资本主义经济将排挤掉他们陈旧的生产方式”②。

对未来社会经济关系的政治经济学研究，也是广义政治经济学的对象。恩格斯认为：“对未来非资本主义社会区别于现代社会的特征的看法，是从历史事实和发展过程中得出的确切结论；不结合这些事实和过程去加以阐明，就没有任何理论价值和实际价值。”③ 恩格斯晚年从广义政治经济学意义上，对未来社会的生产资料所有制特征作了阐释。

1895 年 2 月到 3 月间，恩格斯在为《1848 年至 1850 年的法兰西阶级斗争》所写的“导言”中，回顾了他和马克思在 19 世纪 50 年代关于未来社会所有制理论的基本观点。恩格斯提道：“使本书具有特别重大意义的是，在这里第一次提出了世界各国工人政党都一致用以扼要表述自己的经济改造要求的公式，即：生产资料归社会所有。”④ 他认为：“这里第一次表述了一个使现代工人社会主义既与封建的、资产阶级的、小资产阶级的等形形色色的社会主义截然不同，又与空想的以及自发的工人共产主义所提出的模糊的财产公有截然不同的原理。”⑤ 这是恩格斯一生最后一次对未

① 马克思，恩格斯. 马克思恩格斯文集：第 4 卷. 北京：人民出版社，2009：529.
② 同①526.
③ 马克思，恩格斯. 马克思恩格斯文集：第 10 卷. 北京：人民出版社，2009：548.
④ 同①536.
⑤ 同①537.

来社会所有制理论核心要义所作的深刻阐释。

恩格斯也对未来社会生活消费品的分配方式作了探讨，丰富了广义政治经济学内涵。恩格斯提出了三个方面的重要观点：一是认为分配方式应该有利于促进生产发展和财富增进；二是强调分配方式应当有利于促进社会成员的能力发挥和全面发展；三是肯定分配方式应当有利于促进社会进步。在这些思想的指导下，未来社会的产品分配方式的制定，应随着未来社会的发展不断作出相应的调整。1890 年 8 月，恩格斯提道："'社会主义社会'并不是不断改变、不断进步的东西，而是稳定的、一成不变的东西，所以它应当也有个一成不变的分配方式。而合理的想法只能是：(1) 设法发现将来由以开始的分配方式，(2) 尽力找出进一步的发展将循以进行的总趋向。可是，在整个辩论中，我没有发现一句话是关于这方面内容的。"①

关于未来社会经济运行体制和方式问题，是恩格斯关于未来社会经济关系的广义政治经济学研究的重要内容。在恩格斯生活的年代，商品经济还以自由放任的市场经济体制为主导，社会经济的无政府状态是自由放任的市场经济体制的必然后果。因此，恩格斯认为："一旦社会占有了生产资料，商品生产就将被消除，而产品对生产者的统治也将随之消除。社会生产内部的无政府状态将为有计划的自觉的组织所代替。个体生存斗争停止了。于是，人在一定意义上才最终地脱离了动物界，从动物的生存条件进入真正人的生存条件。人们周围的、至今统治着人们的生活条件，现在受人们的支配和控制，人们第一次成为自然界的自觉的和真正的主人，因为他们已经成为自身的社会结合的主人了。"②

在恩格斯看来，以"自发"为特征的无政府状态经济体制，到以完全"自觉"为特征的全社会的有计划的经济体制的转变，是从资本主义经济转变为未来社会即共产主义社会经济体制的大趋势。在 20 世纪的经济社会发展中，出现了两个恩格斯所没有预料到的现象：一是恩格斯生活的那个年代，完全"自发"的自由放任的市场经济体制，在 20 世纪 20 年代末世界经济"大萧条"之后发生了变化，完全"自发"的市场经济体制开始消

① 马克思，恩格斯．马克思恩格斯文集：第 10 卷．北京：人民出版社，2009：586-587.

② 马克思，恩格斯．马克思恩格斯文集：第 9 卷．北京：人民出版社，2009：300.

退，“自觉”（严格地讲，是极少部分的“自觉”，或者说是为消解完全自发的部分自觉）的诸如宏观调控等经济因素成为现代市场经济体制的组成部分。20 世纪 40 年代以后，现代市场经济体制中完全“自发”因素的逐渐消退和体现部分“自觉”因素的逐渐增进，成为各国市场经济体制发展的基本趋势。二是现实的社会主义革命和建设，发生在经济文化相对落后的国家，商品经济的发展还是其不可逾越的阶段。在这种情况下，选择社会主义基本经济制度和市场经济相结合的社会主义市场经济体制就成为必然。在社会主义经济制度中发展起来的市场经济体制，更易于消解市场经济体制中的自发性、盲目性和滞后性，更有利于发挥国家对经济的协调和调控作用。恩格斯所揭示的社会经济体制从“自发”到“自觉”的演进，依然是现实的社会主义经济发展的内在趋势。

在未来社会，社会经济运行体制的根本性的变化，与社会生产和分配方式以及社会生产目的发展融为一体，形成经济社会发展的合力。在未来社会，在经济社会发展的合力中，“社会的每一成员不仅有可能参加社会财富的生产，而且有可能参加社会财富的分配和管理，并通过有计划地经营全部生产，使社会生产力及其成果不断增长，足以保证每个人的一切合理的需要在越来越大的程度上得到满足”①。

四、恩格斯关于广义政治经济学理论的当代意义

居于“主体”地位的社会经济关系是狭义政治经济学的对象。在当代中国，社会主义政治经济学就是当代中国的狭义政治经济学。新中国成立后，这一狭义政治经济学的发展，在实践逻辑上可以概括为四个阶段：一是从新中国成立到 1956 年新民主主义社会向社会主义社会过渡的完成，是中国“过渡时期”政治经济学阶段，这既开启了中国“过渡时期”广义政治经济学的研究，也揭开了中国狭义政治经济学发展的“序幕”；二是从 1956 年社会主义基本经济制度确立到 1976 年“文化大革命”结束，再到

① 马克思，恩格斯. 马克思恩格斯文集：第 3 卷. 北京：人民出版社，2009：460.

连续两年的拨乱反正，是中国狭义政治经济学艰辛探索和曲折发展阶段；三是从 1978 年党的十一届三中全会到党的十八大召开的改革开放新时期，成为中国狭义政治经济学发展新阶段；四是党的十八大以来中国狭义政治经济学在新时代的发展的新阶段。这四个阶段，再现了中国狭义政治经济学从开创到发展再到拓新的历史过程。

改革开放以来，中国特色社会主义经济关系发展进入新的历史进程，中国狭义政治经济学也呈现为中国特色社会主义政治经济学新形式。党的十八大以来，习近平新时代中国特色社会主义经济思想，是 21 世纪中国特色社会主义政治经济学的新发展，也成为中国狭义政治经济学的最新发展。

在中国特色社会主义经济关系进入新发展阶段的历史节点时，2020 年 8 月，习近平在经济社会领域专家座谈会上发表讲话，从党和国家事业发展战略全局的高度，对我国中长期经济社会发展重大理论和实践问题作出深入探讨，对全面建成社会主义现代化强国新征程中中国特色社会主义经济关系的新特征和新趋势作出系统阐释，成就了新时代中国狭义政治经济学的理论升华。

在这一讲话中，习近平对“两个一百年”奋斗目标交替节点上的历史变化及其趋势作出准确判断，对新时代中国狭义政治经济学的内在规定作出新的阐释。习近平对之前已经形成的中国狭义政治经济学的一些重要理论作了概括，比如：关于社会主义本质的理论，关于社会主义初级阶段基本经济制度的理论，关于创新、协调、绿色、开放、共享发展的理论，关于发展社会主义市场经济的理论，关于我国经济发展进入新常态、深化供给侧结构性改革、推动经济高质量发展的理论，关于推动新型工业化、信息化、城镇化、农业现代化“四化”同步发展和区域协调发展的理论，关于用好国际国内两个市场、两种资源的理论等；同时，也对新时代中国狭义政治经济学的新发展作了概括，比如：关于农民承包的土地具有“三权”属性的理论，关于加快形成以国内大循环为主体、国内国际双循环相互促进的新发展格局的理论，关于促进社会公平正义、逐步实现全体人民共同富裕的理论，关于统筹发展和安全的理论等。习近平指出：“这些理论成果，不仅有力指导了我国经济发展实践，而且开拓了马克思主义政治经济学新境界。”①

从“开拓了马克思主义政治经济学的新境界”的视域，习近平对新时代要发展什么样的政治经济学和怎样发展政治经济学的问题作了阐释，升华了21世纪马克思主义政治经济学的思想智慧和学理依循。当代中国马克思主义政治经济学，不只是狭义政治经济学即中国特色社会主义政治经济学，同样也包含广义政治经济学的研究。按照恩格斯的广义政治经济学的基本理论和根本方法，21世纪马克思主义广义政治经济学至少包括两个主要的方面：一是关于当代资本主义的政治经济学；二是关于人类命运共同体的政治经济学。

在经济全球化背景下，对资本主义经济关系的研究从一国拓展到全球。资本主义经济全球化的发展、第三世界各国日益深刻和严重的贫困和饥饿问题、发达国家再次出现经济生活的不稳定和不平等扩大等，这些现象说明《共产党宣言》对于全球资本主义的认识、对于现代世界的诸多方面仍具有现实的指导性。构成经济全球化根本特征的，是20世纪70年代开始形成的国际经济关系中的两个基本的事实：一是跨国公司规模和力量的迅速膨胀；二是国际垄断资本的形成及其迅速扩张。对经济全球化的理解，既不可能脱离跨国公司发展的基本事实，也不可能脱离垄断资本国际化的基本事实。在经济全球化背景下，整个资本主义乃至整个世界经济、政治和文化关系发生的深刻变化，展现了中国当代马克思主义广义政治经济学研究的广阔的理论空间。

资本主义主导的经济全球化造成了国际贸易中的不平等交换，加剧了全球金融危机和经济衰退的可能性，使发达国家与不发达国家之间的两极分化日渐扩大。马格多夫曾经认为，在全球化过程中，发达国家的大公司开始将销售和投资的重心放在海外；除了争夺市场之外，控制生产所需的原材料来源、利用海外的廉价劳动力和宽松的劳动安全标准，成为跨国公司全球经济活动的目的。对边缘国家的投资能为资本投资找到更有利的出路，从对第三世界市场占有中获得日益增多的垄断利润和超额利润。从长期发展来看，资

① 习近平．在经济社会领域专家座谈会上的讲话．人民日报，2020-08-25（2）．

本主义经济体系的对外扩张，依然无法减轻世界范围内的资本过剩趋势，全球性的经济衰退及危机也不可能消除，甚至还会持续扩大、不断深化①。

经济全球化与资本主义经济危机的全球化之间有密切的联系。越来越活跃的跨国经济活动并不意味着资本主义体系的运动规律被免除了，也并不表示资本主义的内在矛盾已经被超越了。在经济全球化把资本主义生产方式扩展到全球范围的同时，当代资本主义的基本矛盾也经历了“全球化”的过程。阿明等人的研究表明，国际不平等交换中利润向“中心”的流动使得南北之间矛盾重重。个别企业的有组织性和整个社会生产无政府状态的矛盾在一国范围内有所缓和，但在全球范围内加剧，表现为跨国公司的有组织性与全球经济无政府状态的矛盾。资本的全球流动不仅加深了发达国家与发展中国家的矛盾，而且也加剧了发达资本主义国家之间的竞争，国际垄断资本必然向世界各个角落渗透以获取高额利润。

经济全球化带动了世界资本主义的政治重组。随着经济全球化体系的扩张，资本主义世界的总体政治格局也随之发生了变化。自 20 世纪 70 年代以来，美国的全球霸权地位一直处于衰落的进程之中；支撑起美国霸权的经济、政治和军事因素，同时也会残酷无情地导致其霸权的衰落。2008 年以来，随着国际金融危机的发生，国际金融市场跌宕起伏，国际经济交往特别是国际贸易和国际投资显著萎缩，世界经济陷于深度衰退；2017 年以来，经济全球化逆流泛起，一些国家保护主义和单边主义盛行，地缘政治风险和冲突愈加显露。今后一个时期，对当代资本主义政治经济学研究的根本问题，将不再是美国霸权地位是否正在衰落的问题，而是如何在美国霸权衰落过程中减缓对全球经济也包括美国经济自身的破坏和危害程度的问题。

经济全球化仍然是当今世界经济发展的主导性趋势，国际经济联通和交往仍然是当今世界经济发展的主要特征，各国分工合作、互利共赢仍然是人类休戚与共的命运共同体的内在要求。为构建人类命运共同体贡献中国智慧和中国方案，是中国广义政治经济学的基本指向和理论要义。

推进中国特色“系统化的经济学说”的发展，是 2015 年 11 月习近平

---

① MAGDOFF F. The explosion of debt and speculation. Monthly review，2006 (11).

在主持十八届中共中央政治局第二十八次集体学习时提出的重要思想。他提出："我们要立足我国国情和我们的发展实践，深入研究世界经济和我国经济面临的新情况新问题，揭示新特点新规律，提炼和总结我国经济发展实践的规律性成果，把实践经验上升为系统化的经济学说，不断开拓当代中国马克思主义政治经济学新境界，为马克思主义政治经济学创新发展贡献中国智慧。"① 当代中国马克思主义政治经济学是涵盖狭义政治经济学和广义政治经济学的"系统化的经济学说"。

① 中共中央党史和文献研究院．十八大以来重要文献选编：下．北京：中央文献出版社，2018：7．

第十三章　中国社会主义政治经济学的开创性研究

1959 年 12 月至 1960 年 2 月，毛泽东在读苏联《政治经济学教科书》（本章简称《教科书》）下册时发表了关于社会主义政治经济学问题的一系列谈话。这一谈话，是毛泽东当年“下决心要搞通这门学问”[①] 的历史记录，也是毛泽东继 1956 年发表《论十大关系》讲话之后对社会主义政治经济学问题的再度集中研究，它们共同构成中国社会主义政治经济学史的经典文本和重要文献。

毛泽东的这一谈话离现在已经 60 多年了。甲子轮回，沧桑巨变；六秩岁月，光辉依然。60 多年过去了，毛泽东在这一谈话中呈现的理论意蕴、思想智慧和学理依循，至今仍然有重要的现实意义，特别是对中国特色社会主义政治经济学在新时代的发展仍然有重要的指导意义。

一、《关于读书的建议》的政治经济学意义

随着中国社会主义建设的全面推进，社会主义经济发展的理论和实践问题越来越实际地成为中国共产党国是论衡的聚焦点。面对这一实际，毛泽东继 1956 年发表《论十大关系》讲话、1957 年发表《关于正确处理人

① 中共中央文献研究室．毛泽东年谱：1949—1976：第 4 卷．北京：中央文献出版社，2013：290.

民内部矛盾的问题》讲话之后，在1958年及之后几年，多次提出全党要学习社会主义政治经济学问题。1958年11月初，在郑州召开的中央工作会议上，毛泽东针对“大跃进”和人民公社化运动初期出现的问题，主要是浮夸风和“共产风”问题深感不满，提出了许多尖锐的批评意见。结合中国社会主义经济建设的实际，毛泽东感到，学好用好马克思主义政治经济学越来越有其重要性和必要性。

就在1958年11月召开的郑州工作会议上，毛泽东首先提出要读斯大林《苏联社会主义经济问题》一书。在11月4日的会议上，毛泽东提到，斯大林的这本书是“有些问题，但是还很可以值得研究，不要轻易全部否定它。它是有分析的”①。“这本书的好处是提出了社会主义经济学里头的一些问题，过去谁也没有提出过，或者只是略为涉及。”② 毛泽东有针对性地提出：斯大林在这本书中谈道，“计划经济这个法则是客观的，跟以人们的意志制订的东西要加以区别，这很值得研究”③。毛泽东还提道：“现在有一种偏向，好像共产主义越快越好。实行共产主义是要有步骤的。”④同时，针对会议讨论的《关于人民公社若干问题的决议》中存在的某些“偏向”，毛泽东敏锐地感到，出现这些“偏向”的理论上的症结，就在于没有能够正确认识和处理社会主义商品生产和商品交换问题。毛泽东强调指出：“我们有些人大有要消灭商品生产之势。他们向往共产主义，一提商品生产就发愁，觉得这是资本主义的东西，没有分清社会主义商品生产和资本主义商品生产的区别，不懂得在社会主义条件下利用商品生产的作用的重要性。”⑤ 毛泽东的结论就是：“不能孤立地看商品生产，斯大林的话完全正确，他说：‘决不能把商品生产看作是某种不依赖周围经济条件而独立自在的东西。’商品生产，要看它是同什么经济制度相联系，同资本主义制度相联系就是资本主义的商品生产，同社会主义制度相联系就是

① 中共中央文献研究室．毛泽东年谱：1949—1976：第3卷．北京：中央文献出版社，2013：489-490.

② 同①499.

③ 同①498.

④ 同①499.

⑤ 毛泽东．毛泽东文集：第7卷．北京：人民出版社，1999：437.

社会主义的商品生产。”① 毛泽东批评的这些“偏向”，当时在中央、省市自治区、地、县四级领导中都存在。

在这次会议上，毛泽东同时还提出要读苏联《教科书》。他指出：“讲社会主义政治经济学，除了斯大林这本书跟那个教科书以外，成篇的东西，成系统的东西，还没有过。”② 除此，毛泽东还提出要读《马恩列斯论共产主义社会》一书。为了强调这件事情的重要性，在这次会议期间，毛泽东于11月9日专门给中央、省市自治区、地、县四级党委的委员们写了一封题为《关于读书的建议》的信。

毛泽东在信中指出，写这封信，“不为别的，单为一件事：向同志们建议读两本书。一本，斯大林著《苏联社会主义经济问题》；一本，《马恩列斯论共产主义社会》。每人每本用心读三遍，随读随想，加以分析，哪些是正确的（我以为这是主要的）；哪些说得不正确，或者不大正确，或者模糊影响，作者对于所要说的问题，在某些点上，自己并不甚清楚。读时，三五个人为一组，逐章逐节加以讨论，有两至三个月，也就可能读通了。要联系中国社会主义经济革命和经济建设去读这两本书，使自己获得一个清醒的头脑，以利指导我们伟大的经济工作。现在很多人有一大堆混乱思想，读这两本书就有可能给以澄清。有些号称马克思主义经济学家的同志，在最近几个月内，就是如此。他们在读马克思主义政治经济学的时候是马克思主义者，一临到目前经济实践中某些具体问题，他们的马克思主义就打了折扣了。现在需要读书和辩论，以期对一切同志有益。为此目的，我建议你们读这两本书。将来有时间，可以再读一本，就是苏联同志们编的那本《政治经济学教科书》。乡级同志如有兴趣，也可以读。大跃进和人民公社时期，读这类书最有兴趣，同志们觉得如何呢？”③

在中国社会主义政治经济学史上，毛泽东的这封信，有独特的思想内涵和理论价值。在这封信中，毛泽东提出的问题，不仅对于纠正当时党内

---

① 毛泽东．毛泽东文集：第7卷．北京：人民出版社，1999：439.

② 中共中央文献研究室．毛泽东年谱：1949—1976：第3卷．北京：中央文献出版社，2013：490.

③ 同①432-433.

各级领导对社会主义经济建设理解中存在的那些“偏向”有重要的现实意义，而且对马克思主义政治经济学在中国发展包括当代中国的发展也有重要的理论意义。毛泽东提出的问题主要有以下四点：

一是，对马克思主义政治经济学著作要“用心读”，特别要“随读随想，加以分析”。马克思主义政治经济学著作，包括这一时期毛泽东多次提到的马克思的《资本论》、列宁的《帝国主义是资本主义的最高阶段》等著作阐明了马克思主义政治经济学的基本理论和主要方法。所谓“用心读”，重要的就是要读懂弄通这些著作中蕴含的基本理论和主要方法，开动脑筋、联系实际，有“分析”地学，特别是要厘清其中“正确”“不正确”“不大正确”“模糊影响”“不甚清楚”等方面的问题。

二是，“联系中国社会主义经济革命和经济建设去读”，理论联系实际是马克思主义的学风，做实际经济工作的，要理论联系实际；做理论工作的，特别是进行政治经济学理论研究的，更要做到理论联系实际。理论不能联系实际，空发议论是得不出政治经济学的正确结论的。

三是要澄清是非、甄别真伪，“使自己获得一个清醒的头脑，以利指导我们伟大的经济工作”。针对当时党内存在的经济建设上忙于上产量、上速度，急于向共产主义“过渡”等“偏向”，毛泽东提出“澄清是非、甄别真伪”的问题更有其现实意义。能否以“清醒的头脑”来理解中国社会主义经济建设的历史方位和基本态势，也从来都是社会主义政治经济学研究的重要问题。在写信的第二天，毛泽东就在会上批评那种试图取消商品经济、急于向共产主义“过渡”的做法。他提道：“商品流通的必要性是共产主义者要考虑的。我们建国才九年就急着不要商品，这是不现实的。”[①]他还指出：“河南提出四年过渡到共产主义，马克思主义‘太多了’，不要急于在四年搞成。我们搞革命战争用了二十二年，曾经耐心地等得民主革命的胜利。搞社会主义没有耐心怎么行？没有耐心是不行的。”[①] 毛泽东耐心地说服和教育各级干部，要实事求是地看待社会主义经济建设问题，在思想认识上保持“清醒的头脑”是至关重要的。

---

① 中共中央文献研究室．毛泽东年谱：1949—1976：第3卷．北京：中央文献出版社，2013：505.

四是要澄清“混乱思想”，特别是对那些“号称马克思主义经济学家的同志”，他们的马克思主义政治经济学只是停留在书本上，一遇到具体的实践问题，“他们的马克思主义就打了折扣了”。在社会主义政治经济学研究中，“混乱思想”产生的根源在于，迷信“本本”上的理论，而不是密切结合经济关系的实际情况。就像毛泽东在《反对本本主义》中指出的：“马克思主义的‘本本’是要学习的，但是必须同我国的实际情况相结合。我们需要‘本本’，但是一定要纠正脱离实际情况的本本主义。”①

这些基本问题，既有学习和实践马克思主义政治经济学的学风和方法问题，也有学习和实践马克思主义政治经济学理论的目标和指向问题。这四个基本问题的思想内涵和理论价值就在于，它是毛泽东1956年在准备《论十大关系》讲话时提出的“第二次结合”思想在政治经济学意义上的阐发。

1956年4月，面对中国社会主义建设新情况和苏共二十大后国际共产主义运动可能的变局，毛泽东提出了“我们自己从中得到什么教益”的问题。他的回答就是：“最重要的是要独立思考，把马列主义的基本原理同中国革命和建设的具体实际相结合。”② 回顾中国共产党的历史，毛泽东深有感触地谈道：“民主革命时期，我们吃了大亏之后才成功地实现了这种结合，取得了新民主主义革命的胜利。现在是社会主义革命和建设时期，我们要进行第二次结合，找出在中国怎样建设社会主义的道路。”③ 毛泽东的结论就是：“我们过去也不是完全迷信，有自己的独创。现在更要努力找到中国建设社会主义的具体道路。”④ 毛泽东提出的“第二次结合”的重要思想，是对中国革命和建设历史反思和现实思考的结果，是在中国社会主义建设道路选择的关键时刻和国际共产主义运动逆转时期作出的重大战略调整，是针对中国怎样建设社会主义的道路问题作出的中国共产党人的回答。《关于读书的建议》的思想内涵和理论价值，就在于把“第二次结合”思想落实于中国政治经济学发展之中。

---

① 毛泽东．毛泽东选集：第1卷．2版．北京：人民出版社，1991：111-112.

②③④ 中共中央文献研究室．毛泽东年谱：1949—1976：第2卷．北京：中央文献出版社，2013：557.

在写了《关于读书的建议》一年以后，从 1959 年 12 月开始直至 1960 年 2 月，毛泽东身体力行，率先以自己提出的“三五个人为一组，逐章逐节加以讨论，有两至三个月”的方式，专门读了《政治经济学教科书（社会主义部分）》。在这三个月间，毛泽东与陈伯达、胡绳、邓力群和田家英等人一起，逐章逐节地研读了这本教科书。在研读中，毛泽东对社会主义政治经济学的许多基本问题谈了自己的看法，对中国社会主义政治经济学发展的主要理论观点作了阐释。

二、中国社会主义政治经济学世界观和方法论

社会主义政治经济学研究要以正确的世界观和科学的方法论为指导、为基础。马克思主义政治经济学的对象主要是生产关系，而对生产关系要研究清楚，必须一方面联系研究生产力，另一方面联系研究上层建筑对生产关系的积极作用和消极作用。毛泽东认为：“我们要以生产力和生产关系的平衡和不平衡，生产关系和上层建筑的平衡和不平衡，作为纲，来研究社会主义社会的经济问题。”① 政治经济学研究的生产关系，总是存在于一定社会基本矛盾运动过程中的。社会基本矛盾，无论是生产力和生产关系之间还是生产关系和上层建筑之间的矛盾，“不平衡是绝对的”，它们之间相适应“或者说它们之间达到平衡，总是相对的”。毛泽东指出：“平衡和不平衡这个矛盾的两个侧面，不平衡是绝对的，平衡是相对的。如果只有平衡，没有不平衡，生产力、生产关系、上层建筑就不能发展了，就固定了。”因此，在对社会主义政治经济学研究中，必须把握社会主义矛盾之间的绝对性和相对性的关系，“有了这样的观点，就能够正确认识我们的社会和其他事物；没有这样的观点，认识就会停滞、僵化”②。

同时，毛泽东也提示：“在政治经济学的研究中，生产力和上层建筑这两方面的研究不能太发展了。生产力的研究太发展了，就成为自然科

① 毛泽东．毛泽东文集：第 8 卷．北京：人民出版社，1999：130-131.
② 同①131.

学、技术科学了；上层建筑的研究太发展了，就成为阶级斗争论、国家论了。”① 毛泽东强调的是：“政治经济学研究的对象主要是生产关系，但是，政治经济学和唯物史观难得分家。不涉及上层建筑方面的问题，经济基础即生产关系的问题不容易说得清楚。”② 例如，《教科书》的偏误就在于，它虽然提到了国家，但对国家特别是社会主义国家的政治经济学的意义，却“没有加以研究”③。

政治经济学研究要以马克思主义哲学世界观和方法论为指导，这既是马克思研究政治经济学的基本原则，也是马克思主义政治经济学的显著特征。2013 年 12 月，习近平在中央政治局以“推动全党学习和掌握历史唯物主义 更好认识规律更加能动地推进工作”为主题的学习会上提出：“物质生产是社会历史发展的决定性因素，但上层建筑也可以反作用于经济基础，生产力和生产关系、经济基础和上层建筑之间有着作用和反作用的现实过程，并不是单线式的简单决定和被决定逻辑。我们提出全面深化改革的方案，是因为要解决我们面临的突出矛盾和问题，仅仅依靠单个领域、单个层次的改革难以奏效，必须加强顶层设计、整体谋划，增强各项改革的关联性、系统性、协同性。只有既解决好生产关系中不适应的问题，又解决好上层建筑中不适应的问题，这样才能产生综合效应。同时，只有紧紧围绕发展这个第一要务来部署各方面改革，以解放和发展社会生产力为改革提供强大牵引，才能更好推动生产关系与生产力、上层建筑与经济基础相适应。”④ 习近平从“物质生产”这一政治经济学研究出发点切入，结合中国全面深化改革的实际，对毛泽东读《教科书》谈话的精神作出了适合于中国特色社会主义政治经济学发展实际的新阐释。实际上，对社会主义经济关系的完善和发展、社会主义经济制度和经济体制的改革和发展的认识，进而对中国特色社会主义政治经济学的发展，都是以这一世界观和方法论为基础、为指导的。

马克思主义世界观和方法论的指导，集中体现于如何认识和运用经济

① 毛泽东．毛泽东文集：第 8 卷．北京：人民出版社，1999：131.

② 同①138-139.

③ 同①131.

④ 推动全党学习和掌握历史唯物主义 更好认识规律更加能动地推进工作．人民日报，2013-12-05（1）.

规律。社会主义政治经济学要揭示经济规律的本质，也要发挥好经济规律的作用。在《资本论》第一卷德文“第一版序言”中，马克思就谈道：“问题本身并不在于资本主义生产的自然规律所引起的社会对抗的发展程度的高低。问题在于这些规律本身，在于这些以铁的必然性发生作用并且正在实现的趋势。”① 政治经济学中的“规律”，既有作为对象的客体运动的规定性，也有作为现实运动中主体认识的规定性。主体所认识的规律是否符合客体运动规律本身，涉及政治经济学中经济规律的本质和人们对这一本质认识的同一性问题，这也是哲学上的思维与存在的同一性问题。

毛泽东认为，“规律是在事物的运动中反复出现的东西，……规律既然反复出现，因此就能够被认识”；但是“规律自身不能说明自身。规律存在于历史发展的过程中。应当从历史发展过程的分析中来发现和证明规律。不从历史发展过程的分析下手，规律是说不清楚的”②。毛泽东以经济计划规律的认识和应用为例，提出“我们对规律的认识，不是一开始就是完善的。实际工作告诉我们，在一个时期内，可以有这样的计划，也可以有那样的计划；可以有这些人的计划，也可以有那些人的计划。不能说这些计划都是完全合乎规律的。实际上是，有些计划合乎规律，或者基本上合乎规律，有些计划不合乎规律，或者基本上不合乎规律”③。这些“计划”是否“合乎规律”，实际上就是“人的计划”是否正确合乎国民经济有计划按比例发展客观规律的问题。毛泽东特别提道：“计划是意识形态。意识是实际的反映，又对实际起反作用。过去我们计划规定沿海省份不建设新的工业，一九五七年以前没有进行什么新建设，整整耽误了七年的时间。一九五八年以后，才开始在这些省份进行大的建设，两年中得到很快的发展。这就说明，像计划这类意识形态的东西，对经济的发展和不发展，对经济发展的快慢，有着多么大的作用。”④ 因此，人们对规律认识的程度，是一个实践的过程，也是一个经受实践检验的过程。在根本上，“问题在于能否掌握有计划发展的规律，掌握到什么程度；在于是否善于

① 马克思，恩格斯. 马克思恩格斯文集：第5卷. 北京：人民出版社，2009：8.
② 毛泽东. 毛泽东文集：第8卷. 北京：人民出版社，1999：105，106.
③ 同②118.
④ 同②119.

利用这个规律，能利用到什么程度”①。

“历史和现实都表明，只有坚持历史唯物主义，我们才能不断把对中国特色社会主义规律的认识提高到新的水平，不断开辟当代中国马克思主义发展新境界。”② 党的十八大以来，习近平把毛泽东对经济规律认识的这些思想，运用于新时代中国特色社会主义政治经济学研究之中，强调认识经济规律、把握经济规律的重要性。在2016年中央经济工作会议上，习近平在谈到贯彻稳中求进工作总基调时指出：“我国经济发展进入新常态，要求我们从实际出发，尊重客观规律，通过科学方法贯彻各项大政方针。”③ 这一论述中“从实际出发”“尊重客观规律”“通过科学方法”等关键词，深刻地体现了毛泽东对经济规律认识的思想，在新时代中国特色社会主义政治经济学研究中的运用。在阐释发展是党执政兴国的第一要务问题时，习近平强调“各级党委和政府要学好用好政治经济学”，并且提出“发展必须是遵循经济规律的科学发展，必须是遵循自然规律的可持续发展”④。习近平拓展了政治经济学“规律”问题的内涵，从“经济规律”和“自然规律”的关联上来看待发展问题，增强了新时代中国特色社会主义政治经济学中“经济发展规律”的新内涵。

三、社会主义发展阶段及其根本特征的探讨

正确判断社会主义的发展阶段及其根本特征，是毛泽东读《教科书》谈话的重要话题。1959年12月，读《教科书》的第一天，毛泽东就提出两个问题：一是“什么叫做建成社会主义，这个问题很有文章可做”；二是《教科书》关于“必然具有自己特别的具体的社会主义建设的形式和方

---

① 毛泽东. 毛泽东文集：第8卷. 北京：人民出版社，1999：119.

② 推动全党学习和掌握历史唯物主义 更好认识规律更加能动地推进工作. 人民日报，2013-12-05 (1).

③ 中共中央文献研究室. 习近平关于社会主义经济建设论述摘编. 北京：中央文献出版社，2017：112.

④ 同③320.

法”的“提法好”的原因所在①。

对于社会主义发展阶段的认识，不仅是准确把握政治经济学对象的重大问题，而且也是社会主义经济发展的基本问题。12 月 18 日，毛泽东对这个问题作了回答。他指出：“社会主义这个阶段，又可能分为两个阶段，第一个阶段是不发达的社会主义，第二个阶段是比较发达的社会主义。后一阶段可能比前一阶段需要更长的时间。经过后一阶段，到了物质产品、精神财富都极为丰富和人们的共产主义觉悟极大提高的时候，就可以进入共产主义社会了。”② 同时，毛泽东还指出，在我们这样的国家，“完成社会主义建设是一个艰巨任务，建成社会主义不要讲得过早了”③。

在“不发达的社会主义阶段”，要把解放和发展生产力作为经济建设的根本任务。12 月 19 日，在读到《教科书》关于“社会主义国民经济体系的建立”问题时，毛泽东指出，从各国社会主义发展历史来看，社会主义生产关系的建立，并不表明与之相适应的社会生产力就已经发展起来了。从更为恢宏的世界眼光来看 ，“一切革命的历史都证明，并不是先有充分发展的新生产力，然后才改造落后的生产关系，而是要首先造成舆论，进行革命，夺取政权，才有可能消灭旧的生产关系。消灭了旧的生产关系，确立了新的生产关系，这样就为新的生产力的发展开辟了道路”④。在世界历史上，代表资本主义社会生产力显著发展的工业革命，并没有发生在资产阶级建立自己的国家之前，而是在这之后；资本主义生产关系的大发展，也不是在上层建筑革命之前，而是在这之后。正是在“先把上层建筑改变了，生产关系搞好了，上了轨道了，才为生产力的大发展开辟了道路，为物质基础的增强准备了条件”⑤。毛泽东认为：“当然，生产关系的革命，是生产力的一定发展所引起的。但是，生产力的大发展，总是在生产关系改变以后。”⑥ 例如，“在英国，是资产阶级革命（十七世纪）以

① 中共中央文献研究室. 毛泽东年谱：1949—1976：第 4 卷. 北京：中央文献出版社，2013：249，249，250.

②③ 毛泽东. 毛泽东文集：第 8 卷. 北京：人民出版社，1999：116.

④ 同②132.

⑤ 同②131.

⑥ 同②132.

后，才进行工业革命（十八世纪末到十九世纪初）。法国、德国、美国、日本，都是经过不同的形式，改变了上层建筑、生产关系之后，资本主义工业才大大发展起来”①。对于社会主义发展来说，通过生产关系的革命和上层建筑的变革，解放了社会生产力，从而为发展与社会主义社会相适应的社会生产力，势必成为最重要的目标和最根本的任务。中国社会主义制度刚建立，还处在“不发达的阶段”，更应该在解放社会生产力时，把发展社会生产力作为重要目标和根本任务。

毛泽东阐释的关于解放生产力和发展生产力之间历史辩证法的思想，是社会主义政治经济学理论的重要发展，对改革开放以来中国特色社会主义政治经济学的发展产生着重要的影响。在 20 世纪 90 年代初，邓小平就提出：“过去，只讲在社会主义条件下发展生产力，没有讲还要通过改革解放生产力，不完全。应该把解放生产力和发展生产力两个讲全了。”② 解放生产力和发展生产力“讲全”，就是要求从社会主义生产力和生产关系相结合的整体关系上来看问题；“讲全”解放社会生产力和发展社会生产力，是中国社会主义政治经济学的基本理论。2018 年，在庆祝改革开放 40 周年大会上，习近平提出，“我们始终坚持以经济建设为中心，不断解放和发展社会生产力”，使经济发展有了历史性飞跃，我国已经成为“世界第二大经济体、制造业第一大国、货物贸易第一大国、商品消费第二大国、外资流入第二大国，我国外汇储备连续多年位居世界第一，中国人民在富起来、强起来的征程上迈出了决定性的步伐”③。作为中国特色社会主义发展的宝贵经验，习近平指出：“改革开放四十年的实践启示我们：解放和发展社会生产力，增强社会主义国家的综合国力，是社会主义的本质要求和根本任务。”④ 解放和发展生产力已经成为中国特色社会主义政治经济学的重大原则之一。

发展是“不发达的社会主义阶段”的重要特征；发展问题成为中国社会主义政治经济学的重要论题。由此，毛泽东提出了关于“不发达的社会

① 毛泽东. 毛泽东文集：第 8 卷. 北京：人民出版社，1999：132.

② 邓小平. 邓小平文选：第 3 卷. 北京：人民出版社，1993：370.

③ 中共中央党史和文献研究院. 十九大以来重要文献选编：上. 北京：中央文献出版社，2019：725.

④ 同③733.

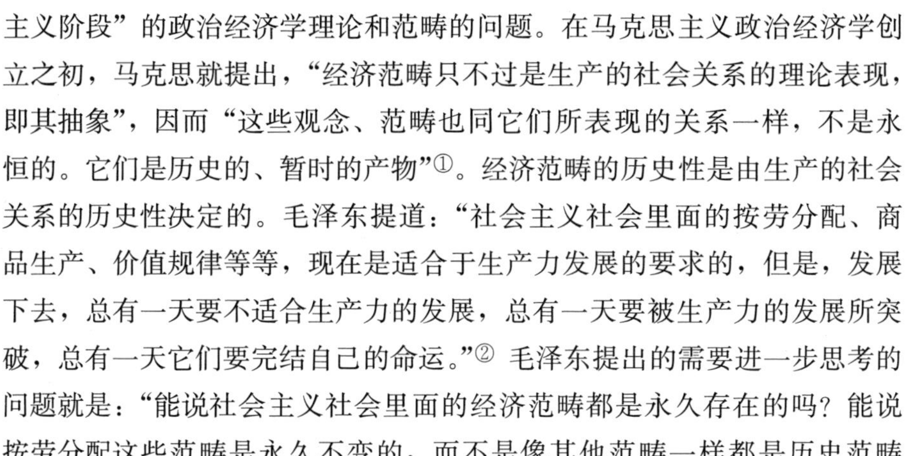

主义阶段”的政治经济学理论和范畴的问题。在马克思主义政治经济学创立之初，马克思就提出，“经济范畴只不过是生产的社会关系的理论表现，即其抽象”，因而“这些观念、范畴也同它们所表现的关系一样，不是永恒的。它们是历史的、暂时的产物”①。经济范畴的历史性是由生产的社会关系的历史性决定的。毛泽东提道：“社会主义社会里面的按劳分配、商品生产、价值规律等等，现在是适合于生产力发展的要求的，但是，发展下去，总有一天要不适合生产力的发展，总有一天要被生产力的发展所突破，总有一天它们要完结自己的命运。”② 毛泽东提出的需要进一步思考的问题就是：“能说社会主义社会里面的经济范畴都是永久存在的吗？能说按劳分配这些范畴是永久不变的，而不是像其他范畴一样都是历史范畴吗？”③ 在社会主义政治经济学中，范畴的内涵及其本质规定性，总是要随着经济社会关系及其性质的变化而变化的。社会主义政治经济学要破除经济范畴的非历史性的观点。

从“不发达的社会主义阶段”向“比较发达的社会主义阶段”的转变，是社会主义政治经济学中关于社会发展阶段理论的重要思想。社会发展阶段既有异质的阶段发展问题，如资本主义社会向社会主义社会的转变，这是两种性质不同的社会的质变过程；也有同一社会发生的不同阶段的演进过程，这是量变的过程和量变中的部分质变的过程。毛泽东指出，社会阶段发展中的“量变和质变是对立的统一。量变中有部分的质变，不能说量变的时候没有质变；质变是通过量变完成的，不能说质变中没有量变。质变是飞跃，在这个时候，旧的量变中断了，让位于新的量变。在新的量变中，又有新的部分质变”④。无论是在“量变”“部分质变”还是在“质变”过程中，经济范畴的内涵都会发生历史性的转变，其中同样包含“量变”、“部分质变”或者“质变”的因素。

毛泽东的这一重要思想，在新时代中国特色社会主义政治经济学中得到新的应用。党的十八届三中全会在研究全面深化改革问题时，习近平提

① 马克思，恩格斯．马克思恩格斯文集：第1卷．北京：人民出版社，2009：602，603．

②③ 毛泽东．毛泽东文集：第8卷．北京：人民出版社，1999：137．

④ 同②107．

出了如何历史地看待社会主义市场经济体制在改革开放新时期的发展问题。他认为："1992 年，党的十四大提出了我国经济体制改革的目标是建立社会主义市场经济体制，提出要使市场在国家宏观调控下对资源配置起基础性作用。"① 关于社会主义市场经济体制的发展，习近平指出："从党的十四大以来的 20 多年间，对政府和市场关系，我们一直在根据实践拓展和认识深化寻找新的科学定位。党的十五大提出'使市场在国家宏观调控下对资源配置起基础性作用'，党的十六大提出'在更大程度上发挥市场在资源配置中的基础性作用'，党的十七大提出'从制度上更好发挥市场在资源配置中的基础性作用'，党的十八大提出'更大程度更广范围发挥市场在资源配置中的基础性作用'。"② 在党的十八届三中全会上，习近平指出："中央认为对这个问题从理论上作出新的表述条件已经成熟，应该把市场在资源配置中的'基础性作用'修改为'决定性作用'。"③ "我国实行的是社会主义市场经济体制，我们仍然要坚持发挥我国社会主义制度的优越性、发挥党和政府的积极作用。"④ 从国家治理和治理能力的现代化上，坚持社会主义市场经济改革方向，赋予社会主义市场经济体制新的内涵。到党的十九届四中全会，社会主义市场经济体制被定义为"社会主义基本经济制度"构成要素之一，这是对社会主义市场经济体制范畴的新的认识。对社会主义市场经济体制认识的过程，也如毛泽东所认为的：归根结底，"一切事物总是有'边'的。事物的发展是一个阶段接着一个阶段不断地进行的，每一个阶段也是有'边'的。不承认'边'，就是否认质变或部分质变"⑤。

毛泽东指出"社会主义制度的矛盾，是前进道路上的矛盾"。有矛盾，就会有"革命"，如"从社会主义过渡到共产主义是革命，从共产主义的这一个阶段过渡到另一个阶段，也是革命。共产主义一定会有很多的阶段，因此也一定会有很多的革命"⑥。毛泽东这里提出的社会阶段发展和变革的辩证法，深刻阐释了社会主义阶段性思想，也提出了社会主义经济学

---

① 习近平．习近平谈治国理政．北京：外文出版社，2014：75.

②③ 同①76.

④ 同①77.

⑤ 毛泽东．毛泽东文集：第 8 卷．北京：人民出版社，1999：108.

⑥ 中共中央文献研究室．毛泽东年谱：1949—1976：第 4 卷．北京：中央文献出版社，2013：275.

范畴、理论及体系变与不变、量变与质变的历史辩证关系。

四、中国社会主义经济全面发展问题

社会主义经济全面发展问题，是毛泽东读《教科书》谈话的重要内容。在《论十大关系》中，毛泽东就对社会主义经济全面发展问题作了阐释。一是在“十大关系”中，经济关系是主要的和重点的关系，也是处理好其他各方面关系的基础和前提，“一定要首先加强经济建设”①；二是在“十大关系”中，毛泽东先对五大经济关系作出探讨，然后逐次展开对中央和地方、党和非党、革命和反革命、是和非、中国和外国等关系的探讨。《论十大关系》以经济建设和经济关系问题为出发点和中心论题，融社会主义社会生产力和生产关系、经济基础和上层建筑为一体，对中国社会主义建设中的经济、政治、文化、国防和党的建设及外交政策和国际战略等问题作出全面探索；三是提出“关系”就是“问题”、就是“矛盾”，解决矛盾的出路就在于坚持“从发展的观点看”的思想方法，在于树立适合于经济建设实际要求的发展理念。在读《教科书》谈话中，毛泽东对社会主义经济全面发展问题作了新的阐释，其核心要义主要有以下七点：

其一，社会主义现代化建设目标的全面性。1951 年 12 月，毛泽东在《实行增产节约，反对贪污、浪费和官僚主义》中提出：“为了完成国家工业化，必须发展农业，并逐步完成农业社会化。但是首先重要并能带动轻工业和农业向前发展的是建设重工业和国防工业。”② 1957 年 3 月，毛泽东在全国宣传工作会议上提出“建设一个具有现代工业、现代农业和现代科学文化的社会主义国家”③ 的奋斗目标。在读《教科书》谈话中，毛泽东第一次提出：“建设社会主义，原来要求是工业现代化，农业现代化，科学文化现代化，现在要加上国防现代化。”④ 第一次从“四个现代化”角度

① 毛泽东．毛泽东文集：第 7 卷．北京：人民出版社，1999：28.

② 毛泽东．毛泽东文集：第 6 卷．北京：人民出版社，1999：207.

③ 同①268.

④ 毛泽东．毛泽东文集：第 8 卷．北京：人民出版社，1999：116.

对社会主义建设作出整体概括。之后，1960 年 3 月，毛泽东再次提出“建设我们国家现代化的工业、现代化的农业、现代化的科学文化和现代化的国防”① 的奋斗目标。社会主义现代化目标的形成，为巩固和发展“站起来”的经济、政治、文化和社会基础，提供了强大动力和发展方向。实现社会主义“四个现代化”，最为集中地体现了中国社会主义建设目标的全面性。

其二，立足于中国具体国情，掌握和应用好经济规律。在开始读《教科书》时，毛泽东就对《教科书》中关于“每一个脱离了帝国主义体系的国家中必然具有自己特别的具体的社会主义建设的形式和方法”提法表示赞成，认为“这个提法好”②。对经济规律作用的把握和应用，要从中国的具体情况出发。“生产资料优先增长的规律，是一切社会扩大再生产的共同规律”③ 揭示了社会化大生产发展的一般规律，毛泽东认为，斯大林把这个规律具体化为优先发展重工业，其缺点就是过分强调了重工业的优先增长，结果把农业发展忽略了。“我们把这个规律具体化为：在优先发展重工业的条件下，工农业同时并举。我们实行的几个同时并举，以工农业同时并举为最重要。”④ 这里讲的“并举”，“并不否认重工业优先增长，不否认工业发展快于农业；同时，并举也并不是要平均使用力量”⑤。对于中国的社会主义建设来讲，“只要我们能够使农业、轻工业、重工业都同时高速度地向前发展，我们就可以保证在迅速发展重工业的同时，适当改善人民的生活”⑥。马克思在《〈政治经济学批判〉导言》中曾经指出，正像最发达的语言和最不发达的语言都会共同具有一些规律和规定，但构成语言发展的并不是这些共有的规律和规定，而恰恰是“有别于这个一般和共同点的差别”⑦。在政治经济学中，对生产一般的种种规定抽象出来，正是为了不至于因为有了生产一般中的“统一”的规定，而忘记不同社会、不同历史阶段存在的各种生产的“本质的差别”⑧。在马克思看来，在对“物质

① 毛泽东. 毛泽东文集：第 8 卷. 北京：人民出版社，1999：162.

② 中共中央文献研究室. 毛泽东年谱：1949—1976：第 4 卷. 北京：中央文献出版社，2013：249，250.

③④ 同①121.

⑤ 同①123.

⑥ 同①121.

⑦⑧ 马克思，恩格斯. 马克思恩格斯文集：第 8 卷. 北京：人民出版社，2009：9.

生产”的社会性和历史性的理解中，已经内在地包含了对经济规律的一般性质和经济规律具体运用中特殊性质的理解。

其三，要坚持综合平衡，全面处理好经济过程的矛盾和问题。要处理好发展中的平衡和不平衡的关系，要理解经济运行的螺旋式发展和波浪式发展的特点。毛泽东指出，“事物的发展总是不平衡的，因此有平衡的要求。平衡和不平衡的矛盾，在各方面、各部门、各个部门的各个环节都存在，不断地产生，不断地解决”；事物的这种矛盾运动，同样存在于社会主义经济运行过程中，因此“说社会主义经济的发展一点波浪也没有，这是不可能设想的。任何事物的发展都不是直线的，而是螺旋式地上升，也就是波浪式发展”，重要的是，要清楚地认识到“社会主义国家的经济能够有计划按比例地发展，使不平衡得到调节，但是不平衡并不消失”①。

其四，在社会主义经济关系中，要讲生产关系和生产力的相互作用及其相互矛盾，其中特别要注意，“在劳动生产中人与人的关系，也是一种生产关系。在这里，例如领导人员以普通劳动者姿态出现，以平等态度待人，改进规章制度，干部参加劳动，工人参加管理，领导人员、工人和技术人员三结合，等等，有很多文章可做。所有制方面的革命，在一定时期内是有底的，但是人们在劳动生产和分配中的相互关系，总要不断地改进，这方面很难说有什么底”②。在对生产关系的理解中，只见物、不见人，只看到物与物之间的所谓“资源配置”，而排除了生产过程中人与人之间的经济关系，就是在根本上背弃了马克思主义政治经济学的基本原则。

其五，要高度重视经济发展和人民生活水平逐渐提高之间的关系。毛泽东提出，“人们生活的需要，是不断增长的。需要刺激生产的不断发展，生产也不断创造新的需要”，而人民的需要总是一个“逐步满足的”过程③。同时，不断满足人民日益增长的物质文化生活的需要，不仅同生产的发展有直接的关系，而且也同国家经济发展的整体布局有重要的关系。毛泽东高瞻远瞩，就中国城市和乡村发展的整体布局提出：“在社会主义

---

① 毛泽东．毛泽东文集：第8卷．北京：人民出版社，1999：121，120，119.

② 中共中央文献研究室．毛泽东年谱：1949—1976：第4卷．北京：中央文献出版社，2013：273.

③ 同①137，136.

工业化过程中，随着农业机械化的发展，农业人口会减少。如果让减少下来的农业人口，都拥到城市里来，使城市人口过分膨胀，那就不好。从现在起，我们就要注意这个问题。要防止这一点，就要使农村的生活水平和城市的生活水平大致一样，或者还好一些。"①

其六，在社会主义经济建设的发展中，还要关注"既得利益集团"的问题。12月23日，毛泽东在读到《教科书》关于"社会主义的基本经济规律"问题论述时提出："任何新的东西出来，或者因为不习惯，或者因为不了解，或者因为同一部分人的利益有抵触，它总是不可避免地要遇到阻碍。"② 在经济变革的重要关头，这种"既得利益集团"就会成为经济发展的阻力。毛泽东指出："每一个时期，总会有这样一部分人，保持旧制度对他们有利，用新制度代替旧制度对他们不利。他们安于已有的制度，不愿意改变这种制度。任何一种新制度的建立，总要对旧制度有所破坏，不能只有建设，没有破坏。要破坏，就会引起一部分人的抵触。"③

其七，全面理解"建成"社会主义的长期性和艰巨性。在读《教科书》谈话中，毛泽东多次提出社会主义"建设"和"建成"的关系问题。他指出："在我们这样的国家，完成社会主义建设是一个艰巨任务，建成社会主义不要讲得过早了。"④ 社会主义建设是一项长期的任务，"建成"社会主义更是一项艰巨的任务。1959年12月31日，是即将进入60年代的最后一天，《人民日报》将在第二天发表题为《展望六十年代》元旦社论。社论指出，在60年代，我们如果在主要的工业产品的产量方面"赶上或者超过英国"，还是要看到"中国的工农业产品按人口计算起来，水平也还不高或者不很高"。毛泽东在这一天读到元旦社论送审稿时，把其中的"不高或者不很高"，改为"是很低的，同英国比较起来，还是很落后的"⑤。这种战略性的估计，是基于中国社会主义经济建设实际的一种清醒

① 毛泽东. 毛泽东文集：第8卷. 北京：人民出版社，1999：128.

② 中共中央文献研究室. 毛泽东年谱：1949—1976：第4卷. 北京：中央文献出版社，2013：276，277.

③ 同②267-268.

④ 同①116.

⑤ 同②293-294.

的认识，也是对“建设”和“建成”社会主义关系问题的一种科学的解释。

五、社会主义政治经济学教科书建设问题探讨

1959 年 12 月 30 日，毛泽东读《教科书》已过大半。这一天，他在给李讷的信中谈道：“我甚好。每天读书、爬山。读的是经济学。我下决心要搞通这门学问。”① 1960 年 1 月 17 日，毛泽东在上海召开的中共中央政治局扩大会议上提出读《教科书》问题时指出：“读的方法是批判的方法，不是用教条主义的方法。”②“搞通”社会主义政治经济学问题，要用“批判的方法”，而不用“教条主义的方法”，贯穿于毛泽东读《教科书》的全过程。就社会主义政治经济学“这门学问”而言，毛泽东也确实在用“批判的方法”思考其中的一系列重要问题。

在所思考的诸多问题中，毛泽东对写出中国自己的政治经济学著作问题尤为关注。在读《教科书》的第一天，他就提出“马克思这些老祖宗的书，必须读，他们的基本原理必须遵守，这是第一”；但是，只有这一条是不行的，还“要创造新的理论，写出新的著作，产生自己的理论家，来为当前的政治服务，单靠老祖宗是不行的”③。就像我们过去，“在第二次国内战争末期和抗日战争初期写了《实践论》、《矛盾论》，这些都是适应于当时的需要而不能不写的”。“现在，我们已经进入社会主义时代，出现了一系列的新问题，如果单有《实践论》、《矛盾论》，不适应新的需要，写出新的著作，形成新的理论，也是不行的。”④

在读《教科书》的过程中，毛泽东认为，《教科书》的不足就是“没有系统，还没有形成体系”，究其原因还是“因为社会主义经济本身还没有成熟，还在发展中。一种意识形态成为系统，总是在事物运动的后面。

① 中共中央文献研究室．毛泽东年谱：1949—1976：第 4 卷．北京：中央文献出版社，2013：290.

② 同①309.

③④ 同①250.

因为思想、认识是物质运动的反映”①。因此，“写出一本社会主义共产主义政治经济学教科书，现在说来，还是一件困难的事情。有英国这样一个资本主义发展成熟的典型，马克思才能写出《资本论》。社会主义社会的历史，至今还不过四十多年，社会主义社会的发展还不成熟，离共产主义的高级阶段还很远。现在就要写出一本成熟的社会主义共产主义政治经济学教科书，还受到社会实践的一定限制”②。但是，以中国社会主义经济实践为基础，不断探索、接续奋斗，我们还是能不断完善和发展中国社会主义政治经济学理论体系建设的。

在对“社会主义政治经济学教科书，究竟怎样写才好”问题的思考中，毛泽东提出了几个基本观点。

一是针对《教科书》“没有运用这样一贯的、完整的世界观和方法论来分析事物”③ 的缺陷，毛泽东强调，写好社会主义政治经济学教科书，一定要坚持马克思主义观点和方法。在对《教科书》评价时，毛泽东批判性地提出，虽然“不能说这本书完全没有马克思主义，因为书中有许多观点是马克思主义的；也不能说完全是马克思主义的，因为书中有许多观点是离开马克思主义的”④。特别是《教科书》的“写法不好，不从生产力和生产关系的矛盾、经济基础和上层建筑的矛盾出发，来研究问题，不从历史的叙述和分析开始自然得出结论，而是从规律出发，进行演绎”⑤。

二是要注重运用马克思《资本论》的分析方法，从中国社会主义经济现实出发。1960 年 2 月 9 日，毛泽东在读《教科书》的最后一天再次谈到《教科书》编写方法论上的不足：“这本书的写法很不好，总是从概念入手。研究问题，要从人们看得见、摸得到的现象出发，来研究隐藏在现象后面的本质，从而揭露客观事物的本质的矛盾。《资本论》对资本主义经济的分析，就是用这种方法，总是从现象出发，找出本质，然后又用本质解释现象，因此，能够提纲挈领。教科书对问题不是从分析入手，总是从

---

① 毛泽东．毛泽东文集：第 8 卷．北京：人民出版社，1999：105.

② 同①137.

③ 同①107.

④⑤ 同①138.

规律、原则、定义出发，这是马克思主义从来反对的方法。”① 这就是说，“当作一门科学，应当从分析矛盾出发，否则就不能成其为科学”②。

三是要坚持一切从实际出发，注重在实践过程中不断提高认识、完善理论。社会主义政治经济学理论或体系的形成，“不要有个过程，不要经过成功和失败的比较，不要经过曲折的发展，这都是形而上学的看法”③。毛泽东认为：“自由是对必然的认识并根据对必然的认识成功地改造客观世界。这个必然不是一眼就能看穿看透的。世界上没有天生的圣人。到了社会主义社会，也还是没有什么‘先知先觉’……拿我们自己的经验来说，开始我们也不懂得搞社会主义，以后在实践中逐步有了认识。认识了一些，也不能说认识够了。如果认识够了，那就没有事做了。”④

四是要高度重视理论和实践两个方面的结合。《教科书》的写法，“不是高屋建瓴，势如破竹，没有说服力，没有吸引力，读起来没有兴趣，一看就可以知道是一些只写文章、没有实际经验的书生写的”⑤。看起来，《教科书》“有点像政治经济学辞典，总是先下定义，从规律出发来解释问题。可以说是一些词汇的解说，还不能算作一个科学著作。规律自身不能说明自身”⑥。

要写出好的社会主义政治经济学教科书，就要实现“两种人，两方面”的结合，即“做实际工作的人没有概括能力，不善于运用概念、逻辑这一套东西；而做理论工作的人又没有实际经验，不懂得经济实践”。不仅“两种人，两方面——理论和实践”要结合起来，还要有辩证的思维方法，“没有哲学家头脑的作家，要写出好的经济学来是不可能的。马克思能够写出《资本论》，列宁能够写出《帝国主义论》，因为他们同时是哲学家，有哲学家的头脑，有辩证法这个武器”⑦。

五是“研究问题应该从历史的分析开始”⑧。社会主义政治经济学的理

---

① 毛泽东．毛泽东文集：第 8 卷．北京：人民出版社，1999：139.

② 中共中央文献研究室．毛泽东年谱：1949—1976：第 4 卷．北京：中央文献出版社，2013：316.

③④ 同①118.

⑤ 同①139.

⑥ 同②316.

⑦ 同①140.

⑧ 同②258.

论研究，要同社会主义经济史和社会主义“通史”的研究结合起来，对于“研究通史的人，如果不研究个别社会、个别时代的历史，是不能写出好的通史来的。研究个别社会，就是要找出个别社会的特殊规律。把个别社会的特殊规律研究清楚了，那末整个社会的普遍规律就容易认识了。要从研究特殊中间，看出一般来。特殊规律搞不清楚，一般规律是搞不清楚的”①。

在回顾中国社会主义过渡时期经济关系变革的历史过程时，毛泽东提出，中国在由资本主义所有制转变为全民所有制的历史过程，有对民族资本的改造，也有对官僚资本的没收，而且“我们在处理资产阶级的问题上，有很丰富的经验，创造了许多新的经验”②。毛泽东强调：“规律存在于历史发展的过程中。应当从历史发展过程的分析中来发现和证明规律。不从历史发展过程的分析下手，规律是说不清楚的。”③

毛泽东的这些想法，虽然形成于中国特色社会主义政治经济学的开创时期，但其中包含的政治经济学理论和体系建设和发展的道理，却产生着长远的影响。

25 年以后，中国社会主义经济关系有了进一步的发展。在 1984 年召开的党的十二届三中全会通过的《关于经济体制改革的决定》明确提出“社会主义经济是公有制基础上的有计划的商品经济”的论断，邓小平不无感慨地说：这是适合于当时中国经济体制改革实际的“新话”，这些“新话”给人以“写出了一个政治经济学初稿”的印象，呈现出“马克思主义基本原理和中国社会主义实践相结合的政治经济学”④ 的理论意蕴。

又过了 31 年，2015 年中央政治局在以“马克思主义政治经济学基本原理和方法论”为主题的集体学习会上，习近平提出：“我们要立足我国国情和我们的发展实践，深入研究世界经济和我国经济面临的新情况新问题，揭示新特点新规律，提炼和总结我国经济发展实践的规律性成果，把

---

① 毛泽东．毛泽东文集：第 8 卷．北京：人民出版社，1999：106．

② 中共中央文献研究室．毛泽东年谱：1949—1976：第 4 卷．北京：中央文献出版社，2013：253．

③ 同②316．

④ 邓小平．邓小平文选：第 3 卷．北京：人民出版社，1993：83．

实践经验上升为系统化的经济学说，不断开拓当代中国马克思主义政治经济学新境界，为马克思主义政治经济学创新发展贡献中国智慧。”① 中国特色“系统化的经济学说”，正在实现毛泽东 60 年前对中国社会主义政治经济学建设和发展的夙愿。

① 中共中央党史和文献研究院. 十八大以来重要文献选编：下. 北京：中央文献出版社，2018：7.

第十四章　新时期中国特色社会主义经济学的创新

在马克思经济学中，有以叙述资本主义经济关系的典型形式和本质特征的经济学对象的理解，也有以研究资本主义经济关系的特殊形式和现实特征的经济学对象的理解。在对马克思经济学对象囿于典型形式理解时，社会主义经济学曾受到限制和扼制。中国特色社会主义经济学对马克思主义经济学的创新，是以马克思经济学特殊形式对象的理解为基础的；中国特色社会主义经济学的体系创新，则是对马克思经济学对象理解的科学拓展。

一、《资本论》对象与中国社会主义政治经济学的形成

马克思关于经济学对象的理解，最突出地体现在《资本论》中。在《资本论》第一卷中，马克思对资本主义经济关系的研究，主要以英国资本主义发展为“例证”。这是因为，英国是当时资本主义经济最发达、最典型的国家，英国的无产阶级和资产阶级的阶级斗争也最为尖锐，通过对英国资本主义经济关系的分析，能够深刻揭示资本主义经济现象和经济过程的内在的、本质的、必然的联系，透彻理解资本主义经济运动规律，全

面认识资本主义经济关系发展的必然趋势。在这种以典型的、发达的资本主义经济关系为对象的经济学中，“工业较发达的国家向工业较不发达的国家所显示的，只是后者未来的景象”①。在马克思看来，对英国资本主义经济关系叙述的理论结论，对包括德国、法国在内的其他资本主义国家具有普遍的意义。唯有现实的典型性，才有理论上的典型性；唯有理论上的典型性，才有现实中的普遍性。对象的典型性是由马克思《资本论》特定的对象决定的。

对象的典型性是阐明一定社会经济制度的普遍性规律的内在要求，也是揭示这一社会经济制度本质属性的根本要求。在《资本论》第一卷中，马克思从“我的观点是把经济的社会形态的发展理解为一种自然史的过程”开始，以“资本主义生产由于自然过程的必然性，造成了对自身的否定”为最后结论②。“资本主义私有制的丧钟就要响了”③，就是马克思关于资本主义经济学叙述的基本取向。在《资本论》中，对经济体制和经济运行的研究，从属于经济制度的本质阐述，是对经济制度本质的延伸。因此，在《资本论》中，马克思对资本主义经济学的叙述，以经济制度本质阐述为主线，在论证经济制度本质需要的范围内，对经济体制和经济运行作出相应的探讨。

值得注意的是，马克思晚年对经济学对象及其特点作出过新的思考。马克思认为：“极为相似的事变发生在不同的历史环境中就引起了完全不同的结果。如果把这些演变中的每一个都分别加以研究，然后再把它们加以比较，我们就会很容易地找到理解这种现象的钥匙。”④ 他对那种把《资本论》第一卷的一些重要论断当作“万能钥匙”的观点很不以为然，认为：“一定要把我关于西欧资本主义起源的历史概述彻底变成一般发展道路的历史哲学理论，一切民族，不管它们所处的历史环境如何，都注定要走这条道路……但是我要请他原谅。（他这样做，会给我过多的荣誉，同

① 马克思，恩格斯．马克思恩格斯文集：第5卷．北京：人民出版社，2009：8.

② 同①10，874.

③ 同①874.

④ 马克思，恩格斯．马克思恩格斯文集：第3卷．北京：人民出版社，2009：466-467.

时也会给我过多的侮辱。）”① 马克思相信“使用一般历史哲学理论这一把万能钥匙，那是永远达不到这种目的的，这种历史哲学理论的最大长处就在于它是超历史的”②。显然，在马克思看来，他以英国典型的资本主义经济关系为对象阐述的理论结论，不可能完全适合于对其他国家和地方的经济关系本质的理解。

马克思晚年的这些思考，对恩格斯产生过重要影响。几乎同一时期，在《反杜林论》中，恩格斯对马克思的这一思考作出呼应，提出了经济学对象的特殊性的观点。恩格斯认为：“人们在生产和交换时所处的条件，各个国家各不相同，而在每一个国家里，各个世代又各不相同。因此，政治经济学不可能对一切国家和一切历史时代都是一样的。”③ 这就是说，在经济学对象问题上，存在两个“不可能……一样”的情况：一是社会经济制度相同的不同国家，生产和交换的条件、关系可能不相同，经济学对象“不可能……一样”；二是同一国家处在社会经济制度发展的不同时期，生产和交换的条件、关系可能不相同，经济学对象也“不可能……一样”。恩格斯还举例说明：“火地岛的居民没有达到进行大规模生产和世界贸易的程度，也没有达到出现票据投机或交易所破产的程度。谁要想把火地岛的政治经济学和现代英国的政治经济学置于同一规律之下，那么，除了最陈腐的老生常谈以外，他显然不能揭示出任何东西。”④

经济学对象的特殊性决定了经济学国别特色的必然性。这时，经济学对象着重于经济体制和经济运行的探索，通过这一探索达到对经济制度本质的理解，对经济制度本质的理解是经济体制和经济运行探索的结果。因此，马克思经济学对象的这种理解，是以对经济体制和经济运行为主线的，对经济制度本质的理解是在主线展开中实现的。

实际上，马克思经济学对象的这两种理解，与马克思对经济学的研究阶段和叙述阶段以及由此而产生的研究方法和叙述方法是相一致的。在《资本论》第一卷德文“第二版跋”中，马克思指出：“在形式上，叙述方

---

① 马克思，恩格斯. 马克思恩格斯文集：第3卷. 北京：人民出版社，2009：466.

② 同①467.

③④ 马克思，恩格斯. 马克思恩格斯文集：第9卷. 北京：人民出版社，2009：153.

法必须与研究方法不同。研究必须充分地占有材料，分析它的各种发展形式，探寻这些形式的内在联系。只有这项工作完成以后，现实的运动才能适当地叙述出来。这点一旦做到，材料的生命一旦在观念上反映出来，呈现在我们面前的就好像是一个先验的结构了。”① 以典型性的经济关系为对象的经济学，就是在思维上把握经济关系从抽象到具体的“结构”的经济学，是以叙述为特征的经济学；以特殊的经济关系为对象的经济学，就是对经济关系的“发展形式”探讨的经济学，是以研究为特征的经济学。我们也可以把马克思经济学对象的这两种理解，简单地称作叙述的经济学对象和研究的经济学对象。当然，这里所说的“叙述”和“研究”，是就马克思在这里所表达的意义而言的，是就其相对意义而言的。

马克思经济学对象的这两种理解，没有被后来的马克思主义经济学，特别是社会主义政治经济学所接受。在恩格斯去世后的30多年间，社会主义经济学作为独立的学科不被认可，当时的主流观点认为社会主义经济学已经“消亡”。“消亡”论产生的原因是多方面的，但与只认可叙述的经济学对象而忽视研究的经济学对象有直接关系。20世纪初，鲁道夫·希法亭在《马克思对理论经济学问题的看法》一文中指出：理论经济学涉及的问题，只发生在社会生产关系不受人们自觉意志的调节、整个社会处于无政府状态和自发势力统治的组织结构中，理论经济学作为揭示社会生产关系本质的科学，有其存在的必然性。在社会生产关系受到自觉调节的共产主义社会中，社会生产关系本质是显露的，从而理论经济学的对象就不再存在②。俄国十月革命前后，社会主义经济学“消亡”论是马克思主义经济学的主流观点。布哈林在写于1912—1914年的《食利者政治经济学》中认为：“政治经济学作为一门科学，只把商品社会（特别是商品资本主义社会）作为自己的对象。”③ 在1920年出版的《过渡时期经济学》一书中，布哈林仍然坚持认为，“理论政治经济学是关于以商品生产为基础的社会经济的科学，也就是关于无组织的社会经济的科学……只要我们来研究有

① 马克思，恩格斯．马克思恩格斯文集：第5卷．北京：人民出版社，2009：21-22．

② 希法亭．马克思对理论经济学问题的看法．新时代．1904—1905，1．

③ 布哈林．布哈林文选：下册．北京：东方出版社，1988：39，40．

组织的社会经济，那么，政治经济学中的一切基本‘问题’……就都消失了”。他由此断言，“资本主义商品社会的末日也就是政治经济学的告终”①。当时，俄国有经济学家甚至认为：哪一个经济学家对马克思经济学对象只是商品的资本主义制度本质的观点再有质疑，“简直有失尊严”②。但是，在苏联社会主义经济发展的实践中，特别是在新经济政策实施及之后的社会主义工业化过程中，出现了一系列经济的“发展形式”，其中有涉及苏维埃经济关系本质的问题，但更多涉及的是苏维埃经济体制和运行机制的现实问题，创立以经济现实的“发展形式”为对象的社会主义政治经济学成为当时苏联经济社会发展的内在要求。

1929年10月，列宁《在尼·布哈林〈过渡时期经济学〉一书上作的批注和评论》的公开发表，为破除社会主义政治经济学“消亡”论的传统观念提供了契机。公开发表列宁写于1920年5月的对布哈林《过渡时期经济学》的批注和评论，在很大程度上是为了适应当时斯大林对布哈林最后“批判”的需要，但这一举动却推动了社会主义政治经济学的确立。在这一批注和评论中，列宁针对布哈林《过渡时期经济学》涉及政治经济学对象的一些论述提出了不同的见解。列宁认为，布哈林提出的政治经济学只是研究“以商品生产为基础的社会经济”、只是研究“无组织的社会经济”的定义，比恩格斯在《反杜林论》中提出的政治经济学对象的定义“倒退了一步”。列宁认为，布哈林把资本主义商品社会的末日当作政治经济学的终结是“不对”的，因为“即使在纯粹的共产主义社会里不也有Ⅰv+m和Ⅱc的关系吗？还有积累呢”③。列宁的这些观点使社会主义政治经济学“消亡”的观点很快败退下去。苏联许多经济学家开始对社会主义政治经济学的对象和主题、体系等一系列重大理论问题作出探讨，这对社会主义政治经济学的确立起到至关重要的推动作用。

---

① 布哈林．过渡时期经济学．北京：三联书店，1981：1.

② 列宁格勒大学社会科学教师进修学院政治经济学教研组．社会主义政治经济学史纲．北京：三联书店，1979：18.

③ 列宁．列宁全集：第60卷．2版．北京：人民出版社，1990：275.

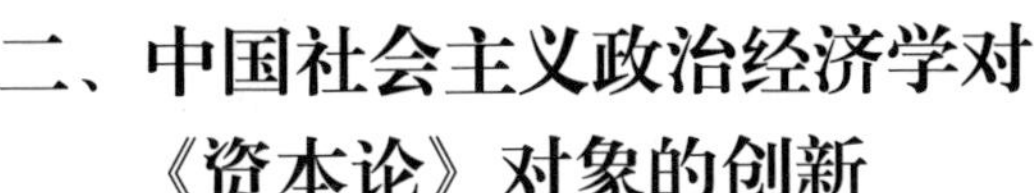

二、中国社会主义政治经济学对《资本论》对象的创新

中国特色社会主义政治经济学作为中国化马克主义政治经济学，一方面是马克思主义政治经济学的中国化过程，是把马克思主义政治经济学基本原理运用于中国改革开放的具体实际，用以分析和解决中国社会主义经济关系的实际问题的过程，如毛泽东所说的“使马克思主义在中国具体化，使之在其每一表现中带着必须有的中国的特性，即是说，按照中国的特点去应用它”①；另一方面是中国化的马克思主义经济学过程，是使从中国社会主义经济实际发展和改革开放实践中得出的新思想、新理论马克思主义经济学化，形成具有中国特色的马克思主义经济学的新内涵和新形式，即如毛泽东称作的“使中国革命丰富的实际马克思主义化”②。

无论是从现实基础、发展形式还是从研究任务、理论基点来看，中国特色社会主义政治经济学只能以研究的政治经济学对象而不能以叙述的政治经济学对象为基础和前提。一方面，中国特色社会主义政治经济学是以当代中国现实的经济事实、经济形式为对象的，是以“充分地占有材料，分析它的各种发展形式，探寻这些形式的内在联系”的研究的政治经济学为对象的；另一方面，中国特色社会主义政治经济学是以中国这样的不发达的、发展中的社会主义经济关系为对象的，是以非典型性且富有特殊性的社会经济关系为对象的。

中国特色社会主义政治经济学是从当代中国现实的经济形式出发的，最显著的就是以解放和发展生产力这一当代中国最大的经济现实为出发点。1978 年 3 月，邓小平在对生产力范畴重新认识时指出：“科学技术是生产力，这是马克思主义历来的观点。早在一百多年以前，马克思就说过：机器生产的发展要求自觉地应用自然科学。并且指出：‘生产力中也

① 毛泽东．毛泽东选集：第 2 卷．2 版．北京：人民出版社，1991：534.

② 毛泽东．毛泽东文集：第 2 卷．北京：人民出版社，1993：374.

包括科学'。现代科学技术的发展，使科学与生产的关系越来越密切了。科学技术作为生产力，越来越显示出巨大的作用。"① 关于生产力理论，先论及的是科学技术与生产力关系问题，后来推进到管理与生产力的关系，形成了生产力系统理论，再后来对生产力在社会主义生产关系中意义的新认识，形成了以解放生产力和发展生产力为基础内容的社会主义本质理论，嗣后发展到科教兴国、建设创新型国家战略，以及建设人力资源和人才强国战略等，这实际上是生产力理论在中国特色社会主义政治经济学中演进的逻辑过程。

对马克思主义生产力理论的当代诠释，成为中国特色社会主义政治经济学创立的重要基点；对当代中国解放和发展生产力问题的把握，成为中国特色社会主义经济学发展的重要标识。首先，发展生产力是马克思主义的基本原则，是中国社会主义经济发展的基础。邓小平认为："马克思主义的基本原则就是要发展生产力。马克思主义的最高目的就是要实现共产主义，而共产主义是建立在生产力高度发展的基础上的。"② 回顾中国社会主义经济建设的历史，邓小平指出："社会主义的首要任务是发展生产力，逐步提高人民的物质和文化生活水平。从一九五八年到一九七八年这二十年的经验告诉我们：贫穷不是社会主义，社会主义要消灭贫穷。不发展生产力，不提高人民的生活水平，不能说是符合社会主义要求的。"③ 其次，要把发展生产力和解放生产力结合起来。在推进改革开放的过程中，邓小平指出："过去，只讲在社会主义条件下发展生产力，没有讲还要通过改革解放生产力，不完全。应该把解放生产力和发展生产力两个讲全了。"④ 解放生产力和发展生产力的"完全"，就不只是生产力本身的问题，而是与生产关系相联系的问题、是生产力和生产关系相结合的问题。"讲全"解放生产力和发展生产力，也就抓住了中国特色社会主义经济学的基本问题。最后，生产力问题是关乎社会主义本质的基础问题。在对"什么是社会主义、怎样建设社会主义"问题的探索中，解放生产力和发展生产力成

---

① 邓小平．邓小平文选：第2卷．2版．北京：人民出版社，1994：87.

②③ 邓小平．邓小平文选：第3卷．北京：人民出版社，1993：116.

④ 同②370.

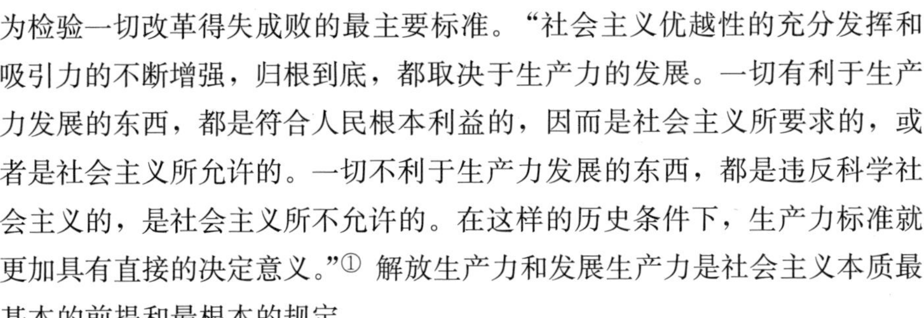

为检验一切改革得失成败的最主要标准。“社会主义优越性的充分发挥和吸引力的不断增强，归根到底，都取决于生产力的发展。一切有利于生产力发展的东西，都是符合人民根本利益的，因而是社会主义所要求的，或者是社会主义所允许的。一切不利于生产力发展的东西，都是违反科学社会主义的，是社会主义所不允许的。在这样的历史条件下，生产力标准就更加具有直接的决定意义。”① 解放生产力和发展生产力是社会主义本质最基本的前提和最根本的规定。

解放生产力和发展生产力理论，拓展了马克思主义经济学的理论视野，是对马克思主义经济学某些理论成见的突破，赋予马克思主义经济学新的时代内涵。在《资本论》第一卷中，马克思指出：“我要在本书研究的，是资本主义生产方式以及和它相适应的生产关系和交换关系。”② 这里讲的“生产方式”，是劳动者和生产资料的结合方式和方法，是一定社会经济关系中的生产力要素的社会结合方式和方法。马克思指出：“不论生产的社会的形式如何，劳动者和生产资料始终是生产的因素。但是，二者在彼此分离的情况下只在可能性上是生产因素。凡要进行生产，它们就必须结合起来。实行这种结合的特殊方式和方法，使社会结构区分为各个不同的经济时期。在当前考察的场合，自由工人和他的生产资料的分离，是既定的出发点，并且我们已经看到，二者在资本家手中是怎样和在什么条件下结合起来的——就是作为他的资本的生产的存在方式结合起来的。”③《资本论》所研究的就是资本主义生产力结合的方式和方法，即雇佣劳动和资本结合的特殊生产方式以及与之相适应的资本主义生产关系和交换关系。中国特色社会主义经济学确立的解放生产力和发展生产力理论视域，凸显了对《资本论》中关于“生产方式”、生产关系结合的“特殊方式和方法”内涵的深刻把握。

对中国社会主义经济形式认识的基本结论，就是社会主义初级阶段论断的提出。在党的十三大前夕，邓小平提出：“我们党的十三大要阐述中

① 中共中央文献研究室. 十三大以来重要文献选编：上. 北京：人民出版社，1991：58.

② 马克思，恩格斯. 马克思恩格斯文集：第5卷. 北京：人民出版社，2009：8.

③ 马克思，恩格斯. 马克思恩格斯文集：第6卷. 北京：人民出版社，2009：44.

国社会主义是处在一个什么阶段，就是处在初级阶段，是初级阶段的社会主义。社会主义本身是共产主义的初级阶段，而我们中国又处在社会主义的初级阶段，就是不发达的阶段。一切都要从这个实际出发，根据这个实际来制定规划。”① 社会主义初级阶段是当代中国最重要的、也是最基本的经济形式；社会主义初级阶段的经济关系是中国特色社会主义经济学的对象和研究的出发点。就中国特色社会主义经济学发展而言，以生产力问题的探索为起点，以社会主义初级阶段的论断为前提，以经济制度、经济体制和经济运行研究为主线，以完善和发展社会主义经济关系为目标，刻画了中国特色社会主义经济学历史演进和理论逻辑的内在统一性。

在解放生产力和发展生产力理论、社会主义初级阶段理论的基础上，我们提出了社会主义社会的主要矛盾是人民日益增长的物质文化需要同落后的社会生产之间矛盾的理论，增强了以人为本的社会主义经济发展的核心立场和社会主义的根本任务、本质关系的认识；明晰了以经济建设为中心的党在社会主义初级阶段基本路线的理论，确立了以实现社会主义现代化为根本目标的经济发展战略及其相应的战略规划和战略步骤的基本内涵；厘清了社会主义初级阶段生产力布局和经济关系多样性现状的认识，形成了社会主义初级阶段基本经济纲领特别是关于所有制结构和分配体制的基本格局；清楚了经济体制改革的核心问题和目标模式的选择，明确了社会主义市场经济体制改革的路径和目标。以解放生产力和发展生产力理论、社会主义初级阶段理论为基础的所有这些理论观点，生动地刻画了中国特色社会主义经济学体系中的演进轨迹和重要成就。

三、新时期中国特色社会主义政治经济学的体系创新

1984 年，党的十二届三中全会通过的《关于经济体制改革的决定》明确提出“社会主义经济是公有制基础上的有计划的商品经济”，这是适

---

① 邓小平. 邓小平文选：第 3 卷. 北京：人民出版社，1993：252.

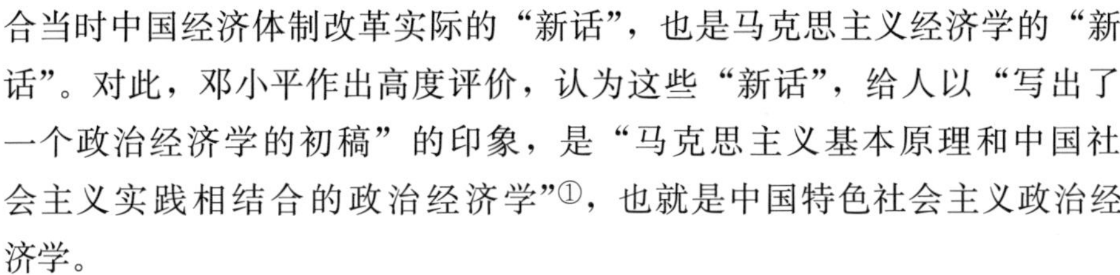

合当时中国经济体制改革实际的“新话”，也是马克思主义经济学的“新话”。对此，邓小平作出高度评价，认为这些“新话”，给人以“写出了一个政治经济学的初稿”的印象，是“马克思主义基本原理和中国社会主义实践相结合的政治经济学”①，也就是中国特色社会主义政治经济学。

中国特色社会主义政治经济学，在对象方法上，以社会主义初级阶段经济关系为研究对象，突出经济制度、经济体制和经济运行的整体研究，把握解放生产力和发展生产力理论基础地位、以“剥离下来”和“结合起来”为方法论要义；在理论结构上，以经济改革论、经济制度论、市场经济论、科学发展论和对外开放论为主导理论。这些主导理论的相互联系、相互依存，构成一个有机整体。这些主导理论的相互结合、相互作用，生成其他一系列衍生性理论。主导理论和衍生性理论结合在一起，共同构成了中国特色社会主义政治经济学理论体系。

一是以中国社会主义初级阶段经济关系为研究对象。社会主义初级阶段是当代中国最重要的、也是最基本的经济形式和经济事实，是中国特色社会主义经济学研究的对象和出发点。显然，中国特色社会主义经济学，是以发展中的社会主义经济关系为对象的，是以中国社会主义道路为实践路径和中国特色社会主义经济制度为基本特征的。以社会主义初级阶段为对象的中国特色社会主义经济学，是对马克思研究的经济学对象理解的发展。

二是对社会主义初级阶段经济制度、经济体制和经济运行的整体研究。中国特色社会主义政治经济学以经济制度本质研究为前提，着力于经济体制和经济运行的研究和探索。对经济体制和经济运行的研究，成为社会主义初级阶段经济制度研究的重要内容和必然展开形式。中国特色社会主义政治经济学以社会主义经济制度和市场经济体制结合、发展和完善的研究为主线，以市场经济体制和经济运行研究为展开内容，形成对社会主义初级阶段经济关系的整体研究。

三是以解放生产力和发展生产力为理论基点。“解放和发展社会生产

① 邓小平．邓小平文选：第3卷．北京：人民出版社，1993：83．

力是中国特色社会主义的根本任务。”① 列宁认为：“只有把社会关系归结于生产关系，把生产关系归结于生产力的水平，才能有可靠的根据把社会形态的发展看做自然历史过程。”② 中国特色社会主义经济学确立的解放生产力和发展生产力的理论视域，凸显了“生产力的水平”这一中国的具体实际，为中国特色社会主义道路提供了“可靠的根据”。

四是“剥离下来”和“结合起来”的方法论要义。方法创新是理论创新的先导，方法创新内蕴于重大理论的创新之中。对社会主义市场经济体制的理论创新，最显著地展示了中国特色社会主义政治经济学的方法创新。在经济思想史上，抽象的经济范畴的形成，大多经历了“极其艰难地把各种形式从材料上剥离下来并竭力把它们作为特有的考察对象固定下来”的过程③。“剥离下来”，就是要离析市场经济对资本主义私有制的依附关系，从资本主义经济中“剥离”出市场经济这一具有体制性规定的抽象范畴。但是，抽象范畴只有在思维的一定层面上才有意义。“一切生产阶段所共有的、被思维当作一般规定而确定下来的规定，是存在的，但是所谓一切生产的一般条件，不过是这些抽象要素，用这些要素不可能理解任何一个现实的历史的生产阶段。”④ 这就是说，市场经济作为体制性范畴，只有与一定的社会基本经济制度相结合才是充分的、现实的市场经济体制。市场经济体制必然要与一定的社会基本经济制度“结合起来”，“必须把坚持社会主义基本制度同发展市场经济结合起来，发挥社会主义制度的优越性和市场配置资源的有效性，使全社会充满改革发展的创造活力”⑤。以“剥离下来”为离析、为抽象过程，以“结合起来”为综合、为具体化过程，就是对两个过程统一性的理解。从“剥离下来”到“结合起来”，是运用于社会主义市场经济体制认识的方法论创新，也是中国特色

---

① 中共中央文献研究室. 十八大以来重要文献选编：上. 北京：中央文献出版社，2014：11.

② 列宁. 列宁专题文集：论辩证唯物主义和历史唯物主义. 北京：人民出版社，2009：161.

③ 马克思，恩格斯. 马克思恩格斯全集：第31卷. 2版. 北京：人民出版社，1998：266.

④ 马克思，恩格斯. 马克思恩格斯全集：第30卷. 2版. 北京：人民出版社，1995：29.

⑤ 中共中央文献研究室. 十七大以来重要文献选编：上. 北京：中央文献出版社，2009：800.

社会主义经济学诸多理论形成和发展的方法论要义。

五是经济改革论。“改革开放是坚持和发展中国特色社会主义的必由之路。”① 党的十一届三中全会提出：“实现四个现代化，要求大幅度地提高生产力，也就必然要求多方面地改变同生产力发展不适应的生产关系和上层建筑，改变一切不适应的管理方式、活动方式和思想方式，因而是一场广泛、深刻的革命。”② 改革不是原有经济体制的细枝末节的修补，而是经济体制的根本性变革，是社会主义经济关系的根本性调整。要积极推进农村改革，国有企业改革，市场体系建设、价格体系改革，以及计划、财政、金融、分配、流通体制的综合改革。实施创新驱动发展战略，推动经济结构战略性调整，推动城乡发展一体化，全面提高开放型经济水平。社会主义经济制度的完善和发展，根本上就是社会主义经济体制改革和创新的问题。

六是基本制度论。“一个公有制占主体，一个共同富裕，这是我们所必须坚持的社会主义的根本原则。我们就是要坚决执行和实现这些社会主义的原则。”③ 公有制为主体、多种所有制经济共同发展，是我国社会主义初级阶段的基本经济制度，是中国特色社会主义经济发展的坚实的、可靠的制度保证。加快国有企业的现代企业制度的改革和发展，不断增强国有经济活力、控制力、影响力。毫不动摇地巩固和发展公有制经济，毫不动摇地鼓励支持引导非公有制经济发展。“共同富裕是中国特色社会主义的根本原则。”④ 坚持以按劳分配为主体、多种分配方式并存的分配制度。调整国民收入分配格局，加大再分配的调节力度。经济发展的成果更多更公平地惠及全体人民，朝着共同富裕方向稳步前进。

七是市场经济论。社会主义市场经济体制改革理论是中国经济体制改革目标模式选择的重大问题，其核心就是计划和市场或者说是政府和市场的关系问题。党的十四大确立了社会主义市场经济体制的目标模式，党的

---

① 中共中央文献研究室．十八大以来重要文献选编：上．北京：中央文献出版社，2014：11.

② 中共中央文献研究室．三中全会以来重要文献选编：上．北京：人民出版社，1982：4.

③ 邓小平．邓小平文选：第3卷．北京：人民出版社，1993：111.

④ 同①12.

十四届三中全会通过的《关于建立社会主义市场经济体制若干问题的决定》，提出了社会主义市场体制的基本框架。20多年来，中国坚持社会主义市场经济的改革方向，适时提出发展和完善社会主义市场经济体制的阶段性任务。完善社会主义基本经济制度和分配制度，更大程度更大范围地发挥市场在资源配置中的基础性作用，完善宏观调控体系，加快形成统一开放竞争有序的现代市场体系，努力形成公开、公平、公正的市场主体和竞争环境，完善开放型经济体系，推动经济更有效率、更加公平、更可持续发展。社会主义市场经济体制改革和发展问题是中国特色社会主义经济学中最具创新性的理论和实践问题。

八是科学发展论。改革开放以来，中国共产党一直关注中国经济的发展问题。从提出“发展才是硬道理”“中国的主要目标是发展”，到“必须把发展作为党执政兴国的第一要务”等，体现了对发展问题的深邃见解。科学发展观强调发展是第一要义、以人为本是核心立场、全面协调可持续是基本要求、统筹兼顾是根本方法，阐明了发展观念、发展道路、发展战略、发展目标、发展方式和发展动力等一系列基本问题。科学发展是中国经济发展的主题。坚持从社会主义初级阶段的国情出发，科学制定并适时完善阶段性的发展战略，全面建成小康社会，推进社会主义现代化建设。加快转变经济发展方式，经济结构战略性调整是主攻方向、科技进步和创新是重要支撑、保障和改善民生是根本出发点和落脚点、建设资源节约型和环境友好型社会是重要着力点、改革开放是强大动力。推进信息化和工业化深度融合、工业化和城镇化良性互动、城镇化和农业现代化相互协调、促进工业化、信息化、城镇化、农业现代化同步发展，坚持走中国特色的现代化道路。科学发展观赋予中国特色社会主义政治经济学崭新的中国内涵和时代特征。

九是对外开放论。实行对外开放是我国社会主义现代化建设的一项基本国策，也是中国特色社会主义经济学的重要组成部分。改革开放以来，中国共产党确立了实行对外开放和积极参与经济全球化进程的基本国策，形成了中国特色社会主义经济开放理论。对外开放是全方位的开放，包括对发达国家和发展中国家的开放，包括经济、科技、教育、文化等各领域

的开放，包括沿海、沿边、沿江地带、内陆城市和地区的开放。要适应经济全球化的新变化的要求，实行更加积极主动的开放战略，完善互利共赢、多元平衡、安全高效的开放型经济体系。要加快实施“走出去”战略，积极参与全球经济治理和区域合作，提高抵御国际经济风险的能力。正确处理对外开放同独立自主、自力更生的关系，维护国家经济安全。在坚持对外开放的同时，把立足点放在依靠自身力量的基础上，大力推进自主创新，实现自主发展。

四、邓小平经济思想与新时期社会主义政治经济学的发展

邓小平经济思想是邓小平在探索中国特色社会主义经济关系和发展道路过程中形成和发展起来的政治经济学理论。作为邓小平理论的重要组成部分，邓小平经济思想坚持、继承和发展、创新了马克思主义政治经济学理论，推进了新时期中国特色社会主义政治经济学的形成和发展。

第一，邓小平经济思想的形成与历史发展。邓小平经济思想对马克思主义政治经济学的发展，首先就在于把马克思主义基本原理与时代变化的新特征、与现阶段中国社会经济关系发展的实际相结合，深入探讨马克思主义政治经济学的重大历史课题，即经济文化落后国家如何建设、巩固和发展社会主义经济关系课题，第一次比较系统地初步地解决了像中国这样的经济文化落后的国家，如何建设、巩固和发展社会主义经济关系等一系列基本问题。

邓小平经济思想是在和平与发展成为时代主题的历史条件下，是在总结我国社会主义经济建设胜利和挫折的历史经验，并借鉴其他社会主义国家经济建设兴衰成败的历史经验的基础上，是在我国改革开放和社会主义现代化建设的实践过程中逐步形成和发展起来的。党的十一届三中全会之后，邓小平在总结新中国成立以来我国社会主义事业发展历史经验的基础上，逐步形成了“一个中心，两个基本点”的思想，提出了“建设有中国特色的社会主义”的基本命题。党的十二大至十三大期间，在社会主义经

济体制改革的实践中，提出了我国社会主义经济是公有制基础上的有计划的商品经济的思想，阐述了社会主义初级阶段理论，形成了党在社会主义初级阶段的基本路线；党的十三大至十四大期间，在总结社会主义经济体制改革成就与存在的问题的基础上，对社会主义本质作出科学概括，确立了我国经济体制改革的目标模式是建立社会主义市场经济体制。邓小平经济思想是在党的十一届三中全会以后不断探索建设有中国特色社会主义经济发展道路的历史过程中形成和发展起来的。

第二，邓小平经济思想的方法论特色。邓小平经济思想把马克思主义政治经济学方法运用于中国经济现实问题的分析之中，丰富和发展了马克思主义政治经济学的方法论。

在邓小平经济思想方法论中，解放思想、实事求是是其精髓。邓小平指出，“只有思想解放了，我们才能正确地以马列主义、毛泽东思想为指导，解决过去遗留的问题，解决新出现的一系列问题，正确地改革同生产力迅速发展不相适应的生产关系和上层建筑”；在这一意义上，“解放思想，就是使思想和实际相符合，使主观和客观相符合，就是实事求是”①。邓小平在对我国社会主义经济理论与实践问题的探讨中，充分地运用和发挥了这一思想方法和工作方法。

邓小平以求实和创新的精神，提出了社会主义经济建设中“改革也是解放生产力”的重要论断，强调在坚持社会主义基本制度的前提下，改革不适应生产力发展，甚至束缚生产力发展的具体经济体制也是解放生产力，这极大地丰富和发展了马克思主义关于“革命是解放生产力”的思想。邓小平清醒而坚定地提出了衡量改革开放和其他一切工作得失成败的“三个有利于”的判断标准，他强调：“判断的标准，应该主要看是否有利于发展社会主义社会的生产力，是否有利于增强社会主义国家的综合国力，是否有利于提高人民的生活水平。”② 邓小平提出“社会主义和市场经济不存在根本矛盾”的重要思想，认为“计划经济不等于社会主义，资本主义也有计划；市场经济不等于资本主义，社会主义也有市场。计划和市

---

① 邓小平．邓小平文选：第 2 卷．2 版．北京：人民出版社，1994：141，364．

② 邓小平．邓小平文选：第 3 卷．北京：人民出版社，1993：372．

场都是经济手段”①。邓小平关于“社会主义也可以搞市场经济”的一系列论述，极大地拓展了经济文化落后国家建设、巩固和发展社会主义经济关系的理论研究和实践发展的视野。

唯物辩证法是邓小平经济思想的基本方法。从客观的社会经济现象和社会经济过程出发，研究经济关系中蕴含的内在的普遍的联系。邓小平运用了“主体”与“补充”的辩证法。在经济制度方面，提出“中国的主体必须是社会主义，但允许国内某些区域实行资本主义制度，比如香港、台湾。大陆开放一些城市，允许一些外资进入，这是作为社会主义经济的补充，有利于社会主义社会生产力的发展”②。在经济形式方面提出，我国社会主义初级阶段必须以公有制为主体，“同时，发展一点个体经济，吸收外国的资金和技术，欢迎中外合资合作，甚至欢迎外国独资到中国办工厂，这些都是对社会主义经济的补充”③。

在对我国经济发展速度和经济发展目标关系的分析中，邓小平科学运用了波浪式发展与循序式渐进的唯物辩证法。在发展速度方面，他认为，像我国这样的发展中的大国，经济的发展过程必须是一个不断上台阶的运行过程，“总是要在某一个阶段，抓住时机，加速搞几年”，“过几年有一个飞跃，跳一个台阶，跳了以后，发现问题及时调整一下，再前进”④。这种波浪式发展不是大起大落，而是以现有的生产力发展水平为基础的，是以效益的增长、结构的调整，是以人民生活水平的提高为基础的，因而是一个循序渐进的经济发展过程。

历史分析的方法、比较分析的方法，是邓小平经济思想研究中对解放思想、实事求是方法和唯物辩证法的实际运用。邓小平在对中国近代经济史的回顾中指出：“这个历史告诉我们，中国走资本主义道路不行，中国除了走社会主义道路没有别的道路可走。”⑤ 他在分析新中国成立以来社会主义经济发展得失时明确指出：“关起门来搞建设是不行的，发展不起

① 邓小平. 邓小平文选：第3卷. 北京：人民出版社，1993：373.
② 同①59.
③ 同①138.
④ 同①377，368.
⑤ 同①206.

来”，中国要发展得快一些，“这就要求对内把经济搞活，对外实行开放政策”①。

比较分析的方法的实际运用最富有直观性和启发性。邓小平在对经济体制、经济管理方式、经济发展的动力和速度等问题的分析中较多地采用了这一方法。邓小平采用这一方法分析经济问题的特点就在于以“增长”与“发展”的不同质的区别为比较的标准，在对本国的历史与现实进行“纵向”比较的同时，也对本国与国外的历史与现实进行“横向”比较，从中探寻出加快中国社会主义现代化建设步伐的途径。

第三，对社会主义市场经济理论的独特贡献。新时期，邓小平以其开拓马克思主义政治经济学新境界的巨大理论勇气，在社会主义市场经济的理论和实践探索方面作出了独特的贡献。这一独特的贡献，突出地体现在以下三个方面：

一是关于市场经济作为体制性范畴的理论创新。1979 年 11 月，在我国经济体制改革初期，邓小平就已论及社会主义也可以搞市场经济的问题。当时，他从“方法”的角度指出：“说市场经济只存在于资本主义社会，只有资本主义的市场经济，这肯定是不正确的。社会主义为什么不可以搞市场经济，这个不能说是资本主义。”② 在邓小平看来，提出“社会主义的市场经济”，就要搞清楚两个相互联系的问题：其一，在“方法上”，即在经营管理的方法上、发展社会生产力的方法上，存在于资本主义和社会主义这两种不同社会制度中的市场经济，基本上是“相似”的；其二，在所有制关系上，存在于这两种社会制度中的市场经济，却是“不同”的，生产资料公有制形式“归根到底是社会主义的”③ 的所有制关系。认定市场经济是一个体制性范畴，从根本上破除了那种把市场经济等同于资本主义的传统观念，以及把搞市场经济看作搞资本主义的错误观念；对市场经济的体制规定的明确界定，无疑是马克思主义政治经济学在当代发展中的一次飞跃。

二是市场经济体制与社会主义基本制度相结合的理论创新。邓小平一

---

① 邓小平．邓小平文选：第 3 卷．北京：人民出版社，1993：64，65.

②③ 邓小平．邓小平文选：第 2 卷．2 版．北京：人民出版社，1994：236.

方面把市场经济与资本主义制度相离析，形成抽象意义的市场经济范畴；另一方面又强调市场经济体制必然要与一定的社会基本经济制度相结合，提出社会主义市场经济体制这一新观念。我们现时所采取的包括利用市场、市场机制和发展市场经济在内的“所有开放、搞活、改革等方面的政策，目的都是为了发展社会主义经济”①。邓小平指出：“如果我们的政策导致两极分化，我们就失败了；如果产生了什么新的资产阶级，那我们就真是走了邪路了。”② 邓小平还认为：“现在有人担心中国会不会变成资本主义。这个担心不能说没有一点道理。我们不能拿空话而是要拿事实来解除他们的这个忧虑，并且回答那些希望我们变成资本主义的人。”③ 中国发展市场经济决不是搞资本主义，而是为了发展和完善社会主义制度。

三是社会主义市场经济体制与中国特色相结合的理论创新。1982 年，邓小平在回顾前 10 年我国经济发展的经验教训、展望后 10 年经济发展的前景时指出：“社会主义同资本主义比较，它的优越性就在于能做到全国一盘棋，集中力量，保证重点。缺点在于市场运用得不好，经济搞得不活。计划与市场的关系问题如何解决？解决得好，对经济的发展就很有利，解决不好，就会糟。”④ 利用我们自己的优势，充分发挥经济改革中形成的有利于经济发展的市场、市场机制的作用，处理好计划与市场等一系列经济机制与经济运行的关系，是有中国特色的市场经济体制发展的一种积极的选择。邓小平从中国经济发展的历史和现实的结合、从中国经济发展现状和未来趋向的结合中得出的以上结论，极为正确地反映了中国特色的市场经济体制的一些基本特点。邓小平在社会主义市场经济问题上的一系列理论创新，是我们建立和发展社会主义市场经济体制的理论指南。

第四，邓小平经济思想的三个层面及其内在联系。经济制度、经济体制、经济运行是社会主义经济关系中三个基本的层面。在以往的社会主义经济理论中，较多注重经济制度的研究，忽视或轻视社会主义经济制度下具体经济体制的研究，更不重视反映经济制度和经济体制作用过程的经济

---

① 邓小平. 邓小平文选：第 3 卷. 北京：人民出版社，1993：110.
②③ 同①111.
④ 同①16-17.

运行的研究。邓小平摒弃了理论研究的这一偏误，将社会主义经济理论对经济制度的单一研究，扩展到对经济制度、经济体制、经济运行多层面的总体研究。

社会主义经济制度是社会主义经济关系的最核心的层面。邓小平从经济体制必须反映经济制度的本质要求的高度，强调坚持和巩固社会主义经济制度的必要性，认为社会主义经济制度作为中国历史发展的必然产物。作为中国人民的正确选择，“我们建立的社会主义制度是个好制度，必须坚持”；在中国“不搞社会主义是没有前途的”；“只有社会主义，才能有凝聚力，才能解决大家的困难，才能避免两极分化，逐步实现共同富裕”①。他强调，巩固和完善以生产资料公有制为基础的社会主义经济制度的必然性，对我国社会主义初级阶段的生产资料所有制结构即以公有制为主体、多种所有制经济共同发展的所有制结构，对我国社会主义经济制度的内涵作了科学的分析。

社会主义经济体制是社会主义经济制度所采取的具体组织形式和经济管理体制。邓小平指出，我国改革的起点就是改革经济体制即经济管理体制，在研究新情况、解决新问题中，“尤其要注意研究和解决管理方法、管理制度、经济政策这三方面的问题”②。面对我国在50年代初期形成的经济体制，邓小平清醒地分析了它的基本特征和弊端，特别指出了其中存在的“机构臃肿，层次重叠，手续繁杂，效率极低”等现象，强调“如果现在再不实行改革，我们的现代化事业和社会主义事业就会被葬送”③。邓小平一直关注着经济体制改革的问题，在如何改革企业经营管理的方法、如何扩大企业的自主权、如何提高技术水平、如何抓产品质量等问题上提出了一系列重要思想。

邓小平高度重视对社会经济有机体中经济运行机制作用的研究，他对社会主义经济中为何和如何运用计划、市场等经济机制的作用问题作过深入的论述。他认为，计划和市场作为经济运行的机制，运用得适当，就可

---

① 邓小平．邓小平文选：第3卷．北京：人民出版社，1993：116，195，357.

② 邓小平．邓小平文选：第2卷．2版．北京：人民出版社，1994：149.

③ 同②150.

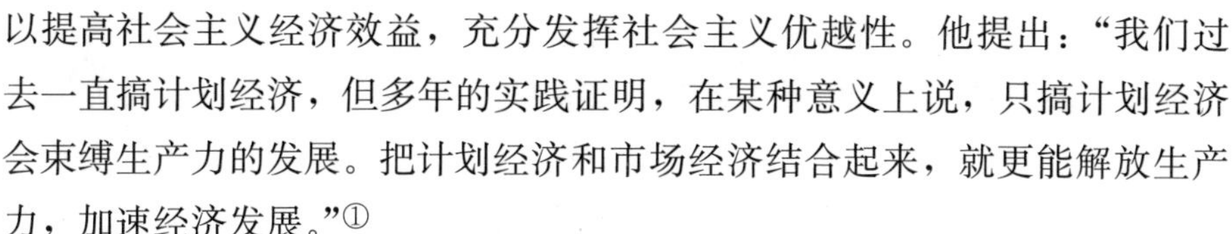

以提高社会主义经济效益，充分发挥社会主义优越性。他提出："我们过去一直搞计划经济，但多年的实践证明，在某种意义上说，只搞计划经济会束缚生产力的发展。把计划经济和市场经济结合起来，就更能解放生产力，加速经济发展。"①

在经济关系的有机体中，经济制度、经济体制、经济运行这三个层面是相互联系、相互制约的。邓小平经济思想蕴含着对社会主义经济关系中这三个层面的内在统一性的深邃论述。

在现实社会经济生活中，经济制度决定着经济体制的基本性质和职能，经济体制是与其相适应的经济制度的具体存在形式。邓小平在论述发展经济必须坚持社会主义经济制度和改革经济体制的必要性的同时，看到了经济制度与经济体制的统一性。他认为，我们既要看到改革经济体制的目的就是充分发挥社会主义经济制度的优越性，也要看到"社会主义制度并不等于建设社会主义的具体做法"②，经济体制只是社会主义经济制度的具体存在形式，而不是社会主义经济制度的组成部分。

经济运行机制也是在一定经济制度下发挥作用的，经济制度的内在要求是通过经济运行过程得以实现的。邓小平既对社会主义经济制度中计划机制、市场机制、竞争机制、价格机制作了分析，也对计划机制、市场机制与经济制度之间的关系作了透彻分析。在经济体制与经济运行机制的关系上，他强调我国原有经济体制的"缺点在于市场运用得不好，经济搞得不活"③，说明经济体制改革的关键之一就是形成合理的经济运行机制，实现经济运行机制的转换。

第五，邓小平经济思想三个层面的主要内容。对经济制度、经济体制、经济运行的研究，构成邓小平经济思想的三个层面，构成了邓小平经济思想体系的三个紧密联系、不可分割的组成部分。

邓小平十分注重对社会主义经济制度基本特征的探讨。为了坚持公有制在社会主义经济关系中的主体地位，发挥它在整个国民经济中的主导作

---

① 邓小平．邓小平文选：第3卷．北京：人民出版社，1993：148-149.

② 邓小平．邓小平文选：第2卷．2版．北京：人民出版社，1994：250.

③ 同①17.

用，邓小平从理论上阐明了公有制与商品经济的关系、公有制与市场经济的兼容关系。结合我国经济体制改革的实际，邓小平对公有制在现实经济中的实现形式作了探索，指出承包制、租赁制、股份制等作为社会主义公有制的实现形式，是有利于社会生产力发展的，是有利于坚持、巩固和发展社会主义公有制的，也是有利于体现劳动者共同占有生产资料的社会主义基本要求的。

在对社会主义经济制度基本特征的探讨中，邓小平从我国经济发展的现实出发，把按劳分配看作同公有制一样的，社会主义经济制度的基本内容，与资本主义经济制度相区别的基本"原则"。

认识社会主义经济制度的基本特征是搞清楚社会主义内涵的关键，也是搞清楚社会主义本质的前提。邓小平对社会主义本质作出的"解放生产力，发展生产力，消灭剥削，消除两极分化，最终达到共同富裕"的科学概括，揭示了发展社会生产力与坚持社会主义基本经济制度、完善社会主义经济关系的内在联系，揭示了发展社会生产力与实现社会主义最终目标的内在联系，极大地丰富了马克思主义政治经济学理论。

邓小平也十分注重对经济体制改革问题的探讨。在我国的经济体制改革之初，邓小平就提出了要根据我国的实际情况，改革与生产力发展不相适应的生产关系和上层建筑的问题，并对改革经济体制的艰巨性和复杂性作了充分的估计。他认为，"为了有效地实现四个现代化，必须认真解决各种经济体制问题，这也是一种很大规模的很复杂的调整"①，也是进行社会主义现代化建设的必由之路。针对我国原有经济体制中存在的权力过于集中的弊端，邓小平提出给地方和企业更多的自主权的思想，并特别强调放权对充分发挥国家、地方、企业和劳动者的积极性和创造性，实行现代化的经济管理和提高劳动生产率都有其必要性和重要性。

建立什么样的经济体制模式，是邓小平非常关注并不断探索的重要问题。在经济体制改革不断深化的过程中，邓小平审时度势，及时提出建立社会主义市场经济体制的问题，对人们在改革中一直非常关注的社会主义本质与计划、市场之间的关系问题作了新的论述。

---

① 邓小平. 邓小平文选：第2卷. 2版. 北京：人民出版社，1994：161.

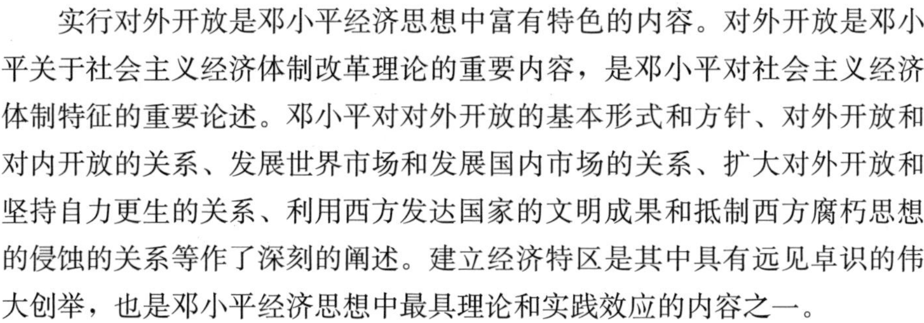

实行对外开放是邓小平经济思想中富有特色的内容。对外开放是邓小平关于社会主义经济体制改革理论的重要内容，是邓小平对社会主义经济体制特征的重要论述。邓小平对对外开放的基本形式和方针、对外开放和对内开放的关系、发展世界市场和发展国内市场的关系、扩大对外开放和坚持自力更生的关系、利用西方发达国家的文明成果和抵制西方腐朽思想的侵蚀的关系等作了深刻的阐述。建立经济特区是其中具有远见卓识的伟大创举，也是邓小平经济思想中最具理论和实践效应的内容之一。

经济运行是经济制度和经济体制的具体实现过程。为了科学而全面地把握经济制度和经济体制的内在本质要求，研究经济运行就成为邓小平经济思想中一个重要的组成部分。在社会主义经济运行过程中，经济运行被区分为宏观经济运行和微观经济运行两个方面。邓小平认为，改革“要多方面地改变生产关系，改变上层建筑，改变工农业企业的管理方式和国家对工农业企业的管理方式”①。邓小平这里所说的“工农业企业的管理方式”，实际上就是指微观经济运行方面，而“国家对工农业企业的管理方式”，实际上就是指宏观经济运行方面。

在宏观经济运行方面，邓小平首先强调了要保持中央的权威问题。他明确指出，中央权威是指中央领导集体的权威，保持中央权威就是中央能令行禁止，说话能够算数；掌握足够的财力是保持中央权威的物质前提，科学地制定政策是保持中央权威的重要基础。其次，邓小平探讨了政府作为宏观调控的主体在宏观经济运行中的职能转变和机构改革。他认为，政府职能必须由直接调控为主转向间接调控为主，由微观调控转向宏观调控，由搞项目审批、分钱分物转向主要利用经济手段搞规划、协调、监督和服务，政府机构必须由臃肿重叠转变为精干、高效，只有这样，社会主义市场经济体制才能得以建立和发展，社会主义经济制度的优越性才能得以充分发挥和体现。再次，邓小平分析了宏观经济运行中的调节手段，如财政调节手段、金融调节手段、行政调节手段、法律调节手段和思想教育手段等。此外，邓小平还对国民经济的速度、比例、效益之间的关系，对产业结构的调整、发展战略问题，以及我国的对外开放等问题作了精辟的

① 邓小平．邓小平文选：第2卷．2版．北京：人民出版社，1994：135.

分析。

在微观经济运行方面，邓小平主要从三个方面作了分析。一是把农业生产方式的变革概括为“两个飞跃”。他指出：“中国社会主义农业的改革和发展，从长远的观点看，要有两个飞跃。第一个飞跃，是废除人民公社，实行家庭联产承包为主的责任制”；“第二个飞跃，是适应科学种田和生产社会化的需要，发展适度规模经营，发展集体经济”①。二是在国有工业企业管理方式的变革上提出“要来个革命”的思想。在企业改革的不同时期，他提出了建立和加强以“责任制”为特点的企业管理方式、实行以“承包制”为特点的企业管理方式，以及实行以转换企业经营机制为落脚点的企业管理方式。三是对发展企业所需要的技术和人才问题作了深刻论述。他强调，发展企业所需要的技术可以采取“引进”的办法，但是要引进先进的技术，先进的技术要有先进的管理方法；对引进的先进技术不能只是“学会”，还必须“创新”，在对国外先进技术的使用过程中搞技术创新，使企业拥有更高的技术水平。发展企业所需要的人才靠的是“培养”，要有大量的能够操作新技术、新工艺和新设备的，具有较高文化和技术水平的管理者与工人；但是，对这种高素质人才的培养必须是在“很好地使用”中进行培养。

① 邓小平．邓小平文选：第3卷．北京：人民出版社，1993：355.

第三篇

马克思经济思想与新时代中国特色政治经济学

● 2015年11月，在以“马克思主义政治经济学基本原理和方法论”为主题的十八届中共中央政治局第二十八次集体学习时，习近平发表题为《不断开拓当代中国马克思主义政治经济学新境界》的讲话。它是马克思主义政治经济学的重要文献，它所阐发的习近平新时代中国特色社会主义经济思想的核心要义和理论智慧，对当代马克思主义政治经济学的发展，特别是对中国特色社会主义政治经济学的发展有重要的指导意义。

● 党的十九届四中全会通过的《中共中央关于坚持和完善中国特色社会主义制度 推进国家治理体系和治理能力现代化若干重大问题的决定》，第一次创造性地将中国特色社会主义基本经济制度的内涵概括为“公有制为主体、多种所有制经济共同发展，按劳分配为主体、多种分配方式并存，社会主义市场经济体制等社会主义基本经济制度”。这一新概括“既体现了社会主义制度优越性，又同我国社会主义初级阶段社会生产力发展水平相适应，是党和人民的伟大创造”。

● 党的十八届五中全会通过的《中共中央关于制定国民经济和社会发展第十三个五年规划的建议》，是之后五年经济社会发展的行动指南，是决战决胜全面建成小康社会的纲领性文件。这一纲领性文件提出的创新、协调、绿色、开放、共享的新发展理念，成为制定国民经济和社会发展“十三五”规划的指导思想和中心线索，也成为制定国民经济和社会发展“十四五”规划的根本原则和主导思想。

● 开拓中国特色“系统化的经济学说”，是当代中国马克思主义政治经济学发展的根本要求，也是彰显马克思主义政治经济学中国智慧的重要标识。习近平对中国特色“系统化的经济学说”形成的历史背景和社会根源及其实践基础和基本特征、时代意义和思想境界的深刻阐释，成为“不断开拓当代中国马克思主义政治经济学新境界”的理论要义和思想精粹。

●“十四五”时期是我国在全面建成小康社会、实现第一个百年奋斗目标之后，乘势而上开启全面建设社会主义现代化国家新征程、向第二个百年奋斗目标进军的第一个五年。习近平在党的十九届五中全会上对《中共中央关于制定国民经济和社会发展第十四个五年规划和二〇三五年远景目标的建议》的说明，以及《建议》中体现的系列重要思想，紧密相连、

深切结合，集中体现了这一新篇章的理论内涵、思想智慧和现实意蕴，有机地构成新发展阶段中国特色社会主义政治经济学的重要文献。

● 习近平经济思想不只是“习近平新时代中国特色社会主义经济思想”的简称，而且还是对习近平经济思想学术和学理内涵的拓展，即由狭义政治经济学向广义政治经济学的拓展。习近平经济思想不仅是指中国特色社会主义政治经济学的研究，而且还包含对当代资本主义政治经济学研究以及对人类命运共同体政治经济学的开创性研究。

● 中国共产党百年经济思想，是在中国经济的社会形态历史性变革中形成和接续发展的，是对百年来中国经济关系的基本过程和内在规律的探索；中国共产党百年经济思想的理论创新和理论创造，是马克思主义政治经济学中国化中理论自觉和历史自觉的结果。

第十五章　新时代中国特色社会主义政治经济学“导言”

2015 年 11 月，在以“马克思主义政治经济学基本原理和方法论”为主题的十八届中共中央政治局第二十八次集体学习时，习近平发表了重要讲话。2018 年，这一讲话以《不断开拓当代中国马克思主义政治经济学新境界》（本章简称《新境界》）为题，在《十八大以来重要文献选编》下册中公开发表。2020 年，在对新发展阶段经济关系问题进行探讨时，这一讲话在《求是》杂志上再次发表。

《新境界》是马克思主义政治经济学的重要文献。《新境界》阐发的习近平新时代中国特色社会主义经济思想的核心要义和理论智慧，对当代马克思主义政治经济学的发展，特别是对中国特色社会主义政治经济学的发展有重要的指导意义。从马克思主义政治经济学史来看，《新境界》似马克思《〈政治经济学批判〉导言》（本章简称《导言》）的中国版本，是新时代中国特色社会主义政治经济学的“导言”。

一、从马克思《导言》到习近平《新境界》的理论赓续

习近平在《新境界》一开始就指出：“马克思主义政治经济学是马克

思主义的重要组成部分，也是我们坚持和发展马克思主义的必修课。”①《导言》就是这一“必修课”的最为经典的读本，是习近平多次提到的必读的马克思主义政治经济学的经典文献。

《导言》写于1857年8月，是马克思当时计划写作的《政治经济学批判》巨著的“总的导言”。在《导言》中，马克思对政治经济学对象、结构和方法等问题第一次作了系统阐释。《导言》的思想精粹在《新境界》中得到深刻体现；《新境界》对《导言》基本理论作出当代意义的新的阐释，展示了新时代中国特色社会主义政治经济学的理论特征和思想智慧。

一是在《导言》中，马克思一开始就对“物质生产”的一般性和特殊性及其关系作出分析，揭示了政治经济学研究的出发点及其全部内容的社会性和历史性，彰显了马克思主义政治经济学的基本立场和根本观点。在马克思看来，作为政治经济学“对象”的“物质生产”，实际上就是政治经济学所面对的“当前的国民经济的事实”②，是既定的社会经济关系的最基本的、也是最基础的“事实”。“物质生产”的社会性质和历史性质，内在地包含对“物质生产”一般性和特殊性的理解，生产特殊就是一定社会“物质生产”的社会性和历史性的存在方式。

在对《导言》思想的深刻把握中，习近平在《新境界》中提出：“我们要立足我国国情和我们的发展实践，深入研究世界经济和我国经济面临的新情况新问题，揭示新特点新规律，提炼和总结我国经济发展实践的规律性成果。”③ 在这里，《导言》中关于政治经济学对象的基本观点既得到科学运用，也得到新的阐发。

中国特色社会政治经济学的出发点就是“我国国情和我们的发展实践”，作为当代中国的“国民经济的事实”，蕴含着对中国特色社会主义政治经济学对象及其既定的社会性和历史性的认定。

当代中国最大的也是最为现实的“国情”就是，我国仍处于并将长期处于社会主义初级阶段。社会主义初级阶段的判断，是建设中国特色社会

---

① 中共中央党史和文献研究院．十八大以来重要文献选编：下．北京：中央文献出版社，2018：1.

② 马克思，恩格斯．马克思恩格斯文集：第1卷．北京：人民出版社，2009：156.

③ 同①7.

主义的总依据，也是中国特色社会主义政治经济学的立论基础。在研究当代中国经济社会发展趋势及其规律时要始终立足于这一国情，在探索当下的经济运行和经济对策时也要始终立足于这一国情；在研究当代中国社会生产方式及其相适应的生产关系和交换关系时要始终牢记这一国情，在探索经济建设与政治建设、文化建设、社会建设、生态文明建设总体布局时也要始终牢记这一国情。

当代中国社会“发展实践”发生着深刻变化，特别是我国社会主要矛盾转变为人民日益增长的美好生活需要和不平衡不充分的发展之间的矛盾，“发展实践”进入新的历史起点，进入建设社会主义现代化强国的新时代。新时代社会主要矛盾要求在新的“发展实践”中，着力解决好发展不平衡不充分的问题，提升发展质量和效益，更好地满足人民对“美好生活”的各方面日益增长的需要。更好推动人的全面发展、促进社会的全面进步，已经成为当代中国“发展实践”的显著特征。

马克思在《导言》中指出：“一切生产阶段所共有的、被思维当作一般规定而确定下来的规定，是存在的，但是所谓一切生产的一般条件，不过是这些抽象要素，用这些要素不可能理解任何一个现实的历史的生产阶段。”① 马克思对生产的社会性和历史性规定的这一概括，是马克思主义政治经济学对象问题理解的根本观点，也是发展中国特色社会主义政治经济学的基本依循。中国特色社会主义政治经济学就是以社会主义初级阶段经济关系的事实为前提的，是以社会主义初级阶段基本经济制度与经济体制改革和发展探索为主题的，进而是以社会主义经济制度和市场经济体制结合、发展和完善研究为主线的，以此形成中国社会主义初级阶段经济关系的本质特征、总体理论和发展规律。习近平对中国特色社会主义政治经济学面对的“物质生产”社会性和历史性的阐释，深刻地蕴含着对《导言》政治经济学社会性和历史性思想的继承和发展。

二是《导言》对政治经济学对象的内在要素及其辩证关系作出系统分析，深刻揭示了生产（直接生产过程）和分配、交换、消费诸环节作为一个有机整体的基本特征，彰显这一社会经济关系“总体”的本质规定性。

---

① 马克思，恩格斯．马克思恩格斯全集：第 30 卷．2 版．北京：人民出版社，1995：29.

在《新境界》中，习近平在探讨中国特色社会主义政治经济学对象的内在要素及其辩证关系时提道：“马克思主义政治经济学认为，分配决定于生产，又反作用于生产，‘而最能促进生产的是能使一切社会成员尽可能全面地发展、保持和施展自己能力的那种分配方式’。”① 中国特色社会主义基本经济制度和分配制度同样存在着《导言》所阐明的基本原理：社会对生产条件的分配，其中主要是生产资料的“分配”，决定了人们在社会生产中的地位；社会既定的分配规律，也反作用于生产，决定社会成员在生产中的地位。马克思指出，在资本主义经济关系中，失去任何生产资料的劳动者才由社会分配“指定”从事雇佣劳动。马克思后来在《哥达纲领批判》中进一步指出：“消费资料的任何一种分配，都不过是生产条件本身分配的结果；而生产条件的分配，则表现生产方式本身的性质。”②

基于这些基本认识，习近平提出了中国特色社会主义经济关系中分配的“制度安排”问题，这就是：“我们必须坚持发展为了人民、发展依靠人民、发展成果由人民共享，作出更有效的制度安排，使全体人民朝着共同富裕方向稳步前进，绝不能出现‘富者累巨万，而贫者食糟糠’的现象。”③ 在《新境界》中，习近平强调，要解决“目前我国收入分配中还存在一些突出的问题”④，主要如收入差距拉大，劳动报酬在初次分配中比重较低、居民收入在国民收入分配中比重偏低等问题。这些“突出的问题”是中国特色社会主义政治经济学面对的重大课题。

在《新境界》中，习近平在提到法国学者托马斯·皮凯蒂撰写的《二十一世纪资本论》时认为，该书用翔实的数据证明，美国等西方国家的不平等程度已经达到或超过历史最高水平，认为不加制约的资本主义加剧了财富不平等现象，而且将继续恶化下去的结论是“值得我们深思”的；但同时，从方法论和基本理论上来看，皮凯蒂的分析也存在“主要是从分配

---

① 中共中央党史和文献研究院. 十八大以来重要文献选编：下. 北京：中央文献出版社，2018：5.

② 马克思，恩格斯. 马克思恩格斯文集：第3卷. 北京：人民出版社，2009：436.

③ 中共中央文献研究室. 十八大以来重要文献选编：中. 北京：中央文献出版社，2016：827.

④ 同①5.

领域进行的，没有过多涉及更根本的所有制问题”[①] 的局限性。在《导言》中，马克思指出，约翰·穆勒的《政治经济学原理及其对社会哲学的某些应用》把分配同生产“粗暴割裂”开来，抹杀分配固有的社会性和历史性。在社会经济运行中，生产和分配是反映社会经济关系本质的相互关联、内在统一的两个方面，因而可以认为：“分配关系和分配方式只是表现为生产要素的背面。”[②] 在《新境界》中，习近平强调：“马克思主义政治经济学认为，生产资料所有制是生产关系的核心，决定着社会的基本性质和发展方向。”[③] 脱离生产资料所有制关系及其相应的经济关系“总体”，只从分配上来谈资本主义经济关系的矛盾及其趋势，在理论上显然是有偏颇的。

三是在《导言》中，马克思对如何批判地继承资产阶级政治经济学思想资源问题作出了全面阐释。在《新境界》探讨中国特色社会主义政治经济学思想资源时，习近平指出：“我们坚持马克思主义政治经济学基本原理和方法论，并不排斥国外经济理论的合理成分。”[④] 例如，西方经济学关于金融、价格、货币、市场、竞争、贸易、汇率、产业、企业、增长、管理等方面的知识，有反映社会化大生产和市场经济的一般规律的一面，要注意借鉴吸收。对国外特别是西方经济学，要坚持“去粗取精、去伪存真”“以我为主、为我所用”，对西方经济学各种流派和思潮中反映资本主义制度阶级属性、价值观念的内容，以及具有西方意识形态观念的内容，决不能照抄照搬。在中国特色社会主义政治经济学发展中，对各种“异样”“异质”的经济学流派和思潮，已经形成了“交流”、“交融”和“交锋”等多种对待方式。对待国外各种经济学思想资源，既要注重吸收和借鉴其中的菁华之处，又要善于批判和摒弃其中的糟粕之处。中国特色社会主义政治经济学发展的实际证明，对于国外特别是对于西方经济学，不应该妄自菲薄，将其视为“信条”而顶礼膜拜；也不应该妄自尊大，将其说

---

① 中共中央党史和文献研究院．十八大以来重要文献选编：下．北京：中央文献出版社，2018：2.

② 马克思，恩格斯．马克思恩格斯全集：第30卷．2版．北京：人民出版社，1995：28，36.

③ 同①4-5.

④ 同①6.

得一无是处而拒绝加以研究和借鉴。

在《导言》中，马克思提到，当时的资产阶级政治经济学家囿于其阶级属性和价值观念，在理论旨向上总是把“单个的孤立的猎人和渔夫”作为政治经济学的出发点。马克思认为，这是一种“虚构”、是一种“假象”；这种“虚构”和“假象”是适合于也是服务于资产阶级政治经济学的阶级利益和意识形态需要的。马克思认为，在斯密和李嘉图及其之后的各种“最新的”经济学理论，其理论的表现形式可能有所区别，但在根本上都秉持这种“非历史的和反历史”的“虚构”和“假象”。其实，不仅马克思那个时代的“最新的经济学”因袭了这种“虚构”和“假象”，而且之后流行于西方的各种“最新的经济学”，同样一再地将其当作经济学理论的出发点。在各种“最新的经济学”中存留的这种“虚构”和“假象”，正应验了马克思所说的“再没有比这类想入非非的陈词滥调更加枯燥乏味的了”①。

习近平准确把握了《导言》的这些基本思想，结合改革开放以来西方经济学在中国流行的现实，提出：“经济学虽然是研究经济问题，但不可能脱离社会政治，纯而又纯。在我们的经济学教学中，不能食洋不化，还是要讲马克思主义政治经济学，当代中国社会主义政治经济学要大讲特讲，不能被边缘化。”②

二、马克思主义政治经济学在中国发展的“历史路标”

在《导言》中，马克思在对政治经济学方法的探讨中提出，“第一条道路”作为建立政治经济学理论体系的方法是“错误的”，但从经济思想史来看，“第一条道路是经济学在它产生时期在历史上走过的道路”③。后来，在《1861—1863年经济学手稿》中，马克思将《导言》的这一基本观

① 马克思，恩格斯．马克思恩格斯全集：第30卷．2版．北京：人民出版社，1995：26.

② 中共中央党史和文献研究院．十八大以来重要文献选编：下．北京：中央文献出版社，2018：7.

③ 同①41.

点上升为政治经济学“历史路标”的思想。

在《1861—1863 年经济学手稿》论及政治经济学“历史的评论”问题时，马克思指出：“一方面，政治经济学家们以怎样的形式自行批判，另一方面，政治经济学规律最先以怎样的历史路标的形式被揭示出来并得到进一步发展。”① 在马克思看来，政治经济学要从学理和思想上厘清两个方面的问题：一是理论研究本身的问题，也就是理论逻辑的问题，就是马克思所讲的“自行批判”的问题；二是理论历史本身的演进，即思想历史在理论逻辑上再现的问题，这就是马克思所提出的“历史路标”问题。在政治经济学的科学革命过程中，对于理论逻辑和历史逻辑这两者关系的理解，是马克思经济思想的重要特征和显著特色。

在《新境界》中，习近平在对中国特色社会主义政治经济学理论逻辑阐释之前，先对其历史逻辑作了探讨；在对中国特色社会主义政治经济学“历史路标”的探索中，升华了对中国特色社会主义政治经济学理论逻辑的认识。习近平对“历史路标”的新阐释，不仅使马克思经济思想的这些特征和特色得以再现，而且也昭彰了当代马克思主义政治经济学的时代特征和思想特色。

从经济思想的“历史路标”来看，中国特色社会主义政治经济学始于中国社会主义基本经济制度确立时期。1956 年初，在中国社会主义基本制度确立这一历史时刻到来之际，以毛泽东同志为主要代表的中国共产党人，已经把如何选择中国自己的社会主义建设道路作为国是论衡的重大问题提上了议程。在对这一问题的探讨中，毛泽东从历史、理论与现实的深切结合上，立足于国内和国际两个大局，提出了马克思主义中国化“第二次结合”的思想，树立了中国特色社会主义政治经济学形成的“历史路标”。

1956 年 2 月至 4 月，毛泽东连续用了 40 多天时间，对中国社会主义经济建设及其他各方面的关系问题作了深入调研。调研一开始，他就提出如何“把马列主义的基本原理同中国社会主义革命和建设的具体实际结合

① 马克思，恩格斯. 马克思恩格斯全集：第 26 卷：第 1 册. 北京：人民出版社，1972：367.

起来，探索在我们国家里建设社会主义的道路”① 的问题。回溯党的历史，毛泽东深有感触地谈道，“民主革命时期，我们吃了大亏之后才成功地实现了这种结合，取得了新民主主义革命的胜利。现在是社会主义革命和建设时期，我们要进行第二次结合，找出在中国怎样建设社会主义的道路”②，也就是“更要努力找到中国建设社会主义的具体道路”③。

毛泽东提出的“第二次结合”，是在中国社会主义建设道路选择的关键时刻和国际共产主义运动转折节点上提出的重大战略思想。4 月 25 日，毛泽东在中共中央政治局扩大会议上，发表了题为《论十大关系》的讲话。这一讲话“开始提出我们自己的建设路线，原则和苏联相同，但方法有所不同，有我们自己的一套内容”④。《论十大关系》是毛泽东运用“第二次结合”思想，对中国社会主义政治经济学作出的开创性研究。1956 年 9 月，在党的八大的开幕词中，毛泽东再次谈道：“我国的革命和建设的胜利，都是马克思列宁主义的胜利。把马克思列宁主义的理论和中国革命的实践密切地联系起来，这是我们党的一贯的思想原则。”⑤

“第二次结合”的根本原则，成为马克思主义政治经济学中国化的基本方法和学理依循。在《论十大关系》及之后的《关于正确处理人民内部矛盾的问题》中，毛泽东从中国社会主义经济建设全局的高度，抓住“关系”、“矛盾”和“问题”等关键环节，对社会主义政治经济学基本问题作出了多方面的创新性的探索和富有特色的思考。在社会主义经济建设基本问题上，以毛泽东同志为主要代表的中国共产党人，提出了社会主义政治经济学的一系列独创性的理论观点，如社会主义社会基本矛盾，统筹兼顾、注意综合平衡，以农业为基础、工业为主导、农轻重协调发展等理论观点。这些“独创性的观点”⑥，是我们党对马克思主义政治经济学的创造性的发展。

---

① 中共中央文献研究室．毛泽东年谱：1949—1976：第 2 卷．北京：中央文献出版社，2013：550.

②③ 同①557.

④ 毛泽东．毛泽东文集：第 7 卷．北京：人民出版社，1999：369-370.

⑤ 同③116.

⑥ 中共中央党史和文献研究院．十八大以来重要文献选编：下．北京：中央文献出版社，2018：2.

1978 年 12 月，党的十一届三中全会重新确立了解放思想、实事求是的思想路线，在党的自我革命中，自我修复和发展完善了中国社会主义建设道路的指导思想和发展方向。1982 年 9 月，党的十二大提出“建设有中国特色的社会主义”的基本命题，开拓了改革开放新时期中国特色社会主义政治经济学的新路向。

1984 年 10 月，党的十二届三中全会通过的《关于经济体制改革的决定》提出“社会主义经济是公有制基础上的有计划的商品经济”，这是体现新时期最初 6 年经济体制改革成就的政治经济学的“新话”。对此，邓小平作出高度评价：“我的印象是写出了一个政治经济学的初稿，是马克思主义基本原理和中国社会主义实践相结合的政治经济学”。邓小平对这一政治经济学“初稿”的肯定，主要在于“解释了什么是社会主义，有些是我们老祖宗没有说过的话，有些新话。我看讲清楚了。过去我们不可能写出这样的文件，没有前几年的实践不可能写出这样的文件。写出来，也很不容易通过，会被看作‘异端’。我们用自己的实践回答了新情况下出现的一些新问题”①。这一“初稿”，成为新时期中国特色社会主义政治经济学发展的“历史路标”。

中国特色社会主义政治经济学的形成和发展，与这一时期马克思主义中国化第二次历史性飞跃相行并进。新时期马克思主义中国化的第二次历史性飞跃，是以邓小平理论的形成和发展为标志的，是以“三个代表”重要思想和科学发展观的接续发展为基本过程的。中国特色社会主义政治经济学是邓小平理论、“三个代表”重要思想、科学发展观的主要内容和重要组成部分。

习近平在对新时期近 40 年中国特色社会主义政治经济学发展的“历史路标的”评价时提出：“党的十一届三中全会以来，我们党把马克思主义政治经济学基本原理同改革开放新的实践结合起来，不断丰富和发展马克思主义政治经济学。”② 镌刻在新时期“历史路标”上的许多理论，“是适应当代中国国情和时代特点的政治经济学，不仅有力指导了我国经济发展

---

① 邓小平. 邓小平文选：第 3 卷，北京：人民出版社，1993：91.

② 中共中央党史和文献研究院. 十八大以来重要文献选编：下. 北京：中央文献出版社，2018：2-3.

实践，而且开拓了马克思主义政治经济学新境界”①。

党的十八大以来，习近平从中华民族伟大复兴的新的历史高度，紧密结合新时代决战决胜全面建成小康社会的新的实际，在中国特色社会主义政治经济学的新发展中，确立了21世纪中国特色社会主义政治经济学的新的“历史路标”。

2014年7月，在对经济新常态“大逻辑”的阐释中，习近平提出“各级党委和政府要学好用好政治经济学”，强调要着力于“不断提高推进改革开放、领导经济社会发展、提高经济社会发展质量和效益的能力和水平”②，拓展了“第二次结合”的新要求和新视野。

2015年11月，在《新境界》中，结合推进供给侧结构性改革的新的实际，习近平强调：“面对极其复杂的国内外经济形势，面对纷繁多样的经济现象，学习马克思主义政治经济学基本原理和方法论，有利于我们掌握科学的经济分析方法，认识经济运动过程，把握社会经济发展规律，提高驾驭社会主义市场经济能力，更好回答我国经济发展的理论和实践问题。”③ 在当年12月召开的中央经济工作会议上，习近平从适应国际金融危机后我国经济改革面临的新形势和新任务，强调“要坚持中国特色社会主义政治经济学的重大原则”④。2016年7月，习近平再次提出“坚持和发展中国特色社会主义政治经济学”的问题，强调“要加强研究和探索，加强对规律性认识的总结，不断完善中国特色社会主义政治经济学理论体系，推进充分体现中国特色、中国风格、中国气派的经济学科建设”⑤。党的十八大以来，习近平关于学好用好政治经济学的系列讲话，深刻把握了“第二次结合”的理论特征和精神实质，丰富了中国特色社会主义政治经济学基本原则和学理依循。

---

① 中共中央党史和文献研究院．十八大以来重要文献选编：下．北京：中央文献出版社，2018：3.

② 中共中央文献研究室．习近平关于社会主义经济建设论述摘编．北京：中央文献出版社，2017：320.

③ 同①.

④ 中央经济工作会议在北京举行．人民日报，2015-12-22（1）.

⑤ 同②331.

中国特色社会主义政治经济学，作为中国化马克思主义的重要组成部分，是中国共产党在改革开放新时期的伟大实践中、在社会主义现代化建设的历史进程中不懈探索、勇于创新的理论建树，是中国共产党对当代马克思主义发展的伟大贡献。习近平对坚持和发展中国特色社会主义政治经济学的系列阐释，为新时代中国特色社会主义政治经济学的新的“历史路标”确立奠定了坚实基础，在这一“历史路标”上镌刻了习近平新时代中国特色社会主义经济思想的显著标志。

三、从“结构”的“内部联系”到“系统化的经济学说”的探索

在《导言》中，马克思十分重视政治经济学“结构”问题的探索，他提道：“资产阶级社会是最发达的和最多样性的历史的生产组织。因此，那些表现它的各种关系的范畴以及对于它的结构的理解，同时也能使我们透视一切已经覆灭的社会形式的结构和生产关系。”① 马克思在《导言》和其他经济学著述中提出的“结构”，大体有三种含义：一是对象的结构，就是政治经济学研究对象本身，是既定社会经济关系客体本身；二是思维的结构，就是人通过思维，把作为客体的结构在思维中再现出来、反映出来，就是把混沌的整体在思维中再现为有序的总体；三是形式的结构，就是把思维的结构呈现为外在的著作的结构，即章、节、目。这三种结构的含义，实际上是对政治经济学的对象、方法和体系的理解，在根本上就是政治经济学理论及其体系的“整个的内部联系”。

在《新境界》中，习近平提出，中国特色社会主义政治经济学的发展，要注重“把实践经验上升为系统化的经济学说，不断开拓当代中国马克思主义政治经济学新境界”②。这里提到的“系统化的经济学说”，就是

① 马克思，恩格斯. 马克思恩格斯全集：第30卷. 2版. 北京：人民出版社，1995：46.

② 中共中央党史和文献研究院. 十八大以来重要文献选编：下. 北京：中央文献出版社，2018：7.

对马克思在《导言》中所阐释的“结构”即政治经济学“整个的内部联系”思想的新表述，是对《导言》的“结构”思想在中国特色社会主义政治经济学理论体系探索中的运用。

在《新境界》中，习近平继中国特色社会主义政治经济学历史逻辑即“历史路标”阐释之后，接着就对中国特色社会主义政治经济学的理论逻辑即“结构”上的“整个的内部联系”作了阐释。习近平对这一理论逻辑的“结构”分作六个主要方面。

第一，坚持以人民为中心的发展思想。发展为了人民，这是马克思主义政治经济学的根本立场。马克思主义基本理论认为，“无产阶级的运动是绝大多数人的，为绝大多数人谋利益的独立的运动”①，在未来社会“生产将以所有的人富裕为目的”②。在中国特色社会主义政治经济学形成时期，邓小平就提出了社会主义本质理论——解放生产力，发展生产力，消灭剥削，消除两极分化，最终达到共同富裕。党的十八大以来，在新时代中国特色社会主义政治经济学发展中，进一步形成了“要坚持以人民为中心的发展思想，把增进人民福祉、促进人的全面发展、朝着共同富裕方向稳步前进作为经济发展的出发点和落脚点”③ 的思想。这是中国特色社会主义政治经济学的核心观点，是部署经济工作、制定经济政策、推动经济发展要牢牢坚持的根本立场。

第二，坚持新发展理念。党的十八大以后，针对我国经济社会发展的环境、条件、任务和要求等方面的显著变化，在制定“十三五”规划时，习近平正式提出了涵盖创新、协调、绿色、开放、共享五大理念的新发展理念。新发展理念是“在深刻总结国内外发展经验教训、深入分析国内外发展大势的基础上提出来的，集中反映了我们党对我国经济发展规律的新认识”；也“同马克思主义政治经济学的许多观点是相通的”，体现了马克思、恩格斯关于未来社会全面发展的基本思想④。新发展理念包含了经济社会发展的总体思想，习近平认为：“贯彻落实新发展理念，涉及一系列

① 马克思，恩格斯．马克思恩格斯文集：第 2 卷．北京：人民出版社，2009：42.

② 马克思，恩格斯．马克思恩格斯文集：第 8 卷．北京：人民出版社，2009：200.

③④ 中共中央党史和文献研究院．十八大以来重要文献选编：下．北京：中央文献出版社，2018：4.

思维方式、行为方式、工作方式的变革，涉及一系列工作关系、社会关系、利益关系的调整，不改革就只能是坐而论道，最终到不了彼岸。”① 在中国特色社会主义整体关系中，“按照新发展理念推动我国经济社会发展，是当前和今后一个时期我国发展的总要求和大趋势”②。

第三，坚持和完善社会主义基本经济制度。改革开放以来，在确立和发展社会主义初级阶段基本经济制度时，强调了坚持公有制为主体、多种所有制经济共同发展，明确公有制经济和非公有制经济都是社会主义市场经济的重要组成部分，都是我国经济社会发展的重要基础。“要毫不动摇巩固和发展公有制经济，毫不动摇鼓励、支持、引导非公有制经济发展，推动各种所有制取长补短、相互促进、共同发展”，成为中国特色社会主义政治经济学的重要的理论观点③。同时，“我国基本经济制度是中国特色社会主义制度的重要支柱，也是社会主义市场经济体制的根基，公有制主体地位不能动摇，国有经济主导作用不能动摇”，也成为中国特色社会主义政治经济学的鲜明的理论观点④。社会主义基本经济制度是“保证我国各族人民共享发展成果的制度性保证，也是巩固党的执政地位、坚持我国社会主义制度的重要保证”⑤。

第四，坚持和完善社会主义基本分配制度。按劳分配为主体、多种分配方式并存的分配制度理论，是新时期形成的反映中国特色社会主义基本经济制度本质特征的主要理论之一。这一分配制度在改革开放实践中得到多方面的发展。在这一分配制度实施中，习近平强调：“要高度重视，努力推动居民收入增长和经济增长同步、劳动报酬提高和劳动生产率提高同步，不断健全体制机制和具体政策，调整国民收入分配格局，持续增加城乡居民收入，不断缩小收入差距。”⑥

第五，坚持社会主义市场经济改革方向。在社会主义条件下发展市场经济，是我们党的一个伟大创举，也是中国特色社会主义政治经济学的最

①② 中共中央文献研究室．习近平关于社会主义经济建设论述摘编．北京：中央文献出版社，2017：45.

③④⑤⑥ 中共中央党史和文献研究院．十八大以来重要文献选编：下．北京：中央文献出版社，2018：5.

为显著的理论创新。坚持社会主义市场经济改革方向，既要发挥市场经济的长处，又要发挥社会主义制度的优越性，这是中国特色社会主义经济取得成功的关键因素。我们是在中国共产党领导和社会主义制度的大前提下发展市场经济，什么时候都不能忘记“社会主义”这个定语。习近平强调：“之所以说是社会主义市场经济，就是要坚持我们的制度优越性，有效防范资本主义市场经济的弊端。我们要坚持辩证法、两点论，继续在社会主义基本制度与市场经济的结合上下功夫。”①

第六，坚持对外开放基本国策。马克思、恩格斯的世界历史理论认为：“各民族的原始封闭状态由于日益完善的生产方式、交往以及因交往而自然形成的不同民族之间的分工消灭得越是彻底，历史也就越是成为世界历史。”② 马克思、恩格斯的这一预言，已经为历史和现实所证明。习近平指出：“开放是实现国家繁荣富强的根本出路。”③ 在经济全球化深入发展的条件下，我们不能关起门来搞建设，而是要善于统筹国内国际两个大局，利用好国际国内两个市场、两种资源。要顺应我国经济深度融入世界经济的趋势，发展更高层次的开放型经济，积极参与全球经济治理，促进国际经济秩序朝着平等公正、合作共赢的方向发展。同时，要坚决维护我国发展利益，积极防范各种风险，确保国家经济安全。

自习近平对中国特色社会主义政治经济学的“结构”作出这一概括以来，随着新时代全面建成小康社会进程的推进，中国特色“系统化的经济学说”有了新的发展。党的十九大之后召开的第一次中央经济工作会议，对习近平新时代中国特色社会主义经济思想作出了“结构”上的新概括。

这一“结构”上的新概括，以坚定不移地贯彻新发展理念为主要内容，提出七个“坚持”的理论要义，拓新了中国特色“系统化的经济学说”。新发展理念是中国特色“系统化的经济学说”的主要内容，也是贯

---

① 中共中央党史和文献研究院．十八大以来重要文献选编：下．北京：中央文献出版社，2018：6．

② 马克思，恩格斯．马克思恩格斯文集：第1卷．北京：人民出版社，2009：540-541．

③ 中共中央文献研究室．习近平关于社会主义经济建设论述摘编．北京：中央文献出版社，2017：305．

穿于中国特色社会主义政治经济学“整个的内部联系”的主要线索。以新发展理念为主导而初步形成的推进我国经济持续健康发展的一套制度体制框架，就是新发展理念成为中国特色“系统化的经济学说”的主要内容和主要线索的现实根据。

坚持党对经济工作的领导和坚持以人民为中心的发展思想，是中国特色“系统化的经济学说”的本质特征和核心立场。坚持经济发展新常态、社会主义市场经济体制改革和供给侧结构性改革，这三大理论是中国特色“系统化的经济学说”关于经济改革和发展的理论支柱，也是支撑中国特色社会主义政治经济学“结构”的主体理论。坚持问题导向和坚持正确工作策略，是中国特色“系统化的经济学说”的根本方法和战略思维。

四、新时代马克思主义政治经济学创新的“中国智慧”

“马克思主义政治经济学要有生命力，就必须与时俱进。”① 马克思的《导言》写于1857年，10年后《资本论》第一卷德文第一版正式出版，至今已经过去150多年。在2018年纪念马克思诞辰200周年大会上，习近平指出：“一部马克思主义发展史就是马克思、恩格斯以及他们的后继者们不断根据时代、实践、认识发展而发展的历史，是不断吸收人类历史上一切优秀思想文化成果丰富自己的历史。因此，马克思主义能够永葆其美妙之青春，不断探索时代发展提出的新课题、回应人类社会面临的新挑战。”②

实践是理论创新的源泉。立足新时代，观察世界经济和我国经济，可以看到具有许多新的历史特点的新变化，也可以看到许多具有时代特征的新情况。这些都成为当代马克思主义政治经济学必须作出回答的重大课

---

① 中共中央党史和文献研究院. 十八大以来重要文献选编：下. 北京：中央文献出版社，2018：7.

② 中共中央党史和文献研究院. 十九大以来重要文献选编：上. 北京：中央文献出版社，2019：425.

题。在《新境界》的最后，习近平作出了“不断开拓当代中国马克思主义政治经济学新境界，为马克思主义政治经济学创新发展贡献中国智慧”①的历史展望和时代呼唤。

当代马克思主义政治经济学“中国智慧”的思想特征和时代意蕴主要在于以下四点：

一是在思想原则和学理遵循上，坚持“第二次结合”，把马克思主义政治经济学基本原理同中国具体实际相结合，在坚持、发展和创新中国特色社会主义政治经济学上，凸显当代马克思主义政治经济学的“中国智慧”。

马克思主义政治经济学基本原理认为，“各个人借以进行生产的社会关系，即社会生产关系，是随着物质生产资料、生产力的变化和发展而变化和改变的”②；在方法和理论逻辑上，“只有把社会关系归结于生产关系，把生产关系归结于生产力的水平，才能有可靠的根据把社会形态的发展看做自然历史过程”③。党的十八大之前，在中国特色社会主义政治经济学形成中，就已经以社会主义初级阶段“生产力的水平”为“可靠的根据”，提出了解放生产力和发展生产力理论。党的十八大之后，习近平一直强调“解放和发展社会生产力是社会主义的本质要求，是中国共产党人接力探索、着力解决的重大问题”④，因而解放生产力和发展生产力成为中国特色社会主义政治经济学首要的重大原则。

2014 年 7 月，习近平在历史地、辩证地认识我国经济发展的阶段性特征，准确把握经济发展新常态问题的探讨中，牢牢把握“推动我国社会生产力水平实现整体跃升”⑤ 这一关键环节，深刻揭示了经济新常态方略的“大逻辑”，彰显了对转变经济发展方式、优化产业结构问题探讨中的“中国智慧”。

---

① 中共中央党史和文献研究院．十八大以来重要文献选编：下．北京：中央文献出版社，2018：7.

② 马克思，恩格斯．马克思恩格斯文集：第 1 卷．北京：人民出版社，2009：724.

③ 列宁．列宁专题文集：论辩证唯物主义和历史唯物主义．北京：人民出版社，2009：161.

④ 中共中央党史和文献研究院．十九大以来重要文献选编：上．北京：中央文献出版社，2019：429.

⑤ 中共中央文献研究室．习近平关于全面建成小康社会论述摘编．北京：中央文献出版社，2016：57.

2015年中央经济工作会议召开之际，正值“十三五”经济社会发展规划开局的关键时期，习近平及时提出“要坚持中国特色社会主义政治经济学的重大原则，坚持解放和发展社会生产力”的思想，强调“坚持解放和发展社会生产力，坚持社会主义市场经济改革方向，使市场在资源配置中起决定性作用，是深化经济体制改革的主线”的政治经济学的“中国方案”①，彰显马克思主义政治经济学的“中国智慧”。

2016年中央经济工作会议在对深化供给侧结构性改革作出新的部署时，习近平从统筹推进“五位一体”总体布局、协调推进“四个全面”战略布局的高度，提出供给侧结构性改革“最终目的是满足需求，就是要深入研究市场变化，理解现实需求和潜在需求，在解放和发展社会生产力中更好满足人民日益增长的物质文化需要”②。从“实现我国社会生产力水平总体跃升”的经济发展新常态，到旨在“推动我国社会生产力水平整体改善”的供给侧结构性改革的系列论述，刻画了这一时期中国特色社会主义政治经济学演进的轨迹，体现了其中蕴含的“中国智慧”。

二是在思想方法和实践基础上，始终坚持以中国经济体制改革的实践探索为依据，坚持“问题导向”“问题倒逼”，注重经济体制改革和经济关系发展的经验总结和理论探索，形成现代市场经济体制发展的“中国道路”，弘扬当代马克思主义政治经济学的“中国智慧”。

在2012年党的十八大后召开的第一次中央经济工作会议上，习近平就强调，要“坚持社会主义市场经济的改革方向不动摇”的发展思路；2016年在党的十八届中央委员会召开的最后一次经济工作会议上，习近平依然强调要坚持和完善基本经济制度，坚持社会主义市场经济改革方向。坚持社会主义市场经济改革方向，是贯穿于党的十八大期间历次中央经济工作会议治国理政的重要议题。

社会主义市场经济是在社会主义条件下发挥市场配置资源决定性作用和更好发挥政府作用的经济，是以社会主义基本经济制度为根基的经济。

---

① 中央经济工作会议在北京举行．人民日报，2015-12-22（1）．

② 中共中央文献研究室．习近平关于社会主义经济建设论述摘编．北京：中央文献出版社，2017：115．

习近平提出了两个要讲“辩证法、两点论”的问题：一是在社会主义与市场经济结合问题上，要“坚持辩证法、两点论，继续在社会主义基本制度与市场经济的结合上下功夫，把两方面优势都发挥好”；二是在使市场在资源配置中起决定性作用和更好发挥政府作用这个问题上“要讲辩证法、两点论，‘看不见的手’和‘看得见的手’都要用好”。这两个要讲“辩证法、两点论”的问题，蕴藏着中国特色社会主义政治经济学重大原则的思想智慧和理论力量，彰显了当代马克思主义政治经济学的“中国智慧”。

三是在理论创新和科学精神上，坚持中国特色社会主义政治经济学的“术语的革命”，在实现“术语的革命”过程中昭彰马克思主义政治经济学的“中国智慧”。

恩格斯在论及马克思《资本论》的理论创新和科学精神时提出：“一门科学提出的每一种新见解都包含这门科学的术语的革命。”[①] 在一定意义上，“科学革命”就突出地表现在“某些科学术语发生意义变革的事件”[②]上。马克思《资本论》第一卷中的“术语的革命”，一是体现在原创性术语范畴上，如劳动二重性、剩余价值范畴的提出，奠定了科学革命的基石；二是体现在批判借鉴性术语范畴上，如资本、工资以及固定资本、流动资本等范畴，通过对原有范畴的辩证甄别和科学批判，剔除其谬误成分，吸收其合理因素，赋予其马克思经济学的新的内涵。

马克思经济学“术语的革命”的成就以及恩格斯对“术语的革命”内涵的阐述，对中国特色社会主义政治经济学形成和发展有重要的启示。在中国特色社会主义政治经济学形成中，“术语的革命”同样起着经济学科学革命的意义。

高度重视原创性“术语的革命”，是中国特色社会主义政治经济学发展的基础工程和重要标识。党的十四大正式提出“社会主义市场经济”这一原创性范畴，是基于马克思经济学整体方法论和社会历史观的“术语的革命”。党的十八届三中全会以来，对社会主义市场经济的认识，深化了社会主义市场经济是基本经济制度和经济体制“结合起来”的内在规定，

① 马克思，恩格斯. 马克思恩格斯文集：第5卷. 北京：人民出版社，2009：32.

② 库恩. 必要的张力. 福州：福建人民出版社，1981：xiv.

拓展了市场在资源配置中起决定性作用和更好地发挥政府作用的内在规定，丰富了社会主义市场经济“术语的革命”中整体方法论和社会历史观的内在规定性。

在中国特色社会主义政治经济学形成和发展过程中，渐次形成的诸如社会主义初级阶段、社会主义主要矛盾、家庭联产承包责任制、社会主义市场经济、社会主义本质、国有经济、民营经济、经济新常态、新发展理念、供给侧结构性改革、对外开放等原创性的“术语的革命”。这些原创性范畴成为中国特色社会主义政治经济学的重要标识，也成为这一理论所体现的“中国智慧”所在。

在中国特色社会主义政治经济学中，更多的是批判借鉴性的“术语的革命”，这些批判借鉴性范畴大多取自当代流行的各种经济学中。在对马克思经济学的整体方法论和社会历史观的基本遵循中，坚持“去粗取精、去伪存真”，注重“以我为主、为我所用”，在市场的资源配置作用、市场调节和市场机制作用、市场失灵和宏观经济不稳定、政府经济调节和政策，以及国际贸易、国际投资和国际金融等方面的相关术语，作出了批判和借鉴，提出了一系列适合于中国特色社会主义政治经济学的相应的术语，彰显了当代马克思主义政治经济学的“中国智慧”。

四是在理论主题和思想影响上，牢牢把握发展这一当今世界各国经济社会发展的最大课题，以新发展理念的成功探索，展现当代马克思主义政治经济学的“中国智慧”。

实现什么样的发展和如何发展，是当今世界各国面临的重大问题。许多发展中国家陷于所谓“中等收入陷阱”，从根本上说，是在发展问题上难以摆脱传统理念的“窠臼”。党的十八大以后形成的新发展理念，是中国共产党对“实现什么样的发展、怎样发展”问题长期探索的思想提炼和升华。新发展理念的各个方面内涵和指向上相辅相成、相得益彰，形成一个“崇尚创新、注重协调、倡导绿色、厚植开放、推进共享”的有机整体。新发展理念是习近平新时代中国特色社会主义经济思想的主要内容，也是当代马克思主义政治经济学的“中国智慧”的集中体现。

新发展理念的提出，包含对全球经济增长和发展得失成败的探究。新

发展理念在发展旨向、方法要义、实践指南和思想影响等方面的引导作用，对所谓“中等收入陷阱”种种增长和发展困境的探究有重要的意义。新发展理念所具有的深远的世界影响，在更为广泛的意义上，凸显了当代马克思主义政治经济学“中国智慧”的思想力量和实践意义。

从《导言》到《新境界》的思想赓续和理论创新，对当代中国马克思主义政治经济学的发展有重要的学理和学术的示范效应。《新境界》呈现了习近平新时代中国特色社会主义经济思想的核心要义，是推进中国特色社会主义政治经济学发展的方法论上和理论上的“导言”。

第十六章　中国特色社会主义基本经济制度探索

党的十九届四中全会通过的《中共中央关于坚持和完善中国特色社会主义制度 推进国家治理体系和治理能力现代化若干重大问题的决定》（本章简称《决定》），第一次创造性地将中国特色社会主义基本经济制度内涵概括为“公有制为主体、多种所有制经济共同发展，按劳分配为主体、多种分配方式并存，社会主义市场经济体制等社会主义基本经济制度”。《决定》强调，这一新概括“既体现了社会主义制度优越性，又同我国社会主义初级阶段社会生产力发展水平相适应，是党和人民的伟大创造”①。这一新概括是马克思主义政治经济学的当代发展，是中国特色社会主义实践探索的理论结晶，是中国特色社会主义政治经济学的理论创新，也是习近平新时代中国特色社会主义经济思想的最新发展。

一、马克思关于社会基本经济制度分析的基本理论和方法

对社会基本经济制度及其特征的分析，是马克思主义政治经济学的重

① 中共中央关于坚持和完善中国特色社会主义制度 推进国家治理体系和治理能力现代化若干重大问题的决定. 人民日报，2019-11-06（1）.

要内容。在《资本论》及其经济学手稿中，马克思在对资本主义和未来社会基本经济制度的分析中形成的基本理论和方法要义，对中国特色社会主义基本经济制度的探讨有重要的意义。

基本经济制度是一定社会中经济关系的最基本、最本质的制度规定，反映了既定社会经济关系及其制度的根本特征。在《1863—1865 年经济学手稿》中，马克思撰写了恩格斯后来用于编辑《资本论》第三卷的唯一的手稿，在这部手稿相对“完整的”第七篇“各种收入及其源泉”中，有一章专门论述“分配关系和生产关系”问题。在这一章，马克思从资本主义生产方式总体关系上，对资本主义“特殊的社会的质”、资本主义的“全部性质和全部运动”① 作出论述，构成马克思关于资本主义基本经济制度理论的主要内容。

在对资本主义基本经济制度总体关系的论述中，马克思认为：“资本主义生产方式是一种特殊的、具有独特历史规定性的生产方式；它和任何其他一定的生产方式一样，把社会生产力及其发展形式的一个既定的阶段作为自己的历史条件，而这个条件又是一个先行过程的历史结果和产物，并且是新的生产方式由以产生的既定基础；同这种独特的、历史地规定的生产方式相适应的生产关系——即人们在他们的社会生活过程中、在他们的社会生活的生产中所处的各种关系——，具有一种独特的、历史的和暂时的性质；最后，分配关系本质上和这些生产关系是同一的，是生产关系的反面，所以二者共有同样的历史的暂时的性质。”② 在这里，马克思在资本主义生产方式意义上，对资本主义基本经济制度的性质及其内涵作出两个方面的科学分析。

第一，生产方式具有深刻的历史规定性，一定的生产方式总是“一种特殊的、具有独特历史规定性的生产方式”。关于生产方式的“历史规定性”，实际上有两个方面的含义：一是相对于异质的生产方式而言的历史规定性；二是同一生产方式中阶段性变化的历史规定性。生产方式的这两个方面的历史规定性，使得一定社会基本经济制度也具有两个方面的规定

---

① 马克思，恩格斯. 马克思恩格斯文集：第 7 卷. 北京：人民出版社，2009：995.

② 同①994.

性：一是异质生产方式之间，在基本经济制度上本质不同的规定性；二是同质生产方式自身不同的发展阶段，基本经济制度发生的部分质变的规定性①。这种历史规定性，是马克思探讨既定社会基本经济制度的核心立场和基本观点。对资本主义生产方式的分析是这样，对社会主义生产方式的分析也是这样。

第二，既定社会的基本经济制度，在总体上具有三个方面的规定性：一是生产关系上的规定性，即“人们在他们的社会生活过程中、在他们的社会生活的生产中所处的各种关系”，生产资料所有制是生产关系的本质规定。二是分配关系上的规定性，马克思认为：“所谓的分配关系，是同生产过程的历史地规定的特殊社会形式，以及人们在他们的人类生活的再生产过程中相互所处的关系相适应的，并且是由这些形式和关系产生的。这些分配关系的历史性质就是生产关系的历史性质，分配关系不过表现生产关系的一个方面。”② 三是一定阶段社会生产力及其发展形式，这种生产力的“发展形式”，既是以往历史发展形式的赓续，是作为“一个先行过程的历史结果和产物”而存在的；同时又是现实发展的物质基础，是“新的生产方式由以产生的既定基础”。贯穿“先行过程的历史结果和产物”到“新的……既定基础”之间的变化，就是基于劳动过程的社会生产力的运行方式的变化，亦即经济体制及其运行方式的变化。

对既定社会基本经济制度认识的历史观以及所有制结构、分配制度和经济体制三个方面的规定，构成马克思主义政治经济学关于社会基本经济制度“一观三制”的整体结构和总体关系。“一观三制”，成为马克思分析其他社会基本经济制度，如未来社会基本经济制度的主要方法。

在 1867 年出版的《资本论》第一卷德文第一版中，马克思首次对未来社会“自由人联合体”的基本经济制度作出政治经济学分析。马克思和恩格斯一样，从来不打算教条式地预言未来社会，更不打算用未来社会的幻想图景作为救世之道；他们只是在批判旧世界中发现新世界，对未来社会

---

① FINE B, HARRIS L. Rereading *Capital*. New York: Columbia University Press, 1979: 13-15.

② 马克思，恩格斯. 马克思恩格斯文集：第 7 卷. 北京：人民出版社，2009：999-1000.

作出科学预测。马克思对“设想”中的“自由人联合体”的基本经济制度的分析，依循的就是“一观三制”的方法。

第一，“自由人联合体”的基本经济制度具有深刻的历史规定性。马克思特别提出，“自由人联合体”中的分配方式的规定性，“会随着社会生产有机体本身的特殊方式和随着生产者的相应的历史发展程度而改变”。这里强调了“社会生产有机体”即社会整体经济关系作为“特殊方式”发展的规定性；生产者“相应的历史发展程度”即生产者在劳动过程和经济关系地位和作用变化的规定性。

第二，“自由人联合体”的基本经济制度的三个基本内涵：一是社会成员是“用公共的生产资料进行劳动，并且自觉地把他们许多个人劳动力当做一个社会劳动力来使用”①，即实现生产资料公有制。二是与所有制关系相适应，在分配形式上，“这个联合体的总产品是一个社会产品。这个产品的一部分重新用做生产资料。这一部分依旧是社会的。而另一部分则作为生活资料由联合体成员消费。因此，这一部分要在他们之间进行分配”②。这时，“劳动时间”成为“计量生产者在共同劳动中个人所占份额的尺度，因而也是计量生产者在共同产品的个人可消费部分中所占份额的尺度”③。也就是说，“每个生产者在生活资料中得到的份额是由他的劳动时间决定的”④。三是“劳动时间的社会的有计划的分配，调节着各种劳动职能同各种需要的适当的比例”⑤。在这里，以劳动时间为计量手段的资源配置方式，成为“社会的有计划的”经济体制的显著特征。

可见，从社会历史观和从生产资料公有制、按劳分配、社会有计划调节经济三个方面的整体结构和总体关系上，即从“一观三制”上对未来社会基本经济制度的分析方法再次得到运用。实际上，“一观三制”的政治经济学分析方法，在由我主编的《马克思主义发展史》中就已经涉及。在论及“未来社会的科学预测”问题时，就强调了“一观三制”的结构和关系。在论及生产资料公有制问题时就提道“恩格斯所强调的社会主义社会

---

① 马克思，恩格斯. 马克思恩格斯文集：第5卷. 北京：人民出版社，2009：96.

②③④⑤ 马克思，恩格斯. 马克思恩格斯全集：第42卷. 2版. 北京：人民出版社，2016：58.

的改革和发展是以生产资料公有制的建立和发展为基础的，是以生产资料公有制的完善和巩固为目标的思想，说明了生产资料公有制是未来社会经济制度的一个基本特征”；在提到分配制度时强调“未来社会生产资料公有制这一生产结构的性质，决定了与此相适应的分配关系的基本特征。按劳分配作为未来社会的基本经济特征，它的存在和发生作用的最根本的基础就是公有制”；在阐释经济体制问题时指出“马克思在对未来社会经济运行形式总体思考中认为，这一经济运行形式的基本特征就是：社会对劳动时间的有计划的分配调节着社会生产按比例地发展，也就是说，社会能够按照共同的合理的计划，自觉地调节和进行社会劳动”①。

马克思、恩格斯当年“设想”的取代资本主义社会的未来社会，并不能等同于现存的社会主义社会；但是他们对社会经济关系和经济制度“一观三制”的政治经济学分析方法，仍然具有深刻的现实意义，特别是对中国特色社会主义基本经济制度的理解，仍然具有政治经济学分析的科学意义。

第一，对既定社会基本经济制度的分析，要以该社会是“一种特殊的、具有独特历史规定性的生产方式”为基础。这就说明，一方面中国社会主义社会生产方式是以“一个既定的阶段作为自己的历史条件”的，当代中国正处于社会主义初级阶段的“历史条件”；另一方面这一历史规定是会发生变化的，社会主义生产方式有现时的“初级阶段”，也会有未来发展的“更高阶段”。社会主义基本经济制度的规定性是以这一历史规定性为根据的。

第二，一定社会的生产关系，也总是一种“同这种独特的、历史地规定的生产方式相适应的生产关系”，就是“一种独特的、历史的和暂时的性质”的经济关系。其中，生产资料所有制及其结构体系具有最为本质的规定性。在《1848 年至 1850 年的法兰西阶级斗争》一书中，马克思指出，对于无产阶级革命和根本利益来说，“劳动权就是支配资本的权力，支配资本的权力就是占有生产资料，使生产资料受联合起来的工人阶级支配，也就是消灭雇佣劳动、资本及其相互间的关系”②。恩格斯对马克思的这一

① 顾海良．马克思主义发展史．北京：中国人民大学出版社，2009：126，130，133.

② 马克思，恩格斯．马克思恩格斯文集：第 2 卷．北京：人民出版社，2009：113.

论断给予高度评价，认为马克思“在这里第一次提出了世界各国工人政党都一致用以扼要表述自己的经济改造要求的公式，即：生产资料归社会所有”；由此“第一次表述了一个使现代工人社会主义既与封建的、资产阶级的、小资产阶级的等形形色色的社会主义截然不同，又与空想的以及自发的工人共产主义所提出的模糊的财产公有截然不同的原理”①。

第三，分配制度作为社会基本经济制度，它的历史性质是生产关系的历史规定性的延伸，分配方式和分配制度不过表现生产关系的一个方面。在社会经济运行过程中，生产和分配是反映一定社会经济关系特征的两个相互联系的方面，“分配关系和分配方式只是表现为生产要素的背面”②。在这两者中，生产对分配起着决定性的作用，“分配的结构完全决定于生产的结构。分配本身是生产的产物，不仅就对象说是如此，而且就形式说也是如此。就对象说，能分配的只是生产的成果，就形式说，参与生产的一定方式决定分配的特殊形式，决定参与分配的形式”③。在《哥达纲领批判》中得到详细论述的按劳分配理论，是马克思在对共产主义社会第一阶段的生产力发展状况、生产关系性质、生产技能和劳动者发展状况等因素进行科学分析的基础上得出来的。

第四，社会经济运行方式即经济体制，作为“社会生产力及其发展形式”，主要是指劳动过程中劳动力和生产资料资源配置和结合的形式与过程，它的性质是由社会生产关系和分配关系的性质决定的。马克思提道：“劳动过程的每个一定的历史形式，都会进一步发展这个过程的物质基础和社会形式。”④ 作为“分配关系和生产关系”这一章的结语，马克思从分配关系同所有制关系和经济体制的总体关系上指出：“分配关系，从而与之相适应的生产关系的一定的历史形式，同生产力，即生产能力及其要素的发展这两个方面之间的矛盾和对立一旦有了广度和深度，就表明这样的危机时刻已经到来。这时，在生产的物质发展和它的社会形式之间就发生冲突。”⑤

马克思提出的有计划地分配社会劳动时间的经济形式，一方面要以生

① 马克思，恩格斯．马克思恩格斯文集：第4卷．北京：人民出版社，2009：536，537.

②③ 马克思，恩格斯．马克思恩格斯文集：第8卷．北京：人民出版社，2009：19.

④⑤ 马克思，恩格斯．马克思恩格斯文集：第7卷．北京：人民出版社，2009：1000.

产资料公有制为基础；另一方面要运用同按劳分配同一的劳动时间尺度，通过对社会生产的“有计划的分配”，实现社会生产和社会需要按“适当的比例”发展。在《德意志意识形态》中，马克思、恩格斯已经提出，“共产主义和所有过去的运动不同的地方在于：它推翻一切旧的生产关系和交往关系的基础，并且第一次自觉地把一切自发形成的前提看做是前人的创造，消除这些前提的自发性，使这些前提受联合起来的个人的支配”①。马克思、恩格斯揭示了人类社会经济运行形式世代演化中将遵循的从“自发”到“自觉”发展的经济体制变化的基本趋势，也是人类社会从必然王国向自由王国发展的必然趋势。

二、改革开放以来所有制结构和分配制度特征的探索

《决定》对中国特色社会主义基本经济制度的概括，是以马克思主义关于经济关系和经济制度基本理论和方法为指导的，同时又是密切结合中国特色社会主义经济关系和经济制度新的实际的结果，突出呈现为改革开放以来在坚持和完善中国特色社会主义制度中“党和人民的伟大创造”的成果。

改革开放之初，在1981年党的十一届六中全会通过的《关于建国以来党的若干历史问题的决议》中，马克思关于社会基本经济制度“一观三制”的分析，就呈现于中国社会主义经济关系的整体结构的探索中。这一《决议》在提到社会主义生产关系变革和完善问题时，提出了三个“必须”的问题：一是“必须适应于生产力的状况，有利于生产的发展。国营经济和集体经济是我国基本的经济形式，一定范围的劳动者个体经济是公有制经济的必要补充”；二是“必须实行适合于各种经济成分的具体管理制度和分配制度”；三是“必须在公有制基础上实行计划经济，同时发挥市场调节的辅助作用”②。在这之后，对中国特色社会主义基本经济制度的探

① 马克思，恩格斯．马克思恩格斯文集：第1卷．北京：人民出版社，2009：574.

② 中共中央文献研究室．改革开放三十年重要文献选编：上．北京：中央文献出版社，2008：213.

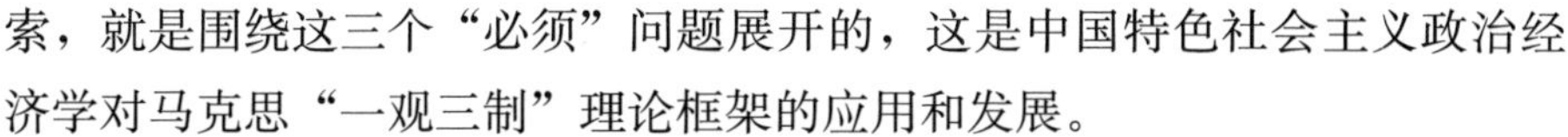

索，就是围绕这三个“必须”问题展开的，这是中国特色社会主义政治经济学对马克思“一观三制”理论框架的应用和发展。

这一《决定》对中国特色社会主义基本经济制度的“伟大的创造”，以两个方面为基本立足点：一方面，在经济关系上“同我国社会主义初级阶段社会生产力发展水平相适应”，集中体现中国特色社会主义基本经济制度的历史性和社会性特征；另一方面，在制度特征上“体现了社会主义制度优越性”，是中国特色社会主义制度体系的有机组成部分。

党的十二大在开始提出“建设有中国特色的社会主义”基本命题时提出：“由于我国生产力发展水平总的说来还比较低，又很不平衡，在很长时期内需要多种经济形式的同时并存”，在所有制结构上除了“生产资料公有制是我国经济的基本制度”之外，“劳动者个体经济”还将发挥着“公有制经济的必要的、有益的补充”的作用①。对社会主义所有制结构认识的突进，是在社会主义初级阶段理论和实践过程中发生的。

1987 年 8 月，邓小平指出，现阶段中国特色社会主义“就是处在初级阶段，是初级阶段的社会主义”②。过后不久召开的党的十三大，第一次科学界定了社会主义初级阶段的内涵，概括了社会主义初级阶段的基本特征，提出了党在社会主义初级阶段的基本路线。在对社会主义初级阶段判断的基础上，党的十三大正式提出“以公有制为主体发展多种所有制经济，以至允许私营经济的存在和发展，都是由社会主义初级阶段生产力的实际状况所决定的”③。1992 年，党的十四大提出“在所有制结构上，以公有制包括全民所有制和集体所有制经济为主体，个体经济、私营经济、外资经济为补充，多种经济成分长期共同发展，不同经济成分还可以自愿实行多种形式的联合经营”④，对社会主义初级阶段基本经济制度的阶段性特征有了更为深刻的把握。

这一时期，关于社会主义初级阶段分配方式及其制度格局的理论也在

---

① 中共中央文献研究室. 改革开放三十年重要文献选编：上. 北京：中央文献出版社，2008：270，271，270，270.

② 邓小平. 邓小平文选：第 3 卷. 北京：人民出版社，1993：252.

③ 同①483.

④ 同①660.

深化。党的十一届三中全会之前，邓小平就从社会主义“原则”意义上提出：“按劳分配的性质是社会主义的，不是资本主义的。我们一定要坚持按劳分配的社会主义原则。”① 党的十二大强调，“在现阶段，我们必须在经济和社会生活中坚持按劳分配制度和其他各项社会主义制度”②，从社会主义制度体系上彰显按劳分配的“制度”规定性。党的十四大以后，在社会主义市场经济体制改革的推进中，社会主义初级阶段所有制结构和分配制度格局改革实践不断深化，理论视野不断拓展。1997年，党的十五大第一次明确提出“社会主义初级阶段的基本纲领”理论。这一“基本纲领”分作经济的、政治的和文化的三方面内容，其中基本经济纲领是指：“坚持和完善社会主义公有制为主体、多种所有制经济共同发展的基本经济制度；坚持和完善社会主义市场经济体制，使市场在国家宏观调控下对资源配置起基础性作用；坚持和完善按劳分配为主体的多种分配方式，允许一部分地区一部分人先富起来，带动和帮助后富，逐步走向共同富裕；坚持和完善对外开放，积极参与国际经济合作和竞争。保证国民经济持续快速健康发展，人民共享经济繁荣成果。”③ 这四个“坚持和完善”，是对现时期社会主义初级阶段经济关系和经济制度基本特征和主要内涵的概括，凸显了社会经济关系和基本经济制度的“一观三制”理论框架在其中的影响和作用。

社会主义初级阶段基本经济纲领，把社会主义的本质特征和初级阶段的现实要求有机结合起来，在社会主义基本经济制度理论上实现了重要突破。就如党的十五大所总结的那样：“我们讲一切从实际出发，最大的实际就是中国现在处于并将长时期处于社会主义初级阶段。我们讲要搞清楚‘什么是社会主义、怎样建设社会主义’，就必须搞清楚什么是初级阶段的社会主义，在初级阶段怎样建设社会主义”；改革开放以来我们取得成功的根本原因之一，就是“克服了那些超越阶段的错误观念和政策，又抵制了抛弃社会主义基本制度的错误主张”④。

无论是在当时还是在现在，从社会主义初级阶段的“最大的实际”上

① 中共中央文献研究室．邓小平年谱：1975—1997：上．北京：中央文献出版社，2004：288.

② 中共中央文献研究室．改革开放三十年重要文献选编：上．北京：中央文献出版社，2008：275.

③ 中共中央文献研究室．改革开放三十年重要文献选编：下．北京：中央文献出版社，2008：899.

④ 同③896，897.

来理解中国特色社会主义基本经济关系及其制度特征，就是对马克思关于“一观三制”中“一观”，在根本上就是唯物史观的坚持和运用。社会主义初级阶段的历史性特征的变化，是认识和理解这一阶段社会基本经济制度特征的“最大的实际”。这就是说，脱离这一“最大的实际”，或者罔顾这一“最大的实际”，就不可能对当代中国社会主义基本经济关系及其基本制度特征和内涵作出科学的、正确的判断。

党的十六大在对坚持和完善公有制为主体、多种所有制经济共同发展问题阐释时，从社会主义经济关系“总体”上，强调了两个“毫不动摇”的思想，即必须毫不动摇地巩固和发展公有制经济，必须毫不动摇地鼓励、支持和引导非公有制经济发展。坚持公有制为主体，促进非公有制经济发展，统一于社会主义现代化建设的进程中，实现于社会主义市场经济发展过程之中。以公有制为主体、多种所有制经济共同发展作为社会主义基本经济制度的首要规定，是以我国社会主义初级阶段的“最大的实际”为根据、为历史前提的。

“一定的分配关系只是历史地规定的生产关系的表现。”[①] 党的十六大在对社会主义初级阶段所有制结构的概括中，同时提出“完善按劳分配为主体、多种分配方式并存的分配制度”，提出“调整和规范国家、企业和个人的分配关系。确立劳动、资本、技术和管理等生产要素按贡献参与分配的原则”[②]。这一分配制度，同样是我们党基于社会主义初级阶段的“最大的实际”，对现时期按劳分配制度与市场经济体制有机兼容问题探索的结论，也是对现时期分配关系与生产关系相结合问题探索的结论。

党的十八大以后，中国特色社会主义进入新时代，“新时代”是以中国特色社会主义从“站起来”走向“强起来”为基本特征的，社会主要矛盾发生了变化，但我国处在社会主义初级阶段这一“最大的实际”没有发生根本性的改变，社会主义初级阶段还是探索中国特色社会主义基本经济制度的“最大的实际”。2015 年 11 月，习近平在“社会主义初级阶段的基本经济制度”视界内，回溯十一届三中全会以来中国特色社会主义政治经

① 马克思，恩格斯．马克思恩格斯文集：第 7 卷．北京：人民出版社，2009：998.

② 中共中央文献研究室．十六大以来重要文献选编：上．北京：中央文献出版社，2005：21.

济学的发展历程，强调所有制结构和分配制度格局在中国特色社会主义经济制度中的重要地位。在提到“坚持和完善社会主义基本经济制度”问题时，习近平指出：“马克思主义政治经济学认为，生产资料所有制是生产关系的核心，决定着社会的基本性质和发展方向。”① 改革开放以来，不仅“强调坚持公有制为主体、多种所有制经济共同发展”，而且还“明确公有制经济和非公有制经济都是社会主义市场经济的重要组成部分，都是我国经济社会发展的重要基础”；在这一基本制度规定中，要坚守社会主义初级阶段这一“最大的实际”，就要“毫不动摇巩固和发展公有制经济，毫不动摇鼓励、支持、引导非公有制经济发展，推动各种所有制取长补短、相互促进、共同发展”②。

在“社会主义初级阶段的基本经济制度”视界内，习近平还提出“坚持和完善社会主义基本分配制度”的问题。坚持社会主义基本分配制度，不仅因为“马克思主义政治经济学认为，分配决定于生产，又反作用于生产，‘而最能促进生产的是能使一切社会成员尽可能全面地发展、保持和施展自己能力的那种分配方式’”，而且还因为按劳分配为主体、多种分配方式并存的分配制度是“从我国实际出发”形成的最适合的分配制度，“实践证明，这一制度安排有利于调动各方面积极性，有利于实现效率和公平有机统一”③。这里提到的“制度安排”，实际上就是对按劳分配为主体、多种分配方式并存的分配制度作为基本经济制度特征的认定。党的十八大以后，在习近平新时代中国特色社会主义经济思想中，对社会主义初级阶段的基本经济制度规定性的探索，已经取得突破性的进展。

三、改革开放以来社会主义市场经济体制改革的路径和理论探索

《决定》对中国特色社会主义基本经济制度理论的“伟大创造”，最为

---

① 中共中央党史和文献研究院．十八大以来重要文献选编：下．北京：中央文献出版社，2018：4，4-5.

②③ 同①5.

显著的是体现在社会主义市场经济体制是社会主义基本经济制度的概括上。显然，“在分析任何一个社会问题时，马克思主义理论的绝对要求，就是要把问题提到一定的历史范围之内”①。社会主义市场经济体制的制度性规定是历史地形成和发展起来的，只有在改革开放的“历史范围之内”，才能厘清这一基本制度规定形成和发展的实践逻辑和理论逻辑。

改革开放以来，社会主义市场经济体制的历史发展大体经历了四个阶段，形成了从经济机制到经济体制，再到经济制度和经济体制兼容及其制度“定型”的过程。

一是以党的十一届三中全会为开端，以重新认识价值规律作用为基点，从经济机制调整切入，着力于市场机制、市场调节和计划机制、计划调节关系探索的阶段。党的十一届三中全会对我国原有的高度集中的计划经济体制存在的“严重缺点”作了分析，针对这一经济体制中存在的权力过于集中的弊端，提出了一系列改革措施，其中突出的就是“重视价值规律的作用”②。价值规律是以价格机制、供求机制和竞争机制为作用过程的商品经济基本规律，重视价值规律作用就是重视市场机制和市场调节的作用。1982 年 9 月，党的十二大在对我国最初几年经济体制改革成就的总结中，将我国经济体制改革的基本构架概括为“计划经济为主、市场调节为辅”，提出“正确贯彻计划经济为主、市场调节为辅的原则，是经济体制改革中的一个根本性问题”③。这一基本构架的提出及其在实践中的实施，对原有的高度集中的计划配置资源方式产生极大的冲击，但它只是在经济机制层面的调整，还没有涉及经济体制上的改革。

二是以党的十二届三中全会通过的《关于经济体制改革的决定》为重要标志，从经济体制改革突破，以计划与市场关系为核心问题，在计划经济和商品经济、市场经济体制改革上，形成以体制“定位”为主要特征的逻辑过程。《关于经济体制改革的决定》突破把计划经济同商品经济对立起来的传统观念，提出“社会主义计划经济必须自觉依据和运用价值规

① 列宁．列宁专题文集：论马克思主义．北京：人民出版社，2009：302.

② 中共中央文献研究室．改革开放三十年重要文献选编：上．北京：中央文献出版社，2008：16.

③ 同②271，272.

律，是在公有制基础上的有计划的商品经济”①，走出了社会主义经济体制改革的关键一步。1987年10月，党的十三大根据我国经济体制改革发展的新的实践，提出建立“计划与市场内在统一的体制”的改革思路，明确提出建立“国家调节市场，市场引导企业”为特征的经济运行体制。1992年春，邓小平在南方谈话中强调：“计划经济不等于社会主义，资本主义也有计划；市场经济不等于资本主义，社会主义也有市场。计划和市场都是经济手段。”② 邓小平一方面把市场经济与资本主义基本经济制度相离析，形成市场经济一般范畴；另一方面又强调市场经济体制必然要与一定的社会基本经济制度“结合起来”，直接成就了与社会主义基本经济制度相结合的“社会主义市场经济体制”的“术语的革命”。1992年10月召开的党的十四大，确立了社会主义市场经济体制改革目标模式，实现了经济体制改革上的重大变革。

三是以党的十四届三中全会通过的《关于建立社会主义市场经济体制若干问题的决定》为标志，从社会主义经济关系总体上，探索社会主义市场经济体制和社会主义基本经济制度兼容性问题，在社会主义市场经济体制中不断融入和生成基本经济制度的规定性。党的十四届三中全会提出了社会主义市场经济体制的基本框架，在建立现代企业制度、培育现代市场体系、转变政府职能和完善宏观调控体系，以及建立社会保障体系等方面提出了一系列创新性见解；开启了建设什么样的社会主义市场经济、怎样建设社会主义市场经济问题的探索过程。

2013年3月，在党的十八届三中全会上，习近平在回顾党的十四大以后社会主义市场经济改革实践时指出：“从党的十四大以来的二十多年间，对政府和市场关系，我们一直在根据实践拓展和认识深化寻找新的科学定位。党的十五大提出‘使市场在国家宏观调控下对资源配置起基础性作用’，党的十六大提出‘在更大程度上发挥市场在资源配置中的基础性作用’，党的十七大提出‘从制度上更好发挥市场在资源配置中的基础性作

---

① 中共中央文献研究室．改革开放三十年重要文献选编：上．北京：中央文献出版社，2008：350．

② 邓小平．邓小平文选：第3卷．北京：人民出版社，1993：373．

用’，党的十八大提出‘更大程度更广范围发挥市场在资源配置中的基础性作用’。可以看出，我们对政府和市场关系的认识也在不断深化。”① 在这一论述中，习近平揭示了党的十四大至十八大这一时期，社会主义市场经济体制融入和生成制度性规定的改革取向：其一，社会主义市场经济体制改革已经由党的十四大之前以计划和市场关系为核心问题，转化为以政府和市场关系为核心问题，市场经济体制同基本经济制度兼容性问题变得更加突出；其二，特别是党的十七大以后，已经开始出现“从制度上”深化社会主义市场经济体制改革的取向；其三，这一取向的焦点就在于“从理论上对政府和市场关系进一步作出定位”②，社会主义市场经济的体制性和制度性的融合、结合问题，成为这一时期经济体制改革的根本问题。

四是以党的十八届三中全会审议通过的《中共中央关于全面深化改革若干重大问题的决定》为起点，以国家治理体系和治理能力现代化建设为主轴，在以政府和市场关系为核心的制度“定型”改革过程中，进一步探索和发展社会主义市场经济体制的基本经济制度规定性。党的十四大曾提出：“在九十年代，我们要初步建立起新的经济体制，实现达到小康水平的第二步发展目标。再经过二十年的努力，到建党一百周年的时候，我们将在各方面形成一整套更加成熟更加定型的制度。”③ 从建立“体制”上的定位，到“制度”意义上“定型”，再到“一整套更加成熟更加定型的制度”目标的实现，成为党的十八届三中全会以后社会主义市场经济探索的基本路径，也是社会主义市场经济体制实践创新和理论创新的内在要求。

党的十八届三中全会以后，习近平把“坚持社会主义市场经济改革方向”，确定为中国特色社会主义政治经济学的“重大原则”，从社会主义初级阶段的基本国情和整体关系上，依循“辩证法、两点论”的方法，对社会主义市场经济体制内在的基本经济制度规定性问题作了多方面的阐释。

第一，社会主义市场经济体制的制度规定性，是由社会主义生产资料

---

① 中共中央文献研究室．十八大以来重要文献选编：上．北京：中央文献出版社，2014：498-499．

② 同①499．

③ 中共中央文献研究室．改革开放三十年重要文献选编：上．北京：中央文献出版社，2008：676．

所有制结构的性质决定的。市场经济体制反映的是经济过程资源配置的一般性，是劳动过程的一般性规定。劳动过程作为“人和自然之间的物质变换的一般条件，是人类生活的永恒的自然条件，因此，它不以人类生活的任何形式为转移”①。市场经济体制的一般只有寓于特殊之中，才有其现实性和真实性。市场经济体制可以存在于资本主义，也可以存在于社会主义；存在于资本主义的就是具有资本主义制度规定性的市场经济，存在于社会主义的就是具有社会主义制度规定性的市场经济。习近平强调：“公有制为主体、多种所有制经济共同发展的基本经济制度，是中国特色社会主义制度的重要支柱，也是社会主义市场经济体制的根基。”② 社会主义市场经济体制具有的基本经济制度的规定性，不是由经济体制一般性决定的，而是由与其“结合起来”的社会主义基本经济制度的特殊性决定的，特别是由居于基本经济制度核心地位的生产资料所有制结构的性质决定的。党的十八大以来，全面深化经济体制改革的实践，使社会主义市场经济体制更为深入地与社会主义基本经济制度相结合、相融合，进而生成社会主义市场经济体制的基本经济制度规定性。

第二，社会主义市场经济体制是在体现社会主义制度优越性的过程中生成其制度规定性的。社会主义制度是社会主义市场经济发展的“大前提”，什么时候都不能忘记“社会主义”这个定语。习近平指出：“之所以说是社会主义市场经济，就是要坚持我们的制度优越性，有效防范资本主义市场经济的弊端。我们要坚持辩证法、两点论，继续在社会主义基本制度与市场经济的结合上下功夫。”③ 按照马克思、恩格斯揭示的社会经济体制将从“自发”到“自觉”发展的基本趋势来看，在马克思、恩格斯生活的那个年代，完全“自发”的市场经济体制，即自由放任的古典市场经济体制一统天下；20 世纪 20 年代末世界经济“大萧条”发生之后，完全“自发”的市场经济体制开始消退，“自觉”的诸如宏观调控等经济因素

① 马克思，恩格斯．马克思恩格斯文集：第 5 卷．北京：人民出版社，2009：215.

② 中共中央文献研究室．十八大以来重要文献选编：上．北京：中央文献出版社，2014：514-515.

③ 中共中央党史和文献研究院．十八大以来重要文献选编：下．北京：中央文献出版社，2018：6.

成为现代市场经济体制的组成部分。20 世纪 40 年代以后，现代市场经济体制中完全“自发”因素的逐渐消退和体现“自觉”因素的逐渐增进，成为各国市场经济体制发展的基本趋势。社会主义制度的优越性在于，更为有力地避免经济过程完全“自发”因素的作用，更为合适地增进经济过程“自觉”因素的作用。坚持社会主义市场经济改革方向作为中国特色社会主义政治经济学的重要原则，就在于既要发挥市场经济的长处，又要发挥社会主义制度的优越性。这其实就是中国特色社会主义经济取得成功的关键因素，也是社会主义市场经济体制具有的制度规定的根源所在。

第三，中国共产党对经济工作的全面领导是社会主义制度优越性的最为集中的体现。习近平提出：“我国实行的是社会主义市场经济体制，我们仍然要坚持发挥我国社会主义制度的优越性、发挥党和政府的积极作用。市场在资源配置中起决定性作用，并不是起全部作用。”① 社会主义制度的优越性规约和影响着社会主义市场经济体制，社会主义市场经济体制也不断地融入并生成社会主义基本经济制度的规定性。社会主义基本经济制度与市场经济体制的结合，既要遵循市场经济运行的规律，又要体现党对经济工作全面领导这一本质规定。

四、社会主义基本经济制度新概括和中国特色政治经济学新发展

2015 年 11 月，习近平在中央政治局集体学习时，对中国特色“系统化的经济学说”问题和社会主义基本经济制度问题作过阐释，拓展了中国特色社会主义政治经济学的理论视野。2017 年 12 月，习近平在中央经济工作会议上对“长期坚持、不断丰富发展新时代中国特色社会主义经济思想”问题作出阐释，提出“运用马克思主义基本原理对中国特色社会主义

① 中共中央文献研究室. 十八大以来重要文献选编：上. 北京：中央文献出版社，2014：500.

政治经济学”进行“理性概括”① 的新要求。党的十九届四中全会对社会主义基本经济制度的新概括，对于中国特色社会主义政治经济学来说，无论在“系统化的经济学说”还是在“理性概括”上都有重要的意义。

第一，社会主义基本经济制度的新概括，与习近平新时代中国特色社会主义经济思想的核心问题和根本立场具有内在的一致性，凸显了中国特色“系统化的经济学说”的思想特征和理论力量。

坚持加强党对经济工作的集中统一领导，保证我国经济沿着正确方向发展，这是中国特色社会主义政治经济学的核心问题。坚持以人民为中心的发展，是中国特色社会主义政治经济学的根本立场，如习近平所指出的：“要坚持以人民为中心的发展思想，把增进人民福祉、促进人的全面发展、朝着共同富裕方向稳步前进作为经济发展的出发点和落脚点。”②

社会主义基本经济制度的三个方面的规定性，同坚持党对经济工作的领导和坚持以人民为中心的发展思想，无论在经济发展的核心问题还在根本立场上都具有内在的统一性。这种统一性，在中国特色“系统化的经济学说”中，集中体现于规划发展战略、统筹发展全局、制定经济政策、推动经济运行中，牢牢坚持核心问题和根本立场，全面贯彻新发展理念，坚持以供给侧结构性改革为主线，加快建设现代化经济体系之中。

第二，社会主义基本经济制度的新概括，深刻地体现于中国特色社会主义政治经济学的主要理论，丰富了中国特色“系统化的经济学说”的思想内涵和实践指导意义。

《决定》提出的公有制为主体、多种所有制经济共同发展的基本经济制度概括，强调了毫不动摇巩固和发展公有制经济，毫不动摇鼓励、支持、引导非公有制经济发展的理论和实践意义。探索公有制多种实现形式，推进国有经济布局优化和结构调整，发展混合所有制经济，增强国有经济竞争力、创新力、控制力、影响力、抗风险能力，做强做优做大国有

① 中共中央党史和文献研究院．十九大以来重要文献选编：上．北京：中央文献出版社，2019：137.

② 中共中央党史和文献研究院．十八大以来重要文献选编：下．北京：中央文献出版社，2018：4.

资本。健全支持民营经济、外商投资企业发展的法治环境，完善构建亲清政商关系的政策体系，健全支持中小企业发展制度，促进非公有制经济健康发展和非公有制经济人士健康成长。

《决定》提出的按劳分配为主体、多种分配方式并存的基本经济制度概括，强调了坚持多劳多得，着重保护劳动所得，增加劳动者特别是一线劳动者劳动报酬，提高劳动报酬在初次分配中的比重的重要意义；强化了健全劳动、资本、土地、知识、技术、管理、数据等生产要素由市场评价贡献、按贡献决定报酬的机制的重要作用。实践证明，按劳分配为主体、多种分配方式并存的分配的制度安排，“有利于调动各方面积极性，有利于实现效率和公平有机统一”①，要使发展成果更多更公平惠及全体人民，使我们的社会朝着共同富裕的方向稳步前进。

《决定》提出的社会主义市场经济体制作为基本经济制度的新概括，突出了加快完善社会主义市场经济体制的重要的实践和理论意义，特别要在加强建设高标准市场体系，强化竞争政策基础地位，健全以公平为原则的产权保护制度，推进要素市场制度建设，加强资本市场基础制度建设上有显著进展；在优化经济治理基础数据库等方面有显著成效；在健全推动发展先进制造业，振兴实体经济的体制机制，实施乡村振兴战略，形成主体功能明显、优势互补、高质量发展的区域经济布局上有长足进展。

在根本上，解决好政府和市场关系这一核心问题，就要增强社会主义市场经济体制的制度性规定，就要以公有制为主体、多种所有制经济共同发展的基本经济制度为“根基”，就要在同基本经济制度“结合起来”和融合起来的过程中体现市场经济的“社会主义”的根本性质，就要在扫除经济发展的体制机制障碍中加强国家治理体系和治理能力现代化。

第三，社会主义基本经济制度的新概括，与“解放和发展社会生产力”一起，作为国家制度和国家治理体系“显著优势”的内涵，彰显了中国特色“系统化的经济学说”的理论主线的意义。

《决定》对我国国家制度和国家治理体系具有的多方面的“显著优势”

---

①　中共中央党史和文献研究院．十八大以来重要文献选编：下．北京：中央文献出版社，2018：5.

作了深刻阐释，其中经济建设上的“显著优势”就是“坚持公有制为主体、多种所有制经济共同发展和按劳分配为主体、多种分配方式并存，把社会主义制度和市场经济有机结合起来，不断解放和发展社会生产力”。这一“显著优势”把社会主义基本经济制度三个方面规定与“不断解放和发展社会生产力”结合起来，突出了中国特色“系统化的经济学说”的理论主线。

习近平在总结的改革开放40年伟大成就时，把“我们始终坚持以经济建设为中心，不断解放和发展社会生产力”① 看作伟大成就之一。解放和发展生产力是社会主义的本质要求，是社会主义基本经济制度发展的出发点和归宿，是中国特色社会主义政治经济学的主线。

党的十八大以来，习近平对解放生产力和发展生产力问题作出多方面的重要阐释，是习近平新时代中国特色社会主义经济思想的重要内容。习近平指出：“只有把生产力和生产关系的矛盾运动同经济基础和上层建筑的矛盾运动结合起来观察，把社会基本矛盾作为一个整体来观察，才能全面把握整个社会的基本面貌和发展方向。”在这一“整体”关系中，“坚持和发展中国特色社会主义，必须不断适应社会生产力发展调整生产关系，不断适应经济基础发展完善上层建筑”②。马克思主义关于生产力是推动社会进步最活跃、最革命的要素和社会主义的根本任务是解放和发展社会生产力思想，“点明了中国特色社会主义政治经济学的核心”③。

在对“坚持中国特色社会主义政治经济学的重大原则”问题阐释时，习近平把“坚持解放和发展社会生产力”作为其中的首要的“重大原则”。这是因为，“全面建成小康社会，实现社会主义现代化，实现中华民族伟大复兴，最根本最紧迫的任务还是进一步解放和发展社会生产力”④。习近

---

① 中共中央党史和文献研究院．十九大以来重要文献选编：上．北京：中央文献出版社，2019：725.

② 中共中央文献研究室．习近平关于协调推进“四个全面”战略布局论述摘编．北京：中央文献出版社，2015：74.

③ 中共中央文献研究室．习近平关于社会主义经济建设论述摘编．北京：中央文献出版社，2017：10.

④ 中共中央文献研究室．十八大以来重要文献选编：上．北京：中央文献出版社，2014：549.

平提出："我们党执政，就是要带领全国各族人民持续解放和发展社会生产力，不断改善人民生活。"① 对改革开放的实质、基本过程、根本动力和主要任务的这些论述，突出了社会主义基本经济制度的丰富内涵，是中国特色社会主义政治经济学运用和发展的生动体现。

第四，社会主义基本经济制度的新概括，同全面贯彻新发展理念结合在一起，立足于"坚持和完善社会主义基本经济制度，推动经济高质量发展"，凸显了中国特色"系统化的经济学说"理论主导。

新发展理念及其在中国特色社会主义政治经济学中的主导作用，是在党的十八大以后逐渐形成的，是习近平新时代中国特色社会主义经济思想的重大理论创新。2015 年是我国经济社会发展从"十二五"进入"十三五"的重要节点。在制定"十三五"发展规划时，习近平对新发展理念作了系统阐述，强调了新发展理念的引导作用和主导作用。以新发展理念为引导和主导，成为我国经济社会发展战略布局和基本方略的"固然"和"所以然"。

在庆祝改革开放 40 周年大会的讲话中，习近平在对改革开放宝贵经验的阐释中提出"必须坚持以发展为第一要务，不断增强我国综合国力"②。只有牢牢扭住经济建设这个中心，毫不动摇坚持发展是硬道理、发展应该是科学发展和高质量发展的战略思想，适应我国发展进入新阶段、社会主要矛盾发生变化的必然要求，把注意力集中到解决各种不平衡不充分的问题上，才能坚持和完善中国特色社会主义基本经济制度，推进国家治理体系和治理能力现代化。

第五，社会主义基本经济制度的新概括，从国家治理体系和治理能力现代化上，强调了"坚持以供给侧结构性改革为主线，加快建设现代化经济体系"，升华了中国特色"系统化的经济学说"的理论境界。

现代化经济体系包括创新引领协同发展的产业体系、统一开放竞争有序的市场体系、体现效率促进公平的收入分配体系、彰显优势协调联动的

---

① 中共中央文献研究室. 习近平关于社会主义经济建设论述摘编. 北京：中央文献出版社，2017：10.

② 中共中央党史和文献研究院. 十九大以来重要文献选编：上. 北京：中央文献出版社，2019：733.

城乡区域发展体系、资源节约环境友好的绿色发展体系、多元平衡安全高效的全面开放体系，以及充分发挥市场作用、更好发挥政府作用的经济体制在内的“六个体系、一个体制”结构体系。加快建设现代化经济体系要着力以供给侧结构性改革为主线，以加快创新型国家建设为战略支撑，以实施乡村振兴战略、区域协调发展战略为根本途径，以加快完善社会主义市场经济体制为重要基础，以推动形成全面开放新格局、主动参与和推动经济全球化进程为必由之路。现代化经济体系建设及其成效，是在中国特色社会主义基本经济制度上体现国家治理体系和治理能力现代化的显著标格。

第十七章　新发展理念的马克思主义政治经济学意蕴

党的十八届五中全会通过的《中共中央关于制定国民经济和社会发展第十三个五年规划的建议》，是之后五年经济社会发展的行动指南，是决战决胜全面建成小康社会的纲领性文件。这一纲领性文件提出的创新、协调、绿色、开放、共享的新发展理念，成为制定国民经济和社会发展“十三五”规划的指导思想和中心线索，也是马克思主义政治经济学基本原理与中国经济社会发展实际相结合的新成果。

2015 年 11 月，习近平在主持十八届中共中央政治局第二十八次集体学习时指出：“党的十一届三中全会以来，我们党把马克思主义政治经济学基本原理同改革开放新的实践结合起来，不断丰富和发展马克思主义政治经济学。”① 这些重要理论成果，“马克思主义经典作家没有讲过，改革开放前我们也没有这方面的实践和认识，是适应当代中国国情和时代特点的政治经济学，不仅有力指导了我国经济发展实践，而且开拓了马克思主义政治经济学新境界”②。“关于树立和落实创新、协调、绿色、开放、共享的发展理念的理论”就是其中重要理论成果之一。

---

① 中共中央党史和文献研究院. 十八大以来重要文献选编：下. 北京：中央文献出版社，2018：2-3.

② 同①3.

一、“实现什么样的发展、怎样发展”问题的赓续和升华

“实现什么样的发展、怎样发展”的问题，是贯穿于中国特色社会主义道路探索全过程的重大课题，是当代中国马克思主义政治经济学的根本论题。创新、协调、绿色、开放、共享的新发展理念，正是在对“实现什么样的发展、怎样发展”问题新的回答中，凸显其马克思主义政治经济学的意蕴。

在邓小平理论中，“中国解决所有问题的关键是要靠自己的发展”“发展才是硬道理”[①]，这样一些朴实的话语和坚定的信心，从思想理念和政治意识上阐明了中国为什么需要发展、怎样持续稳定发展的深刻内涵。邓小平把“发展才是硬道理”看作能否体现社会主义本质、能否解决中国社会主义初级阶段所有问题、能否充分发挥社会主义经济制度优越性的重大问题。他强调“要善于把握时机来解决我们的发展问题”，“现在世界发生大转折，就是个机遇”[②]。邓小平明确指出，改革开放是决定中国命运的一招，改革开放才能解放和发展生产力，才能满足人民群众日益增长的物质文化需要。他提出我国经济建设分“三步走”的发展战略和战略步骤，提出要以农业、交通能源、教育科学为发展的重点，以重点带动全局的思想；提出“台阶式”的发展理念，认为“在今后的现代化建设长过程中，出现若干个发展速度比较快、效益比较好的阶段，是必要的，也是能够办到的”[③]；还提出让一部分人、一部分地区先富起来，大原则是共同富裕的思想，由此形成“两个大局”的统筹协调发展思想，认为“沿海地区要加快对外开放，使这个拥有两亿人口的广大地带较快地先发展起来，从而带动内地更好地发展，这是一个事关大局的问题。内地要顾全这个大局。反过来，发展到一定的时候，又要求沿海拿出更多力量来帮助内地发展，这也是个大

① 邓小平. 邓小平文选：第3卷. 北京：人民出版社，1993：265，377.

② 同①365，369.

③ 同①377.

局。那时沿海也要服从这个大局”①。他还创造性地提出物质文明和精神方面“两手抓”“两手都要硬”的全面发展思想，提出“不加强精神文明的建设，物质文明的建设也要受破坏，走弯路”②，强调：“经济建设这一手我们搞得相当有成绩，形势喜人，这是我们国家的成功。但风气如果坏下去，经济搞成功又有什么意义？”③ 邓小平理论中的发展理念及其在中国经济改革中的实践，奠定了当代中国马克思主义政治经济学的坚实基础。

在把中国特色社会主义经济建设推向 21 世纪的进程中，“三个代表”重要思想突出了“发展是党执政兴国的第一要务”的重要论断，把“实现什么样的发展、怎样发展”的问题，看作社会主义现代化建设的根本所在，把发展问题同党的性质、党的执政基础紧密地联系起来。江泽民继承和坚持邓小平的发展思想，强调“发展是硬道理，这是我们必须始终坚持的一个战略思想”④。结合世纪之交时代变化的新情况新特点，把发展理念应用于执政兴国实践之中，江泽民强调指出，无论国际国内形势如何变化，无论遇到什么样的困难，只要正确坚持和贯彻发展思想，我们就能够从容应对挑战，克服困难，不断前进，“中国解决所有问题的关键在于依靠自己的发展”⑤。社会主义经济制度的优越性集中体现于牢牢把握发展这个主题，“只有经济大大发展了，全国的经济实力和综合国力大大增强了，人民生活才能不断改善，国家才能长治久安，我们的腰杆子才能更硬，我们在国际上说话才能更有分量，我们的朋友才能更多”⑥。他还提出：“创新是一个民族进步的灵魂，是一个国家兴旺发达的不竭动力。如果自主创新能力上不去，一味靠技术引进，就永远难以摆脱技术落后的局面。一个没有创新能力的民族，难以屹立于世界先进民族之林。”⑦ 在走以信息化带动工业化的新型工业化道路中，必须高度重视科技创新，“没有创新，就没

---

① 邓小平．邓小平文选：第 3 卷．北京：人民出版社，1993：277－278.
② 同①144.
③ 同①154.
④ 江泽民．江泽民文选：第 3 卷．北京：人民出版社，2006：118.
⑤ 江泽民．江泽民文选：第 2 卷．北京：人民出版社，2006：16.
⑥ 江泽民．江泽民文选：第 1 卷．北京：人民出版社，2006：307.
⑦ 同⑥432.

有发展，没有生命力”①。他还强调：“要使科技进步和创新始终成为建设有中国特色社会主义事业的强大动力，成为中华民族屹立于世界先进民族之林的坚实基础。”② 为了解决我国发展中的不平衡问题，他还提出实施可持续发展战略，阐述了正确处理经济发展同人口、资源、环境的关系问题的重要意义，提出西部大开发战略、对“三农”问题的高度重视等协调发展理念，而关于正确处理改革、发展、稳定相互关系的论述则是协调发展理念的集中体现。

进入新世纪，“发展才是硬道理”的理念在科学发展观中得到多方面的丰富。科学发展观立足于社会主义初级阶段基本国情，审视我国经济社会趋向的新变化，借鉴国际上对待发展问题的经验，对“实现什么样的发展、怎样发展”问题作出了进一步的阐释。胡锦涛明确提出“以人为本”是科学发展观的本质和核心，体现了马克思主义关于人民群众创造历史的基本原理和人的全面发展的根本价值追求。科学发展观以“全面”“协调”“可持续”为发展的主题思想，特别是在“协调”发展问题上，提出了“五个统筹”的思想，强调统筹城乡发展，着力于破解“三农”难题，逐步改变城乡二元结构；统筹区域发展，着力于缩小地区差距，形成促进区域经济协调发展的机制；统筹经济社会发展，着力于解决经济和社会发展不相协调、社会建设相对滞后的问题，实现经济社会协调发展和人的全面进步；统筹人与自然的和谐发展，着力于克服人口资源环境制约发展的突出矛盾，切实优化产业结构、转变经济发展方式，努力坚持可持续发展战略；统筹国内发展和对外开放的要求，着力于全面提高对外开放水平，充分发挥国际国内两个市场、两种资源的作用，在全球范围内实现优势互补，进一步拓宽发展空间，维护国家经济安全。胡锦涛在党的十八大上概述新世纪以来发展理念时指出：“以经济建设为中心是兴国之要，发展仍是解决我国所有问题的关键。只有推动经济持续健康发展，才能筑牢国家繁荣富强、人民幸福安康、社会和谐稳定的物质基础。必须坚持发展是硬道理的战略思想，决不能有丝毫动摇。”③ 在阐释发展理念的政治经济学意

---

① 江泽民. 江泽民文选：第2卷. 北京：人民出版社，2006：439.

② 江泽民. 江泽民文选：第3卷. 北京：人民出版社，2006：262.

③ 中共中央文献研究室. 十八大以来重要文献选编：上. 北京：中央文献出版社，2014：15.

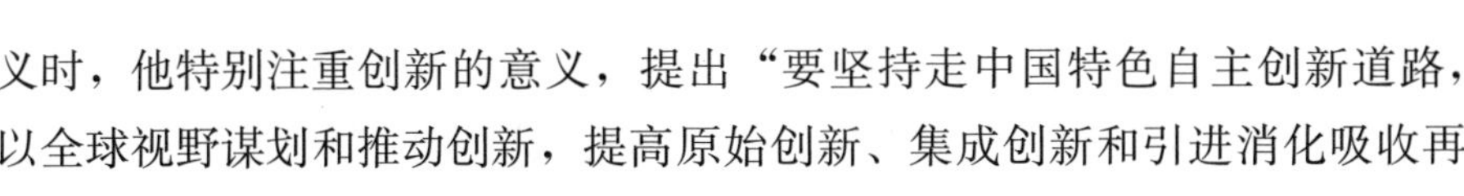

义时，他特别注重创新的意义，提出“要坚持走中国特色自主创新道路，以全球视野谋划和推动创新，提高原始创新、集成创新和引进消化吸收再创新能力，更加注重协同创新”①。

党的十八大以来，以习近平同志为核心的党中央，以全面建成小康社会为奋斗目标，以实现中华民族伟大复兴的中国梦为历史使命，对中国特色社会主义的发展问题作出了多方面的新阐释。习近平提出，实现中国梦要坚持中国道路、弘扬中国精神和凝聚中国力量，中国梦归根到底是人民的梦，必须坚持以人为本，坚持依靠人民，为人民造福，“我们要坚持发展是硬道理的战略思想，坚持以经济建设为中心，全面推进社会主义经济建设、政治建设、文化建设、社会建设、生态文明建设，深化改革开放，推动科学发展，不断夯实实现中国梦的物质文化基础”②。在这一过程中概括和凝练的以创新、协调、绿色、开放、共享为核心内容的新发展理念，赋予“实现什么样的发展、怎样发展”问题更为深刻的中国特色社会主义的新内涵，赋予其当代中国马克思主义政治经济学的新意蕴。

二、马克思主义政治经济学理论在新时代的丰富

新发展理念是对马克思主义政治经济学理论的当代运用和丰富，特别是对马克思、恩格斯关于经济的社会发展理论和人的全面发展理论在新时代的阐释与应用。

在人的本质的意义上，马克思、恩格斯认为，人的全面发展是随着经济社会的发展而发展的，共产主义作为实现人的主观性与自然的客观性真正统一的新社会，最根本的就在于实现了人的自由而全面的发展，也就是“已经生成的社会创造着具有人的本质的这种全部丰富性的人，创造着具有丰富的、全面而深刻的感觉的人作为这个社会的恒久的现实”③。在写作

① 中共中央文献研究室．十八大以来重要文献选编：上．北京：中央文献出版社，2014：17.

② 同①236.

③ 马克思，恩格斯．马克思恩格斯文集：第1卷．北京：人民出版社，2009：192.

《1857—1858年经济学手稿》时，马克思提出人作为历史发展主体的问题，在“货币章”中首次提出人的发展的三大形式的命题，系统地阐述了人的发展的历史社会基础及其过程问题。

马克思认为，在第一大形式下，劳动主体制约和控制自然客体的能力十分低下，主体还只是“直接地从自然界再生产自己”①，主体的潜在的生产能力还受到自然的限制。因此，在这一形态下，一方面，个人只有依赖群体，在没有社会分工，或者只是在一种自然的分工状态下，向人周围的自然索取直接的生活资料等自然资源；另一方面，人们只能以血缘或以有限的地域为基础，结成相互依赖的共同体，同自然客体发生物质变换关系。这时，一切产品的生产都只是在一种相对封闭的“共同体”内完成的；主体间的劳动变换，或主体与客体的物质变换，也都采取了一种完全固定的、直接社会化的形式。随着社会生产力的发展，特别是随着社会分工、自然力的利用以及科学技术在工艺上的运用等，劳动主体对客体的制约和控制能力逐渐有了提高，“共同体”的劳动形式被不断发展起来的协作、专业化等社会分工形式所瓦解，第一大形态所固有的封闭状态受到了极大的冲击。而且由普遍的需求和供给互相产生的压力，促使毫不相干的人发生联系，劳动主体之间一切固定的依赖关系逐渐解体；与此相适应，主体之间的以产品交换为基础的相互间的“全面依赖”的形式逐渐产生和发展起来。这样，“活动和产品的普遍交换已成为每一单个人的生存条件，这种普遍交换，他们的相互联系，表现为对他们本身来说是异己的、独立的东西，表现为一种物”②。这时，人对人的依赖性减弱了，人对物的依赖性增强了。最后，以至“主体只有通过等价物才在交换中彼此作为价值相等的人，而且他们只是通过彼此借以为对方而存在的那种对象性的交换，才证明自己是价值相等的人”③。

第二大形式特征之一就是劳动主体自身的发展。马克思认为，在第一大形式中，主体发展的特征就是对人的依赖关系，以及与此相适应的“原

①② 马克思，恩格斯. 马克思恩格斯全集：第30卷. 2版. 北京：人民出版社，1995：107.

③ 同①196.

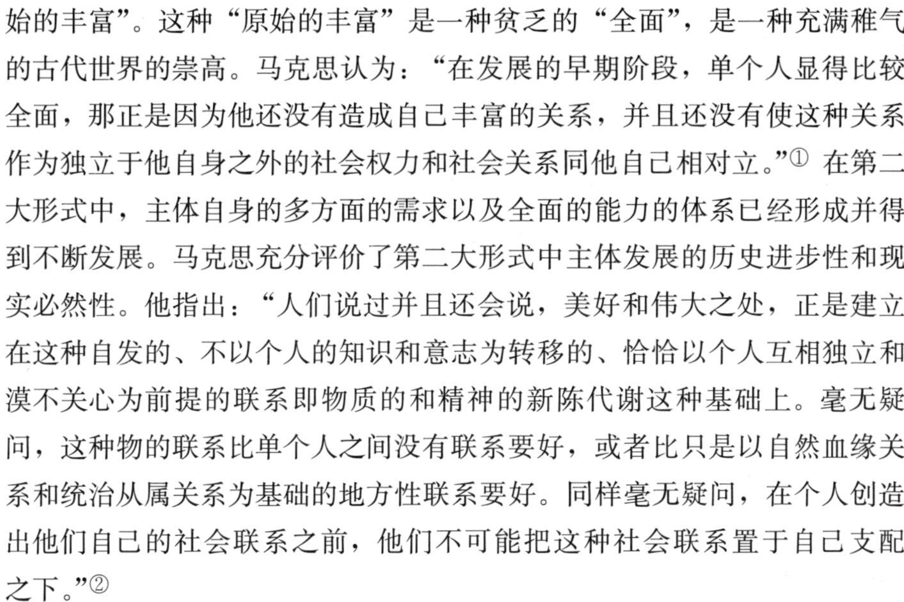

始的丰富”。这种“原始的丰富”是一种贫乏的“全面”，是一种充满稚气的古代世界的崇高。马克思认为：“在发展的早期阶段，单个人显得比较全面，那正是因为他还没有造成自己丰富的关系，并且还没有使这种关系作为独立于他自身之外的社会权力和社会关系同他自己相对立。”① 在第二大形式中，主体自身的多方面的需求以及全面的能力的体系已经形成并得到不断发展。马克思充分评价了第二大形式中主体发展的历史进步性和现实必然性。他指出：“人们说过并且还会说，美好和伟大之处，正是建立在这种自发的、不以个人的知识和意志为转移的、恰恰以个人互相独立和漠不关心为前提的联系即物质的和精神的新陈代谢这种基础上。毫无疑问，这种物的联系比单个人之间没有联系要好，或者比只是以自然血缘关系和统治从属关系为基础的地方性联系要好。同样毫无疑问，在个人创造出他们自己的社会联系之前，他们不可能把这种社会联系置于自己支配之下。”②

最后，在第三大形式中，劳动主体对客体具有充分的制约和控制能力，主体的“自由个性”得到全面的发展，主体之间的关系也无须采取间接的物的形式。其实，这是马克思设想的人的发展的一种未来的“形态”。对这种未来的形态，马克思并没有作更多的论述，他只强调了两个基本内容。其一，这一形态的产生取决于两方面的基本条件：一方面是个人的全面发展，即取决于主体的发展强度；另一方面是主体的共同的生产能力成为他们共同的社会财富，即取决于主体对客体占有和所有形式上的发展程度。其二，“第二个阶段为第三个阶段创造条件”③。第三大形式的发展是以第二大形式的发展为基础的。这样，第二大形式的充分发展成了过渡到第三大形式的一个不可逾越和不可取消的过程。正是在这一意义上，马克思强调指出：“全面发展的个人——他们的社会关系作为他们自己的共同的关系，也是服从于他们自己的共同的控制的——不是自然的产物，而是历史的产物。要使这种个性成为可能，能力的发展就要达到一定的程度和

---

① 马克思，恩格斯．马克思恩格斯全集：第30卷．2版．北京：人民出版社，1995：112.

② 同①111.

③ 同①108.

全面性，这正是以建立在交换价值基础上的生产为前提的，这种生产才在产生出个人同自己和同别人相异化的普遍性的同时，也产生出个人关系和个人能力的普遍性和全面性。”① 实现人的发展的第二大形式到第三大形式的演进，成为当代马克思主义政治经济学关于发展问题探讨的根本课题。

马克思在对社会经济关系发展问题的探讨中，虽然没有直接使用过“创新”概念，但他对创新的政治经济学意义还是作过多方面的论述的。马克思特别注重从生产力的根本变革意义上，探讨生产力作为经济社会“创新”源泉和动力问题。他认为：“蒸汽、电力和自动走锭纺纱机甚至是比巴尔贝斯、拉斯拜尔和布朗基诸位公民更危险万分的革命家。”② 他提出：“一旦生产力发生了革命——这一革命表现在工艺技术方面——，生产关系也就会发生革命。”③ 以生产力发展和科学技术革命为根本牵引力的创新理念，既强调了科学技术作为社会生产力要素的根本驱动力量，而且强调了这种驱动力量对经济运行、经济体制乃至经济制度变迁的根本推动力量。恩格斯在评价马克思这一理论取向时认为：“任何一门理论科学中的每一个新发现——它的实际应用也许还根本无法预见——都使马克思感到衷心喜悦，而当他看到那种对工业、对一般历史发展立即产生革命性影响的发现的时候，他的喜悦就非同寻常了。例如，他曾经密切注视电学方面各种发现的进展情况，不久以前，他还密切注视马塞尔·德普勒的发现。”④

创新位于新发展理念之首位，强调创新在培育发展新动力，形成促进创新的体制框架，塑造更多依靠创新驱动、更多发挥先发优势的引领型发展等方面的意义。创新是涵盖科学技术、经济运行、经济体制及经济制度的创新的总体理念，如习近平所指出的：“实施创新驱动发展战略，最根本的是要增强自主创新能力，最紧迫的是要破除体制机制障碍，最大限度解放和激发科技作为第一生产力所蕴藏的巨大潜能。面向未来，增强自主创新能力，最重要的就是要坚定不移走中国特色自主创新道路，

① 马克思，恩格斯．马克思恩格斯全集：第30卷．2版．北京：人民出版社，1995：112.
② 马克思，恩格斯．马克思恩格斯文集：第2卷．北京：人民出版社，2009：579.
③ 马克思，恩格斯．马克思恩格斯全集：第37卷．2版．北京：人民出版社，2019：100.
④ 马克思，恩格斯．马克思恩格斯文集：第3卷．北京：人民出版社，2009：602.

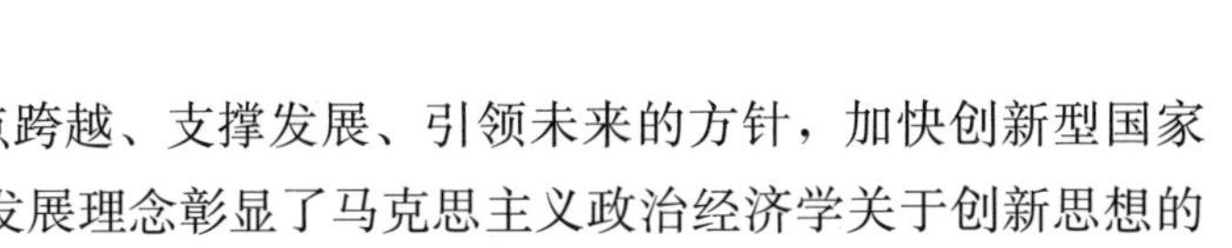

坚持自主创新、重点跨越、支撑发展、引领未来的方针，加快创新型国家建设步伐。”① 创新发展理念彰显了马克思主义政治经济学关于创新思想的深刻内涵，展示了当代中国马克思主义政治经济学关于创新理念的新境界。

在马克思、恩格斯的经济思想中，经济运行和经济关系的协调，在根本上就是通过人类自身社会性的实践和交往方式，合理改变人与物和人与人之间的关系，使物质财富和对生产资料的占有不再是使人和人类社会“异化”的物质力量，而成为每个人自由而全面发展的现实条件。在《资本论》中，马克思在“自由人联合体”的概述中认为，社会对资源的分配方式，“会随着社会生产有机体本身的特殊方式和随着生产者的相应的历史发展程度而改变”，社会对社会经济过程的协调功能显著增强，人与自然的物质变换过程也真正成为人与自然“调节”发展的“自觉”的过程②。在《资本论》中，马克思还对社会化大生产条件下社会生产的部门和部类之间的协调发展理论作出系统分析。

习近平在谈到协调发展理念时指出，“坚持协调发展、着力形成平衡发展结构，从推动区域协调发展、推动城乡协调发展、推动物质文明和精神文明协调发展、推动经济建设和国防建设融合发展”③。这是对马克思主义政治经济学关于协调经济社会发展思想的赓续，从多方面拓宽了中国特色社会主义政治经济学关于协调理论的视界。

绿色发展在根本上就是人与自然之间物质变换中的和谐协调问题，是事关人类社会发展的基本问题。从发展的自然的和物质的层面上看，发展意味着更有效地利用自然物质资源，不断改善人类生存的自然物质环境，使之满足人类的物质和精神需要，也就是自然的人化的过程和结果。马克思指出：“自然界，就它自身不是人的身体而言，是人的无机的身体。人靠自然界生活。这就是说，自然界是人为了不致死亡而必须与之处于持续不断的交互作用过程的、人的身体。所谓人的肉体生活和精神生活同自然

① 习近平．习近平谈治国理政．北京：外文出版社，2014：121.

② 马克思，恩格斯．马克思恩格斯文集：第5卷．北京：人民出版社，2009：96.

③ 中共中央文献研究室．十八大以来重要文献选编：中．北京：中央文献出版社，2016：776.

界相联系，不外是说自然界同自身相联系，因为人是自然界的一部分。”① 马克思认为，自然界提供了人类劳动与生存的物质对象，没有自然界，人的现实的生活就失去了存在和发展的基础；人对自然界索取同人对自然界的回馈之间的协调，既体现在社会生产力的发展水平上，“整个所谓世界历史不外是人通过人的劳动而诞生的过程，是自然界对人来说的生成过程”②；更体现在社会劳动过程中，一定形式的社会劳动总是“制造使用价值的有目的的活动，是为了人类的需要而对自然物的占有，是人和自然之间的物质变换的一般条件，是人类生活的永恒的自然条件，因此，它不以人类生活的任何形式为转移，倒不如说，它为人类生活的一切社会形式所共有”③。

在马克思看来，这种“一切社会形式所共有”的人与自然的物质变化形式，在不同的经济社会形态中有着不同的实现形式。在资本主义生产方式的历史演进中，曾经有过以牺牲生态而谋取资本利润的惨痛教训，马克思指出，“资本主义农业的任何进步，都不仅是掠夺劳动者的技巧的进步，而且是掠夺土地的技巧的进步”④。恩格斯更是在回溯人类久远的历史过程时指出：“我们每走一步都要记住：我们决不像征服者统治异族人那样支配自然界，决不像站在自然界之外的人似的去支配自然界——相反，我们连同我们的肉、血和头脑都是属于自然界和存在于自然界之中的；我们对自然界的整个支配作用，就在于我们比其他一切生物强，能够认识和正确运用自然规律。”⑤

习近平指出：“要构筑尊崇自然、绿色发展的生态体系。人类可以利用自然、改造自然，但归根结底是自然的一部分，必须呵护自然，不能凌驾于自然之上。我们要解决好工业文明带来的矛盾，以人与自然和谐相处为目标，实现世界的可持续发展和人的全面发展。”⑥ 绿色作为新发

---

① 马克思，恩格斯. 马克思恩格斯文集：第1卷. 北京：人民出版社，2009：161.

② 同①196.

③ 马克思，恩格斯. 马克思恩格斯文集：第5卷. 北京：人民出版社，2009：215.

④ 同③579.

⑤ 马克思，恩格斯. 马克思恩格斯文集：第9卷. 北京：人民出版社，2009：560.

⑥ 中共中央文献研究室. 十八大以来重要文献选编：中. 北京：中央文献出版社，2016：697.

展理念的内涵，是对世纪之交中国生态文明建设实践经验的总结和理论探索的凝练，奠定了当代中国马克思主义政治经济学生态经济理论的坚实基础。

马克思在《资本论》中提道："一般说来，世界市场是资本主义生产方式的基础和生活环境。但资本主义生产的这些比较具体的形式，只有在理解了资本的一般性质以后，才能得到全面的说明；不过这样的说明不在本书计划之内，而属于本书一个可能的续篇的内容。"① 因此，在马克思政治经济学体系中，《资本论》在对"资本一般"的探索中，诸如国际贸易、国际经济关系还不是直接的叙述对象。开放发展理念，是对马克思预言的《资本论》"可能的续篇"中论述的国际经济关系和世界市场理论的新的拓展。在对国际经济关系的基本判断中，习近平认为："经济全球化、社会信息化极大解放和发展了社会生产力，既创造了前所未有的发展机遇，也带来了需要认真对待的新威胁新挑战。"② 中国开放发展的基本理念就是："在经济全球化时代，各国要打开大门搞建设，促进生产要素在全球范围更加自由便捷地流动。各国要共同维护多边贸易体制，构建开放型经济，实现共商、共建、共享。要尊重彼此的发展选择，相互借鉴发展经验，让不同发展道路交汇在成功的彼岸，让发展成果为各国人民共享。"③ 开放理念强调开创对外开放新格局，丰富对外开放内涵，提高对外开放水平，形成深度融合的互利合作的开放新格局等观点，是对中国改革开放理论的新概括，也是当代中国马克思主义政治经济学关于国际经济关系和经济全球化理论的升华。

共享理念强调共建共享相统一，注重机会公平，保障基本民生，实现全体人民共同迈入全面小康社会等观点，是对马克思主义经典作家关于社会主义生产目的和社会主义基本经济规律理论、人的自由而全面发展思想的继承，是对马克思主义政治经济学理论视野的重要拓展。

---

① 马克思，恩格斯．马克思恩格斯文集：第7卷．北京：人民出版社，2009：126.

② 习近平．习近平在联合国成立70周年系列峰会上的讲话．北京：人民出版社，2015：15.

③ 同②3.

三、新时代中国马克思主义政治经济学的新境界

直面中国经济社会发展的现实问题，以强烈的问题意识，致力于破解发展难题、增强发展动力、厚植发展优势，是新发展理念的根本价值和理论活力所在。新发展理念以中国经济社会发展的重大实践和理论问题为导向，紧紧扣住中国经济社会的趋势性变化和阶段性特征，以显著的中国意识、中国智慧，对“实现什么样的发展、怎样发展”问题作出新的系统阐释。

马克思主义政治经济学从来就主张“从当前的国民经济的事实出发”①，即从实际的和现实的经济关系和经济问题出发。在关于《中共中央关于全面深化改革若干重大问题的决定》的说明中，习近平指出：“要有强烈的问题意识，以重大问题为导向，抓住关键问题进一步研究思考，着力推动解决我国发展面临的一系列突出矛盾和问题。”② 2015 年新年来临之际，习近平提出：“问题是时代的声音，人心是最大的政治。推进党和国家各项工作，必须坚持问题导向，倾听人民呼声。”③ 坚持问题导向，聚焦突出问题和明显短板，回应人民群众诉求和期盼，是提出新发展理念的立足点，也是追求新发展理念的基本立场。

新发展理念“在理论和实践上有新的突破，对破解发展难题、增强发展动力、厚植发展优势具有重大指导意义”；要“坚持问题导向，聚焦突出问题和明显短板，回应人民群众诉求和期盼，提出一系列新的重大战略和重要举措，对保持经济社会持续健康发展具有重要推动作用”④。新发展理念的问题导向主要就在于：发展方式粗放，创新能力不强，部分行业产

---

① 马克思，恩格斯．马克思恩格斯文集：第 1 卷．北京：人民出版社，2009：156.

② 中共中央文献研究室．十八大以来重要文献选编：上．北京：中央文献出版社，2014：497.

③ 中共中央文献研究室．习近平关于协调推进“四个全面”战略布局论述摘编．北京：中央文献出版社，2015：157.

④ 中共中央文献研究室．十八大以来重要文献选编：中．北京：中央文献出版社，2016：773.

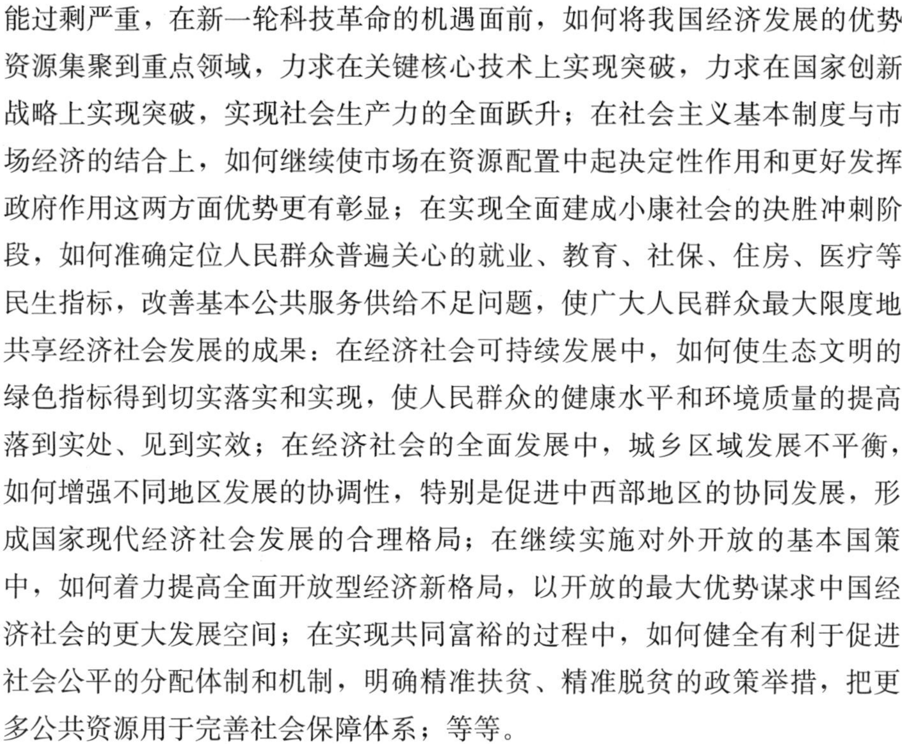

能过剩严重，在新一轮科技革命的机遇面前，如何将我国经济发展的优势资源集聚到重点领域，力求在关键核心技术上实现突破，力求在国家创新战略上实现突破，实现社会生产力的全面跃升；在社会主义基本制度与市场经济的结合上，如何继续使市场在资源配置中起决定性作用和更好发挥政府作用这两方面优势更有彰显；在实现全面建成小康社会的决胜冲刺阶段，如何准确定位人民群众普遍关心的就业、教育、社保、住房、医疗等民生指标，改善基本公共服务供给不足问题，使广大人民群众最大限度地共享经济社会发展的成果：在经济社会可持续发展中，如何使生态文明的绿色指标得到切实落实和实现，使人民群众的健康水平和环境质量的提高落到实处、见到实效；在经济社会的全面发展中，城乡区域发展不平衡，如何增强不同地区发展的协调性，特别是促进中西部地区的协同发展，形成国家现代经济社会发展的合理格局；在继续实施对外开放的基本国策中，如何着力提高全面开放型经济新格局，以开放的最大优势谋求中国经济社会的更大发展空间；在实现共同富裕的过程中，如何健全有利于促进社会公平的分配体制和机制，明确精准扶贫、精准脱贫的政策举措，把更多公共资源用于完善社会保障体系；等等。

新发展理念不仅坚持问题导向，而且在“问题倒逼”中形成互为一体、协同发力的总体发展理念。党的十八届五中全会指出：“坚持创新发展、协调发展、绿色发展、开放发展、共享发展，是关系我国发展全局的一场深刻变革。”①

在新发展理念中，创新是引领发展的第一动力。习近平指出：“一定要牢牢抓住发展这个党执政兴国的第一要务不动摇，在推动产业优化升级上下功夫，在提高创新能力上下功夫，在加快基础设施建设上下功夫，在深化改革开放上下功夫，扎扎实实走出一条创新驱动发展的路子来。”② 在国际发展竞争日趋激烈和我国发展动力转换的形势下，发展的基点就在于创新，特别是在深入实施创新驱动发展战略中，要拓展视野、开拓创新领

① 中共中央文献研究室．十八大以来重要文献选编：中．北京：中央文献出版社，2016：793.

② 坚决打好扶贫开发攻坚战 加快民族地区经济社会发展．人民日报，2015-01-22（1）.

域，要“推动科技创新、产业创新、企业创新、市场创新、产品创新、业态创新、管理创新等，加快形成以创新为主要引领和支撑的经济体系和发展模式”①。习近平指出：“抓创新就是抓发展，谋创新就是谋未来。不创新就要落后，创新慢了也要落后。要激发调动全社会的创新激情，持续发力，加快形成以创新为主要引领和支撑的经济体系和发展模式。要积极营造有利于创新的政策环境和制度环境。”② 创新的主体在于人才，“人才是创新的根基，创新驱动实质上是人才驱动，谁拥有一流的创新人才，谁就拥有了科技创新的优势和主导权”③。在推进创新发展科技驱动上，要发挥科技创新的引领作用，加强基础研究，强化原始创新、集成创新和引进消化吸收再创新，开展基础性前沿性创新研究，重视颠覆性技术创新。

在新发展理念中，协调是持续健康发展的内在要求。协调在于把握中国特色社会主义事业总体布局，正确处理发展中的重大关系，重点促进城乡区域协调发展，促进经济社会协调发展，促进新型工业化、信息化、城镇化、农业现代化同步发展，在增强国家硬实力的同时，注重提升国家软实力，不断增强发展整体性。要把握协调创新的辩证关系，如习近平所指出的，“要采取有力措施促进区域协调发展、城乡协调发展，加快欠发达地区发展，积极推进城乡发展一体化和城乡基本公共服务均等化”④。坚持工业反哺农业、城市支持农村，健全城乡发展一体化体制机制，推进城乡要素平等交换、合理配置和基本公共服务均等化。还要注重推动物质文明和精神文明协调发展，推动经济建设和国防建设融合发展。

在新发展理念中，绿色是永续发展的必要条件。环境就是民生，青山就是美丽，蓝天也是幸福。要像保护眼睛一样保护生态环境，像对待生命一样对待生态环境。绿色是人民对美好生活追求的重要体现，要坚持节约资源和保护环境的基本国策，坚持可持续发展，坚定走生产发展、生活富

① 中共中央文献研究室．习近平关于社会主义经济建设论述摘编．北京：中央文献出版社，2017：144.

② 中共中央文献研究室．习近平关于科技创新论述摘编．北京：中央文献出版社，2016：70－71.

③ 同②122.

④ 中共中央文献研究室．习近平关于社会主义生态文明建设论述摘编．北京：中央文献出版社，2017：27.

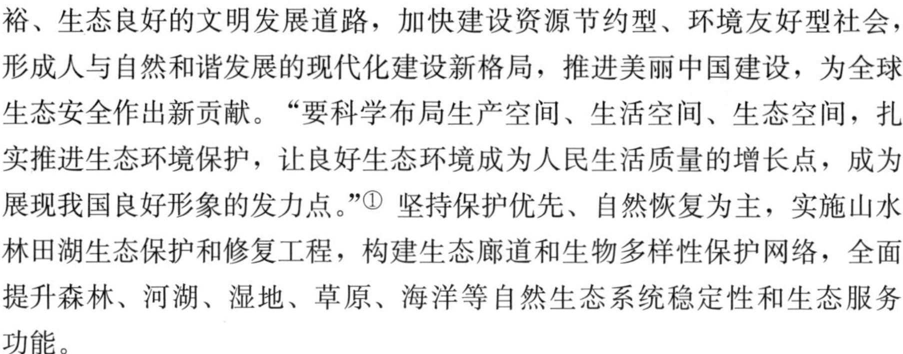

裕、生态良好的文明发展道路，加快建设资源节约型、环境友好型社会，形成人与自然和谐发展的现代化建设新格局，推进美丽中国建设，为全球生态安全作出新贡献。“要科学布局生产空间、生活空间、生态空间，扎实推进生态环境保护，让良好生态环境成为人民生活质量的增长点，成为展现我国良好形象的发力点。”① 坚持保护优先、自然恢复为主，实施山水林田湖生态保护和修复工程，构建生态廊道和生物多样性保护网络，全面提升森林、河湖、湿地、草原、海洋等自然生态系统稳定性和生态服务功能。

在新发展理念中，开放是国家繁荣发展的必由之路。开放在于顺应我国经济深度融入世界经济的趋势，奉行互利共赢的开放战略，坚持内外需协调、进出口平衡、引进来和走出去并重、引资和引技引智并举，发展更高层次的开放型经济，积极参与全球经济治理和公共产品供给，提高我国在全球经济治理中的制度性话语权，构建广泛的利益共同体。习近平指出：“要加快转变政府职能，解决好政府管理体制问题，按照自由贸易试验区规则办事，明确政府到底该做什么，哪些领域要放开，哪些领域应该有更大作为，把政府和市场的关系处理好。要发挥好试验区辐射带动作用，抓紧复制和推广试验区改革成果，扩大辐射和溢出效应，使制度创新成为推动发展的强大动力。”② 要从制度和规则层面进行改革，推进包括放宽市场投资准入、加快自由贸易区建设、扩大内陆沿边开放等在内的体制机制改革，着力营造法治化、国际化的营商环境，促进全球经济平衡、金融安全、经济稳定增长，加快培育竞争新优势。扩大对外开放要同实施“一带一路”倡议等紧密衔接起来，同国内改革发展衔接起来。

在新发展理念中，共享是中国特色社会主义的本质要求。共享在于坚持发展为了人民、发展依靠人民、发展成果由人民共享，作出更有效的制度安排，使全体人民在共建共享发展中有更多获得感，增强发展动力，增进人民团结，朝着共同富裕方向稳步前进。“社会建设要以共建共享为基

---

① 中共中央文献研究室．习近平关于社会主义生态文明建设论述摘编．北京：中央文献出版社，2017：27.

② 中共中央文献研究室．习近平关于社会主义政治建设论述摘编．北京：中央文献出版社，2017：118.

本原则，在体制机制、制度政策上系统谋划，从保障和改善民生做起，坚持群众想什么、我们就干什么，既尽力而为又量力而行，多一些雪中送炭，使各项工作都做到愿望和效果相统一。”[①] 要坚持经济发展以保障和改善民生为出发点和落脚点，全面解决好人民群众关心的教育、就业、收入、社保、医疗卫生、食品安全等问题，让改革发展成果更多、更公平、更实在地惠及广大人民群众。要按照精准扶贫、精准脱贫要求，确保在既定时间节点打赢扶贫开发攻坚战。习近平强调："广大人民群众共享改革发展成果，是社会主义的本质要求，是我们党坚持全心全意为人民服务根本宗旨的重要体现。我们追求的发展是造福人民的发展，我们追求的富裕是全体人民共同富裕。改革发展搞得成功不成功，最终的判断标准是人民是不是共同享受到了改革发展成果。”[②]

新发展理念集发展方向、发展目标、发展方式、发展动力、发展路径等为一体，是改革开放以来我国发展经验的深刻总结，是对"实现什么样的发展、怎样发展"问题的新的回答。习近平指出："要树立和坚持创新、协调、绿色、开放、共享的发展理念。这五大发展理念，是在深刻总结国内外发展经验教训、深入分析国内外发展大势的基础上提出来的，集中反映了我们党对我国经济发展规律的新认识，同马克思主义政治经济学的许多观点是相通的。比如，马克思、恩格斯设想在未来社会'所有人共同享受大家创造出来的福利'，'人直接地是自然存在物'，'自然史和人类史就彼此相互制约'。同时，这五大发展理念也是对我们在推动经济发展中获得的感性认识的升华，是对我们推动经济发展实践的理论总结。我们要坚持用新的发展理念来引领和推动我国经济发展，不断破解经济发展难题，开创经济发展新局面。”[③] 习近平对新发展理念的系列论述，不仅是"十三五"时期而且也是更长时期我国发展思想的深刻阐释，反映着我们党对中国特色社会主义经济社会发展规律的新认识，体现了当代中国马克思主义

① 中共中央文献研究室．习近平关于社会主义社会建设论述摘编．北京：中央文献出版社，2017：130.

② 同①34-35.

③ 中共中央党史和文献研究院．十八大以来重要文献选编：下．北京：中央文献出版社，2018：4.

政治经济学的新的理论贡献。

四、新发展理念在新发展阶段的拓新

新发展理念作为习近平新时代中国特色社会主义经济思想的主要内容，不仅贯穿于党的十八大以来决胜全面建成小康社会的全过程，而且还影响着新发展阶段全面建设社会主义现代化国家的整个大局，成为中国特色社会主义政治经济学的主要内容和最显著的标志性成果。

第一，新发展理念在国家五年规划制定和实施中起主导作用。新发展理念形成于2015年，时为国家“十三五”规划制定的重要时期。新发展理念作为“总基调”，阐明了“十三五”规划谋篇布局的“物之固然”；作为“先导”和“指导”，昭彰了“十三五”规划各项举措和各个环节的“事之所以然”。这一时期，习近平多次以“牢固树立和贯彻落实创新、协调、绿色、开放、共享的发展理念”为基本方针和指导原则，对“十三五”规划作出深入阐释和全面部署。

在党的十九大报告中，习近平对十八大以来我国经济建设取得的重大成就作了阐释，高度评价在“坚定不移贯彻新发展理念，坚决端正发展观念、转变发展方式，发展质量和效益不断提升”① 上取得的历史性成就。在制定“十四五”规划过程中，习近平多次强调：“党的十八大以来，我们党对经济形势进行科学判断，对经济社会发展提出了许多重大理论和理念，对发展理念和思路作出及时调整，其中新发展理念是最重要、最主要的，引导我国经济发展取得了历史性成就、发生了历史性变革。”② 这是对新发展理念作为习近平新时代中国特色社会主义经济思想的主导理念，作为中国特色社会主义政治经济学主要内容的充分肯定。

进入新发展阶段，新时代中国社会主要矛盾的变化，发展的不平衡、

① 习近平．习近平谈治国理政：第3卷．北京：外文出版社，2020：2.

② 深入学习坚决贯彻党的十九届五中全会精神 确保全面建设社会主义现代化国家开好局．人民日报，2021-01-12 (1).

不充分突出地表现为矛盾的主要方面，成为处理和解决好主要矛盾的根本出路和根本路径。在中国经济社会发展面对的各种问题中，最为突出的就是发展质量和效益迫切需要提高、创新能力亟待增强、实体经济整体水平有待提升，最需要解决的是地区和区域发展的显著差距、社会公共服务的明显滞后，生态环境保护意识薄弱等问题。这使坚定不移地贯彻和落实新发展理念不仅有长远的战略意义，而且更具有实施现阶段基本方略的战术意义。

第二，新发展理念的思想精粹及其特征得到彰显。党的十九大以来，新发展理念一直是以习近平同志为核心的党中央国是论衡的中心议题。作为解决我国一切发展问题的“基础和关键”，新发展理念也集中体现了中国特色社会主义政治经济学的思想精粹和总体性特征。

这一精粹和特征贯通新发展理念的各个方面及其整体作用过程之中。五大发展理念，创新是引领发展的“第一动力”，协调是持续健康发展的“内在要求”，绿色是永续发展的“必要条件”和满足人民对美好生活追求的“重要体现”，开放是国家繁荣发展的“必由之路”，共享是中国特色社会主义的“本质要求”。

这一精粹和特征体现在新发展理念的“先导”和“主导”作用之中。新发展理念作用于经济、政治、文化、社会和生态文明五大建设“总体布局”，是解决和处理好社会主要矛盾的“总体布局”“指挥棒”。“创新”重在立足科技创新、依托创新驱动、依靠创新人才、占据创新高地，形成更为完善的创新体制；“协调”着力区域之间、城乡之间、五大建设之间的统筹规划、协调发展，拓宽发展空间、深化持续发展，全面增强发展的可持续性；“绿色”旨在推动形成绿色发展方式和生活方式，坚持绿色富国、绿色惠民；“开放”意在拓展对外开放视界，开创对外开放新局面，形成深度融合、互利合作的开放格局；“共享”注重解决社会公平正义问题，让广大人民群众共享改革发展成果。新发展理念的五个方面及其整体作用过程，统一于“五位一体”总体布局之中，成就于中国特色社会主义现代化国家建设和中华民族伟大复兴的历史进程之中。

这一精粹和特征根植于新发展理念的历史性和世界性的意蕴之中。新

发展理念包含对全球经济增长和发展中，特别是发展中国家陷于各种发展困境和“陷阱”中的经验教训的探究。以新发展理念为主导的中国道路，为那些既希望加快发展又希望保持自身独立性的国家和民族提供了可资借鉴的方案。新发展理念在关于发展思路、发展方向、发展战略、发展目标、发展步骤、发展着力点和发展绩效等方面的系列理念，对世界上许多国家摆脱传统增长模式的“窠臼”，跨越各种所谓的“陷阱”有重要的启示。

第三，新发展理念的思想精粹和特征在新发展阶段的升华。在新发展阶段，新发展理念的政治经济学的思想精粹和特征得到新的拓展，升华了新发展理念的意蕴。

新发展理念以国内经济和国际经济循环为主，凸显了生产、交换、流通、消费相结合经济运行的总体关系。马克思在《〈政治经济学批判〉导言》中揭示了生产（直接生产过程）和分配、交换（流通）、消费诸环节作为经济运行有机整体的基本特征，阐明了社会经济关系的“总体”规定性。在制定“十四五”规划时，习近平多次强调，在战略思维上，要着力打通经济运行中生产、分配、流通、消费各个环节及其联系，形成更多的新的增长点、增长极，在总体上形成以畅通国民经济循环为主构建新发展格局。我国是全球最大的最有潜力的消费市场，消费是我国经济增长和发展的引擎，“我们要牢牢把握扩大内需这一战略基点，使生产、分配、流通、消费各环节更多依托国内市场实现良性循环，明确供给侧结构性改革的战略方向，促进总供给和总需求在更高水平上实现动态平衡”①。要使生产、分配、流通、消费更多地依托国内市场，使新发展理念在“育新机”和“开新局”中发挥新优势、开辟新路径。

新发展理念作出了统筹发展和安全关系的新判断，形成了集经济、政治、文化、社会和生态文明建设为一体的总体发展目标。在新发展阶段，要“着重从发展战略角度”，在坚定实施扩大内需战略，优化和稳定产业链、供应链战略，完善城市化战略，调整优化科技投入和产出结构战略，

① 中共中央党史和文献研究院．十九大以来重要文献选编：中．北京：中央文献出版社，2021：496.

实现人与自然和谐共生战略和加强公共卫生体系建设战略上谋篇布局。要使这些战略发展，与经济社会发展紧密相扣，与国家长治久安牢固维系，牢固确立统筹国家发展和安全关系的发展理念。在这一方面，更要求“坚持政治安全、人民安全、国家利益至上有机统一，既要敢于斗争，也要善于斗争，全面做强自己”①。五中全会通过的《中共中央关于制定国民经济和社会发展第十三个五年规划的建议》，对统筹发展和安全、加快国防和军队现代化等作出战略部署，强调要坚持总体国家安全观，加强国家安全体系和能力建设，筑牢国家安全屏障。

“全党必须完整、准确、全面贯彻新发展理念。”② 这是习近平在学习贯彻党的十九届五中全会精神时提出的新要求，也是从立场、观点和方法上对新发展理念思想精粹作出的新阐释。

“从根本宗旨把握新发展理念”。为人民谋幸福、为民族谋复兴，这既是我们党领导现代化建设的出发点和落脚点，也是新发展理念的“根”和“魂”。在新发展理念提出之初，习近平就强调：“我们必须坚持发展为了人民、发展依靠人民、发展成果由人民共享，作出更有效的制度安排，使全体人民朝着共同富裕方向稳步前进，绝不能出现‘富者累巨万，而贫者食糟糠’的现象。”③ 从“根本宗旨”上贯彻落实新发展理念，才能始终坚持以人民为中心的发展思想，才能树立正确的发展观、现代化观。

“从问题导向把握新发展理念”。坚持问题导向，更加精准地贯彻新发展理念，是新发展理念的基本观点和根本方法，也是新发展阶段贯彻落实新发展理念的内在需要和根本要求。我国发展已经站在新的历史起点上，要根据新发展阶段的新要求，举措要更加精准务实，切实解决好发展不平衡不充分的问题，真正实现高质量发展。在畅通国民经济循环为主的发展过程中，坚持扩大内需这个战略基点，发挥好改革的突破和先导作用，依靠改革破除发展瓶颈、汇聚发展优势、增强发展动力。

---

①② 深入学习坚决贯彻党的十九届五中全会精神 确保全面建设社会主义现代化国家开好局. 人民日报，2021-01-12 (1).

③ 中共中央文献研究室. 十八大以来重要文献选编：中. 北京：中央文献出版社，2016：827.

“从忧患意识把握新发展理念”。坚持统筹发展和安全，增强机遇意识和风险意识，树立底线思维，也是新发展理念的基本观点和根本方法。随着我国社会主要矛盾变化和国际力量对比深刻调整，“十四五”及其之后的一个很长的时期，将是我国各类矛盾和风险易发期，各种可以预见的和难以预见的风险因素会明显增多。“在危机中育新机、于变局中开新局”，深刻认识新发展理念的新特征和新路向，提高解决和处理社会主要矛盾的主导意识，增强辩证分析能力和总体意识，把困难估计得更充分一些，把风险思考得更深入一些，着力于“育新机”“开新局”，下好先手棋、打好主动仗，确保社会主义现代化事业的顺利推进。

第十八章　习近平经济思想与“系统化的经济学说”的开拓

开拓中国特色“系统化的经济学说”，是当代中国马克思主义政治经济学发展的根本要求，也是彰显马克思主义政治经济学中国智慧的重要标识。2015 年 11 月，习近平在十八届中共中央政治局第二十八次集体学习的讲话中提出：“我们要立足我国国情和我们的发展实践，深入研究世界经济和我国经济面临的新情况新问题，揭示新特点新规律，提炼和总结我国经济发展实践的规律性成果，把实践经验上升为系统化的经济学说，不断开拓当代中国马克思主义政治经济学新境界，为马克思主义政治经济学创新发展贡献中国智慧。”①

习近平对中国特色“系统化的经济学说”形成的历史背景和社会根源及其实践基础和基本特征、时代意义和思想境界的深刻阐释，成为他在题为《不断开拓当代中国马克思主义政治经济学新境界》讲话的理论要义和思想精粹。党的十八大以来，习近平经济思想对中国特色“系统化的经济学说”的探索，就是对这一理论要义和思想精粹的运用，也是这一理论要义和思想精粹的结晶。

---

① 中共中央党史和文献研究院．十八大以来重要文献选编：下．北京：中央文献出版社，2018：7.

一、中国特色“系统化的经济学说”的基本特征和学理依循

习近平经济思想对中国特色“系统化的经济学说”的探索，是以马克思主义政治经济学基本原理与当代中国实际相结合，即毛泽东提出的“进行第二次结合”为基本特征和学理依循的。

“我们党历来重视对马克思主义政治经济学的学习、研究、运用。”[①] 1956年2月，正值生产资料社会主义改造即将完成、中国社会主义基本制度即将确立的历史时刻，毛泽东在为《论十大关系》讲话作调研的一开始就提出：“不要再硬搬苏联的一切了，应该用自己的头脑思索了。应该把马列主义的基本原理同中国社会主义革命和建设的具体实际结合起来，探索在我们国家里建设社会主义的道路了。”[②] 他从社会主义政治经济学探索指导思想的高度指出：“我们要进行第二次结合，找出在中国怎样建设社会主义的道路。”[③] 中国社会主义政治经济学探索伊始，毛泽东就高瞻远瞩，提出了“进行第二次结合”的指导思想，凸显了马克思主义政治经济学基本原理与中国具体实际相结合的基本特征，阐明了中国特色“系统化的经济学说”发展的学理依循。

1984年10月，《关于经济体制改革的决定》提出了“社会主义经济是公有制基础上的有计划的商品经济”的论断。邓小平认为，这一论断说出了适合于中国经济体制改革实际的“新话”，重要的是“用自己的实践回答了新情况下出现的一些新问题”，“写出了一个政治经济学的初稿”，这是“马克思主义基本原理和中国社会主义实践相结合的政治经济学”[④]。邓小平赋予“进行第二次结合”思想新的内涵，再次肯定中国特色

① 中共中央党史和文献研究院．十八大以来重要文献选编：下．北京：中央文献出版社，2018：2.

② 中共中央文献研究室．毛泽东年谱：1949—1976：第2卷．北京：中央文献出版社，2013：550.

③ 同②557.

④ 邓小平．邓小平文选：第3卷．北京：人民出版社，1993：91，91，83，83.

社会主义政治经济学具有的“马克思主义基本原理和中国社会主义实践相结合”的基本特征。回顾改革开放以来中国特色社会主义政治经济学的发展，习近平指出：“党的十一届三中全会以来，我们党把马克思主义政治经济学基本原理同改革开放新的实践结合起来，不断丰富和发展马克思主义政治经济学。”① 毛泽东在“进行第二次结合”思想中凸显的这一基本特征，接续体现在中国特色社会主义政治经济学发展过程之中，成为中国特色“系统化的经济学说”发展的学理依循。

“马克思主义政治经济学是马克思主义的重要组成部分，也是我们坚持和发展马克思主义的必修课。”② 党的十八大以来，以习近平同志为核心的党中央在续写“进行第二次结合”的新篇章中，坚持马克思主义政治经济学基本原理同新时代改革开放新的实践相结合，推进了中国特色社会主义政治经济学的新发展，为中国特色“系统化的经济学说”发展提供了更为坚实的学理依循。

全面建成小康社会的历史进程波澜壮阔，蕴藏着中国特色“系统化的经济学说”拓新的难得的理论契机，在新的实践中更能讲出“老祖宗”没有讲过的“新话”，为马克思主义政治经济学创新发展贡献中国智慧。党的十八大以来，以习近平同志为核心的党中央深刻理解和把握当代中国经济关系的趋势性变化和阶段性特征，按照贯彻实施“四个全面”战略布局的要求，以实现全面建成小康社会为战略目标，提出了经济新常态、供给侧结构性改革等一系列新的理论，推进了中国特色“系统化的经济学说”的新发展，赋予“进行第二次结合”的基本特征和学理依循新时代的意蕴。

二、中国特色“系统化的经济学说”的根本指向与重大原则

习近平经济思想对中国特色“系统化的经济学说”的探索，是以解放

① 中共中央党史和文献研究院．十八大以来重要文献选编：下．北京：中央文献出版社，2018：2-3.

② 同①1.

和发展生产力这一重大问题为根本指向和重大原则的。

1956 年初，在对社会主义建设发展的最初探索中，毛泽东就提出了以解放生产力和发展生产力为社会主义政治经济学研究的根本指向。毛泽东强调，“我们的党，我们的政府，我们的各个部门，都必须执行促进生产力发展的任务”，而且上层建筑也要“适合这个经济基础，适合生产力的发展”的要求①。不久，毛泽东再次提出“社会主义革命的目的是解放生产力”的问题，提出“社会主义革命的目的是为了解放生产力”，社会主义所有制的建立“必然使生产力大大地获得解放”②。不管是解放生产力还是发展生产力，都是为了实现一个“伟大的目标”。这个“伟大的目标”，就是毛泽东认为的“要在几十年内，努力改变我国在经济上和科学文化上的落后状况，迅速达到世界上的先进水平”③。

马克思主义政治经济学认为，“只有把社会关系归结于生产关系，把生产关系归结于生产力的水平，才能有可靠的根据把社会形态的发展看做自然历史过程”④。中国特色社会主义政治经济学确立的解放生产力和发展生产力的根本指向，把握了“生产力的水平”的基本立场和方法，为理解中国社会主义初级阶段经济关系的本质提供了“可靠的根据”。

在改革开放过程中，邓小平以社会主义的首要任务是发展生产力，逐步提高人民的物质和文化生活水平为根本出发点，对解放和发展生产力这一中国特色社会主义政治经济学的根本指向，作出了多方面的阐释。特别是在解放和发展生产力的关系问题上，邓小平强调：“过去，只讲在社会主义条件下发展生产力，没有讲还要通过改革解放生产力，不完全。应该把解放生产力和发展生产力两个讲全了。”⑤“讲全”解放生产力和发展生产力，成为邓小平对社会主义本质概括的基本前提和根本规定，也是对中国特色社会主义政治经济学根本指向内涵的深化。

---

① 中共中央文献研究室．毛泽东年谱：1949—1976：第 2 卷．北京：中央文献出版社，2013：513.

② 毛泽东．毛泽东文集：第 7 卷．北京：人民出版社，1999：1.

③ 同②2.

④ 列宁．列宁专题文集：论辩证唯物主义和历史唯物主义．北京：人民出版社，2009：161.

⑤ 邓小平．邓小平文选：第 3 卷．北京：人民出版社，1993：370.

党的十八大以来，以习近平同志为核心的党中央密切结合中国经济社会发展的新的实际，提出“生产力是推动社会进步的最活跃、最革命的要素。社会主义的根本任务是解放和发展社会生产力”①。习近平经济思想坚持认为：只有从生产力和生产关系矛盾运动，及其同经济基础和上层建筑矛盾运动的结合上作出总体考察，才能全面把握社会的基本面貌和发展方向，才能揭示中国社会主义初级阶段经济关系的本质及其发展规律，才能以解放和发展生产力为根本指向和重大原则，真正拓新中国特色“系统化的经济学说”。

党的十八大以来，习近平经济思想的聚焦点和着力点在于：“全面建成小康社会，实现社会主义现代化，实现中华民族伟大复兴，最根本最紧迫的任务还是进一步解放和发展社会生产力。”② 习近平强调：“只有紧紧围绕发展这个第一要务来部署各方面改革，以解放和发展社会生产力为改革提供强大牵引，才能更好推动生产关系与生产力、上层建筑与经济基础相适应。”③ 全面建成小康社会的战略目标，是对当代中国社会基本面貌和发展方向整体理解和判断的结果。要把解放和发展社会生产力，融于全面建成小康社会的全过程中，并在这一过程中激发起解放和发展生产力的新的势能和新的力量，实现解放和发展生产力的全面跃升。只有在实现解放和发展社会生产力这一“最紧迫的任务”的过程中，才能真正达到逐步提高人民对美好生活的期盼和要求，推进物质、政治、精神、社会和生态这五大文明的全面发展，促进人的自由而全面发展的根本目标。这就是习近平经济思想把“解放和发展生产力”确立为中国特色社会主义政治经济学的首要的“重大原则”的意蕴所在。

解放和发展生产力的重大原则，作为中国特色社会主义政治经济学的根本指向，也是马克思主义政治经济学在中国发展的逻辑结论。习近

---

① 推动全党学习和掌握历史唯物主义 更好认识规律更加能动地推进工作. 人民日报，2013-12-05 (1).

② 中共中央文献研究室. 十八大以来重要文献选编：上. 北京：中央文献出版社，2014：549.

③ 中共中央文献研究室. 习近平关于全面深化改革论述摘编. 北京：中央文献出版社，2014：48.

平在题为《不断开拓当代中国马克思主义政治经济学新境界》的讲话中提到的，无论是在对中国社会主义建设道路的最初探索中，毛泽东提出的社会主义社会基本矛盾，统筹兼顾、注意综合平衡，以农业为基础、工业为主导、农轻重协调发展等理论，还是在改革开放不断深化中，形成的关于社会主义本质、社会主义初级阶段基本经济制度、社会主义市场经济体制等重要理论，都是以解放和发展社会生产力为根本指向和重大原则的。

2018年12月，习近平在庆祝改革开放四十周年大会的讲话中，把“我们始终坚持以经济建设为中心，不断解放和发展社会生产力”，看作“中国人民在富起来、强起来的征程上迈出了决定性的步伐”的关键因素之一；提出“改革开放四十年的实践启示我们：解放和发展社会生产力，增强社会主义国家的综合国力，是社会主义的本质要求和根本任务。只有牢牢扭住经济建设这个中心，毫不动摇坚持发展是硬道理、发展应该是科学发展和高质量发展的战略思想，推动经济社会持续健康发展，才能全面增强我国经济实力、科技实力、国防实力、综合国力，才能为坚持和发展中国特色社会主义、实现中华民族伟大复兴奠定雄厚物质基础”①。以解放和发展生产力为根本指向和重大原则，是习近平对中国特色“系统化的经济学说”探索的重大理论贡献，也是对中国共产党人“接力探索”“着力解决”的这一重大问题的创新。

三、中国特色“系统化的经济学说”的主导理念和主要内容

习近平经济思想对中国特色“系统化的经济学说”的探索，是以新发展理念为主导理念和主要内容的。

在党的十九大报告中，习近平在对十八大以来“经济建设取得重大成

---

① 中共中央党史和文献研究院．十九大以来重要文献选编：上．北京：中央文献出版社，2019：725，725，733-734.

就”的论述中，最先肯定的就是在“坚定不移贯彻新发展理念，坚决端正发展观念、转变发展方式，发展质量和效益不断提升”[①] 上取得的历史性成就。这是对新发展理念作为习近平经济思想的主导理念和中国特色“系统化的经济学说”主要内容的深刻阐释。面对新时代社会主要矛盾的变化，面对发展中亟待解决的一些突出问题，如发展质量和效益有待提高、创新能力亟须增强、实体经济整体水平有待提升、地区和区域发展差距明显、社会公共服务多有滞后，生态环境保护尚待加强等，坚定不移地坚持和实施新发展理念的意义更加凸显。

“实现什么样的发展、怎样发展”的问题，不仅是当代中国社会发展的重大问题，也是当今世界面临的重大问题。党的十八大以来，以习近平同志为核心的党中央从治国理政和全面建成小康社会的高度，对发展问题在多方面作出实践上的新探索和理论上的新阐释，新发展理念贯穿于党的十八大以来习近平新时代中国特色社会主义思想发展的全过程，也成为习近平经济思想对中国特色“系统化的经济学说”探索的主要内容。

党的十八大召开后不久，习近平提出：“我们要坚持发展是硬道理的战略思想，坚持以经济建设为中心，全面推进社会主义经济建设、政治建设、文化建设、社会建设、生态文明建设，深化改革开放，推动科学发展，不断夯实实现中国梦的物质文化基础。”[②] 在这之后召开的历次中央经济工作会议上，新发展理念一直是习近平国是论衡的中心议题。

2012 年 12 月，在党的十八大之后召开的第一次中央经济工作会议上，习近平强调，必须坚持发展是硬道理的战略思想，决不能有丝毫动摇；必须全面深化改革，坚决破除一切妨碍科学发展的思想观念和体制机制弊端。实施适合于全面建成小康社会发展的主导理念，既要树立“决不能有丝毫动摇”的信心，也要有坚定地推进“全面深化改革”的决心。在 2013 年底召开的中央经济工作会议上，习近平对“实施创新驱动发展”的创新理念，对“积极促进区域协调发展”“注重永续发展”的协调理念作了阐

① 习近平. 习近平谈治国理政：第 3 卷. 北京：外文出版社，2020：2.

② 中共中央文献研究室. 十八大以来重要文献选编：上. 北京：中央文献出版社，2014：236.

释，还深入探讨了“让老百姓得到实实在在的好处”的共享理念、“建设21世纪海上丝绸之路，加强海上通道互联互通建设，拉紧相互利益纽带”的开放理念 。在2014年底召开的中央经济工作会议上，习近平在对创新理念和协调理念的阐释中，从“实体产业创新”上提出“创新必须落实到创造新的增长点上，把创新成果变成实实在在的产业活动”；从区域协调与协同发展的联动关系上，提出“要完善区域政策，促进各地区协调发展、协同发展、共同发展”。新发展理念的五个方面臻于完善，五个方面的内在联系已呈新见。

2015年在制定“十三五”规划宏伟蓝图时，习近平指出：“发展理念是发展行动的先导，是管全局、管根本、管方向、管长远的东西，是发展思路、发展方向、发展着力点的集中体现。”① 新发展理念成为“十三五”时期我国经济社会发展谋篇布局的“物之固然”和“事之所以然”。2015年底的中央经济工作会议，是在即将进入“十三五”时期的重要节点召开的，习近平以“牢固树立和贯彻落实创新、协调、绿色、开放、共享的发展理念”为指导方针，对经济改革发展的“工作总基调”作了阐释。在2016年底召开的党的十八大期间的最后一次中央经济工作会议上，习近平指出，以新发展理念为“先导”和“指导”，已经初步形成我国经济持续健康发展的一套政策框架；“以新发展理念为指导”，在我国经济改革和发展的实践中已经得到检验和彰显。

在党的十九大报告中，习近平在对新时代中国特色社会主义思想的阐释中，从基本方略上突出了坚持新发展理念的重大意义，提出“发展是解决我国一切问题的基础和关键”的新要求，“基础和关键”的要旨就在于“发展必须是科学发展，必须坚定不移贯彻创新、协调、绿色、开放、共享的发展理念”②。

新发展理念所具有的“管全局、管根本、管方向、管长远”的作用，在新发展阶段得到进一步展现，这一理念的总体性特征得到进一步彰显。

这一总体性特征，不仅体现在新发展理念各个方面作用的相互依存、

① 中共中央文献研究室. 十八大以来重要文献选编：中. 北京：中央文献出版社，2016：774.

② 习近平. 习近平谈治国理政：第3卷. 北京：外文出版社，2020：17.

相互着力和相辅相成、紧密相连上，更体现在贯彻落实新发展理念过程和领域的整体性上。习近平指出：“新发展理念是一个整体，无论是中央层面还是部门层面，无论是省级层面还是省以下各级层面，在贯彻落实中都要完整把握、准确理解、全面落实，把新发展理念贯彻到经济社会发展全过程和各领域。”① “完整、准确、全面贯彻新发展理念，必须坚持系统观念”②，是习近平从方法论上对新发展理念总体性特征的科学概括。

在新发展阶段，从总体上完整、准确、全面贯彻新发展理念，要抓住社会主要矛盾和矛盾的主要方面，切实解决影响构建新发展格局、实现高质量发展的突出问题，切实解决影响人民群众生产生活的突出问题。毛泽东曾经指出：“不但要研究每一个大系统的物质运动形式的特殊的矛盾性及其所规定的本质，而且要研究每一个物质运动形式在其发展长途中的每一个过程的特殊的矛盾及其本质。”③ 习近平从新发展理念的总体性特征的角度强调：“创新发展、协调发展、绿色发展、开放发展、共享发展，在工作中都要予以关注，使之协同发力、形成合力，不能畸轻畸重，不能以偏概全。”④

完整、准确、全面贯彻新发展理念，就要坚持统筹国内国际两个大局。在新发展阶段，要统筹中华民族伟大复兴战略全局和世界百年未有之大变局，立足国内，放眼世界，深刻认识错综复杂的国际局势对我国的影响，既保持战略定力又善于积极应变，既集中精力办好自己的事，又积极参与全球治理、为国内发展创造良好环境。

完整、准确、全面贯彻新发展理念，就要坚持统筹“五位一体”总体布局和“四个全面”战略布局，在谋划和推进发展的过程中，要善于预见和预判各种风险挑战，做好应对各种“黑天鹅”“灰犀牛”事件的预案，不断增强发展总体上的安全性。从总体性特征上，就是要“加强前瞻性思考、全局性谋划、战略性布局、整体性推进”⑤。

---

① 习近平．论把握新发展阶段、贯彻新发展理念、构建新发展格局．北京：中央文献出版社，2021：500-501.

② 同①504.

③ 毛泽东．毛泽东选集：第1卷．2版．北京：人民出版社，1991：310.

④ 同①501.

⑤ 同①504.

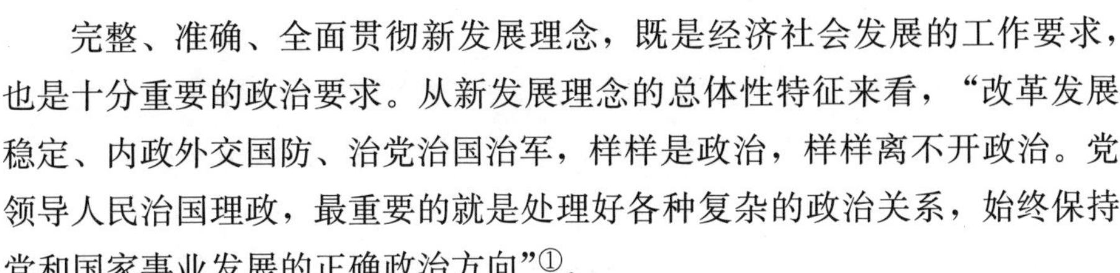

完整、准确、全面贯彻新发展理念，既是经济社会发展的工作要求，也是十分重要的政治要求。从新发展理念的总体性特征来看，“改革发展稳定、内政外交国防、治党治国治军，样样是政治，样样离不开政治。党领导人民治国理政，最重要的就是处理好各种复杂的政治关系，始终保持党和国家事业发展的正确政治方向”①。

新发展理念所具有的“管全局、管根本、管方向、管长远”的总体性特征，使这一发展理念成为习近平经济思想的重要理论，也成为中国特色“系统化的经济学说”的主导理念和主要内容。

四、习近平经济思想对“系统化的经济学说”的概括

在 2015 年十八届中共中央政治局第二十八次集体学习的讲话中，习近平不仅提出了中国特色“系统化的经济学说”问题，对中国特色社会主义政治经济学的学理依循和理论要义作出探索，而且还从学理和学术上对中国特色“系统化的经济学说”首次作出阐释。

习近平对这一“系统化的经济学说”作出六个主要层面的阐释：一是坚持以人民为中心的发展思想。“要坚持以人民为中心的发展思想，把增进人民福祉、促进人的全面发展、朝着共同富裕方向稳步前进作为经济发展的出发点和落脚点”② 的思想，是习近平经济思想的核心观点，是部署经济工作、制定经济政策、推动经济发展要牢牢把握的根本立场。二是坚持新发展理念。新发展理念是“在深刻总结国内外发展经验教训、深入分析国内外发展大势的基础上提出来的，集中反映了我们党对我国经济发展规律的新认识”，也“同马克思主义政治经济学的许多观点是相通的”，体现了马克思、恩格斯关于未来社会全面发展的基本思想③。习近平强调：“按照新发展理念推动我国经济社会发展，是当前和今后一个时期我国发

① 习近平. 论把握新发展阶段、贯彻新发展理念、构建新发展格局. 北京：中央文献出版社，2021：505.

②③ 中共中央党史和文献研究院. 十八大以来重要文献选编：下. 北京：中央文献出版社，2018：4.

展的总要求和大趋势。”① 三是坚持和完善社会主义基本经济制度。坚持公有制为主体、多种所有制经济共同发展，明确公有制经济和非公有制经济都是社会主义市场经济的重要组成部分，是中国特色社会主义政治经济学的重要的理论观点；习近平指出“我国基本经济制度是中国特色社会主义制度的重要支柱，也是社会主义市场经济体制的根基，公有制主体地位不能动摇，国有经济主导作用不能动摇”②，这是中国特色社会主义政治经济学最鲜明的理论观点。四是坚持和完善社会主义基本分配制度。按劳分配为主体、多种分配方式并存的分配制度，是新时期形成的反映中国特色社会主义基本经济制度本质特征的主要理论之一。习近平强调：“要高度重视，努力推动居民收入增长和经济增长同步、劳动报酬提高和劳动生产率提高同步，不断健全体制机制和具体政策，调整国民收入分配格局，持续增加城乡居民收入，不断缩小收入差距。”③ 五是坚持社会主义市场经济改革方向。在社会主义条件下发展市场经济，是我们党的一个伟大创举，也是中国特色社会主义政治经济学最为显著的理论创造。我们是在中国共产党领导和社会主义制度的大前提下发展市场经济的，“之所以说是社会主义市场经济，就是要坚持我们的制度优越性，有效防范资本主义市场经济的弊端。我们要坚持辩证法、两点论，继续在社会主义基本制度与市场经济的结合上下功夫”④。六是坚持对外开放基本国策。习近平指出：“开放是实现国家繁荣富强的根本出路。”⑤ 要善于统筹国内国际两个大局，利用好国际国内两个市场、两种资源；顺应我国经济深度融入世界经济的趋势，发展更高层次的开放型经济，积极参与全球经济治理，促进国际经济秩序朝着平等公正、合作共赢的方向发展。同时，要坚决维护我国发展利益，积极防范各种风险，确保国家经济安全。

在对中国特色“系统化的经济学说”的最初概括中，习近平经济思想

---

① 习近平．在网络安全和信息化工作座谈会上的讲话．北京：人民出版社，2016：4.

②③ 中共中央党史和文献研究院．十八大以来重要文献选编：下．北京：中央文献出版社，2018：5.

④ 同②6.

⑤ 中共中央文献研究室．习近平关于社会主义经济建设论述摘编．北京：中央文献出版社，2017：305.

突出了事关中国特色社会主义基本经济制度的两个重要理论。一是坚持社会主义初级阶段公有制为主体、多种所有制经济共同发展的基本经济制度理论。习近平强调：“我国基本经济制度是中国特色社会主义制度的重要支柱，也是社会主义市场经济体制的根基，公有制主体地位不能动摇，国有经济主导作用不能动摇。这是保证我国各族人民共享发展成果的制度性保证，也是巩固党的执政地位、坚持我国社会主义制度的重要保证。”① 二是坚持和完善社会主义基本分配制度理论。习近平提出，按劳分配为主体、多种分配方式并存的制度安排，要“有利于调动各方面积极性，有利于实现效率和公平有机统一”②，要使发展成果更多更公平惠及全体人民，使我们的社会朝着共同富裕的方向稳步前进。习近平经济思想还突出了坚持对外开放基本国策的理论。党的十八大以后，我国经济深度融入世界经济的特点和趋势更加显著，对外开放要着力于发展更高层次的开放型经济，积极参与全球经济治理，促进国际经济秩序朝着平等公正、合作共赢的方向发展；同时，要坚决维护我国发展利益，积极防范各种风险，确保国家经济安全。

党的十九大召开后不久，2017 年底召开的中央经济工作会议在对习近平经济思想的新概括中，凸显了这一思想在中国特色“系统化的经济学说”探索上的创新。这一概括在对新时代的阶段性特征和趋势性变化的深刻把握中，坚持中国特色社会主义政治经济学重大原则，以坚定不移地贯彻新发展理念为主要内容，提出了七个“坚持”的理论要义，形成了涵盖中国特色社会主义经济关系的本质特征和核心立场、经济改革和发展的理论支柱、根本方法和战略思维三个方面的体系框架，提升了中国特色“系统化的经济学说”的理论境界。

新发展理念是中国特色“系统化的经济学说”的主要内容。新发展理念是对新中国成立以来特别是改革开放以来中国政治经济学的理论总结，是对“实现什么样的发展、怎样发展”这一重大战略问题的新回答。在习近平经济思想中，新发展理念作为主要内容，集中体现在创新、协调、绿

①② 中共中央党史和文献研究院．十八大以来重要文献选编：下．北京：中央文献出版社，2018：5.

色、开放、共享的发展理念“是对我们在推动经济发展中获得的感性认识的升华，是对我们推动经济发展实践的理论总结。我们要坚持用新的发展理念来引领和推动我国经济发展，不断破解经济发展难题，开创经济发展新局面”①。以新发展理念为指导而初步形成的推进我国经济持续健康发展的一套制度体制框架，就是新发展理念成为中国特色“系统化的经济学说”的“主要内容”的现实根据。

坚持党对经济工作的领导和坚持以人民为中心的发展思想，是中国特色“系统化的经济学说”的本质特征和核心立场。坚持党对经济工作领导的理论，在本质上就是坚持党对经济工作的集中统一领导，以保证中国特色社会主义经济沿着正确的方向发展。坚持以人民为中心的发展思想，在根本上就是把为人民谋幸福、为民族谋复兴的“人民至上论”、实现人民对美好生活向往的“人民幸福论”，作为经济发展的出发点和落脚点。坚持在不断解决好处理好社会主义主要矛盾的过程中，在统筹推进“五位一体”总体布局和协调推进“四个全面”战略布局中，坚持增进人民福祉、促进人的全面发展，朝着逐步实现共同富裕方向稳步前进。这两个基本理论是对中国特色社会主义政治经济学根本特征和核心立场的深刻表达。

经济发展新常态、社会主义市场经济体制改革和供给侧结构性改革，是中国特色“系统化的经济学说”关于经济改革和发展的理论支柱。

我国经济发展进入新常态理论，强调准确把握经济新常态发展的新特点和新要求，立足大局、把握规律，准确适应和引领经济发展新常态。其要旨在于：推进全面深化改革，切实完成转方式、调结构的历史任务；实现经济增长中高速、产业迈向中高端，推进创新驱动发展战略的全面实施。经济发展进入新常态，在根本上就是要“走出一条质量更高、效益更好、结构更优、优势充分释放的发展新路，推动我国经济向形态更高级、分工更优化、结构更合理的阶段演进”②。

① 中共中央党史和文献研究院．十八大以来重要文献选编：下．北京：中央文献出版社，2018：4.

② 同①197.

深化社会主义市场经济体制改革理论，提出两个要讲“辩证法、两点论”的问题。一是在社会主义经济制度与市场经济体制相结合问题上，要讲“辩证法、两点论”，既要发挥市场经济的长处，又要发挥社会主义基本制度的优越性。要“继续在社会主义基本制度与市场经济的结合上下功夫，把两方面优势都发挥好”①。二是在市场对资源配置起决定性作用和更好地发挥政府作用关系问题上，要讲“辩证法、两点论”，核心问题是“‘看不见的手’和‘看得见的手’都要用好”，关键问题是“加快转变政府职能，该放给市场和社会的权一定要放足、放到位，该政府管的事一定要管好、管到位”②。在根本上，就是要深化社会主义市场经济体制改革，坚决扫除经济发展的体制机制障碍。

供给侧结构性改革理论，强调适应新时代我国社会主要矛盾的变化，坚持完善宏观调控，把推进供给侧结构性改革作为经济工作的主线。其要义在于：要从供给端发力，促进产业优化重组、发展战略性新兴产业和现代服务业，增加公共产品和服务供给；要在需求端着力，在对总需求的规模、结构、质量变化的把握中，对供给侧结构性改革产生有效的反作用。马克思认为，供给和需求“这两个总和是作为两个统一体，两个集合力量来互相发生作用的”，在根本上“显示出生产和消费的社会性质”③。要注重作为供给侧的生产环节和过程的决定性作用，又要重视作为需求侧的消费环节和过程的反作用，要发力于供给的结构性改革又着力于需求的结构性调整，要重视发挥市场在资源配置中的决定性作用又强调更好发挥政府作用，要突出发展社会生产力又注重完善社会生产关系。

坚持问题导向和坚持正确工作策略，是中国特色“系统化的经济学说”的根本方法和战略思维。坚持问题导向部署经济发展新战略，在根本上就是要强化问题导向。习近平指出：“要有强烈的问题意识，以重大问题为导向，抓住关键问题进一步研究思考，着力推动解决我国发展面临的

---

①　中共中央党史和文献研究院．十八大以来重要文献选编：下．北京：中央文献出版社，2018：6.

②　中共中央文献研究室．习近平关于全面建成小康社会论述摘编．北京：中央文献出版社，2016：67.

③　马克思，恩格斯．马克思恩格斯文集：第7卷．北京：人民出版社，2009：215.

一系列突出矛盾和问题。”① 坚持问题导向，聚焦突出问题和明显短板，回应人民群众诉求和期盼，是探索中国特色社会主义经济学理论和实践问题的基本方法。

坚持正确工作策略和方法，坚持稳中求进的工作总基调，坚持以提高发展质量和效益为中心，坚持宏观政策要稳、产业政策要准、微观政策要活、改革政策要实、社会政策要托底的政策思路，加强预期引导，深化创新驱动，促进经济平稳健康发展和社会和谐稳定。在根本上，就在于稳中求进，保持战略定力、坚持底线思维，一步一个脚印向前迈进。

从习近平新时代中国特色社会主义思想的科学体系高度来看，对新时代提出的中国特色“系统化的经济学说”的这两次概括，有其内在统一性，共同构成习近平新时代中国特色社会主义经济思想的整体结构，共同体现中国特色社会主义政治经济学的最新发展，也共同合成中国特色社会主义政治经济学的理论菁华。

五、现代化经济体系建设对“系统化的经济学说”的拓新

党的十九大以来，以习近平同志为核心的党中央面向新时代中国特色社会主义经济改革和发展的新要求，以坚定不移地推进新发展理念为主导，进一步形成了以供给侧结构性改革为主线的建设现代化经济体系的新理论，拓新了习近平经济思想的理论内涵，升华了中国特色“系统化的经济学说”的境界。

在党的十九大对新时代中国特色社会主义思想核心要义的阐释中，习近平提出：“明确新时代我国社会主要矛盾是人民日益增长的美好生活需要和不平衡不充分的发展之间的矛盾，必须坚持以人民为中心的发展思想，不断促进人的全面发展、全体人民共同富裕。”② 这是拓新新时代中国

① 中共中央文献研究室. 十八大以来重要文献选编：上. 北京：中央文献出版社，2014：497.

② 习近平. 习近平谈治国理政：第3卷. 北京：外文出版社，2020：15.

特色政治经济学的理论指导和实践指南。

在对新时代中国特色社会主义思想基本方略的阐释中，习近平提出：“发展是解决我国一切问题的基础和关键”新要求，从“基础和关键”的整体意义上强调了新发展理念的枢纽作用。在社会主要矛盾的新的变化中，坚持新发展理念突出体现在四个方面：一是坚持和完善我国社会主义基本经济制度和分配制度，毫不动摇地巩固和发展公有制经济，毫不动摇地鼓励、支持、引导非公有制经济发展；二是进一步使市场在资源配置中起决定性作用，更好发挥政府作用；三是着力推动新型工业化、信息化、城镇化、农业现代化同步发展；四是主动参与和推动经济全球化进程，发展更高层次的开放型经济。坚持新发展理念，不断壮大我国经济实力和综合国力，是全面建设社会主义现代化国家的基本方略，也是处理和解决好社会主要矛盾的根本要求和现实基础。

以新发展理念为主导、建设现代化经济体系，这是处理和解决好社会主要矛盾的根本要求，是习近平经济思想发展的新课题，也是中国特色“系统化的经济学说”发展的新基点。

我国经济已由高速增长阶段转向高质量发展阶段，正处在转变发展方式、优化经济结构、转换增长动力的攻关期，建设现代化经济体系是跨越关口的迫切要求和战略目标。现代化经济体系是由社会经济活动各个环节、各个层面、各个领域的相互关系和内在联系构成的一个有机整体。在结构上，现代化经济体系主要包括：创新引领、协同发展的产业体系，统一开放、竞争有序的市场体系，体现效率、促进公平的收入分配体系，彰显优势、协调联动的城乡区域发展体系，资源节约、环境友好的绿色发展体系，多元平衡、安全高效的全面开放体系，充分发挥市场作用、更好发挥政府作用的经济体制。这“六个体系、一个体制”是统一整体，要着力于“一体建设、一体推进”①。

显然，建设现代化经济体系是“着眼于实现‘两个一百年’奋斗目标、顺应中国特色社会主义进入新时代的新要求作出的重大决策部署”②。

---

① 习近平．习近平谈治国理政：第3卷．北京：外文出版社，2020：241.

② 同①240.

因此，习近平指出："建设现代化经济体系是一篇大文章，既是一个重大理论命题，更是一个重大实践课题，需要从理论和实践的结合上进行深入探讨。"①

党的十九大以来，习近平"系统化的经济学说"的拓新，集中于现代化经济体系建设的发展主线、战略支撑、根本途径、必由之路和制度保障等五个方面及其内在的总体性关系上。

不断深化供给侧结构性改革，是推进现代化经济体系的发展主线。在党的十九大报告中，习近平指出："建设现代化经济体系，必须把发展经济的着力点放在实体经济上，把提高供给体系质量作为主攻方向，显著增强我国经济质量优势。"② 要大力发展实体经济，筑牢现代化经济体系的坚实基础。要坚持质量第一、效益优先，在供给侧结构性改革路向上，着力推动经济发展质量变革、效率变革、动力变革，提高全要素生产率，着力加快建设实体经济、科技创新、现代金融、人力资源协同发展的产业体系；在供给侧结构性改革目标上，着力构建市场机制有效、微观主体有活力、宏观调控有度的经济体制，不断增强我国经济创新力和竞争力。

加快实施创新驱动发展战略、加快创新型国家建设是建设现代化经济体系的战略支撑。要着力创新，瞄准世界科技前沿，强化基础研究，实现前瞻性基础研究、引领性原创成果重大突破；加强国家创新体系建设，强化战略科技力量；建立以企业为主体、市场为导向、产学研深度融合的技术创新体系，加强对中小企业创新的支持，促进科技成果转化。

实施乡村振兴战略、区域协调发展战略是建设现代化经济体系的根本途径。实施乡村振兴战略是一盘大棋，要把这盘大棋走好。要坚持农业农村优先发展，构建现代农业产业体系、生产体系、经营体系，完善农业支持保护制度，建立健全城乡融合发展体制机制和政策体系，加快推进农业农村现代化。实施好区域协调发展战略，是优化现代化经济体系的空间布局基础工程。要推动京津冀协同发展和长江经济带发展，同时协调推进粤港澳大湾区发展。加大力度支持革命老区、民族地区、边疆地区、贫困地

---

① 习近平．习近平谈治国理政：第3卷．北京：外文出版社，2020：240.

② 同①24.

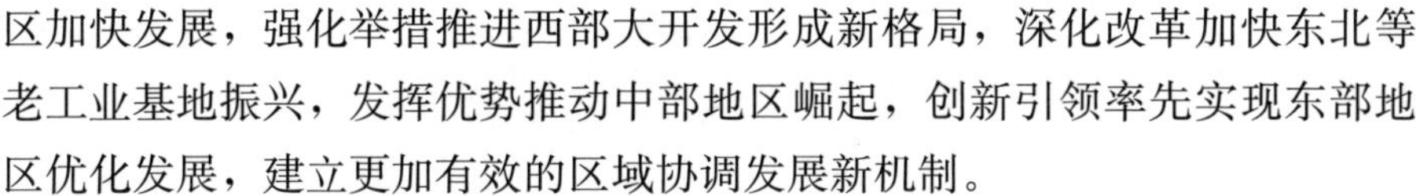

区加快发展，强化举措推进西部大开发形成新格局，深化改革加快东北等老工业基地振兴，发挥优势推动中部地区崛起，创新引领率先实现东部地区优化发展，建立更加有效的区域协调发展新机制。

推动形成全面开放新格局、主动参与和推动经济全球化进程是建设现代化经济体系的必由之路。要着力发展开放型经济，提高现代化经济体系的国际竞争力，更好利用全球资源和市场。要以“一带一路”建设为重点，坚持引进来和走出去并重，遵循共商共建共享原则，加强创新能力开放合作，形成陆海内外联动、东西双向互济的开放格局。要拓展对外贸易，培育贸易新业态新模式，推进贸易强国建设。

深化经济体制改革，是建设现代化经济体系的制度保障。要加快完善社会主义市场经济体制，坚决破除各方面体制机制弊端，激发全社会创新创业活力。经济体制改革必须以完善产权制度和要素市场化配置为重点，要完善各类国有资产管理体制，深化国有企业改革，发展混合所有制经济，培育具有全球竞争力的世界一流企业。

以坚定不移地坚持新发展理念为主导，从发展主线、战略支撑、根本途径、必由之路和制度保障五个方面及其相互联系上，对建设现代化经济体系理论命题和实践课题的阐释，丰富了习近平经济思想新的内涵，对中国特色“系统化的经济学说”的结构和体系作出了新的探索，开拓了习近平经济思想的新境界。

第十九章　新发展阶段中国政治经济学新篇章

“十四五”时期是我国在全面建成小康社会、实现第一个百年奋斗目标之后，乘势而上开启全面建设社会主义现代化国家新征程、向第二个百年奋斗目标进军的第一个五年。2020 年 11 月，党的十九届五中全会通过的《中共中央关于制定国民经济和社会发展第十四个五年规划和二〇三五年远景目标的建议》（本章简称《建议》），从“两个一百年”历史交汇点的高度，将“十四五”规划与 2035 年远景目标统筹考虑，对“十四五”规划诸多领域的问题作出研究并提出建议，对动员和激励全党全国各族人民，战胜前进道路上各种风险挑战，为全面建设社会主义现代化国家开好局、起好步，具有十分重要的意义。

党的十九届五中全会通过的《建议》对“十四五”规划和 2035 年远景目标重大问题的论述，以习近平新时代中国特色社会主义思想为指导，对中国特色社会主义政治经济学作出了多方面的新阐释，写就了新发展阶段中国特色社会主义政治经济学的新篇章。在 2020 年 7 月至 9 月间，习近平在主持召开企业家座谈会、扎实推进长三角一体化发展座谈会、经济社会领域专家座谈会、科学家座谈会、基层代表座谈会、教育文化卫生体育领域专家代表座谈会时的系列讲话，习近平在五中全会上对《建议》的说明，以及《建议》中体现的系列重要思想，紧密相连、深切结合，集中体

现了这一新篇章的理论内涵、思想智慧和现实意蕴，有机地构成新发展阶段中国特色社会主义政治经济学的重要文献。

一、中国特色社会主义政治经济学“导言”的回顾

2015 年 11 月，正值“十三五”规划制定之际，习近平在十八届中共中央政治局第二十八次学习会上发表了题为《不断开拓当代中国马克思主义政治经济学新境界》（本章简称《新境界》）的重要讲话，对建设和发展中国特色社会主义政治经济学问题作出深刻论述。2020 年 8 月，正临“十四五”规划制定之时，习近平在经济社会领域专家座谈会上重提他的这一讲话。回眸历史、正视现实，习近平指出：“恩格斯说，无产阶级政党的‘全部理论来自对政治经济学的研究’。列宁把政治经济学视为马克思主义理论‘最深刻、最全面、最详尽的证明和运用’。我们要运用马克思主义政治经济学的方法论，深化对我国经济发展规律的认识，提高领导我国经济发展能力和水平。”① 从中国特色社会主义政治经济学发展来看，《新境界》如马克思《〈政治经济学批判〉导言》（本章简称《导言》）的中国版本，是新发展阶段中国特色社会主义政治经济学新篇章的“导言”。

《导言》写于 1857 年 8 月，是马克思计划写作的“政治经济学批判”巨著的“总的导言”。《导言》一开始，马克思就对“物质生产”的一般性和特殊性及其关系问题作出分析，对政治经济学的社会性和历史性特征作出阐释。“物质生产”作为政治经济学的“出发点”，是既定的社会经济关系的最基本的、也是最基础的“事实”。马克思指出：“所谓一切生产的一般条件，不过是这些抽象要素，用这些要素不可能理解任何一个现实的历史的生产阶段。”②

《导言》关于政治经济学社会性和历史性的思想，在习近平对中国特色社会主义“物质生产”的社会性和历史性的阐释中焕发出新的时代意

① 习近平．在经济社会领域专家座谈会上的讲话．人民日报，2020-08-25（2）．
② 马克思，恩格斯．马克思恩格斯全集：第 30 卷．2 版．北京：人民出版社，1995：29．

蕴。习近平在《新境界》中提出："我们要立足我国国情和我们的发展实践，深入研究世界经济和我国经济面临的新情况新问题，揭示新特点新规律，提炼和总结我国经济发展实践的规律性成果。"① 在研究当代中国经济社会发展趋势及其规律时，要始终立足于"物质生产"的实际，在探索当下的经济运行和经济对策时也要始终立足于这一"发展实践"；同时，当代中国经济社会的"发展实践"正发生着深刻变化，特别是随着我国社会主要矛盾转化为人民日益增长的美好生活需要和不平衡不充分的发展之间的矛盾，"发展实践"进入新的历史起点，在实现第一个百年奋斗目标之后，"发展实践"已经进入新发展阶段。

在对《建议》的说明中，习近平对"十四五"时期经济社会发展要以推动高质量发展为主题的阐释中，一方面强调，"这是根据我国发展阶段、发展环境、发展条件变化作出的科学判断。我国仍处于并将长期处于社会主义初级阶段，我国仍然是世界上最大的发展中国家，发展仍然是我们党执政兴国的第一要务。必须强调的是，新时代新阶段的发展必须贯彻新发展理念，必须是高质量发展"。社会主义初级阶段的定位，也是新发展阶段政治经济学拓新的立足点。另一方面强调，"当前，我国社会主要矛盾已经转化为人民日益增长的美好生活需要和不平衡不充分的发展之间的矛盾，发展中的矛盾和问题集中体现在发展质量上"②。社会主要矛盾的转化，成为理解新的"发展实践"的着眼点，也成为新发展阶段政治经济学的枢纽。

在《导言》中，马克思揭示了生产（直接生产过程）和分配、交换（流通）、消费诸环节作为一个有机整体的基本特征，彰显这一社会经济关系"总体"的本质规定性。在《新境界》中，习近平在对中国特色社会主义政治经济学对象的内在要素及其辩证关系的探讨时提道："马克思主义政治经济学认为，分配决定于生产，又反作用于生产，'而最能促进生产的是能使一切社会成员尽可能全面地发展、保持和施展自己能力的那种分

① 中共中央党史和文献研究院. 十八大以来重要文献选编：下. 北京：中央文献出版社，2018：7.

② 习近平. 关于《中共中央关于制定国民经济和社会发展第十四个五年规划和二〇三五年远景目标的建议》的说明. 人民日报，2020-11-04（2）.

配方式'。"[1] 在中国特色社会主义初级阶段基本经济制度中，同样存在着《导言》所阐明的基本原理：社会对生产条件的分配，其中主要是生产资料的"分配"，决定了人们在社会生产中的地位；社会既定的分配规律，也反作用于生产，决定社会成员在生产中的地位。基于这些基本认识，习近平提出了中国特色社会主义经济关系中分配的"制度安排"问题，这就是："我们必须坚持发展为了人民、发展依靠人民、发展成果由人民共享，作出更有效的制度安排，使全体人民朝着共同富裕方向稳步前进，绝不能出现'富者累巨万，而贫者食糟糠'的现象。"[2] 这些"突出的问题"是中国特色社会主义政治经济学当下面对的重大课题。习近平强调："马克思主义政治经济学认为，生产资料所有制是生产关系的核心，决定着社会的基本性质和发展方向。"[3]

在"十四五"规划制定过程中，习近平多次谈到生产和分配、流通、消费各环节之间的总体关系。2020 年 4 月，习近平在提出坚定实施扩大内需战略、构建国内大循环为主体的新发展格局时提出："大国经济的优势就是内部可循环。"[4] 我国有 14 亿人口，人均国内生产总值已经突破 1 万美元，是全球最大最有潜力的消费市场，消费是我国经济增长和发展的引擎，"我们要牢牢把握扩大内需这一战略基点，使生产、分配、流通、消费各环节更多依托国内市场实现良性循环，明确供给侧结构性改革的战略方向，促进总供给和总需求在更高水平上实现动态平衡"[5]。从扩大内需和扩大开放的总体关系上看，"国内循环越顺畅，越能形成对全球资源要素的引力场，越有利于构建以国内大循环为主体、国内国际双循环相互促进的新发展格局，越有利于形成参与国际竞争和合作新优势"[6]。新发展阶段政治经济学赋予马克思关于社会经济运行总体关系理论新的时代

---

① 中共中央党史和文献研究院．十八大以来重要文献选编：下．北京：中央文献出版社，2018：5．

② 中共中央文献研究室．十八大以来重要文献选编：中．北京：中央文献出版社，2016：827．

③ 同①4-5．

④⑤⑥ 中共中央党史和文献研究院．十九大以来重要文献选编：中．北京：中央文献出版社，2021：496．

内涵。

二、新发展阶段政治经济学新篇章的特征

“十四五”规划的最显著特征在于，它是处在“两个一百年”奋斗目标的历史交汇点的五年发展规划，也是今后15年经济社会中期发展规划的起点。把握这一历史交汇点的根本特征，把握第二个百年起始阶段经济社会发展的基本要求，成为写就新发展阶段政治经济学新篇章的首要问题。党的十九届五中全会通过的《建议》彰显了新发展阶段政治经济学新篇章的基本特征。

第一，“十四五”规划的战略性特征。2020年4月，习近平以“国家中长期经济社会发展战略若干重大问题”为题，对制定“十四五”规划的战略性特征作了探索。他提出，当今世界正经历百年未有之大变局，2020年初突如其来的疫情也是百年不遇。我国疫情防控形势虽然已经越过拐点，但疫情全球大流行仍处在上升期，外部形势依然非常严峻。对此，“我们要举一反三，进行更有长远性的思考，完善战略布局，做到化危为机，实现高质量发展”①。特别是要“着重从发展战略角度”，在“十四五”规划中着力于经济社会发展六个主要“战略”问题的思考，即坚定实施扩大内需战略，优化和稳定产业链、供应链，完善城市化战略，调整优化科技投入和产出结构，实现人与自然和谐共生，加强公共卫生体系建设。这些战略关系与经济社会发展牢固相扣，与国家长治久安密切相关，与国家发展和安全深切关联，是“涉及国家中长期经济社会发展的重大问题”②。

第二，“十四五”规划和2035年中期发展规划的战略关系的特征。党的十九大对实现第二个百年奋斗目标分作两个阶段推进已经作出战略安排，第一个阶段从2020年到2035年，“基本实现社会主义现代化”；第二

①② 中共中央党史和文献研究院. 十九大以来重要文献选编：中. 北京：中央文献出版社，2021：495.

个阶段从 2035 年到本世纪中叶，“把我国建成富强民主文明和谐美丽的社会主义现代化强国”①。党的十九大对第一阶段的奋斗目标，从经济、政治、文化、社会和生态文明建设等领域作出了规划。党的十九届五中全会通过的《建议》是在综合考虑未来一个时期，特别是未来 15 年国内外发展趋势和我国发展条件的基础上，紧紧抓住我国社会主要矛盾，深入贯彻新发展理念，对“十四五”时期发展规划作出系统谋划和战略部署，形成了“十四五”时期发展与第一阶段发展融为一体的总体发展规划。

第三，“十四五”时期新发展阶段的战略地位的特征。我国经济正处在转变发展方式、优化经济结构、转换增长动力的攻关期，经济发展前景总体向好；特别是党的十九大以来，在大力推进现代化经济体系建设中，在经济结构、发展质量、效益提升和动力变革等方面，已经取得显著成效和明显进展；但是，在经济社会发展中，由于国内外经济环境、条件等方面的变化，也存在诸多发展中的困难和挑战，甚至危机。正如习近平所指出的：“今后一个时期，我们将面对更多逆风逆水的外部环境，必须做好应对一系列新的风险挑战的准备。”② “十四五”规划的特征就在于立足新发展阶段经济社会发展和改革开放的重点任务，《建议》对从科技创新、产业发展、国内市场、深化改革、乡村振兴、区域发展，到文化建设、绿色发展、对外开放、社会建设、安全发展、国防建设等重点领域，作出整体规划和工作部署。对新发展阶段经济社会发展的谋篇布局，成为“十四五”规划的重要特征。

第四，新发展阶段战略思维的特征。“努力在危机中育新机、于变局中开新局”，是习近平在制定“十四五”规划中提到的重要思想，也是新发展阶段政治经济学战略思维和科学方法的集中体现。要辩证分析和全面理解国内外大势，统筹中华民族伟大复兴战略全局和世界百年未有之大变局，就要准确识变、科学应变、主动求变，推进新发展阶段我国经济社会的全面跃升。我国经济发展面临严峻的风险考验，但我国制度优势显著，

---

① 中共中央党史和文献研究院．十九大以来重要文献选编：上．北京：中央文献出版社，2019：20．

② 习近平．在经济社会领域专家座谈会上的讲话．人民日报，2020-08-25（2）．

物质基础雄厚，人力资源丰富，市场空间广阔，经济潜力足、韧性强、回旋空间大；我国社会大局稳定、治理效能不断增强、政策工具多的基本特点并没有改变。经济发展的“大局”依然在掌控之中，谋“大势”、成“大事”的改革趋势和发展动力依然强盛。如习近平所指出的：“凡事预则立，不预则废。我们要着眼长远、把握大势，开门问策、集思广益，研究新情况、作出新规划。”①

无论是“育新机”还是“开新局”，都有一个如何处理好经济关系和经济运行总体及其环节之间关系的问题。在制定“十四五”规划时，在战略思维上，要着力打通经济运行过程中生产、分配、流通、消费各个环节及其联系，在总体上形成更多新的增长点、增长极，逐步以畅通国民经济循环为主构建新发展格局。要防止从经济运行的单一环节或局部的过程看待发展问题，也要避免按一时的经济变化静止地或片面地判断经济走势。要使生产、分配、流通、消费更多地依托国内市场，全面开拓新发展阶段中“育新机”和“开新局”的新优势和新路向。

《建议》中提出的“‘十四五’时期经济社会发展必须遵循的原则”，就是“在危机中育新机、于变局中开新局”战略思想落实的结果。这里提到的“原则”，主要有坚持党的领导、坚持以人民为中心、坚持新发展理念、坚持深化改革开放等，从政治方向、核心立场、主要内容、根本方向上，深化了“在危机中育新机、于变局中开新局”战略思想的实践路向。特别是关于“坚持系统观念”的原则，强调“加强前瞻性思考、全局性谋划、战略性布局、整体性推进，统筹国内国际两个大局，办好发展安全两件大事，坚持全国一盘棋，更好发挥中央、地方和各方面积极性，着力固根基、扬优势、补短板、强弱项，注重防范化解重大风险挑战，实现发展质量、结构、规模、速度、效益、安全相统一”②，更是深刻把握了新发展阶段的新特征和新要求，增强了辩证分析能力和总体意识，使得我们在“两个一百年”交汇的关节点，在“育新机”“开新局”

---

① 习近平．在经济社会领域专家座谈会上的讲话．人民日报，2020－08－25（2）．

② 中共中央关于制定国民经济和社会发展第十四个五年规划和二〇三五年远景目标的建议．人民日报，2020－11－04（1）．

的“大考”中，交出中国特色社会主义现代化强国建设的“合格答卷”。

三、社会主要矛盾在新发展阶段政治经济学中的枢纽作用

分析和判断社会主要矛盾，是中国共产党治国理政的重要方法；而处理和解决好社会主要矛盾，则是中国特色社会主义政治经济学的基本问题。党的十九大报告对新时代主要矛盾已经转化为人民日益增长的美好生活需要和不平衡不充分的发展之间的矛盾作出准确分析和判断。在制定“十四五”规划中，习近平从统筹中华民族伟大复兴战略全局和世界百年未有之大变局的新高度，从对社会主要矛盾转化的新特点和新要求的分析切入，展现了新发展阶段中国特色社会主义政治经济学的理论特征。党的十九届五中全会进一步提出，“全党要统筹中华民族伟大复兴战略全局和世界百年未有之大变局，深刻认识我国社会主要矛盾变化带来的新特征新要求，深刻认识错综复杂的国际环境带来的新矛盾新挑战”①。

以“十四五”为开端的新发展阶段，不断满足人民群众对物质、文化、民主、法制、公平、正义、安全和环境等方面的“美好生活”的需要，已经成为秉持人民至上，实现一切为了人民的发展目标的现实体现。“美好生活”所涉及的各个方面的“需求”，归根到底要依靠经济建设、政治建设、文化建设、社会建设和生态文明建设等“供给”的不断发展来实现。与“需求”不断增长相比较，作为“供给”的不平衡不充分显然是矛盾的主要方面。习近平指出：“我国发展不平衡不充分问题仍然突出，创新能力不适应高质量发展要求，农业基础还不稳固，城乡区域发展和收入分配差距较大，生态环保任重道远，民生保障存在短板，社会治理还有弱项。”② 以“不平衡不充分的发展”为“问题意识”，不断推进发展的平衡

① 中共十九届五中全会在京举行．人民日报，2020-10-30（2）．

② 习近平．在经济社会领域专家座谈会上的讲话．人民日报，2020-08-25（2）．

性和充分性，成为“十四五”及其之后一个时期处理和解决好社会主要矛盾的基本路径和根本要求。《建议》对新发展阶段经济社会发展作出的整体部署，就是以此为枢纽的。

在这一整体部署中，首先，构建以畅通国民经济循环为主的新发展格局，是处理和解决好社会主要矛盾的根本要求。随着外部环境和我国发展所具有的要素禀赋的变化，市场和资源两头在外的国际大循环动能明显减弱，而我国内需潜力正随着“美好生活”满足程度的逐步提高而不断释放，发展的平衡性和充分性要求增强经济高质量发展的内在动力，形成以国内大循环为主的新发展格局成为必然趋势。

其次，催生科技创新的新发展动能、激发深化改革的新发展活力、打造高水平对外开放的国际合作和竞争新优势，是处理和解决好社会主要矛盾的根本条件。改变不平衡和不充分发展的现状，就要实现依靠创新驱动的内涵型增长，就要全面深化改革、进一步解放和发展社会生产力，就要全面提高对外开放水平，在国际合作和竞争中形成中国经济发展的新优势。

最后，形成共建共治共享的社会发展新局面，是处理和解决好社会主要矛盾的根本基础。不断满足人民对美好生活的需要，也是社会共建共治共享的过程。在这一过程中，要适应社会结构、社会关系、社会行为方式、社会心理等深刻变化，实现更加充分、更高质量的就业，健全全覆盖、可持续的社保体系，强化公共卫生和疾控体系，促进人口长期均衡发展，加强社会治理，化解社会矛盾，维护社会稳定。

新发展阶段社会主要矛盾的枢纽作用，昭彰了中国特色社会主义政治经济学的理论挈领和思想精粹。

一是促进全体人民共同富裕。共同富裕是社会主义的本质要求，是人民群众的共同期盼。中国特色社会主义的发展，在根本上就是要实现全体人民共同富裕。新中国成立以来，特别是改革开放以来，我们党团结带领人民向着实现共同富裕的目标不懈努力，人民生活水平不断提高；党的十八大以来，我们党把脱贫攻坚作为重中之重，使现行标准下农村贫困人口全部脱贫，成为促进全体人民共同富裕的一项重大举措。进入“十四五”时期，在我国经济社会发展中，发展不平衡不充分问题仍然突出，城乡区

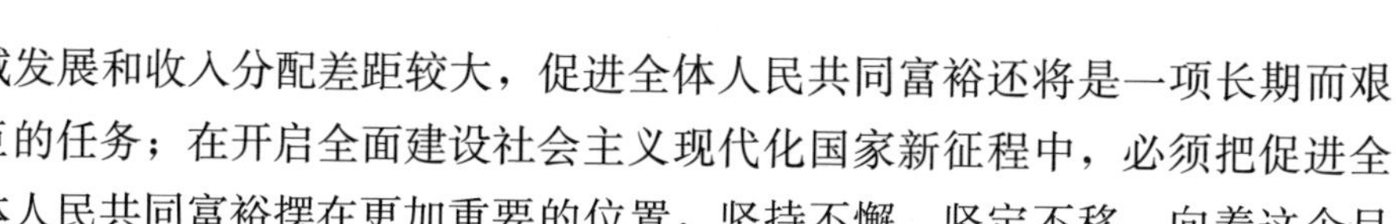

域发展和收入分配差距较大，促进全体人民共同富裕还将是一项长期而艰巨的任务；在开启全面建设社会主义现代化国家新征程中，必须把促进全体人民共同富裕摆在更加重要的位置，坚持不懈、坚定不移，向着这个目标更加积极、更有作为地不断努力。

《建议》在论及 2035 年基本实现社会主义现代化远景目标时，鲜明地提出“全体人民共同富裕取得更为明显的实质性进展”，在改善人民生活品质部分强调“扎实推动共同富裕”，并提出了一些重要要求和重大举措。突出“促进全体人民共同富裕”，是社会主义本质的要求，它既指明了前进方向和奋斗目标，也符合发展要求和发展规律，使得“十四五”规划能保证沿着促进全体人民共同富裕道路坚实迈进。

二要凸显生产的决定性作用，着力打通经济运行过程中生产、分配、流通、消费各个环节及其联系，引发更多新的增长点、增长极，逐步形成以畅通国民经济循环为主构建新发展格局。焕发生产的“普照的光”的作用，坚持供给侧结构性改革的主线，提升供给体系对国内需求的适配性，扭住扩大内需这个战略基点，形成需求牵引供给、供给创造需求的更高水平动态平衡。

三是统筹发展和安全。安全是发展的前提、发展是安全的保障，这已经成为推进中国特色社会主义建设和发展的战略问题。“十四五”及其之后一个很长的时期是我国各类矛盾和风险易发期，各种可以预见和难以预见的风险因素明显增多。我们必须坚持统筹发展和安全，增强机遇意识和风险意识，树立底线思维，把困难估计得更充分一些，把风险思考得更深入一些，注重堵漏洞、强弱项，下好先手棋、打好主动仗，有效防范化解各类风险挑战，确保社会主义现代化事业顺利推进。在《建议》中，特别对统筹发展和安全、加快国防和军队现代化等作出战略部署，强调要坚持总体国家安全观，加强国家安全体系和能力建设，筑牢国家安全屏障。

四、新发展格局在新发展阶段政治经济学中的主体地位

从“问题意识”到“问题倒逼”，“十四五”规划对新发展格局的理论

阐释和实践谋划，成为新发展阶段政治经济学最具创新性的思想。新发展格局与新发展阶段、新发展理念一起，构成新发展阶段政治经济学的三个方面的突出理论，新发展格局理论居于主体地位。加快形成以国内大循环为主体、国内国际双循环相互促进的新发展格局，是五中全会科学把握国内外大势，根据我国发展阶段、环境、条件变化，着眼我国经济中长期发展作出的重大战略部署，也是新发展阶段政治经济学的主体理论。

改革开放以来的一个时期，利用市场和资源两头在外的优势，推进我国经济持续快速发展，成为经济全球化深入发展环境下的一种正确的战略选择。以出口导向为特征的这一发展战略，通过大力引进外资和发展劳动密集型产品出口，使国内工业部门能对接世界市场，推动了国内经济的长期增长，使我们能用几十年的时间完成发达国家上百年的工业化进程。但同时这种以出口导向为特征的发展模式，也易于因外贸依存度攀升而导致工业化过程中关键和核心技术不足，甚至出现产业结构失衡、内需不振以及对国外市场过度依赖等问题。世界正经历百年未有之大变局，新一轮科技革命和产业变革蓬勃兴起，外部环境和我国发展所具有的要素禀赋也发生着相应的重要变化，特别是随着2008年金融危机后逆全球化趋势的显现，市场和资源两头在外的国际大循环势能明显减弱，而国内需求潜力显著趋强，国内大循环活力日益强劲。自2008年以来，我国经济实际上已经在向以国内大循环为主体转变，经常项目顺差同国内生产总值的比率已由2007年的9.9%降至2020年的不到1%，国内需求对经济增长的贡献率也有7个年份超过100%。因此，“构建新发展格局，是与时俱进提升我国经济发展水平的战略抉择，也是塑造我国国际经济合作和竞争新优势的战略抉择”①。

以国内大循环为主体，正是要通过发挥内需潜力，利用好国际国内两个市场、两种资源，使国内市场和国际市场更好联通，实现更加强劲和更可持续的发展。新发展格局中的国内国际双循环不是相互分离的，而是一个相互联系、不可分割的整体。习近平指出：“新发展格局决不是封闭的

① 习近平. 关于《中共中央关于制定国民经济和社会发展第十四个五年规划和二〇三五年远景目标的建议》的说明. 人民日报，2020-11-04（2）.

国内循环，而是开放的国内国际双循环。推动形成宏大顺畅的国内经济循环，就能更好吸引全球资源要素，既满足国内需求，又提升我国产业技术发展水平，形成参与国际经济合作和竞争新优势。”① 在新发展格局中，同世界经济的联系会更加紧密，使国内循环成为吸引国际商品和要素资源的巨大引力场。

以畅通国民经济循环为主，就是要发挥好改革的突破和先导作用，依靠改革破除发展瓶颈、汇聚发展优势、增强发展动力。“构建新发展格局，要坚持扩大内需这个战略基点，使生产、分配、流通、消费更多依托国内市场，形成国民经济良性循环。”② 要坚持供给侧结构性改革这个战略方向，扭住扩大内需这个战略基点，提升供给体系对国内需求的适配性，形成需求牵引供给、供给创造需求的更高水平动态平衡。

加快形成以国内大循环为主体、国内国际双循环相互促进的新发展格局，更重要的是以科技创新催生新发展动能。在新一轮科技革命和产业变革加速演进中，加快提高我国科技创新能力具有更大的紧迫性。只有大力推动科技创新，加快关键核心技术攻关，才能下好先手棋、打好主动仗，把竞争和发展的主动权牢牢掌握在自己手中，重塑我国国际合作和竞争新优势。应该看到，只有进一步夯实创新基础，加快科技成果转化，加快推进数字经济、智能制造、生命健康、新材料等战略性新兴产业，形成更多新的增长点、增长极，提高产业链供应链稳定性和现代化水平，才能使国内大循环活力更加强劲，进而塑造更多依靠创新驱动、更多发挥先发优势的引领型发展，打造未来发展新优势。

构建新发展格局、打造发展新优势、开创发展新局面，以深化改革激发新发展活力。要在坚持和完善中国特色社会主义制度、推进国家治理体系和治理能力现代化上下更大功夫，坚持守正创新、开拓创新，大胆探索自己未来发展之路，让制度更加成熟定型，让发展更有质量，让治理更有水平，让人民更有获得感。要坚持和完善社会主义初级阶段基本经济制度，营造长期稳定可预期的制度环境，使一切有利于社会生产力发展的力

---

①② 习近平．关于《中共中央关于制定国民经济和社会发展第十四个五年规划和二〇三五年远景目标的建议》的说明．人民日报，2020-11-04（2）.

量源泉充分涌流。只有发挥好改革的突破和先导作用，依靠改革应对变局、开拓新局，依靠改革破除发展瓶颈、汇聚发展优势、增强发展动力，推动改革更好服务经济社会发展大局。

近年来，经济全球化遭遇倒流逆风，经贸摩擦加剧，一些国家保护主义和单边主义盛行。但从长远看，各国利益高度融合，人类是休戚与共的命运共同体，经济全球化仍是历史潮流，各国分工合作、互利共赢是长期趋势。越是面对经济全球化逆流，越是要高举构建人类命运共同体旗帜，坚定不移维护和引领经济全球化，推动建设开放型世界经济。

推进新发展格局也要求拓展社会发展新局面。发展新局面的实质就在于，坚持以人民为中心的发展思想，以增进民生福祉发展为根本目的。这就与新发展格局具有内在统一性，都旨在经济社会发展中，要更好实现幼有所育、学有所教、劳有所得、病有所医、老有所养、住有所居、弱有所扶，努力让改革发展成果更多更公平惠及全体人民，更加注重维护社会公平正义，促进人的全面发展和社会全面进步。

五、新发展理念在新发展阶段政治经济学中的主导意义

新发展理念是中国特色社会主义政治经济学的主要内容和根本要义。在制定“十三五”规划时，习近平强调：“发展理念是发展行动的先导，是管全局、管根本、管方向、管长远的东西，是发展思路、发展方向、发展着力点的集中体现。”① 新发展阶段在根本上就是“发展”的新阶段，就是新发展理念实现的“新阶段”。新发展理念也是“十四五”时期我国经济社会发展谋篇布局的“物之固然”和“事之所以然”。同时，在制定“十四五”规划过程中，新发展理念也在新发展阶段政治经济学中得到拓展。

在新发展理念中，创新是引领发展的第一动力。进入“十四五”时期，要进一步坚持创新在我国现代化建设全局中的核心地位，把科技自立自强作为国家发展的战略支撑，完善国家创新体系，加快建设科技强国。

---

① 中共中央文献研究室. 十八大以来重要文献选编：中. 北京：中央文献出版社，2016：774.

科技创新要面向世界科技前沿、面向经济主战场、面向国家重大需求、面向人民生命健康。

在新发展阶段，创新的关键点是要依托我国超大规模市场和完备产业体系，创造有利于新技术快速大规模应用和迭代升级的独特优势；要发挥企业在技术创新中的主体作用，使企业成为创新要素集成、科技成果转化的主力军；要坚持基础研究是创新的源头活水，加大投入，鼓励长期坚持和大胆探索，为建设科技强国夯实基础；要大力培养和引进国际一流人才和创新科研团队；要坚持开放创新，加强国际科技交流合作。要把提升自主创新能力，尽快突破关键核心技术，是新发展阶段创新的关键问题。

在新发展理念中，协调是持续健康发展的内在要求。在“十四五”时期，要坚持实施区域重大战略、区域协调发展战略、主体功能区战略，健全区域协调发展体制机制，完善新型城镇化战略，构建高质量发展的国土空间布局和支撑体系。要构建国土空间开发保护新格局，推动区域协调发展，推进以人为核心的新型城镇化。

要更加注重物质文明和精神文明、经济建设和文化建设的协调发展，要繁荣发展文化事业和文化产业，提高国家文化软实力。坚持马克思主义在意识形态领域的指导地位，坚定文化自信，坚持以社会主义核心价值观引领文化建设，加强社会主义精神文明建设，促进满足人民文化需求和增强人民精神力量相统一，推进社会主义文化强国建设。

在新发展理念中，绿色是永续发展的必要条件。在“十四五”时期，要切实推动绿色发展，促进人与自然和谐共生，“要为自然守住安全边界和底线，形成人与自然和谐共生的格局”①。坚持绿水青山就是金山银山理念，坚持尊重自然、顺应自然、保护自然，坚持节约优先、保护优先、自然恢复为主，守住自然生态安全边界。深入实施可持续发展战略，完善生态文明领域统筹协调机制，构建生态文明体系，促进经济社会发展全面绿色转型，建设人与自然和谐共生的现代化。要加快推动绿色低碳发展，持续改善环境质量，提升生态系统质量和稳定性，全面提高资源利用效率。

---

① 中共中央党史和文献研究院．十九大以来重要文献选编：中．北京：中央文献出版社，2021：501.

在新发展理念中，开放是国家繁荣发展的必由之路。新发展阶段的新发展格局，要实行高水平对外开放，开创合作共赢新局面。坚持实施更大范围、更宽领域、更深层次对外开放，依托我国大市场优势，促进国际合作，实现互利共赢。要建设更高水平开放型经济新体制，全面提高对外开放水平，推动贸易和投资自由化便利化，推进贸易创新发展，推动共建“一带一路”高质量发展。

在以开放为显著特征的国内国际双循环中，更要积极开展合作，形成全方位、多层次、多元化的开放合作格局；更要积极参与全球经济治理体系改革，推动完善更加公平合理的国际经济治理体系；更要重视安全，统筹好发展和安全，着力增强自身竞争能力、开放监管能力、风险防控能力。

在新发展理念中，共享是中国特色社会主义的本质要求。共享在根本上就在于改善人民生活品质，提高社会建设水平。坚持把实现好、维护好、发展好最广大人民根本利益作为发展的出发点和落脚点，尽力而为、量力而行，健全基本公共服务体系，完善共建共治共享的社会治理制度，扎实推动共同富裕，不断增强人民群众获得感、幸福感、安全感，促进人的全面发展和社会全面进步。要提高人民收入水平，强化就业优先政策，建设高质量教育体系，健全多层次社会保障体系，全面推进健康中国建设，实施积极应对人口老龄化国家战略，加强和创新社会治理。

在新发展阶段，要完善共建共治共享的社会治理制度，实现政府治理同社会调节、居民自治良性互动，建设人人有责、人人尽责、人人享有的社会治理共同体。要加强和创新基层社会治理，使每个社会细胞都健康活跃，将矛盾纠纷化解在基层，将和谐稳定创建在基层。要更加注重维护社会公平正义，促进人的全面发展和社会全面进步。

综上所述，包括创新、协调、绿色、开放和共享在内的新发展理念的各个方面，既各有侧重又相互支撑，形成一个“崇尚创新、注重协调、倡导绿色、厚植开放、推进共享”的有机整体。在制定“十四五”规划过程中，新发展理念在新发展阶段政治经济学中不仅得到展开，而且也在多方面得到拓新。特别是把新发展理念贯彻到发展的全领域和全过程，把安全

发展贯彻到发展的各领域和全过程。

六、新发展阶段政治经济学的学理指向

推进中国特色“系统化的经济学说”发展，是 2015 年 11 月习近平在十八届中共中央政治局第二十八次集体学习会上提出的重要思想。2017 年 12 月在十九大之后召开的第一次中央经济工作会议上，习近平从“新时代中国特色社会主义思想”意义上，对中国特色“系统化的经济学说”再度作出概括，提出了以新发展理念为主要内容，以坚持加强党对经济工作的集中统一领导，坚持以人民为中心的发展思想，坚持适应把握引领经济发展新常态，坚持使市场在资源配置中起决定性作用、更好发挥政府作用，坚持适应我国经济发展主要矛盾变化完善宏观调控，坚持问题导向部署经济发展新战略，坚持正确工作策略和方法等七个“坚持”为一体的理论体系。这一概括是党的十八大至十九大这五年间我国经济发展实践的理论凝练。

在制定“十四五”规划过程中，习近平对中国特色“系统化的经济学说”作出了新的概括。这一新的概括，在理论逻辑上呈现为四种关系：

一是新时期形成的理论，在新发展阶段要继承，也要根据新的实际作出新的发展，如社会主义本质理论、社会主义市场经济理论等。习近平在《关于〈中共中央关于制定国民经济和社会发展第十四个五年规划和二〇三五年远景目标的建议〉的说明》中指出：“共同富裕是社会主义的本质要求，是人民群众的共同期盼。我们推动经济社会发展，归根结底是要实现全体人民共同富裕。”① 从整体上，以解放生产力、发展生产力为根本手段，以消灭剥削、消除两极分化为根本前提，凸显最终达到共同富裕的“本质要求”。

二是对党的十八大至十九大之前形成的重要理论，在新发展阶段要进一步丰富和完善。这五年间形成的理论是习近平经济思想的重要内容，尤

---

① 中共中央党史和文献研究院. 十九大以来重要文献选编：中. 北京：中央文献出版社，2021：784.

其是新发展理念理论，我国经济发展进入新常态、深化供给侧结构性改革、推动经济高质量发展理论等。习近平指出："实践告诉我们，发展是一个不断变化的进程，发展环境不会一成不变，发展条件不会一成不变，发展理念自然也不会一成不变。"① 在"十四五"时期和新发展阶段的新变化中，新发展理念的思想精粹必然得到拓展和深化。

三是对十九大之后形成的新理论，要根据新发展阶段的新实践作出深化，如社会主义初级阶段基本经济制度理论。公有制为主体、多种所有制经济共同发展，按劳分配为主体、多种分配方式并存，社会主义市场经济体制是社会主义初级阶段基本经济制度的规定，要在新发展阶段社会主义初级阶段的新变化中深入探索，获得新知。

四是对新发展阶段要深入探索的理论，要勇于实践、勇于探索，作出适合于社会主义现代化强国建设要求的新阐释，这些理论主要有农民承包的土地具有"三权"属性理论，加快形成以国内大循环为主体、国内国际双循环相互促进的新发展格局理论，统筹发展和安全理论等。这些理论成果必将开拓新时代中国特色社会主义政治经济学的新境界。

面对新发展阶段的新实际，习近平还对发展什么样的中国特色社会主义政治经济学和怎样发展中国特色社会主义政治经济学的问题作出新探索，升华了新发展阶段政治经济学的思想智慧和学理依循。

一是要从国情出发，从中国实践中来、到中国实践中去，把论文写在祖国大地上，使理论和政策创新符合中国实际、具有中国特色，不断发展中国特色社会主义政治经济学。面对新发展阶段极其复杂的国内外经济形势和纷繁多样的经济现象，我们更要关注经济实践、投身经济实践。新发展政治经济学要立足于我国国情和我国经济改革发展的实践，归根到底是对这一实践中积累的经验和理性认识的升华。

二是要深入调研，察实情、出实招，充分反映实际情况，使理论和政策创新有根有据、合情合理。在新发展阶段，以科技创新催生新发展动能是"育新机"和"开新局"的关键所在。如何形成新发展动能，如何在新

---

① 中共中央文献研究室．十八大以来重要文献选编：中．北京：中央文献出版社，2016：824-825.

发展动能推动下实现依靠创新驱动的内涵型增长，就有一系列理论和政策问题需要解决；特别是在大力提升自主创新能力，在关键核心技术尽快有实质性突破的问题上，还需要在察实情中出新招，还需要有理论创新和政策创新。这些就是新发展阶段政治经济学发展的课题指南和根本路向。

三是要把握规律，坚持马克思主义立场、观点、方法，透过现象看本质，从短期波动中探究长期趋势，使理论和政策创新充分体现先进性和科学性。坚持马克思主义政治经济学，在根本上就是要掌握科学的经济分析方法，认识经济运动过程，把握社会经济发展规律，提高驾驭社会主义市场经济能力，提高领导我国经济发展的能力和水平，更好回答我国经济发展的理论和实践问题。

坚持马克思主义政治经济学基本原理和方法论，并不排斥国外经济理论的合理成分。对国外特别是西方经济学，我们要坚持去粗取精、去伪存真，坚持以我为主、为我所用，对其中反映资本主义制度属性、价值观的内容，对其中具有意识形态色彩的内容，不能照抄照搬。在新发展阶段，要坚持大讲特讲当代中国社会主义政治经济学。

四是要树立国际视野，从中国和世界的联系互动中探讨人类面临的共同课题，为构建人类命运共同体贡献中国智慧、中国方案。经济全球化仍然是当今世界经济发展的历史潮流，国际经济联通和交往仍然是世界经济发展的必然趋势，各国分工合作、互利共赢仍然是人类休戚与共的命运共同体的内在要求。为构建人类命运共同体贡献中国智慧和中国方案，是新发展阶段政治经济学的重要课题，也是新发展阶段中国特色社会主义政治经济学的理论升华。

习近平对发展什么样的中国特色社会主义政治经济学和怎样发展中国特色社会主义政治经济学问题所作出的新探索，拓展了新发展阶段中国特色社会主义政治经济学的新境界。

第二十章　人类命运共同体的政治经济学初探

习近平经济思想不只是“习近平新时代中国特色社会主义经济思想”的简称，而且还是对习近平经济思想学术和学理内涵的拓展，即由狭义政治经济学向广义政治经济学的拓展。习近平经济思想不仅是指中国特色社会主义政治经济学的研究，而且还包含对当代资本主义政治经济学的研究，以及对人类命运共同体政治经济学的开创性研究。

本章在对习近平经济思想体系性理解的基础上，集中对人类命运共同体政治经济学的学术和学理意蕴作出初步探索。

一、人类命运共同体政治经济学思想渊源

在纪念马克思诞辰200周年大会上，习近平把“人类命运共同体”理念看作马克思世界历史理论在当代的赓续。习近平提出：“马克思、恩格斯说：‘各民族的原始封闭状态由于日益完善的生产方式、交往以及因交往而自然形成的不同民族之间的分工消灭得越是彻底，历史也就越是成为世界历史。’马克思、恩格斯当年的这个预言，现在已经成为现实，历史

和现实日益证明这个预言的科学价值。”①

马克思世界历史理论同马克思和恩格斯创立唯物史观是同步的。19 世纪 40 年代中期，马克思和恩格斯撰写的《德意志意识形态》手稿，提出了唯物史观的基本理论，同时也形成了世界历史的主要观点；世界历史理论同科学社会主义理论的发展是同行的，19 世纪 40 年代后期，马克思和恩格斯共同创作的《共产党宣言》，在对科学社会主义作出开创性研究的同时，也对世界历史理论作出新的探索。19 世纪 70 年代中后期，马克思对世界历史理论的新拓展，是在对东方社会经济关系发展问题的广义政治经济学探索中实现的。在这一思想过程中，马克思关于世界历史的系列论述，成为人类命运共同体政治经济学的思想渊源。

在《德意志意识形态》手稿中，马克思和恩格斯认为：由于资本主义生产方式在世界范围的蔓延，世界性的殖民活动和商业贸易，已经打破传统的民族国家的界限，使得跨越民族和国家界限的世界性交往成为普遍现象。由此而“首次开创了世界历史，因为它使每个文明国家以及这些国家中的每一个人的需要的满足都依赖于整个世界，因为它消灭了各国以往自然形成的闭关自守的状态”；这时，“人们的世界历史性的而不是地域性的存在同时已经是经验的存在了”②。

过后不久，在 1848 年初发表的《共产党宣言》中，马克思和恩格斯更为清晰地描述了世界历史演进的内在趋势，即“不断扩大产品销路的需要，驱使资产阶级奔走于全球各地。它必须到处落户，到处开发，到处建立联系”；“资产阶级，由于开拓了世界市场，使一切国家的生产和消费都成为世界性的了”；“资产阶级，由于一切生产工具的迅速改进，由于交通的极其便利，把一切民族甚至最野蛮的民族都卷到文明中来了”③。同时，马克思和恩格斯也认为，这种世界历史的发展趋势，必将导致资本主义生产方式向着人类社会更高阶段发展，即向着马克思和恩格斯预言的共产主

① 中共中央党史和文献研究院. 十九大以来重要文献选编：上. 北京：中央文献出版社，2019：432.

② 马克思，恩格斯. 马克思恩格斯文集：第 1 卷. 北京：人民出版社，2009：566，538.

③ 马克思，恩格斯. 马克思恩格斯文集：第 2 卷. 北京：人民出版社，2009：35.

义发展。

19 世纪 70 年代中后期之后，马克思对世界历史的认识进一步深化，他在肯定世界历史发展统一性和一般性趋势的同时，也根据当时东方社会发展的新特点和新趋向，对世界历史发展的多样性和特殊性问题作出新的探讨。到 1881 年，马克思已经意识到，由于经济、社会、民族、文化等历史条件的差异，世界各国必然产生各自独特的发展道路。在对俄国这样的东方国家经济社会发展道路的思考中，马克思提出："在俄国，由于各种独特情况的结合，至今还在全国范围内存在着的农村公社能够逐渐摆脱其原始特征，并直接作为集体生产的因素在全国范围内发展起来。正因为它和资本主义生产是同时存在的东西，所以它能够不经受资本主义生产的可怕的波折而占有它的一切积极的成果。"① 在世界历史进程中，由于发达和不发达"同时存在"，不发达国家或非资本主义国家都有可能走出一条同资本主义社会发展空间并存但形式不同的道路。这就是说，在世界历史的演进中，不仅存在着循序渐进的发展道路，而且也存在着跨越式的发展道路的可能性。这就产生了世界历史过程的多样性和特殊性，也必然形成社会发展道路的一般性和特殊性的路径选择问题。马克思在对当时俄国问题的分析中得出的结论就是："如果资本主义制度的俄国崇拜者要否认这种进化的理论上的可能性，那我要向他们提出这样的问题：俄国为了采用机器、轮船、铁路等等，是不是一定要像西方那样先经过一段很长的机器工业的孕育期呢?"② 不同的经济社会制度的同时并存，成为世界历史发展的必然现象。

这一时期，马克思特别注重从政治经济学视角对世界历史作出新的探索。1867 年《资本论》第一卷德文第一版出版后，俄国的社会主义革命者把《资本论》当作一种类似"历史哲学"的教科书来阅读。他们片面地认为，马克思在《资本论》中提出的资本原始积累理论对俄国是完全适用的。马克思不赞成这种观点，认为资本原始积累讲的是西欧资本主义"形成史"中的理论和道路问题，如果"一定要把我关于西欧资本主义起源的

---

①② 马克思，恩格斯. 马克思恩格斯文集：第 3 卷. 北京：人民出版社，2009：571.

历史概述彻底变成一般发展道路的历史哲学理论，一切民族，不管它们所处的历史环境如何，都注定要走这条道路”，那么，结果就可能是在“给我过多的荣誉，同时也会给我过多的侮辱”①。马克思有针对性地指出这种“历史哲学”观点的错误在于：“极为相似的事变发生在不同的历史环境中就引起了完全不同的结果。如果把这些演变中的每一个都分别加以研究，然后再把它们加以比较，我们就会很容易地找到理解这种现象的钥匙；但是，使用一般历史哲学理论这一把万能钥匙，那是永远达不到这种目的的，这种历史哲学理论的最大长处就在于它是超历史的。”②

从马克思对世界历史理解的整体过程来看，资本主义生产方式开创了世界历史的一般进程，但并没有消除世界历史的特殊进程；世界历史理论深刻地包含着世界发展的统一性和多样性的整体关系，以及时间上继起性的不同的经济社会制度转化为空间上并存的共同体的见解。在世界历史的空间并存上，既有不同经济社会制度之间的矛盾和冲突的一面，同样也有这些不同经济社会制度之间合作和交流的一面。

面对21世纪世界历史的新进程，习近平对马克思世界历史理论作出新的探索。习近平指出：“今天，人类交往的世界性比过去任何时候都更深入、更广泛，各国相互联系和彼此依存比过去任何时候都更频繁、更紧密。”③ 当今世界历史的“问题意识”聚焦于：“我们要站在世界历史的高度审视当今世界发展趋势和面临的重大问题，坚持和平发展道路，坚持独立自主的和平外交政策，坚持互利共赢的开放战略，不断拓展同世界各国的合作，积极参与全球治理，在更多领域、更高层面上实现合作共赢、共同发展，不依附别人、更不掠夺别人，同各国人民一道努力构建人类命运共同体，把世界建设得更加美好。”④

在这一聚焦点上，2013年3月，习近平提出人类命运共同体政治经济学问题时，对其中最为显著的四个方面的变化作出了分析。

第一，世界历史趋势发生的新走向。习近平指出：“和平、发展、合

---

① 马克思，恩格斯．马克思恩格斯文集：第3卷．北京：人民出版社，2009：466．

② 同①466-467．

③④ 中共中央党史和文献研究院．十九大以来重要文献选编：上．北京：中央文献出版社，2019：432．

作、共赢成为时代潮流，旧的殖民体系土崩瓦解，冷战时期的集团对抗不复存在，任何国家或国家集团都再也无法单独主宰世界事务。”① 这里的“问题意识”就在于，要站在世界历史的高度，审视当今世界发展趋势和面临的重大问题。

第二，世界历史格局的新变化。习近平认为：“一大批新兴市场国家和发展中国家走上发展的快车道，十几亿、几十亿人口正在加速走向现代化，多个发展中心在世界各地区逐渐形成，国际力量对比继续朝着有利于世界和平与发展的方向发展。”② 马克思对世界历史的分析是以资本主义生产方式的历史趋势为主题的，是以资本主义生产方式的历史演进为主线的；当今世界历史的格局不再是单一的资本主义生产方式的世界历史，而是以多样性和并存性为特征的世界历史格局，不仅同时并存多种生产方式，而且与多种生产方式相联系的经济制度、政治制度和文化制度将长期并存。特别是一大批新兴市场经济国家和发展中国家的兴起，使世界历史的丰富性、并存性和多样性的特征更为显著。坚持互利共赢的开放战略，不断拓展同世界各国的合作，已经成为人类社会发展的基本特征和总体趋势，也成为推动构建人类命运共同体的内在动能。

第三，世界历史交往方式的新特征。习近平指出：“各国相互联系、相互依存的程度空前加深，人类生活在同一个地球村里，生活在历史和现实交汇的同一个时空里，越来越成为你中有我、我中有你的命运共同体。”③ 世界历史发展中交往方式的新变化，使得在更广泛的领域、更高多层面上实现合作共赢、共同发展成为可能和必要；在同一“共同体”中处理和解决事关人类命运的重大问题，推进全球治理，构建人类命运共同体成为必然的选择。

第四，世界历史发展面临的新问题。习近平指出：“人类依然面临诸多难题和挑战，国际金融危机深层次影响继续显现，形形色色的保护主义明显升温，地区热点此起彼伏，霸权主义、强权政治和新干涉主义有所上升，军备竞争、恐怖主义、网络安全等传统安全威胁和非传统安全威胁相

①②③ 习近平．论坚持推动构建人类命运共同体．北京：中央文献出版社，2018：5.

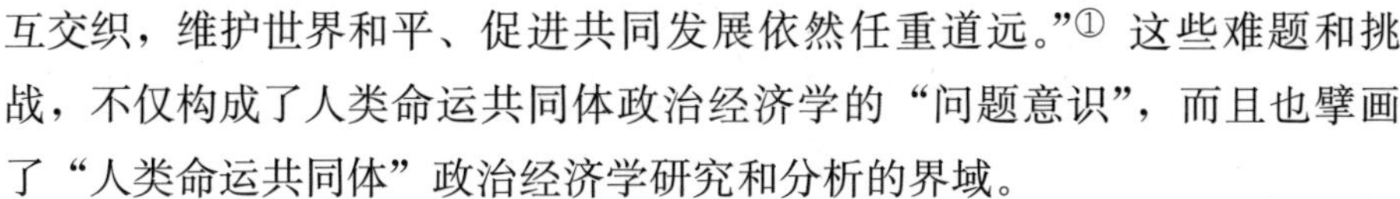

互交织，维护世界和平、促进共同发展依然任重道远。”① 这些难题和挑战，不仅构成了人类命运共同体政治经济学的“问题意识”，而且也擘画了“人类命运共同体”政治经济学研究和分析的界域。

习近平指出：“马克思主义政治经济学认为，人类社会最终将从各民族的历史走向世界历史。”② 这一世界历史过程中的不同的经济关系态势的变化、格局的演进、交往方式的拓新及其面临发展问题的共识，成为人类命运共同体政治经济学形成的主要依据和基本条件。

二、人类命运共同体政治经济学体系结构分析

人类命运共同体政治经济学，在体系结构上是对马克思关于政治经济学结构体系的赓续和拓新，是当代马克思主义政治经济学形态的创新。

马克思在建立资本主义政治经济学体系结构时，提出了政治经济学体系的“六册结构计划”，这就是马克思在1859年发表的《〈政治经济学批判〉序言》中公开提出的：“我考察资产阶级经济制度是按照以下的顺序：资本、土地所有制、雇佣劳动；国家、对外贸易、世界市场。在前三项下，我研究现代资产阶级社会分成的三大阶级的经济生活条件；其他三项的相互联系是一目了然的。”③ 马克思后来并没有按照这一体系结构完成自己的政治经济学著作，1862年底马克思提出了《资本论》结构计划。但是，“六册结构计划”对马克思政治经济学研究和叙述仍然产生了重要影响。

在“六册结构计划”中，前四册是对一国内资本主义生产方式和经济关系的探讨；后两册是对国家对外的经济关系和作为整体的世界市场经济关系的探讨。马克思曾经把其中第五册《对外贸易》（或称《国际贸易》）的主题概括为：“国际分工。国际交换。输出和输入。汇率”以及“货币作为国际

① 习近平．论坚持推动构建人类命运共同体．北京：中央文献出版社，2018：5-6.

② 中共中央党史和文献研究院．十八大以来重要文献选编：下．北京：中央文献出版社，2018：6.

③ 马克思，恩格斯．马克思恩格斯文集：第2卷．北京：人民出版社，2009：588.

铸币”等；把第六册《世界市场》的主题概括为：“世界市场。资产阶级社会越出国家的界限。危机。以交换价值为基础的生产方式和社会形式的解体。个人劳动实际成为社会劳动以及相反的情况”① 等。

人类命运共同体政治经济学类同于“六册结构计划”中后两册的内容，但同时也呈现三个不同方面的理论指向；正是这三个不同方面的理论指向，使得人类命运共同体政治经济学形成独特的对象和体系结构，形成21世纪马克思主义政治经济学的独特形态。

第一，政治经济学对象“主体”上的理论指向。马克思在《〈政治经济学批判〉导言》中提出：“应当时刻把握住：无论在现实中或在头脑中，主体——这里是现代资产阶级社会——都是既定的。”② 恩格斯把马克思这种以“现代资产阶级社会”为对象的政治经济学，称作狭义政治经济学。从历史逻辑和理论逻辑的统一性来看，这一狭义政治经济学主要包括三个方面的内容：一是“从批判封建的生产形式和交换形式的残余开始，证明它们必然要被资本主义形式所代替”；二是“把资本主义生产方式和相应的交换形式的规律从肯定方面，即从促进一般的社会目的的方面来加以阐述”；三是“对资本主义的生产方式进行社会主义的批判，就是说，从否定方面来表述它的规律，证明这种生产方式由于它本身的发展，正在接近它使自己不可能再存在下去的境地”③。

马克思关于狭义政治经济学的“主体”特征表明，“六册结构计划”后两册同前四册，都是以同质的资本主义生产方式的“现代史”为对象特征的。后两册探讨的尽管是世界市场范围内的国际经济关系，但在经济关系“主体”上，还是单一的资本主义生产方式，即如马克思在《资本论》第一卷德文第一版中所强调的：“我要在本书研究的，是资本主义生产方式以及和它相适应的生产关系和交换关系。”④ 不过，第五册《对外贸易》，是对在同质的资本主义国家之间的生产关系和交换关系上的国际经济关系

① 马克思，恩格斯．马克思恩格斯全集：第30卷．2版．北京：人民出版社，1995：50，221，221.

② 同①47-48.

③ 马克思，恩格斯．马克思恩格斯文集：第9卷．北京：人民出版社，2009：156，157，157.

④ 马克思，恩格斯．马克思恩格斯文集：第5卷．北京：人民出版社，2009：8.

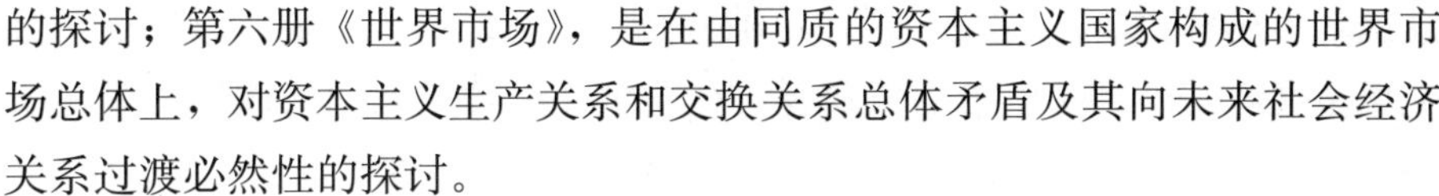

的探讨；第六册《世界市场》，是在由同质的资本主义国家构成的世界市场总体上，对资本主义生产关系和交换关系总体矛盾及其向未来社会经济关系过渡必然性的探讨。

人类命运共同体政治经济学，并不以同质的而是以异质的生产方式和经济关系的“共同体”为对象特征的。这种“共同体”，是指当今世界存在的不同的经济制度和经济体制、不同的政治制度和政治体制，以及不同的历史和文化背景的国家和地区的综合体。“共同体”在经济关系上的异质性，不仅是“共同体”本身的显著特征，而且也是人类命运共同体政治经济学的显著特征。

恩格斯把居于“主体”地位的社会经济关系，看作狭义政治经济学的对象。在当代中国，社会主义政治经济学就是狭义政治经济学。改革开放以来，中国特色社会主义经济关系发展进入新的历史进程，中国狭义政治经济学也呈现为中国特色社会主义政治经济学新形态。党的十八大以来，习近平新时代中国特色社会主义经济思想，是21世纪中国特色社会主义政治经济学的新发展，也是中国狭义政治经济学的最新发展。

第二，政治经济学形态上的理论意向。“六册结构计划”是以狭义政治经济学为对象的，人类命运共同体政治经济学从理论样态上则是广义政治经济学。

在《反杜林论》中，恩格斯除了提出以资本主义经济关系为对象的狭义政治经济学之外，还提出了广义政治经济学的两种基本样态：一是以资本主义经济关系“之前的”的经济关系为对象的政治经济学样态；二是以“在不太发达的国家内和这些形式同时并存的”① 不同的经济关系为对象的政治经济学样态。

政治经济学对象的变化是以作为对象的经济社会关系的变化为基本前提的。在马克思主义政治经济学史上，19世纪40年代至90年代是马克思主义政治经济学创立和发展时期。这一时期资本主义经济关系变化的实际，决定了这一时期首先形成的就是以资本主义经济关系以及资本主义经济关系必然向未来社会经济关系过渡的政治经济学意向，马克思狭义政治

① 马克思，恩格斯．马克思恩格斯文集：第9卷．北京：人民出版社，2009：157.

经济学应运而生。20世纪上半期，随着社会主义经济关系现实的发展，马克思主义政治经济学史进一步发展为社会主义经济关系如何取代资本主义经济关系以及进一步发展社会主义经济关系的政治经济学意向。20世纪50年代中期以来，资本主义经济关系与社会主义经济关系并存的现实，使得两种政治经济学体系，即资本主义政治经济学体系和社会主义政治经济学体系并存；同时，社会主义社会在与资本主义社会并存中如何在交流、合作和对抗、冲突中使社会主义经济关系发展和完善自己的理论意向，开始进入马克思主义政治经济学史。马克思主义政治经济学史上第一时期和第二时期发展的理论意向，基本上是人类社会经济关系时间继起性的问题，主要探讨的是一种社会经济关系向另一种新的社会经济关系过渡的问题；第三时期基本上是空间并存性问题，即社会主义经济关系如何在与资本主义经济关系的并存中求得自身的发展和完善的理论意向。这一理论意向，随着经济全球化过程的推进而日渐明显，在20世纪的最后20年凸显而出，在党的十八大以后逐渐演进为人类命运共同体政治经济学。

当代马克思主义政治经济学，不仅涉及时间继起性的问题，而且还涉及时间继起性基础上的空间并存性问题。这两者之间，时间继起性是空间并存性的前提，只有在科学地、全面地认识社会主义经济关系必然取代资本主义经济关系，而且必然能够取代资本主义经济关系的基础上，才能正确地理解和处理社会主义经济关系和资本主义经济关系的并存关系；空间并存性也是时间继起性的过程形式，因为社会主义经济关系和资本主义经济关系并存，并没有也不可能改变资本主义经济关系的历史命运，以及资本主义必然向社会主义过渡的历史趋势。在这一意义上，人类命运共同体政治经济学基本上属于广义政治经济学范畴，同时也对恩格斯广义政治经济学作出新的拓展。

第三，政治经济学方法上的变化。“六册结构计划”是以“现代史”的资本主义生产方式为背景的，人类命运共同体的政治经济学是以世界历史新形态的“形成史”为基础的。

关于政治经济学对象中“现代史”和“形成史”问题，马克思在《1857—1858年经济学手稿》中首次作了阐释。马克思认为，资本“生成”

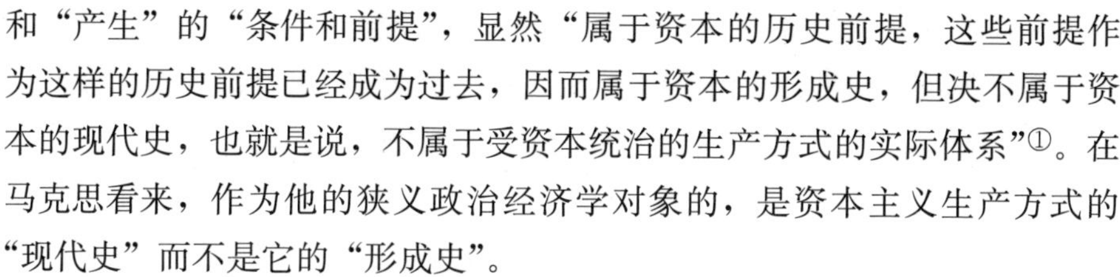

和“产生”的“条件和前提”，显然“属于资本的历史前提，这些前提作为这样的历史前提已经成为过去，因而属于资本的形成史，但决不属于资本的现代史，也就是说，不属于受资本统治的生产方式的实际体系”①。在马克思看来，作为他的狭义政治经济学对象的，是资本主义生产方式的“现代史”而不是它的“形成史”。

资本主义生产方式的“现代史”作为《资本论》对象，是“在其纯粹状态下进行研究”② 的，因而是一种“纯粹的”资本主义生产方式。在方法论上，占统治地位的资本主义生产方式之外的各种“中间形式”或者“过渡形式”，或多或少是“形成史”中留下的经济形式或经济关系，在理论逻辑上是被“抽象”的成分，不再是“现代史”的叙述对象。

人类命运共同体政治经济学，是以正在形成中的“共同体”意义上的政治经济学为对象的，是对现实中不断发展的具体的“共同体”中的社会经济关系的研究，是以“形成史”为对象特征的政治经济学。人类命运共同体以“形成史”为对象特征，体现了21世纪马克思主义政治经济学中国化的“问题意识”的方法指向。

以“形成史”为对象特征，必然要求增强对经济关系实践逻辑的探索，这实际上是对马克思政治经济学研究一开始就提出的“从当前的国民经济的事实出发”方法的赓续。这里的“当前的国民经济的事实”，指的是“共同体”中正在发展的社会经济关系的“事实”。人类命运共同体政治经济学，始终以正在形成和发展的“事实”为出发点，运用的是与“形成史”对象特征相联系的“问题意识”方法论。

三、人类命运共同体政治经济学形成的背景及基本意向

党的十八大以来，在坚持和发展中国特色社会主义的新的进程中，如何顺应我国经济深度融入世界经济的趋势，发展更高层次的开放型经济；

① 马克思，恩格斯. 马克思恩格斯全集：第30卷. 2版. 北京：人民出版社，1995：451.

② 马克思，恩格斯. 马克思恩格斯文集：第7卷. 北京：人民出版社，2009：120.

如何积极参与全球经济治理，促进国际经济秩序朝着平等公正、合作共赢的方向发展；如何维护我国发展利益、防范各种经济风险、确保国家经济安全等问题，成为习近平经济思想发展的重要课题。

面对国际经济关系重大变化的这些问题，习近平以“问题意识”为基本方法，提出“要有强烈的问题意识，以重大问题为导向，抓住关键问题进一步研究思考，着力推动解决我国发展面临的一系列突出矛盾和问题”①。要在对世界经济和中国经济面临的新情况和新问题的研究中，“不断开拓当代中国马克思主义政治经济学新境界，为马克思主义政治经济学创新发展贡献中国智慧”②。这一“问题意识”，就是人类命运共同体政治经济学形成的方法导向和理论意向。

对世界历史在我们所处时代的变化和“新型国际关系”特征的新判断，是人类命运共同体政治经济学形成的理论前提。

人类命运共同体政治经济学，是以当今世界正在经历的新一轮科学技术和经济政治格局的大发展大变革大调整为背景的。2013 年 3 月，在俄罗斯莫斯科国际关系学院发表的题为《顺应时代前进潮流，促进世界和平发展》的演讲中，习近平作出的“我们所处的是一个风云变幻的时代，面对的是一个日新月异的世界”③ 论断，阐释了人类命运共同体政治经济学“问题意识”的缘由。

人类命运共同体政治经济学，也是以对全球治理体制变革正处在历史转折点的深刻把握为根据的。2015 年 10 月，习近平对人类命运共同体政治经济学的“问题意识”再次阐释时提出：“新兴市场国家和一大批发展中国家快速发展，国际影响力不断增强，是近代以来国际力量对比中最具革命性的变化。数百年来列强通过战争、殖民、划分势力范围等方式争夺利益和霸权逐步向各国以制度规则协调关系和利益的方式演进。现在，世界上的事情越来越需要各国共同商量着办，建立国际机制、遵守国际规

---

① 中共中央文献研究室. 十八大以来重要文献选编：上. 北京：中央文献出版社，2014：497.

② 中共中央党史和文献研究院. 十八大以来重要文献选编：下. 北京：中央文献出版社，2018：7.

③ 习近平. 论坚持推动构建人类命运共同体. 北京：中央文献出版社，2018：5.

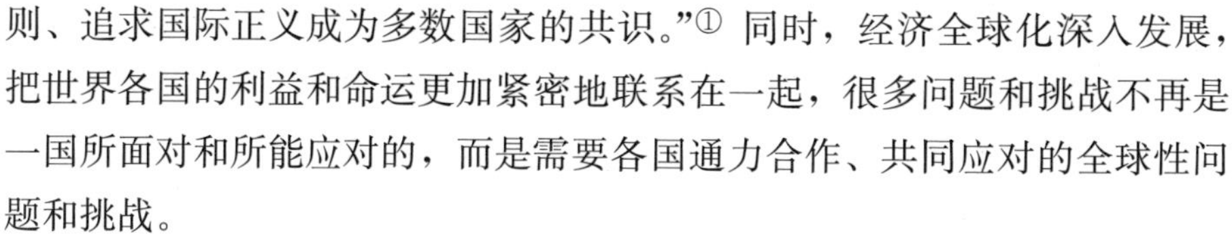

则、追求国际正义成为多数国家的共识。”① 同时，经济全球化深入发展，把世界各国的利益和命运更加紧密地联系在一起，很多问题和挑战不再是一国所面对和所能应对的，而是需要各国通力合作、共同应对的全球性问题和挑战。

习近平指出：“这不仅事关应对各种全球性挑战，而且事关给国际秩序和国际体系定规则、定方向；不仅事关对发展制高点的争夺，而且事关各国在国际秩序和国际体系长远制度性安排中的地位和作用。”② 特别是在推动建设国际经济金融领域、新兴领域、周边区域合作等方面的新机制新规则，推动建设和完善区域合作机制，加强周边区域合作，加强国际社会应对资源能源安全、粮食安全、网络信息安全、应对气候变化、打击恐怖主义、防范重大传染性疾病等全球性挑战上，更需要建立以合作共赢为核心的新型国际关系，更需要构建人类命运共同体的理念和举措。面对这些“问题意识”，习近平指出：“要坚持从我国国情出发，坚持发展中国家定位，把维护我国利益同维护广大发展中国家共同利益结合起来，坚持权利和义务相平衡，不仅要看到我国发展对世界的要求，也要看到国际社会对我国的期待。”③

世界历史的进程不断证明，无论前行的道路多么艰难曲折，人类社会总会按照自己的规律向前发展。面对国际形势的深刻变化和时代发展的客观要求，各国应该共同推动建立“以合作共赢为核心的新型国际关系”。这一“新型国际关系”就是人类命运共同体形成的直接根据。习近平在对这种“新型国际关系”的分析中，凸显了人类命运共同体的三个基本特征：一是各国和各国人民应该共同享受尊严。“要坚持国家不分大小、强弱、贫富一律平等，尊重各国人民自主选择发展道路的权利，反对干涉别国内政，维护国际公平正义。”④ 二是各国和各国人民应该共同享受发展成果。每个国家在谋求自身发展的同时，要积极促进其他各国共同发展。“世界长期发展不可能建立在一批国家越来越富裕而另一批国家却长期贫

---

① 习近平．论坚持推动构建人类命运共同体．北京：中央文献出版社，2018：259.

②③ 同①260.

④ 同①6.

穷落后的基础之上。只有各国共同发展了，世界才能更好发展。那种以邻为壑、转嫁危机、损人利己的做法既不道德，也难以持久。”① 三是各国和各国人民应该共同享受安全保障。针对各种问题和挑战，各个国家要同心协力，妥善应对。“越是面临全球性挑战，越要合作应对，共同变压力为动力、化危机为生机。面对错综复杂的国际安全威胁，单打独斗不行，迷信武力更不行，合作安全、集体安全、共同安全才是解决问题的正确选择。”②

以上三个方面，是“新型国际关系”的基本特征，也是人类命运共同体的共同追求、发展目标和根本保障。习近平指出：“随着世界多极化、经济全球化深入发展和文化多样化、社会信息化持续推进，今天的人类比以往任何时候都更有条件朝和平与发展的目标迈进，而合作共赢就是实现这一目标的现实途径。”③

人类命运共同体彰显的“合作共赢”的发展理念和目标追求，揭示了“新型国际关系”的本质内涵，体现了世界历史理论在 21 世纪发展的主要趋向和基本意向。2015 年 9 月，习近平在出席联合国总部举行的第七十届联合国大会一般性辩论时的讲话，以“携手构建合作共赢新伙伴，同心打造人类命运共同体”为主题，对人类命运共同体的主要趋向和基本意向作出新的阐释。习近平指出：“世界多极化进一步发展，新兴市场国家和发展中国家崛起已经成为不可阻挡的历史潮流。经济全球化、社会信息化极大解放和发展了社会生产力，既创造了前所未有的发展机遇，也带来了需要认真对待的新威胁新挑战。”④ 在构建“以合作共赢为核心的新型国际关系”的主要趋向上，习近平对人类命运共同体的基本意向作出了五个方面的概括。

第一，在建立平等相待、互商互谅的伙伴关系问题上，世界的前途命运必须由世界各国共同掌握。习近平从政治经济学视角提出：“各国自主选择社会制度和发展道路的权利应当得到维护，体现在各国推动经济社会发展、改善人民生活的实践应当受到尊重。”⑤ 在对待这一问题上，习近平

---

①②③ 习近平．论坚持推动构建人类命运共同体．北京：中央文献出版社，2018：7.

④ 同①253.

⑤ 同①254.

提出："要坚持多边主义，不搞单边主义；要奉行双赢、多赢、共赢的新理念，扔掉我赢你输、赢者通吃的旧思维。"① 在国际和区域层面建设全球伙伴关系，要走出的是一条"对话而不对抗，结伴而不结盟"的国与国"交往新路"：一方面"大国之间相处，要不冲突、不对抗、相互尊重、合作共赢"；另一方面"大国与小国相处，要平等相待，践行正确义利观，义利相兼，义重于利"②。

第二，在营造公道正义、共建共享的安全格局问题上，习近平从政治经济学意义上指出："在经济全球化时代，各国安全相互关联、彼此影响。没有一个国家能凭一己之力谋求自身绝对安全，也没有一个国家可以从别国的动荡中收获稳定。弱肉强食是丛林法则，不是国与国相处之道。穷兵黩武是霸道做法，只能搬起石头砸自己的脚。"③ 要摒弃冷战思维，树立共同、综合、合作、可持续安全的新观念，"要推动经济和社会领域的国际合作齐头并进，统筹应对传统和非传统安全威胁，防战争祸患于未然"④。

第三，在谋求开放创新、包容互惠的发展前景问题上，习近平基于政治经济学的基本立场，对 2008 年爆发的国际经济金融危机作了分析，提出："放任资本逐利，其结果将是引发新一轮危机。缺乏道德的市场，难以撑起世界繁荣发展的大厦。富者愈富、穷者愈穷的局面不仅难以持续，也有违公平正义。要用好'看不见的手'和'看得见的手'，努力形成市场作用和政府作用有机统一、相互促进，打造兼顾效率和公平的规范格局。"⑤

第四，在促进和而不同、兼收并蓄的文明交流问题上，习近平强调："人类文明多样性赋予这个世界姹紫嫣红的色彩，多样带来交流，交流孕育融合，融合产生进步。文明相处需要和而不同的精神。"⑥ 习近平从世界历史发展的新特点上指出："人类历史就是一幅不同文明相互交流、互鉴、融合的宏伟画卷。我们要尊重各种文明，平等相待，互学互鉴，兼收并蓄，推动人类文明实现创造性发展"⑦。

①② 习近平．论坚持推动构建人类命运共同体．北京：中央文献出版社，2018：254.

③ 同①254-255.

④⑤ 同①255.

⑥⑦ 同①256.

第五，在构筑尊崇自然、绿色发展的生态体系问题上，习近平提出了“要解决好工业文明带来的矛盾，以人与自然和谐相处为目标，实现世界的可持续发展和人的全面发展”的重大课题。建设生态文明关乎人类未来，“国际社会应该携手同行，共谋全球生态文明建设之路，牢固树立尊重自然、顺应自然、保护自然的意识，坚持走绿色、低碳、循环、可持续发展之路”①。

2017 年 1 月，习近平在联合国日内瓦总部的演讲中，提出“国际社会要从伙伴关系、安全格局、经济发展、文明交流、生态建设等方面作出努力”的新构想，提出了人类命运共同体要坚守“共同构建”的“行动”意向。“大道至简，实干为要”，习近平提出了人类命运共同体具有的“世界”大道的五个方面的内涵，即坚持对话协商，建设一个持久和平的世界；坚持共建共享，建设一个普遍安全的世界；坚持合作共赢，建设一个共同繁荣的世界；坚持交流互鉴，建设一个开放包容的世界；坚持绿色低碳，建设一个清洁美丽的世界。

在这五个方面，习近平提出了人类命运共同体政治经济学的主要课题和基本理论：一是“各国特别是主要经济体要加强宏观政策协调，兼顾当前和长远，着力解决深层次问题”②。二是“要抓住新一轮科技革命和产业变革的历史性机遇，转变经济发展方式，坚持创新驱动，进一步发展社会生产力、释放社会创造力”③。三是“经济全球化是历史大势，促成了贸易大繁荣、投资大便利、人员大流动、技术大发展”④。21 世纪以来，在联合国主导下，借助经济全球化，国际社会制定和实施了千年发展目标和 2030 年可持续发展议程，推动 11 亿人口脱贫，19 亿人口获得安全饮用水，35 亿人口用上互联网等，还将在 2030 年实现零贫困。这充分说明，经济全球化的大方向是正确的。当然，发展失衡、治理困境、数字鸿沟、公平赤字等问题也客观存在。这些是前进中的问题，我们要正视并设法解决，但不能因噎废食。“经济全球化仍然是当今世界经济发展的主导性趋势，国际经济联通和交往仍然是当今世界经济发展的主要特征，各国分工合

① 习近平．论坚持推动构建人类命运共同体．北京：中央文献出版社，2018：256.

②③④ 同①420.

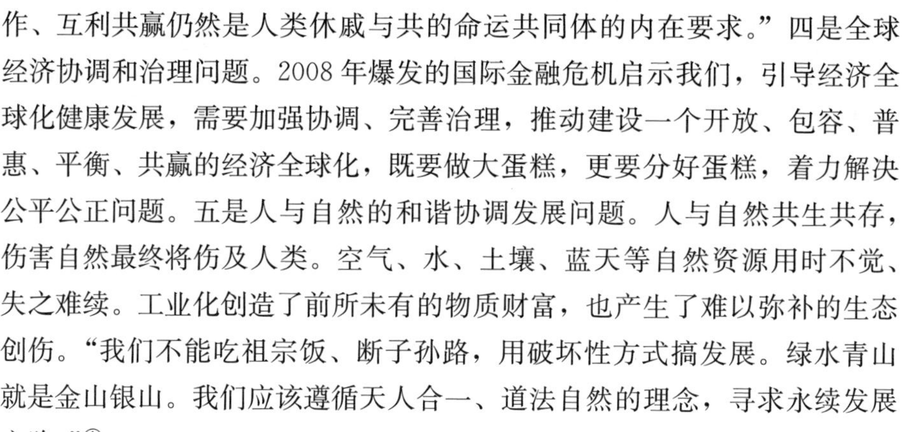

作、互利共赢仍然是人类休戚与共的命运共同体的内在要求。”四是全球经济协调和治理问题。2008 年爆发的国际金融危机启示我们，引导经济全球化健康发展，需要加强协调、完善治理，推动建设一个开放、包容、普惠、平衡、共赢的经济全球化，既要做大蛋糕，更要分好蛋糕，着力解决公平公正问题。五是人与自然的和谐协调发展问题。人与自然共生共存，伤害自然最终将伤及人类。空气、水、土壤、蓝天等自然资源用时不觉、失之难续。工业化创造了前所未有的物质财富，也产生了难以弥补的生态创伤。“我们不能吃祖宗饭、断子孙路，用破坏性方式搞发展。绿水青山就是金山银山。我们应该遵循天人合一、道法自然的理念，寻求永续发展之路。”①

这五个方面的问题，是人类命运共同体政治经济学的基本意向，对这些问题的回答是习近平经济思想对 21 世纪马克思主义政治经济学贡献的中国智慧和中国方案。

四、人类命运共同体政治经济学的理论主题

人类命运共同体政治经济学，将马克思的世界历史理论运用于认识当代世界现实，而且把蕴含于其中的社会观历史观落实到当代世界的国际交往实践中，探索出一条不同文明、不同模式之间并存发展之道，书写了马克思世界历史理论的新篇章。

党的十九大将“坚持推动构建人类命运共同体”列为新时代坚持和发展中国特色社会主义的基本方略之一，提出“中国人民的梦想同各国人民的梦想息息相通，实现中国梦离不开和平的国际环境和稳定的国际秩序。必须统筹国内国际两个大局，始终不渝走和平发展道路、奉行互利共赢的开放战略，坚持正确义利观，树立共同、综合、合作、可持续的新安全观，谋求开放创新、包容互惠的发展前景，促进和而不同、兼收并蓄的文明交流，构筑尊崇自然、绿色发展的生态体系，始终做世界和平的建设

---

① 习近平．论坚持推动构建人类命运共同体．北京：中央文献出版社，2018：422.

者、全球发展的贡献者、国际秩序的维护者”①。党的十九大以来，在构建人类命运共同体的实践过程和理论创新中，习近平关于人类命运共同体政治经济学得到了进一步的发展和完善，丰富了习近平经济思想体系，成就了中国化马克思主义政治经济学的理论创新和理论创造。

党的十九大以后，国际经济体系出现了一系列新的变化，特别是经济全球化遭遇波折和困境，保护主义、单边主义持续蔓延，逆全球化思潮正在发酵，世界经济增长缺乏动力，不确定性因素显著增加，世界经济再次走到十字路口。2019 年 3 月，习近平在中法全球治理论坛闭幕式的讲话中指出，经济全球化是推动世界经济增长的引擎。要坚持创新驱动，打造富有活力的增长模式；坚持协同联动，打造开放共赢的合作模式；坚持公平包容，打造平衡普惠的发展模式，让世界各国人民共享经济全球化发展成果。世界各国要把握发展大势，以更加开放包容的姿态抓住发展机遇，谋求互利互惠、合作共赢，积极引导经济全球化朝正确方向发展②。

作为世界和平的建设者、全球发展的贡献者、国际秩序的维护者，中国坚定践行多边主义，维护以国际法为基础的国际秩序，积极维护国际关系基本准则，全面推进全球治理完善。2019 年 5 月，习近平在亚洲文明对话大会开幕式上发表主旨演讲指出，亚洲近几十年快速发展，得益于主动融入世界经济发展潮流。各国应秉持开放精神，推进政策沟通、设施联通、贸易畅通、资金融通、民心相通，共同构建亚洲命运共同体③。发展是解决一切问题的总钥匙。只有坚持开放共赢，分享发展机遇，才能为共同发展注入持久强大动能。

2019 年 6 月，习近平在亚信第五次峰会上提出，中国秉持共商共建共享的全球治理观，坚定维护以联合国为核心的国际体系，坚定维护以世界贸易组织为核心的多边贸易体制。对于经贸往来中出现的问题，各方都应

---

① 中共中央党史和文献研究院．十九大以来重要文献选编：上．北京：中央文献出版社，2019：18.

② 习近平．为建设更加美好的地球家园贡献智慧和力量．人民日报，2019－03－27（3）．

③ 习近平．深化文明交流互鉴共建亚洲命运共同体．人民日报，2019－05－16（2）．

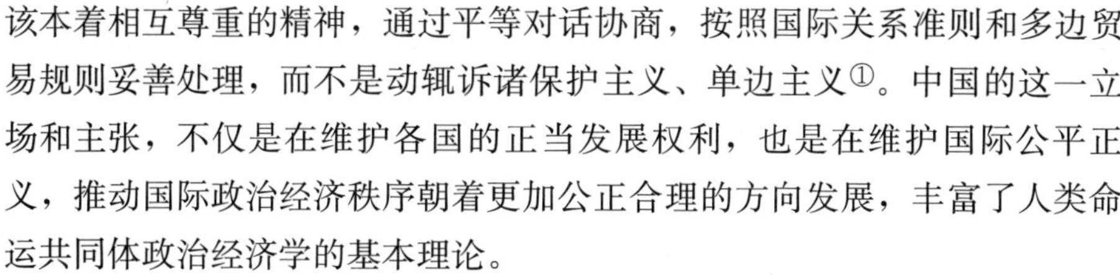

该本着相互尊重的精神，通过平等对话协商，按照国际关系准则和多边贸易规则妥善处理，而不是动辄诉诸保护主义、单边主义①。中国的这一立场和主张，不仅是在维护各国的正当发展权利，也是在维护国际公平正义，推动国际政治经济秩序朝着更加公正合理的方向发展，丰富了人类命运共同体政治经济学的基本理论。

承继党的十八大后提出的“新型国际关系”特征的基本判断，习近平对新冠肺炎疫情全球大流行中世界交往关系的新变化，特别是结合中华民族伟大复兴战略全局和世界未有之大变局相互作用的现实，对构建人类命运共同体问题作出了新的探讨，特别是对构建人类命运体中政治经济学新课题作出了新的阐释。

2020 年 9 月，在第七十五届联合国大会一般性辩论的讲话中，习近平指出“人类社会发展史，就是一部不断战胜各种挑战和困难的历史”，但是，“和平与发展的时代主题没有变，各国人民和平发展合作共赢的期待更加强烈”②。顺应时代潮流，做好携手迎接更多全球性挑战的准备，推动构建人类命运共同体成为更重要的课题。

从坚持构建人类命运共同体的指向上，习近平作出了政治经济学意义上的深入分析。

一是确立互联互通、休戚与共的地球村的意向。习近平指出：“各国紧密相连，人类命运与共。任何国家都不能从别国的困难中谋取利益，从他国的动荡中收获稳定。如果以邻为壑、隔岸观火，别国的威胁迟早会变成自己的挑战。我们要树立你中有我、我中有你的命运共同体意识，跳出小圈子和零和博弈思维，树立大家庭和合作共赢理念，摒弃意识形态争论，跨越文明冲突陷阱，相互尊重各国自主选择的发展道路和模式，让世界多样性成为人类社会进步的不竭动力、人类文明多姿多彩的天然形态。”③

二是确立经济全球化是客观现实和历史潮流的理念。习近平提出：“面对经济全球化大势，像鸵鸟一样把头埋在沙里假装视而不见，或像堂

① 习近平. 携手开创亚洲安全和发展新局面. 人民日报，2019-06-16 (2).

②③ 习近平. 在第七十五届联合国大会一般性辩论上的讲话. 人民日报，2020-09-23 (3).

吉诃德一样挥舞长矛加以抵制，都违背了历史规律。世界退不回彼此封闭孤立的状态，更不可能被人为割裂。我们不能回避经济全球化带来的挑战，必须直面贫富差距、发展鸿沟等重大问题。我们要处理好政府和市场、公平和效率、增长和分配、技术和就业的关系，使发展既平衡又充分，发展成果公平惠及不同国家不同阶层不同人群。我们要秉持开放包容理念，坚定不移构建开放型世界经济，维护以世界贸易组织为基石的多边贸易体制，旗帜鲜明反对单边主义、保护主义，维护全球产业链供应链稳定畅通。”①

三是确立人类需要一场自我革命，加快形成绿色发展方式和生活方式的、建设生态文明和美丽地球的指向。习近平指出：“人类不能再忽视大自然一次又一次的警告，沿着只讲索取不讲投入、只讲发展不讲保护、只讲利用不讲修复的老路走下去。应对气候变化《巴黎协定》代表了全球绿色低碳转型的大方向，是保护地球家园需要采取的最低限度行动，各国必须迈出决定性步伐。”② 各国要树立创新、协调、绿色、开放、共享的新发展理念，抓住新一轮科技革命和产业变革的历史性机遇，汇聚起可持续发展的强大合力。

四是确立亟待改革和完善全球治理体系的指向。习近平指出：“我们要坚持走多边主义道路，维护以联合国为核心的国际体系。全球治理应该秉持共商共建共享原则，推动各国权利平等、机会平等、规则平等，使全球治理体系符合变化了的世界政治经济，满足应对全球性挑战的现实需要，顺应和平发展合作共赢的历史趋势。国家之间有分歧是正常的，应该通过对话协商妥善化解。国家之间可以有竞争，但必须是积极和良性的，要守住道德底线和国际规范。大国更应该有大的样子，要提供更多全球公共产品，承担大国责任，展现大国担当。”③

习近平强调：“中国是世界上最大的发展中国家，走的是和平发展、开放发展、合作发展、共同发展的道路。我们永远不称霸，不扩张，不谋求势力范围，无意跟任何国家打冷战热战，坚持以对话弥合分歧，以谈判

---

①②③ 习近平．在第七十五届联合国大会一般性辩论上的讲话．人民日报，2020-09-23(3)．

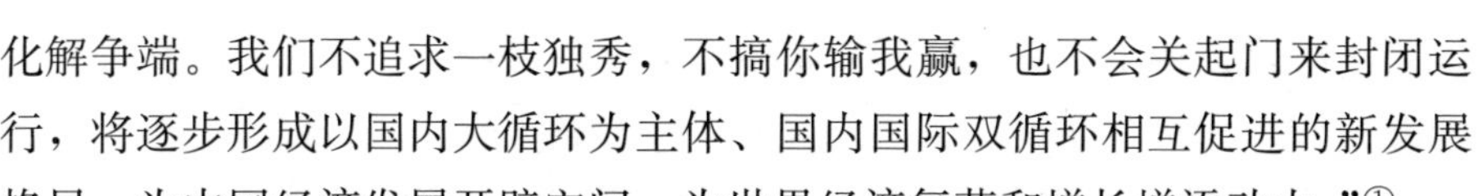

化解争端。我们不追求一枝独秀，不搞你输我赢，也不会关起门来封闭运行，将逐步形成以国内大循环为主体、国内国际双循环相互促进的新发展格局，为中国经济发展开辟空间，为世界经济复苏和增长增添动力。”①

世界进入新的动荡变革时期，人类社会正发生着新的深刻变化，构建人类命运共同体也面临着新的课题。2021 年 9 月，在第七十六届联合国大会一般性辩论的讲话中，习近平对人类如何以信心、勇气、担当，回答时代课题，作出历史抉择，提出了四个重要观点：一是必须战胜疫情，赢得这场事关人类前途命运的重大斗争；二是必须复苏经济，推动实现更加强劲、绿色、健康的全球发展；三是必须加强团结，践行相互尊重、合作共赢的国际关系理念；四是必须完善全球治理，践行真正的多边主义。

基于以上四个重要观点，习近平对共同推动全球发展迈向平衡协调包容新阶段问题作出阐释，拓展了人类命运共同体政治经济学的理论主题②。

一是“坚持发展优先”。将发展置于全球宏观政策框架的突出位置，加强主要经济体政策协调，保持连续性、稳定性、可持续性，构建更加平等均衡的全球发展伙伴关系，推动多边发展合作进程协同增效，加快落实联合国 2030 年可持续发展议程。

二是“坚持以人民为中心”。在发展中保障和改善民生，保护和促进人权，做到发展为了人民、发展依靠人民、发展成果由人民共享，不断增强民众的幸福感、获得感、安全感，实现人的全面发展。

三是“坚持普惠包容”。关注发展中国家特殊需求，通过缓债、发展援助等方式支持发展中国家尤其是困难特别大的脆弱国家，着力解决国家间和各国内部发展不平衡、不充分问题。

四是“坚持创新驱动”。抓住新一轮科技革命和产业变革的历史性机遇，加速科技成果向现实生产力转化，打造开放、公平、公正、非歧视的科技发展环境，挖掘疫后经济增长新动能，携手实现跨越发展。

五是“坚持人与自然和谐共生”。完善全球环境治理，积极应对气候

---

① 习近平．在第七十五届联合国大会一般性辩论上的讲话．人民日报，2020-09-23（3）．

② 习近平．坚定信心 共克时艰 共建更加美好的世界．人民日报，2021-09-22（2）．

变化，构建人与自然生命共同体。加快绿色低碳转型，实现绿色复苏发展。

六是“坚持行动导向”。加大发展资源投入，重点推进减贫、粮食安全、抗疫和疫苗、发展筹资、气候变化和绿色发展、工业化、数字经济、互联互通等领域合作，加快落实联合国2030年可持续发展议程，构建全球发展命运共同体。

人类命运共同体政治经济学，同中国特色社会主义政治经济学、当代资本主义政治经济学一起，共同构成中国马克思主义政治经济学体系结构，成为习近平系统化的经济思想的有机组成部分。

第二十一章　中国共产党百年经济思想的历程及特质

中国共产党百年经济思想，是在中国经济的社会形态百年历史性变革中形成和接续发展的，是对百年来中国经济关系的基本过程和内在规律的探索；中国共产党百年经济思想的理论创新和理论创造，是马克思主义政治经济学中国化中理论自觉和历史自觉的结果。

一、马克思主义政治经济学中国化理论自觉的生成

19世纪末20世纪初，马克思主义就如涓涓细流在中国知识界流传开来；在这一传播中，马克思主义政治经济学走在最前列。1899年，由上海广学会主办的《万国公报》发表的《大同学》，以英国学者本杰明·颉德（今译“基德”）的《社会进化》为蓝本，由李提摩太和蔡尔康译述。《大同学》已经提到马克思为“百工领袖著名者”，提到“如德国之马客偲，主于资本者也”①。“主于资本者”，英文原文为“Whatever may be said of

① 北京大学《马藏》编纂与研究中心. 马藏：第1部：第1卷. 北京：科学出版社，2019：376，386.

that class of literature represented in Germany by Karl Marx's *Kapital*"①，所说"资本者"(*Kapital*)，即为《资本论》著作。

1903年，在上海几乎同时出版的《最新经济学》和《近世社会主义》这两部译著，对马克思主义经济学说和社会主义学说在中国的早期传播有较大影响。日本学者田岛锦治的《最新经济学》于1901年出版，中文译本由作新社在上海出版。《最新经济学》"绪论"第三章在论及"经济学之历史"时，对"共产主义派"和"社会主义派"的经济学说作了粗陋介绍，认为"共产主义派"经济学说"主张废除私有制，以求各人平等"；"社会主义派"经济学说，"仅言土地及资本可为共有。其他享财产皆许其为私有者也"②。"社会主义派"经济学说的主要内容："观今日之制度。妄使土地所有者。及资本家。横夺劳动之报酬。岂得不为之寒心哉。故凡保此制度之国家。当起而颠覆之。结勤劳者之团体以代之。即不能如是。亦不可不使国家定制限于私有财产及自由竞争之法律。以矫正其弊。"③《最新经济学》没有区分马克思经济思想同其他不同的社会主义经济学流派的差别，对马克思经济思想和社会主义经济学说的介绍也较为浅陋、混杂，反映了当时中国知识界对马克思主义政治经济学的理解程度。

日本学者福井準造所著的出版于1899年的《近世社会主义》，由赵必振移译，广智书局出版。该译著分作四编，第二编对19世纪下半期德国社会主义作了专门阐释，其中有对马克思、拉萨尔、洛贝尔图斯著作和学说主张的评述，也有对共产主义者同盟和国际工人协会历史的概述。书中特别提到这一时期的德国社会主义学说中，马克思以"讲究经济上之原则"，并注重"以深远之学理"进行"精密"研究，形成了一种"新社会主义"。此前以欧文、圣西门和傅立叶为代表的英法两国社会主义，与马克思的这一"新社会主义"相比，只不过是一种"空想的学理"与"儿戏的企图"

---

① BENJAMIN K. Social evolution. New York：Macmillan and Co.，1895：11-12.

② 北京大学《马藏》编纂与研究中心. 马藏：第1部：第5卷. 北京：科学出版社，2019：530，533.

③ 同②533.

罢了。马克思在“确立其议论之根底”，在探讨“如何之思想。如何之运动。如何之方面”上，“熏陶最为广至”①。该译著还对马克思和恩格斯的主要著作，如《自哲理上所见之贫困》（《哲学的贫困》）、《资本论》、《自由贸易论》（《关于自由贸易问题的演说》）、《英国劳动社会之状态》（《英国工人阶级状况》）作了评介。值得注意的是，这五本著作都是马克思和恩格斯的政治经济学著作。此书在对《资本论》的评价中提出“《资本论》实为社会经济上之学者之良师”，“为一代之大著述”②。

这一时期，在西学东渐的潮流中，对当时西方国家中流行的各种思想和思潮的追崇，试图在西方资产阶级思想武库中寻找解决中国社会发展出路的想法，在思想界还占据主导地位。对马克思主义政治经济学传播还比较粗浅、简陋，译著中的许多理论观点只是在对日本学者相关论述编纂翻译的基础上形成的，对马克思和恩格斯经济学说的介绍和评价具有明显的自发性。经过 20 世纪开初近 20 年的思想演进，对马克思主义政治经济学的理论自觉和历史自觉才逐渐生成。

19 世纪末 20 世纪初，马克思主义学说在中国传播的涓涓细流，在中国社会矛盾急剧变化中，在俄国十月革命的影响下，经过五四运动的洗礼，开始汇成中国社会革命的强劲的思想潮流，并成为早期共产主义者改变中国和改变世界的思想指南。李大钊等一批早期共产主义者，已经从马克思主义体系整体上，探寻政治经济学的理论内涵和思想实质，特别是注重把马克思、恩格斯经济思想主动地运用于中国经济社会发展实际问题的思考和探索，马克思主义政治经济学中国化的理论自觉开始萌生。

1919 年，李大钊在《新青年》第 6 卷第 5 号和第 6 号上分“上篇”和“下篇”发表《我的马克思主义观》，“上篇”着重从马克思主义体系整体上对唯物史观和阶级斗争学说（“阶级竞争说”）作出阐释；“下篇”集中对政治经济学（“经济论”）观点，特别对剩余价值学说（“余工余值说”）和资本学说作出阐释。李大钊对马克思主义体系整体和政治经济学组成部

---

① 北京大学《马藏》编纂与研究中心. 马藏：第 1 部：第 2 卷. 北京：科学出版社，2019：492，490.

② 同①498，499.

分的理解，显示了这一时期马克思主义政治经济学传播的影响和作用。值得一提的是，在“上篇”对唯物史观和阶级斗争学说阐释之前，李大钊提出“先把‘马克思主义’在经济思想史上占若何的地位，略说一说”。他“略说一说”的结论就是：马克思“用科学的论式，把社会主义的经济组织的可能性与必然性，证明与从来的个人主义经济学截然分立，而别树一帜，社会主义经济学才成一个独立的系统，故社会主义经济学的鼻祖不能不推马克思”①。李大钊提出的政治经济学思想实质和重要地位的这一结论，同恩格斯强调的马克思主义的“全部理论来自对政治经济学的研究”②的观点是相耦合的。

中国共产党早期组织成员，在马克思主义政治经济学理论自觉生成问题中发挥过重要作用。1922 年 5 月，陈独秀在《马克思的两大精神》中指出，马克思的学说和行为具有“实际研究”和“实际活动”这两大精神，“以马克思实际研究的精神研究社会上各种情形，最重要的是现社会的政治及经济状况，不要单单研究马克思的学理”③。研究马克思的学说，“须发挥马克思实际活动的精神，把马克思学说当做社会革命的原动力”④。1924 年 3 月，恽代英在对列宁俄国社会革命和建设思想的探索中，有意识地结合中国的实际，强调：“解决中国的问题，自然要根据中国的情形，以决定中国的办法；但是至少可以说，伟大的列宁，已经亲身给了我们许多好的暗示了，我们可以不注意他么!”⑤ 把马克思主义政治经济学与中国的具体实际、与中国革命的“实际活动”相结合，使其作为“解决中国的办法”，成为中国“社会革命的原动力”，就是中国共产党在马克思主义政治经济学中国化中理论自觉的最根本的内涵。认识中国社会、改变中国社会，一开始就是中国共产党实现马克思主义政治经济学中国化的理论自觉的标格。

中国共产党成立前后，马克思主义政治经济学在中国的传播和运用，具有以下两个方面的显著特点：一方面，以改造中国为基本立场，以马克

---

① 李大钊. 李大钊全集：第 3 卷. 北京：人民出版社，2013：2，4.

② 马克思，恩格斯. 马克思恩格斯文集：第 2 卷. 北京：人民出版社，2009：596.

③④ 陈独秀. 陈独秀文集：第 2 卷. 北京：人民出版社，2013：250.

⑤ 恽代英. 恽代英全集：第 6 卷. 北京：人民出版社，2014：155-156.

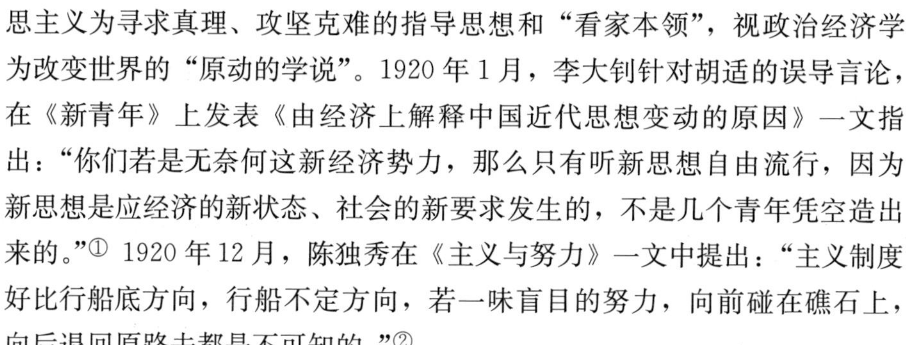

思主义为寻求真理、攻坚克难的指导思想和“看家本领”，视政治经济学为改变世界的“原动的学说”。1920 年 1 月，李大钊针对胡适的误导言论，在《新青年》上发表《由经济上解释中国近代思想变动的原因》一文指出：“你们若是无奈何这新经济势力，那么只有听新思想自由流行，因为新思想是应经济的新状态、社会的新要求发生的，不是几个青年凭空造出来的。”① 1920 年 12 月，陈独秀在《主义与努力》一文中提出：“主义制度好比行船底方向，行船不定方向，若一味盲目的努力，向前碰在礁石上，向后退回原路去都是不可知的。”②

另一方面，以十月革命后俄国经济状况为镜鉴，把马克思主义政治经济学原理运用于中国实际，不断提升理论自觉的意识和能力。1920 年 10 月，瞿秋白作为《晨报》的记者赴苏俄考察，在此后的两年间，撰写了大量报道苏维埃政治经济情况的通讯。特别是其中的《共产主义之人间化》《苏维埃俄罗斯之经济问题》等通讯，具体介绍了苏俄从战时共产主义到新经济政策的转变及其基本精神和主要特征等。瞿秋白提出：“‘我们’要能解决直接实行社会主义的问题，必须先明白，由未到资本主义的经济关系时，过渡于社会主义的政策，当用何种间接的方法态度。这是问题中的要点。”③ 这实际上是瞿秋白联系俄国革命理论和实践对中国革命现实问题的思考。在比较中国国情与俄国国情时，李大钊在 1922 年提出，“我们劳苦的民众，在二重乃至数重压迫之下，忽然听到十月革命喊出的‘颠覆世界的资本主义’、‘颠覆世界的帝国主义’的呼声，这种声音在我们的耳鼓里，格外沉痛，格外严重，格外有意义”；因此，“凡是像中国这样的被压迫的民族国家的全体人民，都应该很深刻的觉悟他们自己的责任，应该赶快的不踌躇的联结一个‘民主的联合阵线’，建设一个人民的政府，抵抗国际的资本主义，这也算是世界革命的一部分工作”④。

马克思主义经典著作的移译和传播，为马克思主义中国化中的理论自觉提供了丰富的思想资源。在中国共产党成立之前，食力翻译的《劳

① 李大钊. 李大钊全集：第 3 卷. 北京：人民出版社，2013：192.
② 陈独秀. 陈独秀文集：第 2 卷. 北京：人民出版社，2013：93.
③ 瞿秋白. 瞿秋白文集：政治理论编：第 1 卷. 北京：人民出版社，2013：254.
④ 李大钊. 李大钊全集：第 4 卷. 北京：人民出版社，2013：124.

动与资本》(《雇佣劳动与资本》)中文全译本在报刊上刊登，陈望道翻译的《共产党宣言》中文全译本在1920年出版。中国共产党成立后，更是把马克思、恩格斯、列宁著作的翻译和学习作为党的理论建设与思想建设的重要任务。1921年11月，刚成立不久的中国共产党，在发布的《中国共产党中央局通告》中就提出“中央局宣传部在明年七月以前，必须出书（关于纯粹的共产主义者）二十种以上”[①] 的要求。1922年6月，陈独秀在给共产国际的报告中正式提出，中国共产党组织出版《马克思全书》《列宁全书》《康民尼斯特丛书》等马克思主义经典著作[②]。学习马克思主义经典著作中的科学理论和科学精神，一直是中国共产党理论自觉的“必修课”。

马克思主义政治经济学中国化的理论自觉，在中国共产党成立后的社会革命实践中得到彰显。在1920年召开的共产国际第二次代表大会上，列宁系统地阐述了民族和殖民地革命理论。党的一大之后，中国共产党把列宁关于民族和殖民地的革命理论与中国实际相结合，深入探索适合中国国情的革命道路。在列宁逝世后，经历这一过程的张太雷，更为深切地体会到“伟大的列宁，已经亲身给了我们许多好的暗示”内涵。党的二大接受了列宁的基本理论，认识到中国社会的资本主义尚处于初步发展阶段，帝国主义、封建势力，特别是军阀和官僚是阻碍中国社会经济发展、残酷压迫中国人民的主要反动力量。1922年6月，党中央在《中国共产党对于时局的主张》中正式提出中国革命必须分两步走的思想，“在无产阶级未能获得政权以前，依中国政治经济的现状，依历史进化的过程，无产阶级在目前最切要的工作，还应该联络民主派共同对封建式的军阀革命，以达到军阀覆灭能够建设民主政治为止”[③]。马克思主义政治经济学在中国初步运用中“化”出的这一道理，成为适合中国具体实际需要的科学理论，生成了马克思主义政治经济学中国化的理论自觉。

① 中共中央文献研究室，中央档案馆. 建党以来重要文献选编（1921—1949）：第1册. 北京：中央文献出版社，2011：47.

② 陈独秀. 陈独秀文集：第2卷. 北京：人民出版社，2013：258.

③ 同①97.

二、马克思主义政治经济学中国化的历史自觉的坚守

中国共产党对马克思主义政治经济学中国化的理论自觉同历史自觉一起，共同构成马克思主义政治经济学中国化的思想特质，成就了中国共产党经济思想百年辉煌的内在禀赋。

首先，这一历史自觉的显著特征在于深邃的历史情怀。历史情怀包含对民族、国家和人民的挚爱的深切情怀。中国共产党成立之前，毛泽东在1919年就提出："我们中华民族原有伟大的能力！压迫愈深，反抗愈大，蓄之既久，其发必速，我敢说一怪话，他日中华民族的改革，将较任何民族为彻底，中华民族的社会，将较任何民族为光明。"① 毛泽东的这一深邃的历史情怀，渗透于中国共产党经济思想发展全过程，成为中国共产党历史自觉的核心要义。中华民族伟大复兴成为中国共产党百年经济思想的主题，也成为马克思主义政治经济学中国化的根本命题。

其次，这一历史自觉的特征在于深刻的历史观照。马克思主义政治经济学中国化的过程，始终同百年来中国经济的社会形态历史变迁同行，在历史变迁中发挥其理论上的先导作用，成为认识中国和改造中国的思想指南。近百年来，中国社会变迁可以分作三个历史阶段、发生三次"伟大飞跃"：一是从1921年至1949年的历史阶段，中国共产党紧紧依靠全国各族人民，打败了日本帝国主义，推翻了国民党反动统治，完成了新民主主义革命，建立了中华人民共和国，实现从几千年封建专制政治向人民民主的伟大飞跃；二是从1949年到1978年的历史阶段，我们党团结带领全国各族人民完成社会主义革命，确立社会主义基本制度，推进社会主义的全面建设，实现了中华民族持续走向繁荣富强的伟大飞跃；三是1978年以来的历史阶段，我们党团结带领全国各族人民进行改革开放的伟大革命，极大激发了广大人民群众的创造性，极大解放和发展了社会生产力，极大增强了社会发展活力，人民生活显著改善，综合国力显著增强，国际地位显著

① 毛泽东．民众的大联合（三）．湘江评论，1919（4）．

提高，“实现了中国人民从站起来到富起来、强起来的伟大飞跃”①。这三个阶段发生的三次“伟大飞跃”，从根本上展示了中国化马克思主义政治经济学的历史逻辑和理论逻辑。历史观照的这一特征，成为中国共产党百年经济思想的历史自觉的根本基础。

再次，这一历史自觉的特征在于强烈的历史担当。1922 年，《中国共产党第二次全国代表大会宣言》提出的中国革命的七项奋斗目标中，把“消除内乱，打倒军阀，建设国内和平”和“摧翻国际帝国主义的压迫，达到中华民族完全独立”列为首要的两项目标②。这说明，中国共产党成立伊始，就形成了党为中华民族伟大复兴所要实现的两大历史任务的思想，即“一个是求得民族独立和人民解放；一个是实现国家繁荣富强和人民共同富裕。前一任务是为后一任务扫清障碍，创造必要的前提”③。实现两大历史任务的思想，启动了马克思主义政治经济学中国化的理论和历史进程，确定了中国共产党经济思想的历史自觉的基本指向。

最后，这一历史自觉的特征在于深厚的历史感悟。“历史不过是追求着自己目的的人的活动而已。”④ 中国共产党百年经济思想，始终把人民立场作为根本立场，把为人民幸福同民族复兴、国家富强作为根本任务和最高使命；尊重人民主体地位和首创精神，凝聚起众志成城的磅礴力量，团结带领人民共同创造历史伟业。习近平指出：“这是尊重历史规律的必然选择，是共产党人不忘初心、牢记使命的自觉担当。”⑤ 这种深厚的历史感悟，是马克思主义政治经济学中国化中历史自觉的价值蕴含。

理论自觉和历史自觉，不仅是中国共产党百年经济思想过程的显著特质，也是理解马克思主义政治经济学中国化理论内涵和历史进程的基本方法，还是从“历史路标”意义上展现中国化马克思主义政治经济学的历史

---

① 中共中央党史和文献研究院. 十八大以来重要文献选编：下. 北京：中央文献出版社，2018：343.

② 中共中央文献研究室，中央档案馆. 建党以来重要文献选编（1921—1949）：第 1 册. 北京：中央文献出版社，2011：133.

③ 中共中央文献研究室. 十五大以来重要文献选编：上. 北京：人民出版社，2000：2.

④ 马克思，恩格斯. 马克思恩格斯文集：第 1 卷. 北京：人民出版社，2009：295.

⑤ 中共中央党史和文献研究院. 十九大以来重要文献选编：上. 北京：中央文献出版社，2019：429.

阶段和理论建树的学术依循。从理论自觉和历史自觉的结合上来看，马克思主义政治经济学中国化的“历史路标”，可以分作四个时期。

第一，中国共产党成立前马克思主义政治经济学在中国的传播和初步运用，是这一时期的“序幕”。中国共产党成立是马克思主义政治经济学中国化百年历程的起端，在新民主主义革命时期实现了马克思主义政治经济学中国化的飞跃。这一时期，以毛泽东同志为主要代表的中国共产党人，对中国半殖民地半封建经济的社会形态性质作出科学判断，创造性地提出了新民主主义经济纲领理论，对新民主主义经济结构、经济制度及制度安排，对经济发展、经济政策及新民主主义经济发展前途等问题作出了系统论述。

第二，新中国成立后，先是马克思主义政治经济学在社会主义过渡时期的运用和发展，形成了具有中国特点的过渡时期政治经济学，创造性地走出了基本经济制度转型、经济体制转型和生产力持续增长同步的发展道路；接着，从 1956 年社会主义基本经济制度确立，直到 1976 年“文化大革命”结束，经历了中国社会主义政治经济学以奠定基础、艰辛探索和曲折发展为特点的发展阶段。砥砺奋进、不断探索，中国共产党无论在社会主义过渡时期政治经济学中还是在社会主义政治经济学中，都取得了一系列独创性成果。社会主义社会基本矛盾理论，统筹兼顾、注意综合平衡理论，以农业为基础、工业为主导、农轻重协调发展理论，中国区域经济发展的战略思想等，呈现了中国共产党这一时期对马克思主义政治经济学中国化的创新性和创造性的发展。

第三，从 1978 年至 2012 年新时期中国特色社会主义政治经济学的形成和发展时期，构成马克思主义政治经济学中国化的重要阶段。立足社会主义初级阶段经济事实和经济发展实际，着力于对社会主义初级阶段经济关系的本质特征和发展趋势的探索，在系统把握这一阶段的经济制度、经济体制和经济运行的整体关系上，创造性地提出了经济制度论、经济改革论、市场经济论、科学发展论和对外开放论等主导性理论以及在主导性理论交互作用中生成的一系列衍生性理论，形成新时期中国特色社会主义政治经济学理论、结构和体系。

第四，党的十八大以来是新时代中国特色社会主义政治经济学的发展时期，也是习近平经济思想拓新和马克思主义政治经济学中国化发展的新阶段。党的十九大提出习近平新时代中国特色社会主义经济思想，十九大之后召开的第一次中央经济工作会议，对习近平新时代中国特色社会主义经济思想作出新的概括。这一新概括，以坚定不移地贯彻新发展理念为主要内容，提出七个“坚持”的理论要义，是对党的十八大以来中国特色“系统化的经济学说”的拓新。

三、中国共产党百年经济思想的主题及意境的深化

党的十八大召开后不久，习近平在回顾党的历史时指出：“中国共产党成立后，团结带领人民前仆后继、顽强奋斗，把贫穷落后的旧中国变成日益走向繁荣富强的新中国，中华民族伟大复兴展现出前所未有的光明前景。”① 中国共产党经济思想的理论自觉和历史自觉，使得中华民族伟大复兴必然成为马克思主义政治经济学中国化的理论主题。

1922 年，中国共产党第二次代表大会就对中华民族伟大复兴的历史使命及两大历史任务问题深有感悟。党的二大通过的《中国共产党第二次全国代表大会宣言》，提出中国革命“第一步”即真正的民主主义革命要达到的“建设国内和平”和“中华民族完全独立”的目标，初步形成中国共产党关于中华民族伟大复兴的两大历史任务的思想。实现两大历史任务的思想，启动了马克思主义政治经济学中国化的理论和历史进程，确定了中国共产党经济思想的理论自觉和历史自觉的基本意向。

新民主主义革命时期，中国共产党着力于完成第一大历史任务，但也没有放弃对第二大历史任务的探索，毛泽东已经从中国现代化问题切入，在对中国工业化问题探讨中提出“使中国稳步地由农业国转变为工业国”② 的思想，描绘了新民主主义革命胜利后中国现代化的最初蓝图。

---

① 中共中央文献研究室．十八大以来重要文献选编：上．北京：中央文献出版社，2014：69.

② 毛泽东．毛泽东选集：第 4 卷．2 版．北京：人民出版社，1991：1437.

党的二大曾作出判断："如果无产阶级的组织力和战斗力强固，这第二步奋斗是能跟着民主主义革命胜利以后即刻成功的。"① 新中国成立后，在进一步完成新民主主义革命遗留的任务，向社会主义过渡一开始，中国共产党就把完成第二大历史任务作为治国理政的重要议程提了出来。1954年，在第一届全国人民代表大会第一次会议上，毛泽东提出要"将我们现在这样一个经济上文化上落后的国家，建设成为一个工业化的具有高度现代文化程度的伟大的国家"的奋斗目标。从中国现代化问题切入，是因为中国共产党清醒地认识到："如果我们不建设起强大的现代化的工业、现代化的农业、现代化的交通运输业和现代化的国防，我们就不能摆脱落后和贫困，我们的革命就不能达到目的。"② 实现国家现代化，成为全国各族人民不懈奋斗的根本任务，彰显了中国共产党经济思想的历史自觉和理论自觉的特征。

1957年2月，毛泽东提出，要"将我国建设成为一个具有现代工业、现代农业和现代科学文化的社会主义国家"③。1964年12月，在三届全国人大一次会议的《政府工作报告》中，周恩来正式宣告："在不太长的历史时期内，把我国建设成为一个具有现代农业、现代工业、现代国防和现代科学技术的社会主义强国，赶上和超过世界先进水平。"④ 中国共产党对"四个现代化"目标的深刻把握，表达了全国各族人民的共同愿望成为中国共产党矢志不移的奋斗目标。即使在"文化大革命"期间，中国共产党也没有动摇过"四个现代化"的奋斗目标。在1975年1月召开的四届全国人大一次会议上，周恩来再次宣告："在本世纪内，全面实现农业、工业、国防和科学技术的现代化，使我国国民经济走在世界的前列。"⑤

以党的十一届三中全会为起点，中国共产党领导全国各族人民开始了新时期社会主义现代化国家建设的新的伟大革命。新时期伊始，邓小平就

① 中共中央文献研究室，中央档案馆．建党以来重要文献选编（1921—1949）：第1册．北京：中央文献出版社，2011：133.

② 周恩来．周恩来选集：下卷．北京：人民出版社，1984：132.

③ 毛泽东．毛泽东文集：第7卷．北京：人民出版社，1999：207.

④ 同②439.

⑤ 同②479.

强调："能否实现四个现代化，决定着我们国家的命运、民族的命运。"① 在对中国现代化道路的探索中，邓小平进一步提出"要适合中国情况，走出一条中国式的现代化道路"② 的思想。"中国式的现代化"与"小康社会"建设相结合，拓展了中国现代化的战略规划、发展步骤和阶段目标。20 世纪 80 年代初，中国共产党对小康社会"三步走"战略作出规划，提出了从"解决人民温饱的问题"到"人民生活达到小康水平"，再到"人民生活比较富裕，基本实现现代化"的发展步骤。在"三步走"的前两步基本实现时，党的十五大又对"三步走"战略作出规划，提出在 20 世纪第一个 10 年使人民的小康生活更加宽裕，形成比较完善的社会主义市场经济；再经过 10 年的努力，到建党 100 周年时，使国民经济更加发展，各项制度更加完善；到 21 世纪中叶建国 100 周年时，基本实现现代化。中国共产党绘制的"中国式的现代化"与"两个一百年"奋斗目标相结合的宏伟蓝图，深刻地体现了中国共产党经济思想在中国现代化进程探索中的理论自觉和历史自觉。

进入 21 世纪，中国共产党使"中国式的现代化"同全面建设小康社会和"两个一百年"奋斗目标同行并进，进而与中华民族伟大复兴的追求融为一体。刚进入 21 世纪，江泽民就指出，"建设富强民主文明的社会主义现代化国家，是毛泽东同志、他的战友们和千百万革命先烈的伟大理想，是一百多年来中国社会发展的必然结论和中华民族的共同愿望"③；把"向着现代化的光辉目标前进，向着中华民族的伟大复兴前进"④，作为当代中国共产党人的理论自觉和历史自觉。2011 年 12 月，在庆祝天宫一号与神舟八号交会对接任务圆满成功大会上，胡锦涛提出："我国航天事业取得的辉煌成就，增强了全体中华儿女的民族自信心和凝聚力，坚定了全党全军全国各族人民继续推进改革开放和社会主义现代化、在中国特色社会主义道路上实现中华民族伟大复兴的决心和信念。"⑤ 回顾历史的时刻，也是

① 邓小平．邓小平文选：第 2 卷．2 版．北京：人民出版社，1994：162.

② 同①163.

③ 江泽民．江泽民文选：第 1 卷．北京：人民出版社，2006：360.

④ 江泽民．江泽民文选：第 2 卷．北京：人民出版社，2006：126.

⑤ 中共中央文献研究室．十七大以来重要文献选编：下．北京：中央文献出版社，2013：673.

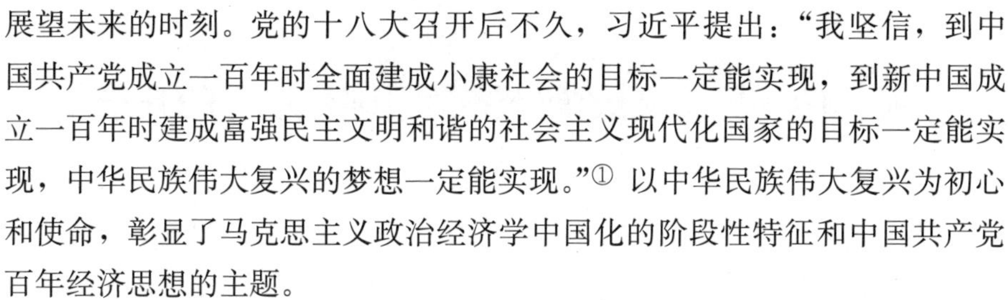

展望未来的时刻。党的十八大召开后不久，习近平提出：“我坚信，到中国共产党成立一百年时全面建成小康社会的目标一定能实现，到新中国成立一百年时建成富强民主文明和谐的社会主义现代化国家的目标一定能实现，中华民族伟大复兴的梦想一定能实现。”① 以中华民族伟大复兴为初心和使命，彰显了马克思主义政治经济学中国化的阶段性特征和中国共产党百年经济思想的主题。

在中华民族伟大复兴的新的历史进程中，“中国式的现代化”焕发出新时代的内涵。一是目标内涵得到升华。新时代社会主要矛盾已经转化为人民日益增长的美好生活需要和不平衡不充分的发展之间的矛盾。解决和处理好社会主要矛盾中不平衡不充分发展问题的基本战略和根本出路，就在于推进经济、政治、文化、社会、生态文明建设的“五位一体”总体布局，切实满足人民对于涵盖物质、文化、民主、法制、公平、正义、安全、环境等在内的“美好生活的需要”。党的基本路线的目标内涵升华为“把我国建设成为富强民主文明和谐美丽的社会主义现代化强国”②。

二是在“四个全面”战略布局整体发展中提出了国家治理体系和治理能力现代化的新课题。推进国家治理体系和治理能力现代化，就是要使各方面制度更加科学、更加完善，实现党、国家、社会各项事务治理制度化、规范化、程序化。推进国家治理体系和治理能力现代化，成为“中国式的现代化”的新时代的课题。

三是在战略规划中进一步明确第二个一百年的阶段性目标。党的十九大提出，实现第二个百年奋斗目标分作两个阶段，一是从 2020 年到 2035 年基本实现社会主义现代化，二是从 2035 年到 21 世纪中叶建成富强民主文明和谐美丽的社会主义现代化强国。习近平指出：“从全面建成小康社会到基本实现现代化，再到全面建成社会主义现代化强国，是新时代中国特色社会主义发展的战略安排。我们要坚忍不拔、锲而不舍，奋力谱写社会主义现代化新征程的壮丽篇章！”③

---

①　中共中央文献研究室．十八大以来重要文献选编：上．北京：中央文献出版社，2014：84.

②　中共中央党史和文献研究院．十九大以来重要文献选编：上．北京：中央文献出版社，2019：9.

③　同②21.

四、马克思主义政治经济学中国化境界的升华

“我们党历来重视对马克思主义政治经济学的学习、研究、运用。”① 中国共产党百年经济思想的理论自觉和历史自觉，不仅把马克思主义政治经济学基本原理运用于中国的实际，推进了马克思主义政治经济学中国化；而且还把这一过程形成新的思想，凝练为马克思主义政治经济学的新内涵，升华为中国化马克思主义政治经济学的理论创新和理论创造。

这里讲的“理论创新”体现在两个方面：一方面是继承性创新，即在马克思主义政治经济学基本原理运用于中国实际过程中，中国化马克思主义政治经济学获得的创新性的理论发展。如在对马克思主义关于生产力和生产关系理论的继承中，得出关于解放生产力和发展生产力作为社会主义本质的理论观点。另一方面是集成性创新，即在对马克思主义政治经济学继承和发展的同时，也注重对各种经济思想的有价值的和可资借鉴成分的吸收，注重对中华传统经济思想的吸收、转化和创新，以多方面思想资源的结合而形成综合的、有机的创新。如关于社会主义生态文明建设思想，既有作为主体思想来源的马克思、恩格斯关于人与自然和谐协调发展的思想，也有20世纪80年代经济全球化背景下流行的生态环境治理的各种思潮，也包括生态学马克思主义思想的借鉴，还有中华优秀传统文化中“天人合一”思想的转化，等等。

这里讲的“理论创造”，一是对马克思主义经典文本中新的思想的发掘和创造性运用，如在对恩格斯关于“我认为，所谓‘社会主义社会’不是一种一成不变的东西，而应当和任何其他社会制度一样，把它看成是经常变化和改革的社会”② 思想的发掘中，结合当代中国经济社会发展的实际，总结社会主义经济制度和经济体制发展的经验教训，“改革的”社会

---

① 中共中央党史和文献研究院．十八大以来重要文献选编：下．北京：中央文献出版社，2018：2.

② 马克思，恩格斯．马克思恩格斯文集：第10卷．北京：人民出版社，2009：588.

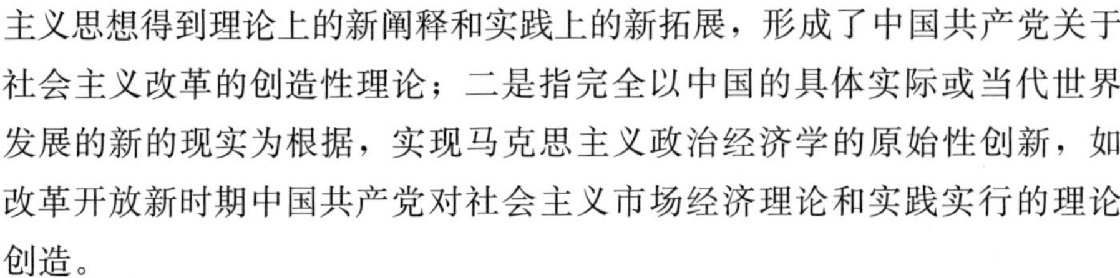

主义思想得到理论上的新阐释和实践上的新拓展，形成了中国共产党关于社会主义改革的创造性理论；二是指完全以中国的具体实际或当代世界发展的新的现实为根据，实现马克思主义政治经济学的原始性创新，如改革开放新时期中国共产党对社会主义市场经济理论和实践实行的理论创造。

在新民主主义革命时期，毛泽东多次强调，中国共产党“从中国的历史实际和革命实际的认真研究中，在各方面作出合乎中国需要的理论性的创造，才叫做理论和实际相联系”①。毛泽东思想中蕴含的政治经济学的理论创新和理论创造的要义，集中体现于对中国半殖民地半封建社会性质的分析、对新民主主义经济理论和经济纲领的阐释中。

新中国成立以后，以毛泽东同志为主要代表的中国共产党人，依据中国独特的国情和经济社会发展的现状，走出了富有中国特点的社会主义过渡的新道路，创造性地形成中国独特的过渡时期理论；在中国社会主义经济建设道路探索中，提出了包括社会主义社会矛盾学说、综合平衡和统筹兼顾的战略思想、以“两参一改三结合”为代表的经济管理思想、独立自主和自力更生原则等在内的一系列“合乎中国需要”的理论创新和理论创造。

改革开放新时期，中国特色社会主义政治经济学涵盖了一系列“合乎中国需要”的理论创新和理论创造。新时期中国特色社会主义政治经济学提出的社会主义初级阶段基本经济纲领，就是马克思主义政治经济学中国化的理论创造。这一基本经济纲领的根本命题是“建设有中国特色社会主义的经济，就是在社会主义条件下发展市场经济，不断解放和发展生产力”②。这一基本经济纲领的核心思想，突出地表现在以下四个方面：

第一，坚持和完善社会主义公有制为主体、多种所有制经济共同发展的基本经济制度。社会主义初级阶段所有制结构理论，是中国特色社会主义政治经济学最富有独创性的理论。“我国基本经济制度是中国特色社会

---

① 毛泽东．毛泽东选集：第3卷．2版．北京：人民出版社，1991：820.

② 中共中央文献研究室．改革开放三十年重要文献选编：下．北京：中央文献出版社，2008：899.

主义制度的重要支柱，也是社会主义市场经济体制的根基，公有制主体地位不能动摇，国有经济主导作用不能动摇”①，成为马克思主义政治经济学中国化的鲜明的理论观点。“要毫不动摇巩固和发展公有制经济，毫不动摇鼓励、支持、引导非公有制经济发展，推动各种所有制取长补短、相互促进、共同发展”②，成为中国特色社会主义政治经济学的重要的理论观点。

第二，坚持和完善社会主义市场经济体制，使市场在国家宏观调控下对资源配置起基础性作用。在社会主义条件下发展市场经济，是中国共产党的一个伟大创举，也是马克思主义政治经济学中国化的最为显著的理论创造。坚持社会主义市场经济改革方向，既要发挥市场经济的长处，又要发挥社会主义制度的优越性，这是中国特色社会主义经济取得成功的关键因素。

第三，坚持和完善按劳分配为主体、多种分配方式并存的分配制度，允许一部分地区一部分人先富起来，带动和帮助后富，逐步走向共同富裕。这是新时期形成的反映中国特色社会主义基本经济制度本质特征的创造性理论。

第四，坚持和完善对外开放，积极参与国际经济合作和竞争。要善于统筹国内国际两个大局，利用好国际国内两个市场、两种资源。顺应我国经济深度融入世界经济的趋势，发展更高层次的开放型经济，积极参与全球经济治理，促进国际经济秩序朝着平等公正、合作共赢的方向发展。对外开放作为我国社会主义现代化建设的基本国策，是中国特色社会主义政治经济学的显著特征。

2015 年，习近平在对新时期近 40 年中国特色社会主义政治经济学发展的评价中指出：“党的十一届三中全会以来，我们党把马克思主义政治经济学基本原理同改革开放新的实践结合起来，不断丰富和发展马克思主义政治经济学。”③ 这一时期形成的一系列理论创新和理论创造，“马克思主义经典作家没有讲过，改革开放前我们也没有这方面的实践和认识，是

①② 中共中央党史和文献研究院. 十八大以来重要文献选编：下. 北京：中央文献出版社，2018：5.

③ 同①2-3.

适应当代中国国情和时代特点的政治经济学，不仅有力指导了我国经济发展实践，而且开拓了马克思主义政治经济学新境界”①。

党的十九大之后召开的中央经济工作会议，对习近平经济思想作出阐释，从中国共产党经济思想的理论自觉和历史自觉的特质上，凸显了党的十八大以来马克思主义政治经济学中国化的理论创新和理论创造。

新发展理念是习近平经济思想的主要内容。新发展理念是中国共产党对“实现什么样的发展、怎样发展”问题艰辛探索的思想提炼和升华。新发展理念集中反映了中国共产党对经济社会发展规律的新认识，“按照新发展理念推动我国经济社会发展，是当前和今后一个时期我国发展的总要求和大趋势”②。

以新发展理念为主要内容，习近平经济思想在理论框架上分作三大板块。

一是坚持党对经济工作的领导和坚持以人民为中心的发展思想，是习近平经济思想的本质特征和核心立场。坚持党对经济工作的领导，在根本上就是坚持党对经济工作的集中统一领导。“经济工作是党治国理政的中心工作，党中央必须对经济工作负总责、实施全面领导。”③ 坚持以人民为中心的发展思想，是马克思主义政治经济学的根本立场。坚持以人民为中心的发展思想是马克思主义政治经济学中国化的核心观点，是部署经济工作、制定经济政策、推动经济发展要牢牢坚持的根本立场。

二是在坚持和完善社会主义基本经济制度中，坚持经济发展新常态、坚持社会主义市场经济体制改革和坚持供给侧结构性改革，是习近平经济思想关于改革和发展的理论柱石。要准确把握经济新常态发展的新特点和新要求，立足大局、把握规律，准确适应和引领经济发展新常态，“走出一条质量更高、效益更好、结构更优、优势充分释放的发展新路，推动我

---

① 中共中央党史和文献研究院. 十八大以来重要文献选编：下. 北京：中央文献出版社，2018：3.

② 中共中央文献研究室. 习近平关于社会主义经济建设论述摘编. 北京：中央文献出版社，2017：45.

③ 中共中央党史和文献研究院. 十九大以来重要文献选编：上. 北京：中央文献出版社，2019：134.

国经济向形态更高级、分工更优化、结构更合理的阶段演进”①。在坚持社会主义市场经济体制改革方向上，一方面，在社会主义经济制度与市场经济体制结合问题上，要讲“辩证法、两点论”，既要发挥市场经济的长处，又要发挥社会主义基本制度的优越性；另一方面，在市场对资源配置起决定性作用和更好地发挥政府作用关系问题上，要讲“辩证法、两点论”，核心问题是“看不见的手”和“看得见的手’都要用好。坚持供给侧结构性改革，是对我国经济发展思路和工作着力点的重大调整，是化解我国经济发展面临困难和矛盾的重大举措，是培育增长新动力、形成发展新优势、实现创新引领发展的必然要求和选择。

三是坚持问题导向部署经济发展新战略与坚持正确工作策略和方法，是习近平经济思想的根本方法和战略思维。与时俱进，因势而新。在“两个一百年”奋斗目标交汇的节点上，在制定“十四五”规划过程中，习近平对新时代中国特色社会主义经济和社会发展规划所作的战略部署和提出的工作策略、方法，实现了中国共产党在马克思主义政治经济学中国化中理论自觉和历史自觉意蕴的升华。

回溯百年思想历程，总结百年理论建树，马克思主义政治经济学中国化的理论创新和理论创造，是中国共产党经济思想中理论自觉和历史自觉的辉煌成就；中国共产党经济思想也以其百年奋斗的历史意蕴，成就了中国化马克思主义政治经济学的思想智慧和理论伟力。

---

① 中共中央文献研究室．习近平关于社会主义经济建设论述摘编．北京：中央文献出版社，2017：85.

后　记

在中国特色社会主义政治经济学的发展中，学理上首先应该搞清楚，马克思经济思想与后来在马克思经济学说基础上建立和发展起来的马克思主义政治经济学是“源”与“流”的关系。马克思经济学中包含的基本原理，是马克思实现经济学科学革命的最显著的标识，也是马克思主义政治经济学的基本构件和主要支柱。深化马克思思想的研究，是理解19世纪40年代初及之后40年间马克思实现的经济学科学革命意义的基点，也是把握马克思主义政治经济学的科学精神的基础，当然也是马克思主义政治经济学在现时代发展和创新的基石。

本著作以《马克思经济思想与中国特色政治经济学》为名，首先是在“重读”马克思经济学说中感悟马克思经济思想的科学性和真理性、历史性和社会性、时代性和开放性。在卷帙浩繁的马克思经济学手稿进入我们视界时，除了《资本论》之外，《政治经济学批判（1857—1858年手稿》、《政治经济学批判（1861—1863年手稿）》、《资本论（1863—1865年手稿）》，自然成为必须研究的马克思经济学的经典文献。在当代中国马克思主义政治经济学的发展中，自然包括对马克思经济学手稿中的思想和学说的守正创新和与时俱进。本著作第一篇“马克思经济思想再探索”集中对马克思经济学手稿中的思想和学说进行研究和阐释。第二篇“马克思经济思想与新时期中国特色政治经济学”和第三篇“马克思经济思想与新时代中国特色政治经济学”力求在对马克思经济思想的再探索的基础上，展开对中国特色社会主义政治经济学的研究和阐释。自党的十一届三中全会召开以来，中国特色社会主义政治经济学经历了由形成和发展、拓展和创新，再达到创立中国特色“系统化的经济学说”的新境界，这是改革开放40多年来马克思主义政治经济学中国化的历史逻辑、实践逻辑和理论逻辑的基本过程和集中体现。

本著作凡21章。各章阐释的问题，是笔者自2015年以来对中国化马克思主义政治经济学研究的部分成果。孜孜探索、与时偕行，现在把这些成果整理、汇合，奉献给各位读者，以共同推进中国特色社会主义政治经济学在新发展阶段的创新。

本著作的出版得到了中国人民大学出版社领导和编辑的大力支持和细致编校，在此谨表衷心谢意。

顾海良

2021年10月30日